社会治理河南省协同创新中心智库丛书
A SERIES OF SOCIAL GOVERNANCE
COLLABORATIVE INNOVATION CENTER OF HENAN

河南社会治理发展报告

(2016)

ANNUAL REPORT ON SOCIAL GOVERNANCE
DEVELOPMENT OF HENAN (2016)

主　编／郑永扣
副主编／郑志龙　刘学民　高卫星　樊红敏

社会科学文献出版社
SOCIAL SCIENCES ACADEMIC PRESS (CHINA)

社会治理河南省协同创新中心简介

社会治理河南省协同创新中心原成立于2012年10月。牵头单位为郑州大学，协同单位包括河南财经政法大学、河南理工大学、郑州轻工业学院，以及河南省社会管理综合治理委员会办公室、河南省人民政府研究室、河南省发展和改革委员会、河南省民政厅、河南省人力资源和社会保障厅。中心主任郑永扣教授，为河南省社会科学界联合会副主席，第十一届、十二届全国人大代表，郑州大学马克思主义理论一级学科、哲学学科学术带头人。中心常务副主任为郑州大学公共管理学科学术带头人郑志龙教授。中心自成立以来，致力于打造河南省社会治理智库，在数据库建设、社会服务、学术研究、人才培养等方面取得了丰硕成果，获得了较大社会影响。

建立资源共享、开放包容的河南省社会治理数据库。中心目前已经形成寒暑假常规调查及专项调查相结合的调查机制，为中心出版《河南社会治理发展报告》奠定了基础。已启动且完成的社会调查主要有：2014年春、夏"百村调查"，全面了解河南省社会治理状况；"2014年冬河南省城市居民幸福感专项调查"；"2015年春城乡社区综合调查"；"2015年河南省经济发展环境专项调查"；"2015年河南省居民幸福感专项调查"；"2016年春河南省社会治理综合调查"，内容包括城乡社会治理综合调查、农民工意识形态调查、社区治理跟踪调查、返乡农民工跟踪调查以及党风廉政建设调查。

构建河南省社会服务高地，设立社会服务平台。中心精心组织编写了《决策参考》，涉及当前河南省社会发展的各个方面，包括新型城镇化建设、产业集聚区发展和社会管理创新、基层公共文化建设、新型农村社区建设、基层信访稳定治理等内容。定期报送省委、省政府相关部门，以及18个地市和直管县党政领导，促进了中心与政府、学术机构沟通和联系，推动了科研成果的转化。参与政府的决策咨询，为河南省各级政府提供社会治理专家咨询工作，与政府开展横向课题研究工作。

《河南社会治理发展报告》是中心系列研究成果之一，是中心对外交流、推动河南省社会治理创新、打造社会治理智库的平台，首部《河南社会治理发展报告》已于2014年6月由社会科学文献出版社出版。

探索建立协同机制，发挥学术研究部门、政府决策部门、基层实务部门协同创新平台功能。中心与省政府相关部室、地方政府、相关院校、企事业单位以及校内相关院系、部室建立了协同合作机制；与汝州市政府、孟州市政府等确立了战略合作关系；与省政府研究室、省综治办等建立了协同合作机制，在县、乡、村建立了城镇化、社会工作、公共服务等多层次、宽领域实验基地。以项目为支撑，以蓝皮书为平台，建立了跨学科、跨部门、跨学校的学术团队；充分发挥校内不同学科、校外各学术单位协同的优势，实现了协同合作。

主编简介

郑永扣 教授，博士生导师；社会治理河南省协同创新中心主任，郑州大学马克思主义哲学研究中心主任，河南省社会科学界联合会副主席，第十一届、十二届全国人大代表，郑州大学马克思主义理论一级学科、哲学学科学术带头人，河南省哲学学会会长。

郑永扣教授长期从事马克思主义理论教学与研究工作，在马克思主义哲学、意识形态理论等方面承担国家社科基金项目、省部级重大项目十余项。在《中国社会科学》《哲学研究》等刊物发表学术论文40余篇，出版学术专著《共产党员理想信念论》等5部。

摘　要

本报告是由社会治理河南省协同创新中心研究人员在对河南省基层深入调查研究基础上撰写完成的。报告作者来自郑州大学、河南大学、河南财经政法大学、河南师范大学、郑州轻工业学院以及河南省党政机关和河南省委党校等。本报告资料来源主要包括：一是全国统计年鉴、河南省的统计年鉴、2015年河南省各地市的工作总结、相关厅局年度工作报告、专题报告等；二是社会治理河南省协同创新中心围绕发展报告编写开展的专项调查和综合调查，如"2015年夏河南社会治理综合调查""2015年河南经济发展环境专项调查""2015年河南居民幸福感专项调查""2016年春河南社会治理综合调查""2016年春返乡农民工调查"等。

本报告写作突出四个特点：一是保持时效性，报告写作过程中引用的一手调查数据为中心2015年暑假及2015年寒假组织的社会调查和调研取得的数据；二是体现价值导向，突出社会组织、公民在社会治理中的参与状况，突显社会性服务方式的变革，体现社会治理的价值导向如社会活力、社会参与、社会公平等；三是突出地方特色，本报告主要关注河南省社会治理总体现状，反映河南省地方社会治理创新的探索；四是凸显实践性，将社会治理与当前社会发展面临的新形势、新问题、新任务结合起来，与各行动主体的创新性实践结合起来。

报告分六个部分：第一部分为总报告，即《2016年河南省社会治理形势分析与展望》，该报告从社会安全、矛盾化解、社会组织、公共服务、社会公平五个维度，对河南省社会治理形势进行分析和总体评价。研究结果表明，河南省社会安全形势总体向好，社会矛盾化解平稳推进，社会组织逐步壮大，基本公共服务状况显著改善，社会公平状况有待改善。

第二部分为"十三五"专题篇，主要为"十三五"时期河南省基本社会服务、人口城镇化、政府购买公共服务、高等教育、基本公共卫生服务等领域的发展建言献策。

第三部分为新型城镇化篇，主要通过对河南省新生代农民工群体、农村居民向城镇迁移、城乡违法建设依法拆除、公共服务质量、居民幸福感等状况的分析，提出了促进城镇化健康有序发展的建议。

第四部分为城乡社会治理篇，分析了河南省农村社区建设、河南省"空心村"治理、河南省农村留守群体服务、网络突发事件、河南省基督教发展、政府购买农业公益性服务等的发展现状，提出了相关的进一步发展完善的对策建议。

第五部分为社会治理评价篇，主要评价了河南省社会治理状况、河南省经济发展环境、河南省直管县改革绩效、河南省地方政府门户网站、河南省居民获得感状况，基于调查的数据，从多个角度对河南省社会治理的诸多方面进行了定量分析。

第六部分为案例篇，主要介绍了豫北古庙会、郑州市金水区"三社联动"创新基层社会治理的实践、S市乡村学校"空壳化"及其治理等典型社会治理案例的情况，以及郑州市供水价格改革听证会的实践及启示。这些探索反映了河南省在社会治理方面的努力和成果，为河南省社会治理方式创新和社会治理能力提高提供了经验和启示。

Abstract

This report is written by researchers of Social Governance Collaborative Innovation Center of Henan Province after the thorough investigation and study. The researchers include some officials of government and specialists and scholars from collaborative research institutions. The data depend on 2 aspects: the first is from China statistical yearbooks, Henan province statistical yearbooks and regional work summaries of Henan province in 2015, etc; the second is from special surveys of social governance which was conducted by Social Governance Collaborative Innovation Center of Henan Province, such as the comprehensive survey of social governance in Henan Province in the summer of 2016, the economic development environment in Henan Province in 2015, the happiness of citizens in Henan province in 2015, and the comprehensive survey of social governance in Henan Province in the spring of 2016, the investigation of returning migrant workers in the spring, etc..

Based on the connotation of social governance, this report reflects 4 characteristics: the first is timeliness, the date are latest, including two social surveys conducted by Social Governance Collaborative Innovation Center of Henan Province in 2015 and 2016; the second is value guidance, this report gives prominence to the participation of social organization and citizens in governance and the change of social service mode, and shows the governance's value orientation, such as social energy, participation and justice; the third is local features of Henan province, this report pays close attention to the current situation of social governance in Henan Province; the forth is practicalness, the report reflects innovations of local social governance practices, it combines the theory and the innovative practice of social governance well.

This report includes 6 parts: the first is general report—the analysis and prospect of situation of social governance in Henan Province. The general report analyzes and comprehensively evaluates the situation of the social governance in Henan province from 5 dimensions: social security, social contradiction resolving, social organizations, public services and social justice. It shows that the situation of public security is getting better, the resolution of social contradiction is promoted steadily, the social organizations are expanding gradually, the conditions of fundamental public services improve significantly, and the conditions of social justice need to make better.

The second part is the subject of 13th Five-Year Plan, the 13th Five-Year Plan mainly discusses the development of basic social services, people urbanization, purchases of public services by government, the development of higher education and the development of basic public health services, and other conditions. The third part is the subject of new-type urbanization, manily analysis the current situation of the new generation of migrant workers, migration of rural residents to cities, the legal demolition of illegal constructions, quality of public services, the citizens' sense of happiness and other conditions, and make recommendations to promote the healthy and orderly development of urbanization. The fourth part is the subject of urban and rural social governance, manily analyzes the current situation of the construction of rural community in Henan Province, left-behind crowd in rural areas, the governance of "hollow village" in Henan Province, network emergencies governance, urban and rural compulsory education, the development of Christianity in Henan Province, government's purchasing of the agricultural public welfare services, and proposes further approaches to solve these issues. The fifth part is on the subject of the evaluation of social governance, the evaluation of social governance mainly values the economic development environment, the innovation performance of counties administrated by Province directly, the condition of social governance and the citizens' sense of acquisition in Henan Province, and the evaluation employs quantitative analysis from various views of social governance based on survey data in Henan Province. The sixth part is the subject of the typical cases, and mainly discuss the typical cases of social governance provide the situation of the legalization of the ancient temple fair in the north of Henan, the hearing practice of water price reform in Zhengzhou City and "Sanshe linkage" local governance innovation of

Abstract

Jinshui district of Zhengzhou City, the "shell" of village school and its governance in S city, etc.. These practices reflect the great efforts and the achievements of the social governance which provide the experiences and inspiration for the innovation of social governance forms and the improvement of its capability.

目 录

Ⅰ 总报告

2016年河南省社会治理形势分析与展望 …………… 马　琳　岳　磊 / 001

Ⅱ "十三五"专题篇

河南省"十三五"时期基本社会服务发展研究
　………………………… 孙远太　宋凯琳　丁文文 / 033
河南省"十三五"时期人口城镇化发展研究 ………… 刘兆鑫 / 050
河南省"十三五"时期政府向社会力量购买服务发展展望
　………………………………………………… 朱　磊 / 064
河南省"十三五"时期基本公共教育服务建设研究
　………………………………………… 何　水　刘济源 / 078
河南省"十三五"时期基本公共卫生服务建设研究 ………… 侯圣伟 / 093
河南省"十三五"时期高等教育发展战略研究 ………… 刘　莹 / 106

Ⅲ 新型城镇化篇

河南省新生代农民工群体调查分析
　………………… 樊红敏　李岚春　刘晓凤　杜鹏辉 / 120

河南省农村居民向城镇迁移意愿及路径研究

　　……………………………… 粟志强　周灿尧　张　博 / 145

河南省城乡依法拆除违法建设问题研究 ……………… 高林照 / 157

河南省新型农村社区协同治理探索的经验与启示 ……… 徐贵宏 / 167

河南省18个地市公共服务质量调查 ………… 丁辉侠　孙　梅 / 181

河南省城市居民幸福感调查分析 …………… 梁思源　周勇振 / 194

Ⅳ　城乡社会治理篇

河南省农村社区建设的现状、问题及对策 …… 王海昌　王奎清 / 211

河南省"空心村"治理研究 ………………………… 徐京波 / 223

河南省农村留守群体生存状况调查分析

　　………………………………… 蒋美华　孟凡杨　许俊霞 / 236

河南省网络突发事件及其治理 ……………………… 李文姣 / 248

河南省基督教发展状况调查 ………… 韩　恒　袁　璟　牛林溪 / 264

河南省政府购买农业公益性服务发展建议 ……………… 李有学 / 275

Ⅴ　社会治理评价篇

河南省2015年度社会治理状况调查分析

　　………………………… 梁思源　张玉娇　王　艺　王高松 / 287

河南省经济发展环境调查分析

　　………………………… 樊红敏　刘晓凤　王高松　周勇振 / 304

河南省直管县改革绩效评价 ………………… 马　琳　何　水 / 326

河南省地方政府门户网站评估 ……… 马　闯　李晨煜　张玉娇 / 349

2015年河南省城市居民获得感调查分析

　　………………………… 樊红敏　王　艺　李岚春　李晨煜 / 359

Ⅵ 案例篇

豫北古庙会及其对乡村治理的启示 …………… 韩万渠　杨晓洁 / 373
郑州市金水区"三社联动"社区治理创新探索与启示 ……… 吴　俊 / 383
S市乡村学校"空壳化"及其治理 ……… 陈文新　刘步升　代　昭 / 394
郑州市供水价格改革听证会的实践及启示
　　…………………………………… 霍海燕　曾迎霄　霍乃可 / 405

CONTENTS

I General Report

The Analysis and Prospect of Situation of Social Governance
in Henan Province in 2016 *Ma Lin, Yue Lei* / 001

II 13th Five-year Plan

The Research on the Development of Basic Social Services in
Henan Province during the 13th Five-year Plan Period
Sun Yuantai, Song Kailin and Ding Wenwen / 033
The Key Areas and Policy Recommendations of the Promotion of
People's Urbanization in Henan Province during the 13th
Five-year Plan Period *Liu Zhaoxin* / 050
The Basic Characteristics of Purchasing Services by Government in
Henan Province *Zhu Lei* / 064
Research on the Construction of Basic Public Education Service
System in Henan Province during the 13th
Five-year Plan Period *He Shui, Liu Jiyuan* / 078
The Research on the Construction of Basic Public Health Service System in
Henan Province during the 13th Five-year Plan Period *Hou Shengwei* / 093

CONTENTS

The Research on the Development strategy of Higher Education in Henan
Province during the 13th Five-year Plan Period　　　　　*Liu Ying* / 106

III　New Urbanization

Investigation on the New Generation of Migrant workers
in Henan Province
　　　　　Fan Hongmin, Li Lanchun, Liu Xiaofeng and Du Penghui / 120
Study on the Willingness and Path of Rural Residents to Migrate to
Cities and Towns in Henan Province
　　　　　　　　　　Li Zhiqiang, Zhou Canyao and Zhang Bo / 145
Research on the Management of Removing the Illegal Constructions
Lawfully in the Urban and Rural Areas of Henan Province
　　　　　　　　　　　　　　　　　　　　　　Gao Linzhao / 157
Experience and Inspiration of Collaborative Governance of
New Rural Communities in Henan Province　　　*Xu Guihong* / 167
Investigation Report on the Quality of Public Service in
Eighteen Cities of Henan Province
　　　　　　　　　　　　　　　　　　Ding Huixia, Sun Mei / 181
Investigation and Analysis on the Happiness of Residents in
Henan Province　　　　　　　　　*Liang Siyuan, Zhou Yongzhen* / 194

IV　Urban and Rural Social Governance

The Current Situation, Problems and Countermeasures of Rural
Community Construction in Henan Province
　　　　　　　　　　　　　　　　Wang Haichang, Wang Kuiqing / 211
Research on the Governance of "Hollow Village" in Henan
Province Under the Background of New Urbanization　　*Xu Jingbo* / 223

The Current Situation of Rural left-behind Groups and the Operation
  of Their Service System in Henan Province
           Jiang Meihua, Meng Fanyang and Xu Junxia / 236
Investigation and Analysis of Network Emergency and its Governance in
  Henan Province   *Li Wenjiao* / 248
Survey on the Development of Christianity in Henan Province
            Han Heng, Yuan Jing and Niu Linxi / 264
The Current Situation and Countermeasures of Purchasing Commonweal
  Services of Agriculture by Henan Government *Li Youxue* / 275

V Evaluation of Social Governance

Survey on the Conditions of Social Governance in Henan
  Province (2015) *Liang Siyuan, Zhang Yujiao, Wang Yi and Wang Gaosong* / 287
Investigation and Analysis on Economic Development Environment of
  Henan Province
     Fan Hongmin, Liu Xiaofeng, Wang Gaosong and Zhou Yongzhen / 304
Performance Evaluation of the Reform of Counties Administered Directly
  by Provincial Government of Henan Province
               Ma Lin, He Shui / 326
An Evaluation on Portal Website of the Local Government in Henan
          Ma Chuang, Li Chenyu and Zhang Yujiao / 349
Investigation and Analysis on the Sense of Acquisition of the Urban
  Residents (2015) *Fan Hongmin, Wang Yi, Li Lanchun and Li Chenyu* / 359

VI Case Reports

The Ancient Temple Fair in Northern Henan and Revelation for the
  Rural Governance   *Han Wanqu, Yang Xiaojie* / 373

CONTENTS

The Exploration and Enlightenment of the Innovation of Social Governanceofthe "Three Social Linkage" in Jinshui District of Zhengzhou City　　　　　　　　　　　　　　　　*Wu Jun* / 383

The "Vacant Shell" Rural Schools and Its Governance in S City
　　　　　　　　　　　Chen Wenxin, Liu Busheng and Dai Zhao / 394

Practice and Enlightenment of the Reform of Water Supply Price Hearing in Zhengzhou City　　　*Huo Haiyan, Zeng Yingxiao and Huo Naike* / 405

总 报 告
General Report

2016年河南省社会治理形势分析与展望

马 琳 岳 磊*

摘 要: 本报告以《中国统计年鉴》、《河南省统计年鉴》及2016年社会治理河南省协同创新中心开展的城乡社会治理调查数据为基础,从社会安全、矛盾化解、社会组织、公共服务、社会公平五个维度对河南省社会治理状况进行了系统分析。研究发现,河南省社会安全形势总体向好,社会矛盾化解平稳推进,社会组织逐步壮大,基本公共服务状况显著改善,社会公平状况有待改善。下一步河南省社会治理的发展方向是:建立社会治理绩效评估指标体系,推进社会治理精细化;加强社会组织能力建设,构建共建共享新格局;强化基层社会

---

* 马琳,博士,郑州大学公共管理学院讲师,社会治理河南省协同创新中心研究员,研究方向为新型城镇化与社会发展;岳磊,博士,郑州大学公共管理学院讲师,社会治理河南省协同创新中心研究员,研究方向为廉政建设与社会治理。

治理，增强社会治理效能；大力保障和改善民生，提高公共服务整体水平；加快社会治理信息化建设，推动社会治理创新。

关键词： 社会治理　社会安全　社会服务　社会公平

引　言

党的十八届三中全会将"推进国家治理体系和治理能力现代化"作为全面深化改革的总目标，全会通过的《中共中央关于全面深化改革若干重大问题的决定》单列一章专门部署创新社会治理体制的思路和举措，从改进社会治理方式、激发社会组织活力、创新有效预防、化解社会矛盾体制和健全公共安全体系等方面对如何创新社会治理体制进行了详细阐述。党的十八届四中全会提出"依法治国"的重大方略，社会治理法治化在社会治理实践过程中的地位更加突出、作用更加重大，因此，充分发挥法治在加强和创新社会治理中的引领和规范作用成为"推进国家治理体系和治理能力现代化"的必然要求和重要途径。党的十八届五中全会继而提出，"加快推进社会治理精细化，构建全民共建共享的社会治理格局"。这是继十八届三中全会将"社会管理"发展为"社会治理"和十八届四中全会提出"提高社会治理法治化水平"之后，我国社会治理理论的再次提升，对于推进国家治理体系和治理能力现代化具有重大意义。自2012年起，习近平总书记在公开的讲话和文章中提及"社会治理"超过70次，这不仅彰显了我们党的治理理念的高度提升，也昭示着中国的治理模式正在发生深刻变化。加强和创新社会治理需要建立在准确反映社会治理整体状况的基础之上，通过社会治理评价总结社会治理创新的先进经验，发现社会治理过程中的薄弱环节，进而引导社会治理改革的正确方向，明确完善社会治理的对策建议。

为了系统地考察河南省社会治理实践的动态变迁过程，本文仍使用

《河南社会治理发展报告（2014）》及《河南社会治理发展报告（2015）》中的社会治理状况的总体指标体系，从社会安全、矛盾化解、社会组织、公共服务、社会公平五个方面评估河南省社会治理状况，并对其中的三级指标进行略微的调整。具体指标如下（见表1）。

表1　河南省社会治理评价指标体系

一级指标	二级指标	三级指标
社会治理	社会安全	(1)安全生产 (2)火灾事故 (3)交通事故 (4)社会治安 (5)群众对社会安全满意度
	矛盾化解	(1)人民调解 (2)劳动人事仲裁 (3)法律援助 (4)民商案件 (5)公众对矛盾化解满意度
	社会组织	(1)社会组织数量 (2)社会组织的增长速度 (3)公众对社会组织满意度
	公共服务	(1)预算支出 (2)人均水平 (3)社会保障 (4)公共服务满意度
	社会公平	(1)居民参与人大选举情况 (2)城乡收入差距 (3)城镇居民差距 (4)农村居民差距 (5)社会公平满意度 (6)低保发放公平程度

为准确描述和客观评价河南省社会治理的整体状况，课题组通过调查和查阅相关统计年鉴获取数据，主要包括以下几个方面。

第一，《中国统计年鉴2015》、《河南省统计年鉴2015》、民政部网站公布的社会服务统计数据。

第二，2015年城乡社会治理调查，其中，城市问卷500份，有效问卷415份，问卷有效率83.0%；农村问卷1000份，有效问卷802份，问卷有效率80.2%。调查时间为2015年7月15日到2015年8月20日，调查人员为经过培训的郑州大学公共管理学院、商学院、法学院等学院研究生102名。调查形式为一对一的面访，调查地点为河南省18个省辖市。

在写作思路上，本报告不仅利用数据对各个指标进行了单变量描述，而且还对部分指标进行了年度趋势分析。为了突出河南省社会治理的基本特征，本报告还选取部分指标与中部地区其他省份以及全国的平均数据进行对比分析，并从公共安全、矛盾化解、社会组织、公共服务和社会公平等方面对河南省社会治理状况进行了评价，在此基础上提出了河南省社会治理形势的发展展望。

一 社会安全形势总体向好

保障社会安全是经济社会稳定、健康发展的基本要求，也是社会治理的首要目标。以下主要从社会治安、生活安全和生产安全三个方面来分析河南省社会安全形势。

（一）社会治安形势平稳

良好的社会治安环境，对于维护社会政治稳定，保障经济社会正常运行意义重大。近年来，河南省积极开展各项社会治安综合治理工作，积极探索建立维护社会治安长效工作机制的有效途径，取得了较好的成绩。

1. 河南省社会治安形势优于全国平均水平

2014年河南省公安机关立案的刑事案件数目为421981件，较上年大幅增长了77.78%；万人刑事案件率为44.72件/万人，比2013年上升了77.32%。法院审理刑事罪犯人数70285人，较上年减少了0.9%；万人犯罪率为7.45起/万人，比2013年下降了1.06%（见表2）。

表2 2013年、2014年河南省社会治安情况比较

类 目	2013年	2014年
公安机关立案的刑事案件数目(件)	237364	421981
万人刑事案件率(件/万人)	25.22	44.72
法院审理刑事罪犯人数(人)	70924	70285
万人犯罪率(起/万人)	7.53	7.45

从全国平均情况来看，2014年，河南省万人刑事案件率为44.72件/万人，低于全国的47.81件/万人；河南省万人犯罪率为7.45起/万人，显著低于全国的8.65起/万人。总体来看，河南省社会治安形势优于全国水平，相对平稳。

2.居民对社会治安情况的总体评价较高

在调查样本中，对于"当地社会治安的总体评价"的问题，2.84%的居民认为"非常好"，39.00%的居民认为"比较好"，44.59%的居民认为"一般"，11.86%的居民认为"不太好"，1.72%的居民认为"非常差"。总的来看，只有11.86%和1.72%的河南省内受调查居民对周边的社会治安评价是"不太好"和"非常差"，群众公共安全评价较高（见图1）。

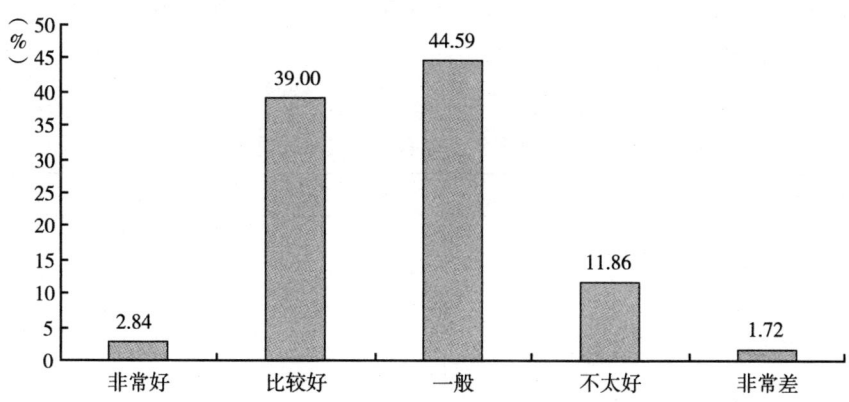

图1 居民对社会治安情况的总体评价

（二）生活安全情况不容乐观

1. 火灾形势逐年恶化

在社会生活中，火灾是威胁公共安全、危害人民生命财产的灾害之一，通常用火灾事故的发生率和死亡率来评价生活安全形势。从 2012～2014 年河南省的相关数据来看，河南省的火灾发生数、死亡人数和造成的经济损失均大幅度上升，严重威胁着人民群众的人身和财产安全。火灾发生数量由 2012 年的 5110 起增长到 2014 年的 22873 起，增长了 347.6%；火灾造成死亡人数由 2012 年的 13 人增长到 2014 年的 73 人，增长了 461.5%；火灾造成的经济损失由 2012 年的 5465 万元增长到 2014 年的 20740 万元，增长了 279.5%（见表3）。因此，河南省居民的生活安全形势不容乐观。

表3 2012～2014 年河南省火灾形势比较

类 目	2012	2013	2014
发生(起)	5110	13587	22873
死亡(人)	13	46	73
损失折款(万元)	5465	14843	20740

表4 显示了 2014 年河南省各市火灾事故的情况。从事故发生数目来看，最多的是郑州市 4404 起，最少的是济源市 142 起；从死亡人数来看，最多的是郑州市和新乡市，都为 13 人。

表4 2014 年河南省各市火灾事故对比

地 区	发生数(起)	死亡人数(人)	损失折款(万元)
郑州市	4404	13	2283
开封市	647	6	1021
洛阳市	1871	5	2030
平顶山市	2282	—	917
安阳市	1474	2	1735
鹤壁市	850	—	160

续表

地　区	发生数(起)	死亡人数(人)	损失折款(万元)
新乡市	1394	13	520
焦作市	1062	3	923
濮阳市	1070	3	1246
许昌市	752	4	412
漯河市	659	1	1530
三门峡市	315	1	422
南阳市	1179	5	1812
商丘市	542	12	1425
信阳市	1706	1	1301
周口市	1686	5	1807
驻马店市	838	—	1025
济源市	142	—	171

从河南省18个省辖市的每10万人火灾发生起数来看，最低的是商丘市7.47起，最高的为鹤壁市53.20起。总体来看，河南省各市每10万人事故发生率差异较大，最高的鹤壁市是最低的商丘市的7倍多，各地的火灾发生起数差别较大（见图2）。

2. 河南交通事故十万人死亡率为中部六省最低

近年来，随着机动车数量的不断增长，交通事故频发，人员伤亡和财产损失严重，交通形势日益严峻。根据河南省2014年的相关数据，河南省共发生交通事故6355起，死亡人数1642人。从交通事故发生率和交通事故死亡率指标来看，2014年河南省交通事故形势显著优于全国平均水平。2014年河南省每10万人交通事故起数为6.73起，低于全国的14.39起，仅高于中部六省的江西省（6.33起）；河南省每10万人交通事故死亡人数为1.74人，显著低于全国的4.28人和中部地区其他五个省份（见图3）。

3. 群众对食品安全评价不高

居民对于"当地食品安全状况的评价"问题，仅有1.80%的居民认为

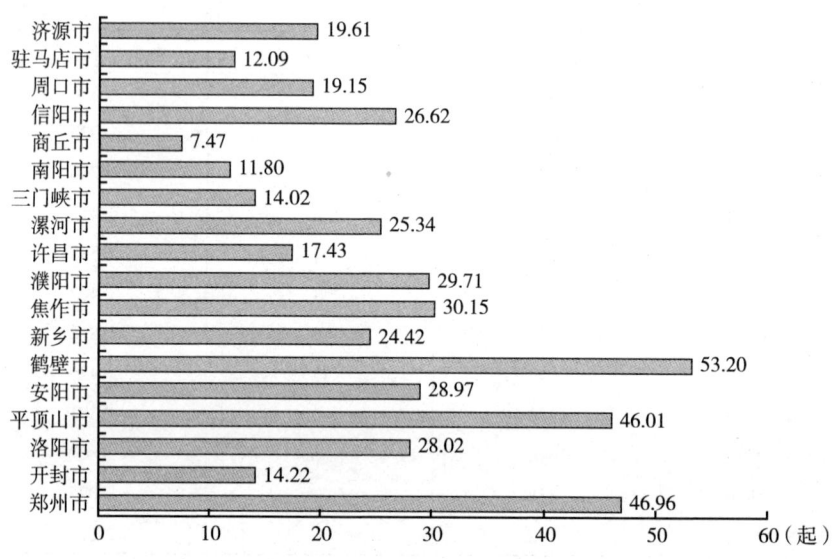

图 2　河南省省辖市每 10 万人火灾事故起数比较

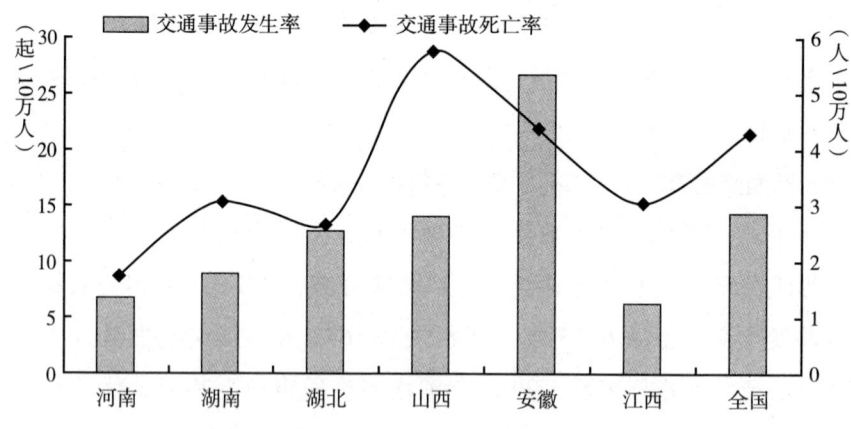

图 3　2014 年中部六省与全国交通事故发生率与死亡率比较

"非常好",23.02% 的居民认为"比较好",42.18% 的居民认为"一般",25.95% 的居民认为"不太好",7.04% 的居民认为"非常差"。因此,从调查结果来看,仅有不到 1/4 的居民认为当地食品安全状况好,群众对食品安全评价堪忧(见图 4)。

2016年河南省社会治理形势分析与展望

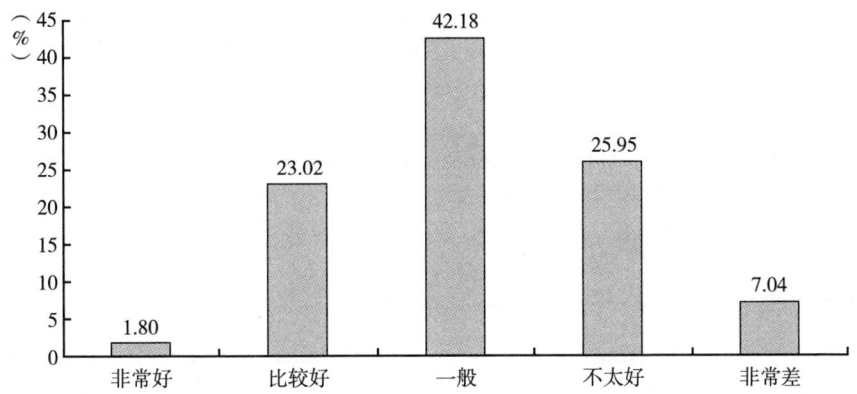

图4 河南省居民对食品安全的评价

（三）生产安全状况有所改善

安全生产是安全与生产的统一，保护劳动者的生命安全和职业健康是安全生产的核心内涵。表4显示了2014年河南省安全生产基本情况。

2014年，全省发生伤亡事故总计1716起，其中道路交通事故1453起，占比84.67%，工矿商贸企业生产安全事故109起，占比6.35%；全省伤亡事故造成死亡总人数903人，其中道路交通事故598人，占比66.22%，工矿商贸企业事故182人，占比20.16%；一次死亡10人以上特大事故共1起，为工矿商贸企业事故。

表5 2014年河南省安全生产基本情况

类 目	道路交通事故	工矿商贸企业生产安全事故
发生伤亡事故总数（起）	1453	109
造成死亡总人数（人）	598	182
一次死亡10人以上特大事故（起）	0	1

与2013年的数据对比可以发现，河南省安全生产形势显著改善。发生伤亡事故总数从2013年的2002起减少到2014年的1716起，减少了14.29%；伤亡事故造成死亡总人数从2013年的941人减少到2014年的903

人，减少了4.04%；煤矿百万吨死亡率从2013年的0.348人/百万吨减少到2014年的0.065人/百万吨，减少了81.32%。

表6 2013年与2014年河南省安全生产形势比较

类　目	2013年	2014年
发生伤亡事故总数(起)	2002	1716
造成死亡总人数(人)	941	903
煤矿百万吨死亡率(人/百万吨)	0.348	0.065

二　社会矛盾化解平稳推进

按照省综治委在全省开展社会矛盾化解活动的统一部署，河南全省上下以"解决实际问题"为核心，以"维护社会稳定"为目标，多措并举、攻坚克难，化解了大量社会矛盾纠纷案件，为全省社会经济跨越式发展创造了和谐稳定的社会环境。下文主要从人民调解工作、劳动人事仲裁、法律援助工作和居民满意度四个方面来分析河南省社会矛盾化解的形势。

（一）人民调解工作运行平稳

人民调解是在人民调解委员会的主持下，以国家法律、法规、规章、政策和社会公德、规范为依据，对民间纠纷双方当事人进行调解、劝说，促使他们互相谅解、平等协商、自愿达成协议，消除纷争的一种群众自治活动。

从"十二五"时期河南省人民调解基本情况的变化来看，人民调解委员会的数量起伏变化不大，但调解民间纠纷的案件数量在显著增长，特别是从2013年的49.72万件增长到2014年的90.76万件，增长了82.54%（见表7）。

表7　2010~2014年人民调解工作基本情况

单位：万个，万件

类　目	2010年	2011年	2012年	2013年	2014年
人民调解委员会	5.50	5.60	5.52	5.53	5.56
调解民间纠纷	42.48	55.39	52.12	49.72	90.76

（二）劳动人事仲裁委员会处理案件

劳动仲裁是指由劳动争议仲裁委员会对当事人申请仲裁的劳动争议居中公断与裁决。我国劳动仲裁是劳动争议当事人向人民法院提起诉讼的必经程序。河南省大力健全各类劳动争议调解组织，维护用人单位和劳动者的合法权益，促进劳动人事调解事业发展。

"十二五"时期，河南省劳动人事仲裁委员会立案受理案件总数有所增长，从2010年的18341件增长到2014年的21437件，增长了16.88%；集体劳动（人事）争议数量有所减少，从2010年的308起减少到2014年的162起，减少了47.40%；立案受理案件涉及劳动者人数有所增加，从2010年的23497人增加到2014年的26276人，增加了11.83%；集体劳动（人事）争议人数有所减少，从2010年的3245人减少到2014年的2552人，减少了21.36%（见表8）。

表8　2010~2014年劳动人事仲裁委员会受理情况

类　目	2010年	2011年	2012年	2013年	2014年
立案受理案件总数（件）	18341	17118	19101	21689	21437
集体劳动（人事）争议数（起）	308	219	268	254	162
立案受理案件涉及劳动者人数（人）	23497	23853	25336	27369	26276
集体劳动（人事）争议人数（人）	3245	3579	4639	3494	2552

（三）法律援助工作范围不断扩大

法律援助主要是指通过向那些缺乏能力、经济困难的当事人提供法律帮助，使他们能够平等地站在法律面前，享受平等的法律保护，实现公平和正义。其是衡量一个国家或地区法制完善和社会文明程度的公认标准之一。表9为2012～2014年河南省法律援助工作基本情况。法律援助机构个数基本保持不变，实有人数由2012年的999人增长至2014年的1023人，增长了2.40%；诉讼案件总数由2012年的68904件增长至2014年的81540件，增长了18.34%；咨询（来访、来电）数大幅增长，由2012年的382219次增长至2014年的648100次，增长了69.56%。

表9　2012～2014年法律援助工作基本情况

类　目	2012年	2013年	2014年
机构数（个）	207	207	209
实有人数（人）	999	1043	1023
诉讼案件总数（件）	68904	81442	81540
咨询（来访、来电）数（次）	382219	497242	648100

（四）居民化解矛盾满意度堪忧

1. 居民矛盾处理方式平和

调查结果显示，河南省居民处理矛盾的形势相对平稳。居民的正当利益受到侵害时，选择的解决方式排名前5位的依次是"自己协调解决""法律途径""找政府解决""忍了算了""找村（居）委会协调"，而选择"使用暴力"的占6.27%，选择"上访"的占15.89%。因此，河南省居民矛盾化解方式相对平和（见图5）。

2. 居民维权制度建设不够完善

对于"当地有关矛盾纠纷化解的制度规范或村规民约是否完善"问题，仅有0.95%和13.66%的居民分别认为"非常完善"和"比较完善"，认为"一般"的占32.22%，而认为"不太完善"和"没有"的分别占44.67%和8.51%。仅有不到15%的居民认为当地矛盾纠纷化解制度较为完善，因此，居民维权的制度建设需进一步加强（见图6）。

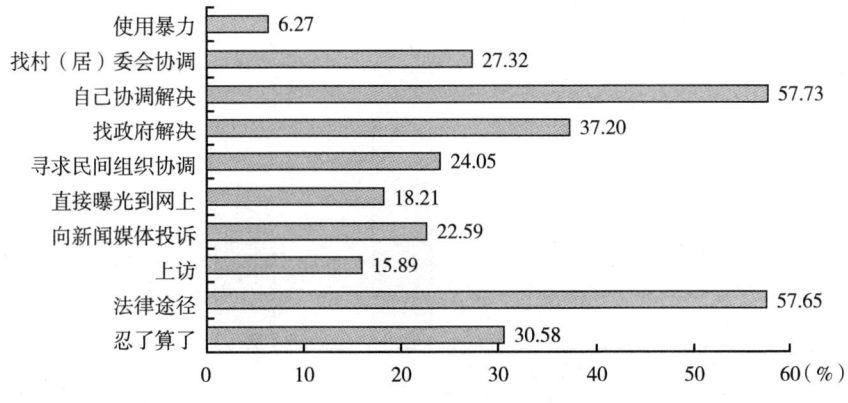

图5　居民利益受到侵害时的解决方式

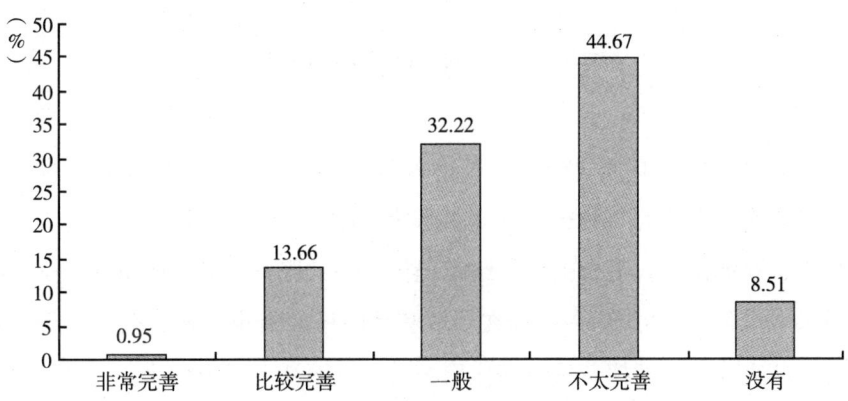

图6　居民维权制度建设情况

3. 居民对矛盾化解满意度不高

对于"当地化解基层社会矛盾的满意度"问题，仅有1.03%的居民认为"非常满意"，15.89%的居民认为"比较满意"，58.16%的居民认为"一般"，22.08%的居民认为"不太满意"，2.84%的居民认为"非常不满意"。因此，从调查结果看，仅有约1/6的居民对当地化解矛盾纠纷的满意度为"非常满意"和"比较满意"，因此，群众对于化解矛盾的满意度较低（见图7）。

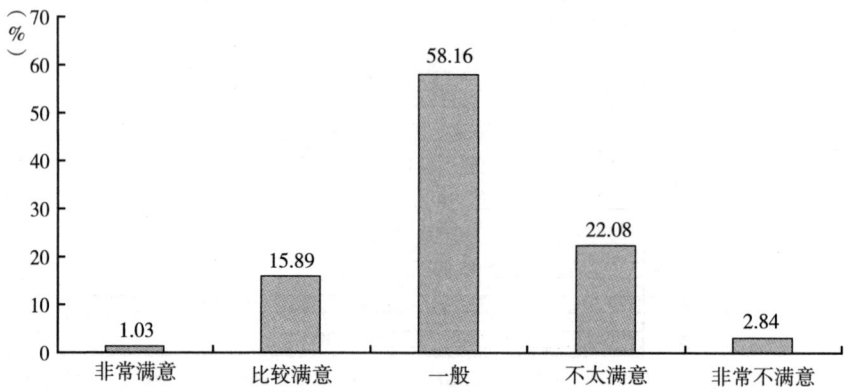

图7 河南省居民对当地矛盾化解满意度情况

三 社会组织逐步壮大

党的十八届三中全会将"激发社会组织活力"作为创新社会治理体制的重要方面,从政府与社会关系的角度提出"推进社会组织明确权责、依法自治、发挥作用,适合由社会组织提供的公共服务和解决的事项,交由社会组织承担"。社会组织一方面在了解和反映民生需求、递送公共服务、调解公共冲突等方面发挥着重要的作用;另一方面社会组织作为公民参与社会治理的有效途径,已经成为推进社会治理精细化的重要载体。本报告主要从社会组织的数量、社会组织的发展速度以及公众对社会组织的满意度三个方面考察河南省社会组织的发展状况。

(一)河南省社会组织数量位居中部六省首位

2012年以来,河南省聚焦社会组织管理体制改革,开展了一系列富有成效的举措,如推动社会组织登记改革、推进社会组织信息化和规范化建设、实施省级社会组织网上年检、开展社会组织去行政化探索,有力地促进和保障河南省社会组织健康有序地发展。自2010年以来,河南省社会组织的数量呈逐年上升趋势。2012年河南省各类社会组织数量为20970个，2013年为22983个，2014年为27238个，2015年为29207个。2015年河南省各类社会组织的数量位居中部六省首位（见表10）。

表10 2015年中部六省社会组织数量

单位：个

省份	社会团体	民办非企业	基金会	合计
河南	11728	17365	114	29207
湖南	13188	14272	222	27682
湖北	12086	15179	106	27371
安徽	12527	11841	95	24463
江西	8235	7034	50	15319
山西	6396	5773	67	12236

（二）河南省社会组织增长速度略低于全国平均增速

从社会组织的发展速度来看，自2012年以来，河南省社会组织数量的增长速度整体上处于上升趋势，2015年较往年的增长速度有所下降。其中，2012年增长速度为7.4%，2013年增长速度为9.3%，2014年增长速度为18.5%，2015年增长速度为7.2%（见表11）。

表11 河南省2012~2015年社会组织数量及增长速度

单位：个，%

年份	社会组织			合计	较上年增长速度
	社会团体	民办非企业	基金会		
2012	10915	9978	77	20970	7.4
2013	10817	12068	98	22983	9.6
2014	11158	15976	104	27238	18.5
2015	11728	17365	114	29207	7.2

与全国社会组织的平均增长速度相比，2015年河南省社会组织的增长速度为7.2%，略低于全国平均增长速度9.6%。社会团体、民办非企业、

基金会的增长速度分别为 5.1%、8.7%、9.6%，都低于全国平均增长速度（见表12）。

表12　2015年河南省社会组织增长速度与全国的比较

单位：个，%

类别	河南省		全国	
	数量	增长速度	数量	增长速度
社会团体	11728	5.1	325863	6.2
民办非企业	17365	8.7	326643	13.1
基金会	114	9.6	4719	16.7
合计	29207	7.2	657225	9.6

与中部六省社会组织的增长速度相比，河南省社会组织的增长速度位居中部六省第四位。2015年河南省社会组织较上年增长速度为7.23%，低于湖南省的17.81%、安徽省的8.65%和江西省的7.62%。

表13　2015年中部六省社会组织较上年的增长速度

单位：个，%

省份	社会组织			合计	较上年增长速度
	社会团体	民办非企业	基金会		
湖南	13188	14272	222	27682	17.81
安徽	12527	11841	95	24463	8.65
江西	8235	7034	50	15319	7.62
河南	11728	17365	114	29207	7.23
湖北	12086	15179	106	27371	3.86
山西	6396	5773	67	12236	1.69

（三）公众对社会组织发展状况满意度不高

社会组织已经成为社会公共服务的重要依托和基础力量之一，发挥社会组织在社会治理创新中的协同作用，就需要社会组织为公众提供大量的社会化、多样性的公共服务。因此，公众对社会组织的满意度也是社会组织发展状况的重要衡量指标。通过对河南省公众的调查发现，河南省公众对社会组织的发展状况整体满意度不高。分别有 1.1% 和 27% 的公众选择"非常满意"和"比较满意",49% 的公众选择"一般",19.9% 和 3% 的公众分别选择"不太满意"和"非常不满意"(见图 8)。

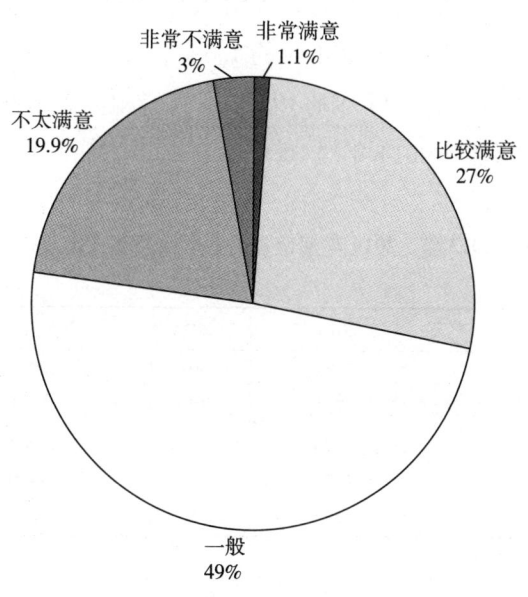

图 8　公众对社会组织发展状况满意度

四　基本公共服务状况显著改善

社会治理状况的好坏与公共服务的数量、质量和公平分配有着密切的关系。建立健全基本公共服务体系,对于推进以保障和改善民生为重点的社会建设,对于切实保障人民群众最关心、最直接、最现实的利益具有十分重要的意义。下文从基本公共服务预算、人均基本公共服务支出及区域差异、人均公共服务支出、民众满意度几个方面来分析河南省基本公共服务状况。

(一)基本公共服务预算支出显著增长

表 14 显示了河南省 2013 年和 2014 年公共财政预算支出及占比情况。

总体来看，河南省公共财政预算总支出 2013 年为 5582.3 亿元，2014 年增长了 8.0%，达到 6028.7 亿元。从绝对量来看，社会保障和就业、科学技术、教育、医疗卫生的公共预算均实现不同程度的增长；从相对量来看，社会保障和就业支出占比较为平稳，没有发生变化；科学技术支出占比由 2013 年的 1.4% 小幅下降到 2014 年的 1.3%；教育支出占比略有减少，从 2013 年的 21.0% 减少到 2014 年的 19.9%；医疗卫生支出占比有所增加，从 2013 年的 8.8% 增加到 2014 年的 10.0%。

表 14 2013 年、2014 年河南省公共财政预算支出及占比情况

单位：亿元，%

类目	2013 年	2014 年	2013 占比	2014 占比
公共财政预算总支出	5582.3	6028.7	100	100
社会保障和就业	731.4	790.9	13.1	13.1
科学技术	80.8	81.3	1.4	1.3
教育	1171.5	1201.4	21.0	19.9
医疗卫生	492.5	603.0	8.8	10.0

（二）人均基本公共服务支出及区域差异显著

从统计数据来看，河南省各地市基本公共服务水平地域差异明显。郑州市作为河南省省会，各项公共服务人均财政预算支出均名列前茅。此外，济源市表现突出，在各项公共服务人均财政预算支出水平排名中都居于河南省的前列。

从各地市人均基本公共服务支出分项水平来看，在教育方面，济源市（1615.3 元/人）、三门峡市（1551.1 元/人）、兰考县（1341.3 元/人）位于前三名，滑县（695.5 元/人）、邓州市（761.7 元/人）、巩义市（789.0 元/人）位于后三名；在科学技术方面，郑州市（154.5 元/人）、三门峡市（127.6 元/人）、洛阳市（126.8 元/人）位于前三名，邓州市（2.8 元/人）、固始县（4.7 元/人）、兰考县（14.3 元/人）位于后三名；在社会保障和就业方面，济源市（768.1 元/人）、濮阳市（738.9 元/人）、鹿邑县

(714.6元/人）位于前三名，长垣县（400.0元/人）、滑县（400.9元/人）、安阳市（446.0元/人）位于后三名；在医疗卫生方面，巩义市（1011.0元/人）、济源市（977.8元/人）、郑州市（748.9元/人）位于前三名，平顶山市（523.2元/人）、汝州市（524.7元/人）、许昌市（531.3元/人）位于后三名（见表15）。

表15　2014年河南省各地市人均公共服务财政预算支出

单位：元/人

地域	教育	科学技术	社会保障和就业	医疗卫生
全　　省	1273.2	86.1	838.1	639.0
郑州市	1326.3	154.5	665.5	748.9
开封市	915.4	53.4	653.0	599.6
洛阳市	1190.7	126.8	555.1	552.2
平顶山市	961.1	56.7	616.7	523.2
安阳市	1042.2	82.3	446.0	545.4
鹤壁市	1268.1	63.1	675.0	565.0
新乡市	1095.6	70.1	458.7	535.2
焦作市	1029.8	117.3	620.7	578.1
濮阳市	1152.8	64.4	738.9	621.9
许昌市	1179.4	97.0	509.0	531.3
漯河市	1016.2	43.1	552.3	578.8
三门峡市	1551.1	127.6	641.3	668.4
南阳市	969.1	64.3	577.4	548.0
商丘市	1099.2	31.4	623.6	603.3
信阳市	1224.3	31.5	566.3	592.5
周口市	1027.6	31.6	586.6	633.5
驻马店市	1068.0	51.8	701.2	653.0
济源市	1615.3	115.3	768.1	977.8
巩义市	789.0	91.5	492.7	1011.0
兰考县	1341.3	14.3	517.5	733.3
汝州市	918.3	44.1	558.1	524.7
滑　　县	695.5	45.0	400.9	553.2
长垣县	1088.2	85.5	400.0	585.5
邓州市	761.7	2.8	478.0	584.4
永城市	1232.2	18.2	595.9	550.4
固始县	1133.6	4.7	543.9	635.5
鹿邑县	1098.9	51.7	714.6	710.1
新蔡县	1069.0	46.4	646.4	704.8

(三)人均公共服务支出在中部六省中排名靠后

表16显示了2014年中部六省人均公共服务财政支出的情况。总体来看,由于人口众多,河南省的人均公共服务支出水平在中部六省中排名靠后。其中,河南省社会保障和就业的人均财政支出为1273.2元,中部六省排名第四;河南省科学技术人均财政支出为86.1元,中部六省排名倒数第一;河南省教育人均财政支出为838.1元,中部六省排名倒数第一;河南省医疗卫生人均财政支出为639.0元,中部六省排名倒数第二,仅高于湖北省。

表16 2014年中部六省人均公共服务财政支出比较

单位:元/人

省份	社会保障和就业	科学技术	教育	医疗卫生
河南	1273.2	86.1	838.1	639.0
湖南	1432.7	102.1	1138.2	726.3
湖北	1147.9	199.6	1065.2	595.7
山西	1390.6	148.7	1235.5	668.7
安徽	1221.6	213.0	946.6	698.7
江西	1567.0	128.5	929.9	745.2

(四)居民对基本公共服务满意度有喜有忧

1. 居民对最低生活保障满意度较低

对于"最低生活保障"问题,有3.69%的居民认为"非常满意",25.60%的居民认为"比较满意",48.97%的居民认为"一般",16.24%的居民认为"不太满意",5.50%的居民认为"非常不满意"。因此,从调查结果看,仅有不到30%的居民对最低生活保障的满意度为"非常满意"和"比较满意"。因此,居民对于最低生活保障的满意度较低(见图9)。

2. 居民对医疗保健服务的满意度较低

对于"医疗保健服务满意度"问题,有4.81%的居民认为"非常满意",27.66%的居民认为"比较满意",45.62%的居民认为"一般",

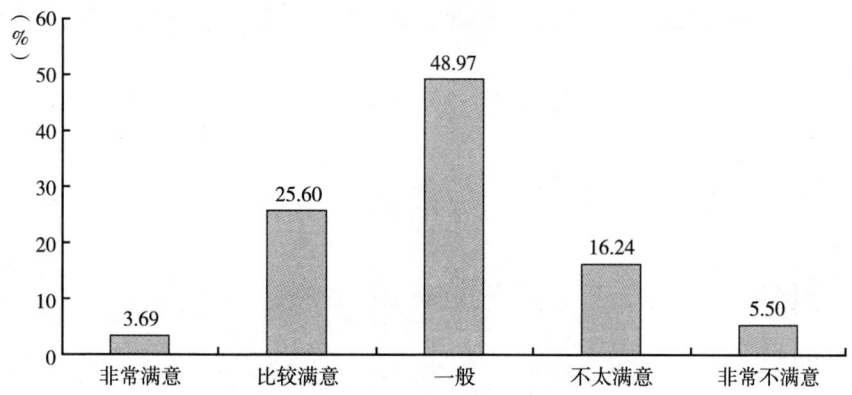

图9 居民对最低生活保障满意度情况

17.61%的居民认为"不太满意",4.30%的居民认为"非常不满意"。因此,从调查结果看,仅有不到35%的居民认为对当地医疗保健服务"非常满意"和"比较满意",群众对于医疗保健服务的满意度较低(见图10)。

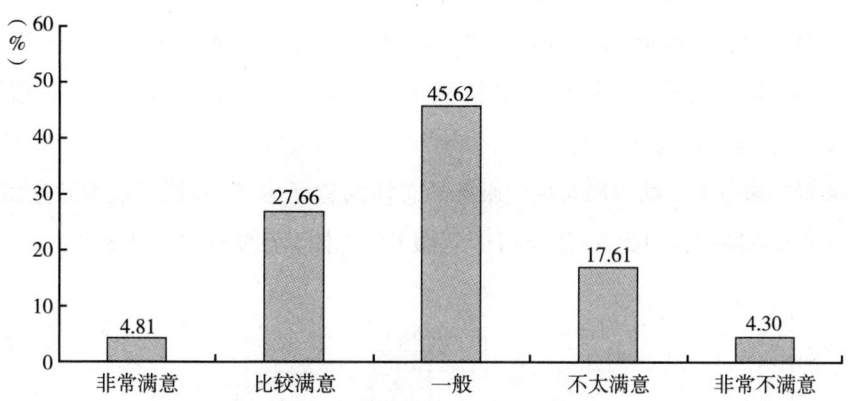

图10 居民对医疗保健服务满意度情况

3. 居民对社区养老服务的满意度适中

对于"社区养老服务的满意度"问题,有2.75%的居民认为"非常满意",21.82%的居民认为"比较满意",48.20%的居民认为"一般",22.08%的居民认为"不太满意",5.15%的居民认为"非常不满意"。因此,从调查结果看,有近1/2的居民对当地养老服务的满意度为"一般",

认为满意和不满意的基本持平,因此,居民对于社区养老服务的满意度适中(见图11)。

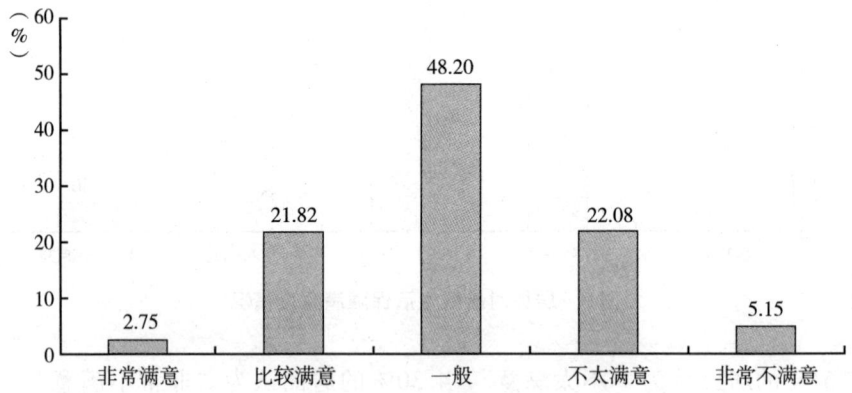

图11 居民对社区养老服务满意度情况

4. 居民对社区服务的总体评价适中

对于"社区服务的总体满意度"问题,有2.32%的居民认为"非常满意",24.40%的居民认为"比较满意",51.63%的居民认为"一般",16.67%的居民认为"不太满意",4.98%的居民认为"非常不满意"。从调查结果看,超过1/2的居民对社区服务的总体满意度为"一般",认为满意和不满意的基本持平,因此,居民对于社区服务的总体满意度适中(见图12)。

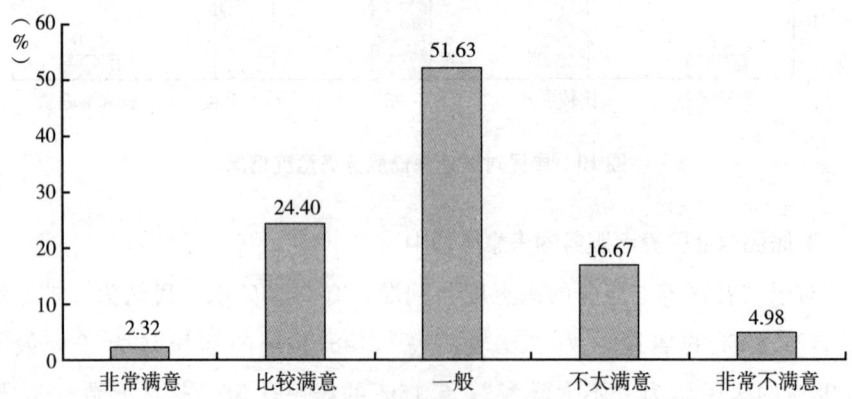

图12 居民对社区服务总体满意度情况

五 社会公平状况有待改善

社会公平是一种价值判断,建立在权益平等的基础之上。衡量社会公平的指标主要有权利公平、规则公平、效率公平、分配公平和社会保障公平。下文主要从权利公平、分配公平、社会保障公平和居民社会公平感四个指标对河南省社会公平形势进行分析。

(一)权利公平有待提升

调查问及"您认为当地居民正当权益维护情况"时,居民认为"非常好"和"比较好"的分别占1.63%和18.47%,认为"一般"的占57.04%,认为"比较差"和"很差"的分别占19.16%和3.69%。因此,仅有1/5的居民认为正当权益维护情况"非常好"和"比较好",权利公平状况需要改善(见图13)。

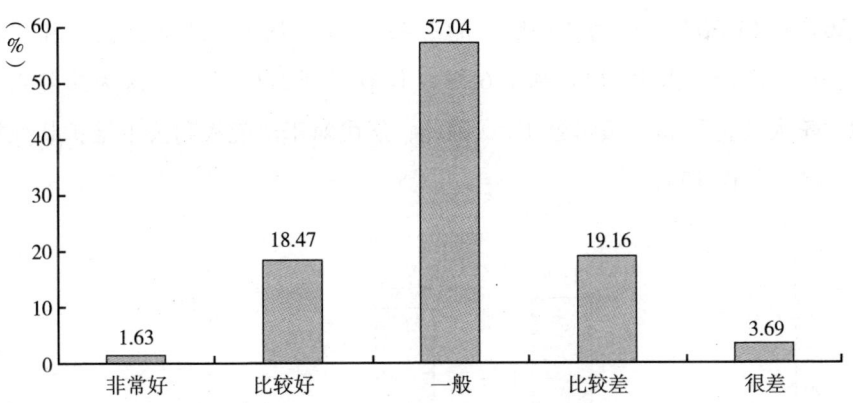

图13 居民正当权益维护情况

调查问及"您认为本地派出所在化解矛盾纠纷时的公正程度"时,认为"非常公正"和"比较公正"的分别占1.89%和31.10%,认为"一般"的占50.00%,认为"不太公正"和"很不公正"的分别占13.66%和3.35%。因此,仅有1/3的居民认为本地派出所化解矛盾纠纷时"非常公正"和"比较公正",居民对于派出所维护权利的公平状况评价较低(见图14)。

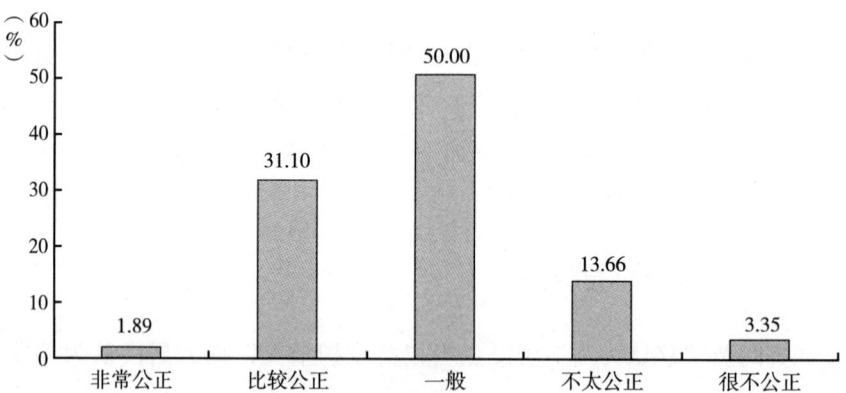

图14 居民对派出所处理矛盾纠纷的公正状况评价

调查问及"据您了解,您或您周围的人在诉讼(打官司)时法院判决的公正程度"问题时,居民认为"非常公正"和"比较公正"的分别占3.26%和43.30%,认为"一般"的占41.67%,认为"不太公正"和"很不公正"的分别占10.14%和1.63%。仅有不到12%的居民认为法院判决时"不太公正"和"很不公正",因此,居民对于法院权利公平维护状况评价较高(见图15)。

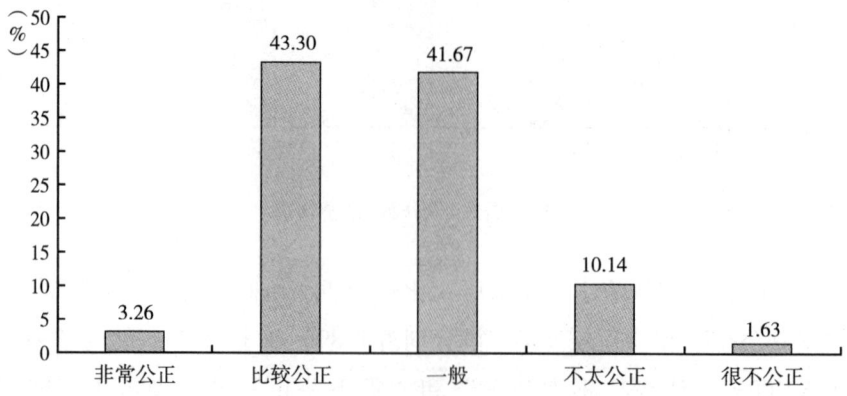

图15 居民对法院判决公正状况评价

调查问及"您认为通过法律途径维护自身权利的可能性"时,认为"非常大"和"比较大"的分别占8.25%和49.40%,认为"一般"的占29.81%,认为"比较小"和"没有"的分别占11.94%和0.60%。随着法治化建设的推进,有超过一半的居民认为通过法律途径维护自身权利的可能性较大(8.25%认为"非常大",49.40%认为"比较大")。但仍有部分居民认为不能通过法律途径维护自身权利,法治化建设仍需加强(见图16)。

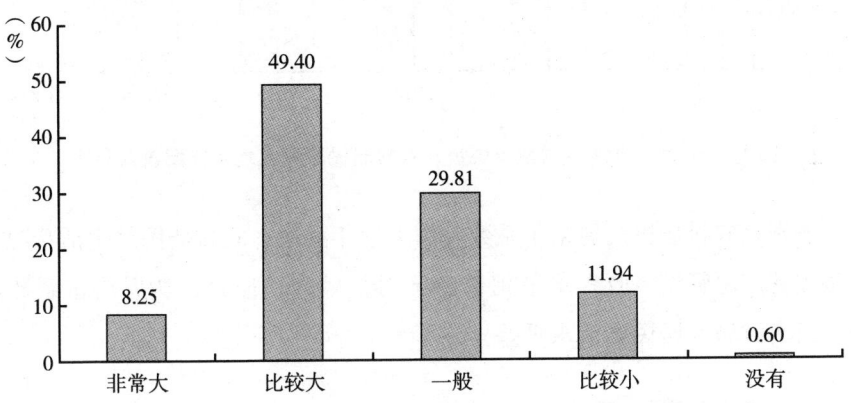

图16 居民对通过法律途径维权的可能性评价

(二)分配公平有待加强

1. 城乡居民人均收入差距依然显著

图17显示了2010～2014年河南省城镇居民家庭人均可支配收入与农村居民家庭人均可支配收入的对比情况。无论是城镇居民还是农村居民,家庭人均收入均稳步上涨,但是,城乡居民的家庭人均收入差距依然显著,2014年,城市居民的家庭人均可支配收入是农村居民的近2.6倍。

恩格尔系数是食品支出总额占个人消费支出总额的比重。家庭生活越贫困,恩格尔系数就越大;反之,生活越富裕,恩格尔系数就越小。图18为2010～2014年河南省城镇、农村居民家庭恩格尔系数的对比情况,从城乡居民恩格尔系数的差距来看,城镇居民和农村居民的恩格尔系数差距并不显

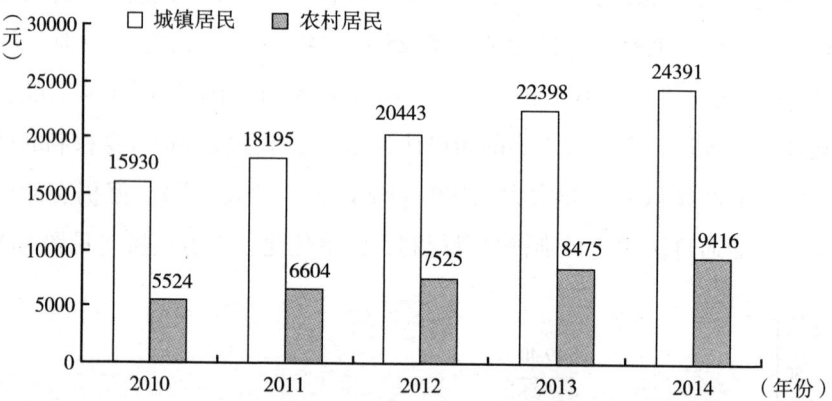

图17 2010~2014年河南省城镇、农村居民家庭人均可支配收入对比

著,特别是农村居民的恩格尔系数基本上逐年减小,农村居民的生活状况在逐步改善。尽管城乡收入水平相差的绝对量较大,但是,从恩格尔系数来看,河南省城乡居民生活水平差异并不大。

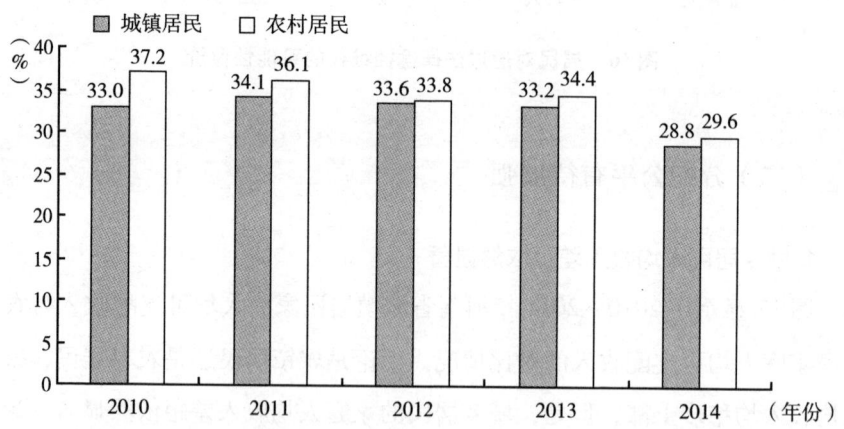

图18 2010~2014年河南省城镇、农村居民家庭恩格尔系数对比

2. 城镇居民收入支出状况差异较大

表17显示了2014年河南按收入等级分城镇居民家庭生活情况。城镇家庭人均可支配收入均值为23672元,工资性收入占比61.3%,家庭人均总

支出为20338元，消费性支出占比79.6%。收入方面，高收入户约为低收入户的4.4倍；支出方面，高收入户为低收入户的3.2倍。因此，城镇居民的低收入户与高收入户不论在家庭人均可支配收入还是在家庭人均总支出方面均差距较大。

表17　2014年河南按收入等级分城镇居民家庭生活情况

单位：元，%

类目	家庭人均可支配收入	工资性收入占比	家庭人均总支出	消费性支出占比
城镇平均	23672	61.3	20338	79.6
低收入户	13437	56.8	11518	85.6
中低收入户	21030	59.8	22007	82.0
中等收入户	27690	60.4	24530	79.7
中高收入户	36569	55.7	36879	82.7
高收入户	58966	54.3	37143	78.4

3. 农村居民收入支出状况差异较大

表18显示了2014年河南按收入等级分农村居民家庭生活情况。农村家庭人均总收入均值为12738元，经营性收入占比53.9%，家庭人均总支出为11751元，消费性支出占比61.9%。收入方面，高收入户为低收入户的4.5倍；支出方面，高收入户为低收入户的2.3倍。因此，农村居民的低收入户与高收入户不论在家庭人均总收入还是在家庭人均总支出方面均差距较大。

表18　2014年按收入等级分农村居民家庭生活情况

单位：元，%

类目	家庭人均总收入	经营性收入占比	家庭人均总支出	消费性支出占比
农村平均	12738	53.9	11751	61.9
低收入户	6071	58.9	8500	60.2
中低收入户	8536	50.4	8880	68.8
中等收入户	11119	49.6	10562	67.7
中高收入户	15172	49.2	13493	62.0
高收入户	27359	59.4	19915	54.5

（三）社会保障公平有待完善

调查问及"您认为当地低保认定、发放过程中的公平程度"时，结果显示，居民认为"非常公平"和"比较公平"的仅分别占1.97%和19.48%，认为"一般"的占36.57%，而认为"不太公平"和"非常不公平"的分别占31.07%和10.90%。因此，仅有1/5强的被调查者认为低保的认定、发放过程"非常公平"和"比较公平"，社会保障的公平状况有待改善（见图19）。

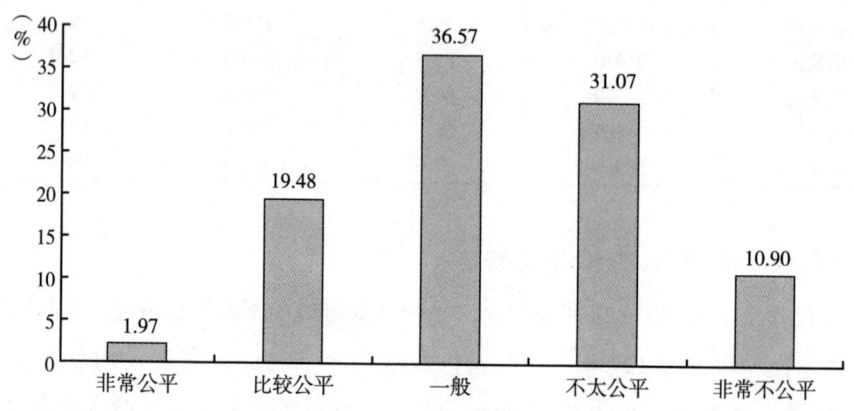

图19　河南省居民社会保障公平感

（四）居民的社会公平感较低

居民对于"您认为当前社会的公平状况"问题，仅有2.49%的居民认为"非常公平"，28.84%的居民认为"比较公平"，42.06%的居民认为"一般"，23.18%的居民认为"不太公平"，3.43%的居民认为"非常不公平"。因此，从调查结果看，仅有不到1/3的居民对社会公平的判断为"非常公平"和"比较公平"，因此，群众的社会公平感较低（见图20）。

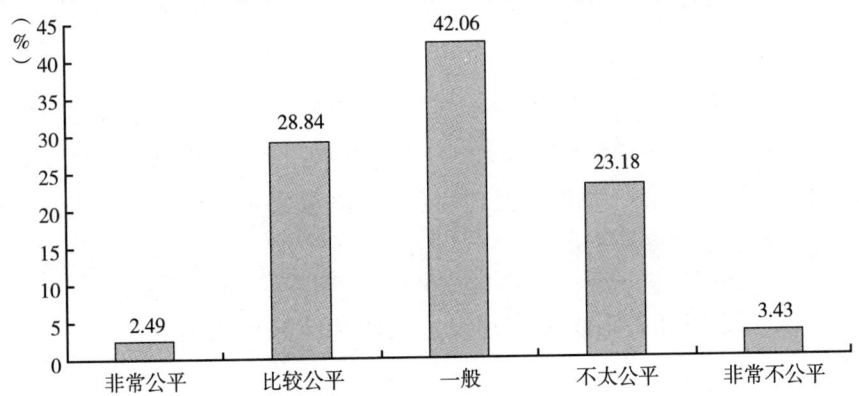

图20　河南省居民社会公平感

六　2016年河南省社会治理发展展望

（一）建立社会治理绩效评估指标体系，推进社会治理精细化

我国社会治理工作范式经历了从社会治安到社会管理再到社会治理的转变。传统粗放式、经验化管理过程中存在的"差不多""马马虎虎""大差不差"等思维方式和处理方式使社会治理实践过程中标准化程度低、覆盖面狭窄、工作制度不缜密等一系列的问题长期得不到解决。党的十八届五中全会中"社会治理精细化"的提出为解决上述问题提供了有效的思路和途径。实现社会治理精细化需要全面发现社会治理实践中存在的问题，系统寻找社会治理中的薄弱环节，推进社会治理工作的内容深化和方式完善，从而整体上提升社会治理水平。首先，建立一套科学、客观、完善的，符合社会治理实践实际情况，独具河南地方特色的社会治理绩效评估体系。社会治理绩效评估体系的建立与完善需要党委、政府、社会组织、专家学者、普通公众等各方主体协同参与，形成多方参与的新理念与新格局。其次，建立"考、评"相结合的社会治理绩效评估机制。改进目标管理方式，将考核目

标进行精细化和指标化,加强过程管理,实现绩效考核动态化。通过引入公民评价,把民众满意度作为检验各组织部门管理和服务工作好坏的根本标准,把社会外部评判压力转化为部门内部改进动力。最后,完善社会治理绩效评估反馈机制。通过社会治理绩效评价,发现问题、诊断问题,更好地发挥绩效评估的"纠偏"功能,促进社会治理各要素不断均衡化,社会治理各部分、各环节不断精细化。

(二)加强社会组织能力建设,构建共建共享新格局

社会组织作为社会治理实践的一个重要参与主体,有利于承接政府职能转移,更好地满足人民群众日益增长的社会服务需求;有利于预防和化解社会矛盾,保障社会安定和谐;有利于促进社会自我管理、自我服务、自我教育和自我监督。尽管当前河南省社会组织的总体数量不断增长,但社会组织增长速度已出现放缓趋势,因此河南省社会组织的发展一方面仍有较大的空间和潜力,另一方面也需要不断提升社会组织自身能力。这就需要从以下三个方面入手推动社会组织发展、激发社会组织活力。首先,完善政府向社会组织购买服务的体制机制。考虑出台政府向社会组织购买服务专门的法律法规,对政府购买服务的主体、内容、程序、资金管理等做出统一的指导性规定,并健全政府向社会组织购买服务机制及建立监督评估、绩效管理体系。其次,政府以购买有实力的本土社会组织服务的方式引导新兴社会组织培育。通过购买有实力的本土社会组织的服务来孵化新兴社会组织,有效培育出具有市场竞争力,具有社会性、非政府性、独立性的社会组织。最后,大力加强社会组织人才队伍建设,健全社会组织人才的人事管理、专业培训、人才评价、社会保障等政策规定。

(三)强化基层社会治理,增强公众社会治理效能感

2015年9月24日,中央政法委书记孟建柱同志在全国公安厅局长座谈会上强调:"不断提高社会治理效能和服务群众水平。""社会治理效能"这一全新的概念首次提出,其主要是指社会治理达成预期结果或影响的程度,

且更加强调的是社会治理取得的效果。社会治理是一个多元化的体系，不仅需要政府机构、社会组织等各方主体的共同参与，更需要基层社会组织功能和作用的发挥。作为人们生活的基本平台，社区是联系群众最紧密、服务群众最直接、组织群众最有效的一部分。因此，社区治理在社会治理中起着基础性作用。第一，充分发挥社区承上启下的连接作用。在公共政策、公众生活秩序和社会组织利益等多种关系交错的空间中，社区更加容易发现社会治理的漏洞，并从治理实践和民间活动中找到相应的填补方式，更容易实现社会治理创新。第二，重视社区群众组织横向沟通的协调作用。社区中具有共同爱好和诉求的人们由于生活空间的相近而容易聚合到一起，形成居民自我服务、自我管理的群众组织。这些组织在心理慰藉、文化娱乐、生活帮扶等领域提供了政府无法提供的服务。通过组织间日常沟通与合作，组织与个人的接触与互动，在一定程度上打破"陌生人"隔阂，提升了社区公共活动开展的容易程度。第三，推动社区的建设与发展，离不开政府部门工作方式的转变。改变传统以指标为主的价值体系和指令式的工作方法，改变将大量社会治理和公共服务事务下移的倾向。对社区协助办理的行政事务进行梳理，避免给社区工作者带来沉重的行政工作负担。同时，推动政府与社区展开契约式合作，让渡社区的自治空间。

（四）大力支持保障和改善民生，提高公共服务的整体水平

新时期社会治理必须坚持以人为本，把增进人民福祉、促进人的全面发展作为出发点和落脚点，切实解决好人民群众最关心、最直接和最现实的利益问题。首先，着力解决人民群众关注的重点、热点问题，积极回应人民群众在社会保障、教育、医疗、环境、安全等基本公共服务方面的诉求。继续完善社会保障体系，加快实现城乡社会保障一体化；坚持教育优先发展，加大基础教育尤其是农村基础教育投入，逐步实现城乡教育资源配置均等化；建立覆盖城乡居民的基本卫生制度，努力实现卫生服务均等化；解决人民群众普遍关心的食品、生态环境领域的安全问题，确保食品安全、生态环境安全，努力实现城乡居民安全服务均等化。其次，强化服务理念，加快建设服

务型政府。进一步推动政府职能向创造良好发展环境、提供优质公共服务和维护社会公平正义方向转变,强化基本公共服务均等化理念,科学合理划分各级各类政府职能部门公共服务职责,加大基本公共服务投入;强化政府公共服务职能,充分挖掘公共资源潜能,集中力量组织和提供基本民生服务、公共事业服务、公共安全服务和公益基础服务,满足群众基本需求。最后,改善公共服务质量,提高公共服务有效供给水平。积极探索公共服务供给改善渠道。通过建立统一科学的公共服务评价体系,准确判断出公共服务水平,并通过建立公共服务修正机制,不断修正公共服务供给方向和提高供给质量,使公共服务符合社会发展需要,并能真正惠及全体人民。

(五)加快社会治理信息化建设,引领推动社会治理创新

互联网正在改变着人们的思维方式、生活方式和社会交往方式,借助互联网、大数据等现代信息技术,搭建各类社会综合治理和公共服务平台,提升社会服务和社会治理的精准化程度,既是社会治理精细化的内在要求,更为其提供了时代优势和技术条件。各级政府在社会治理中积累了数以亿计的公共服务大数据,对这些数据进行有效的处理分析,可以提高社会治理的精确度和靶向性,促进社会治理精细化的实现。因此,社会治理创新、社会治理精细化与信息化建设密不可分。河南省应充分发挥大数据在社会治理精细化中的作用,通过信息化建设推动和引领社会治理精细化创新。首先,推动河南省大数据发展行动纲要和相关计划的落实,按照创新、协调、绿色、开放、共享的发展理念,加快政府各职能部门数据系统的建设、协同、共享与数据开放进程,在交通、电信、社会治安等社会服务领域实现精准化治理的新突破。其次,建立大数据信息平台,实现信息多元化收集、重点区域实时监控、数据综合分析研判、问题高效处置"四大功能",使发现问题、分析问题、解决问题、核实反馈"四个环节"环环相扣、闭环运行。最后,搭建统一的公共信息服务平台,优化工作流程,推动公共服务由"多头服务""坐等服务""定时服务"向"综合服务""上门服务""实时服务"转变,形成社会治理的有效合力。

"十三五"专题篇

13th Five – year Plan

河南省"十三五"时期基本社会服务发展研究[*]

孙远太 宋凯琳 丁文文[**]

摘 要： 本研究以历年社会服务统计年鉴、国民经济和社会发展统计公报的数据为基础，从社会救助、社会福利和基本养老服务三个方面分析了"十二五"时期河南省基本社会服务的发展状况，并通过对比分析，剖析了河南省基本社会服务发展中存在的问题，提出了"十三五"时期河南省基本社会服务发展的重点任务和保障措施。研究发现，河南省基本社会服务发展总体滞后，不仅低于全国平均水平，也在中部六省处于较低水平；社会救助、社会福利和基本养老服务都有待完善。

---

[*] 本文为"河南省社会管理数据库开发及应用研究"（14A630028）的阶段性成果，受到社会治理河南省协同创新中心资助。

[**] 孙远太，郑州大学公共管理学院副教授，社会治理河南省协同创新中心研究员，研究方向为政府治理与社会政策；宋凯琳，郑州大学公共管理学院2014级硕士研究生；丁文文，郑州大学公共管理学院2015级硕士研究生。

"十三五"期间，河南省要着力健全以城乡最低生活保障制度为核心，以综合救助为主要内容的社会救助体系；逐步拓展社会福利的保障范围，推动社会福利由补缺型向适度普惠型转变；以居家养老为基础、社区养老为依托、机构养老为支撑，全面建成功能完善、规模适度、覆盖城乡的养老服务体系。

关键词： "十三五"　河南省　基本社会服务

我国经济发展进入新常态，"社会政策要托底"成为应对新常态的一个基本要求。社会政策要托底，就是在总体的经济增长速度适当放缓的条件下，对部分地区、部分行业和一些企业出现的一些困难，用"社会政策托底"来解决，这主要体现为基本社会服务的改革与发展。

作为公共服务的重要组成部分，社会服务是现代社会的产物。"社会服务是政府制定相关社会政策，通过职能部门或社会力量为困难群体和特殊群体提供帮助和服务的公益性活动。"[①] 基本社会服务是社会服务中最为核心、最为基础的部分，是政府社会服务职能的"底线"，旨在保障困难群体和老年人、残疾人、孤儿等特殊群体有尊严地生存和平等参与社会发展的权利。

随着改革开放和工业化、城镇化的加快推进，河南省的社会结构出现急剧变动，利益格局不断调整，城乡居民利益诉求日趋多元，城乡困难群体的生活问题和发展问题日益凸显，切实加强基本社会服务建设日趋紧迫。本文将对河南省"十二五"期间基本社会服务的发展状况进行回顾，剖析基本社会服务发展中存在的问题，提出"十三五"时期河南省基本社会服务发展的对策建议。

---

① 冯亚平：《充分发挥民政在提供基本社会服务中的支撑作用》，《中国社会报》2012年7月25日。

一 "十二五"时期河南省基本社会服务发展回顾

2012年出台的《国家基本公共服务体系"十二五"规划》，明确提出"国家建立基本社会服务制度，为城乡居民尤其是困难群体的基本生活提供物质帮助，保障老年人、残疾人、孤儿等特殊群体有尊严地生活和平等参与社会发展。"[1] 基本公共服务涵盖社会救助、社会福利、基本养老服务和优抚安置，由于优抚安置的特殊性，本文重点分析社会救助、社会福利和基本养老服务。

"十二五"期间，河南省以最低生活保障为基础，逐步实现城乡社会救助全覆盖；拓展社会福利保障范围，加快推进社会福利制度由补缺型向适度普惠型转变；积极应对人口老龄化，加快建立以家庭为主导、社区为依托、机构为支撑的养老服务体系。

（一）社会救助水平不断提升

河南省出台《社会救助实施办法》，把之前分散的医疗救助、教育救助、就业救助、住房救助等救助资源，统统整合成社会救助资源。河南省不断完善城乡低保制度，规范完善医疗救助制度，逐步建立重大疾病统筹制度，全面建立临时救助制度，实现各项制度的城乡均等和全覆盖，并随着经济社会的发展，同步提高各项社会救助的标准和水平。理顺基本生活救助和其他专项救助之间的关系，将专项救助制度在覆盖低保对象的基础上向低收入家庭延伸。河南省已逐步形成惠及全民、覆盖城乡、制度健全、相互衔接的新型社会救助体系（见表1）。

---

[1] 《国家基本公共服务体系"十二五"规划》，中国网，http://www.china.com.cn/policy/txt/2012-07/20/content_25965719_7.htm。

表1　2011～2015年河南省城乡社会救助发展状况

年份	城镇居民最低生活保障金（亿元）	农村居民最低生活保障金（亿元）	城市享受最低生活保障人数（万人）	农村享受最低生活保障人数（万人）	城乡医疗救助金（亿元）	医疗救助人员（万人次）
2011	34.5	39.9	141.9	365.8	4.87	122.1
2012	31.02	42.47	133.44	372.29	6.49	107.03
2013	36.63	53.26	131.05	389.83	9.44	107.96
2014	31.97	49.47	118.9	395.26	7.13	74.33
2015	31.7	55.8	107.86	393.25	7.13	69.86

城市低保实现应保尽保，农村低保制度全面建立。2010～2015年，全省城市低保标准由平均每人每月186元提升为平均每人每月385元，补助水平由平均每人每月126元提升为平均每人每月225元；全省农村低保标准由年人均1200元提升为年人均2600元，补助水平由月人均72元提升为月人均115元。截至2015年12月，全省共有城市低保对象107.86万人、农村低保对象393.25万人，2015年城乡低保实际月补助水平分别达到232元、122元。

（二）社会福利体系逐步健全

河南省积极开展面向困难群体和特殊对象的社会福利服务，推动社会福利设施建设。河南省以家庭养育为基础、社区福利服务为依托、县（市）福利机构为保障的福利服务网络基本建成，社会福利实现由补缺型向适度普惠型转变。

河南省加强儿童福利服务体系建设。建立孤儿最低养育标准自然增长机制，逐步建立与经济社会发展水平相适应的困境儿童分类保障制度，稳妥推进涉外收养工作，规范社会力量收留孤儿和弃婴行为，实施残疾孤儿手术康复"明天计划"，做好福利机构脑瘫儿童康复治疗工作。比如郑州市2011年出台《关于加强孤儿保障工作的意见》，大幅提高孤儿救助保障标准。全市城区社会散居孤儿基本生活最低养育标准每人每月从不低于540元提高至不低于850元，机构养育孤儿每人每月从不低于755元提高至不低于

1300元。

河南省县级社会福利中心项目全部开工建设。2011年3月，民政部与河南省政府签署合作协议，明确提出在"十二五"期间支持河南省每个县（市）建设一个社会福利中心。截至2015年12月，随着这一目标任务的全面完成，全省有社会福利中心建设任务的123县（市、区）都将拥有一所集养育、康复、托管于一体，为区域内的孤儿、孤老、精神病人、生活无着落流浪人员、优抚安置对象等特殊困难群体提供服务的综合性社会福利机构。

表2 2011~2014年河南省社会福利发展状况

年份	社会福利院床位（万张）	社会福利院收养人数（万人）	福利彩票销售资金（亿元）	筹集社会福利资金（亿元）	接受社会捐赠（亿元）
2011	26.9	23.1	45.3	13.8	0.36
2012	27.11	23.16	56.89	16.18	0.25
2013	27.86	23.48	61.8	18.05	0.32
2014	28.53	22.85	65.19	18.78	0.21

由表2可以看出，2011~2014年河南省社会福利发展状况良好，社会福利院床位数稳步增长，收养人数趋于稳定。福利彩票销售和社会福利资金收集数量都有大幅增长，但接受社会捐赠资金有所下降。

（三）基本养老服务体系逐步建立

目前河南省60岁以上老年人口达1400多万，约占常住人口13%，且每年以3.5%的速度递增。根据养老需求的新趋势、新动向，河南省积极探索切合实际的养老服务模式，"以居家为基础、社区为依托、机构为支撑"的养老服务体系建设初具规模。河南省制定了《社会养老服务体系建设规划（2011~2015年）》，出台了《关于加快推进社会养老服务体系建设的意见》，对全省养老服务体系建设做出了规定；推出了《关于建设高成长服务业大省的若干意见》，将养老服务列为九大高成长性服务业之一。各省辖市相继出台了加快发展养老服务业的意见等，形成了上下贯通、左右衔接的全省养老服务业发展规划体系，推动了河南省养老服务业又好又快发展。

河南省城镇"三无"老人、农村"五保"老人集中供养和分散供养制度不断完善。供养标准不断提高，保障城镇"三无"老人、农村"五保"老人基本生活需求。建立政府购买养老服务制度，对接收供养城镇"三无"老人、农村"五保"老人和独生子女伤残（三级以上）、死亡的老人的社会办养老服务机构，通过政府购买服务的方式，对供养对象的基本生活保障经费按政策标准给予足额发放并对该类养老服务机构在更新完善设施设备等方面给予补助。截至 2015 年 12 月，河南省共有养老服务机构 3913 个，养老床位数 47.3 万张，每千名老人拥有养老床位增加到 32.2 张。

河南省积极探索实施公建民营、民建公助、政府补贴等方式，引导民间资本和社会力量参与居家和社区养老、机构养老服务。目前，社会资本投入养老服务的比例已占 60% 以上。全省已建成"12349"养老服务信息平台 37 个，入网老人 200 多万。2015 年，河南积极推行"互联网+养老"服务，加快推进"12349"居家养老服务信息平台、养老机构综合信息管理系统等项目建设，开展养老服务和社区服务信息惠民工程试点及智慧养老试点示范工作。比如，郑州市在居住区控制规划编制中，规划人口达到 5 万（含 5 万）人以上，按每人 0.1 平方米预留养老院建设用地；5 万人以下的住宅区，通过配建日间照料中心或托老所解决社区养老设施需求。

二 "十二五"时期河南省基本社会服务存在的问题

在当前形势下，"社会服务需求呈现全面快速增长的趋势，但社会服务缺乏、社会服务覆盖面较小、管理体制和机制滞后等问题，已不能适应当前经济和社会发展的需要。"[1] 尤其是基本社会服务的"短板效应"更为凸显。

---

[1] 林闽钢：《我国社会服务管理体制和机制研究》，《华中师范大学学报》（人文社会科学版）2013 年第 3 期。

"十二五"期间，河南省基本社会服务取得了长足发展，但与人民群众的热切期待相比，也存在一些困难和问题。下文笔者将对河南省基本社会服务发展水平与全国平均水平及中部其他省份相比较，以此描述河南省基本社会服务发展中存在的问题。

（一）社会服务发展总体滞后

下文将从社会服务发展指数、社会服务事业费支出占财政支出比重、每千人社会服务支出、每万人社会服务机构数和每万人社会服务职工数五项指标，描述河南省社会服务发展状况。

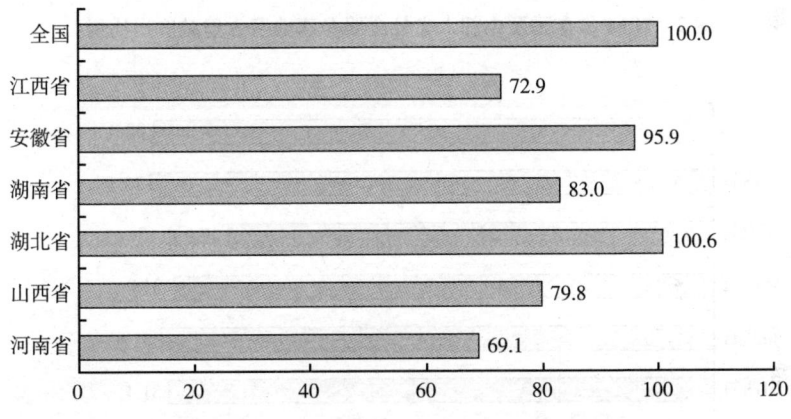

图1　2014年全国及中部六省社会服务发展指数

社会服务发展指数是民政部对全国社会服务发展状况进行的评估。由图1可以看出，以全国社会服务发展指数100.0为基准，河南省的社会服务发展指数为69.1，不仅低于全国平均水平，在中部六省中也处于最低水平。

社会服务事业费支出是社会服务发展的基本条件，其占财政支出的比重则反映了政府对于社会服务事业发展的重视程度。由图2可以看出，社会服务事业费占财政支出的全国平均水平为29.0‰，河南省的比重为36.8‰，稍高于全国平均水平，但这一比重在中部六省中仍处于最低水平。

社会服务事业费的人均支出水平能够消除人口规模的影响，能更好地反映一个地方的社会服务发展水平。由图3可以看出，每千人社会服务事业费

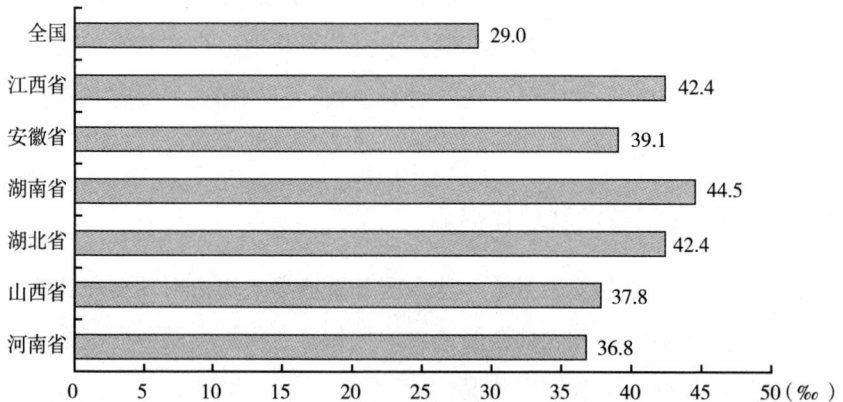

图2 2014年全国及中部六省社会服务事业费占财政支出比重

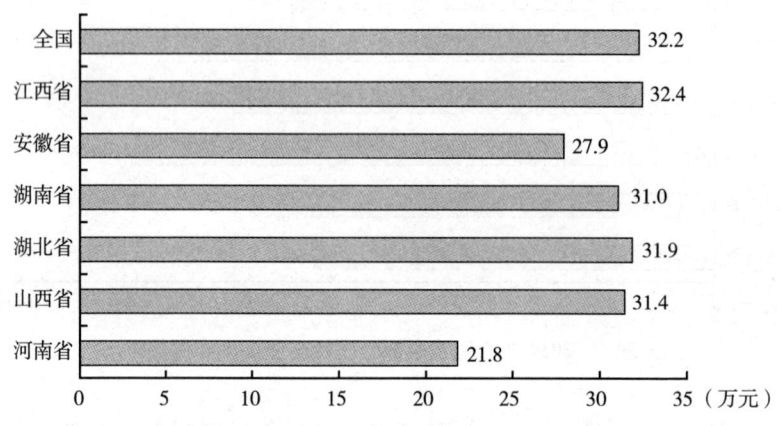

图3 2014年全国及中部六省每千人社会服务事业费

支出的全国平均水平为32.2万元,河南省的支出水平为21.8万元,这一水平低于全国的平均支出,在中部六省中也处于最低水平。

社会服务机构数反映了一个地区能够提供社会服务的水平。由图4可以看出,每万人社会服务机构数的全国平均水平为12.2个,河南省每万人社会服务机构数为9.2个,这一数量低于全国平均水平,在中部六省中稍高于江西省和安徽省。

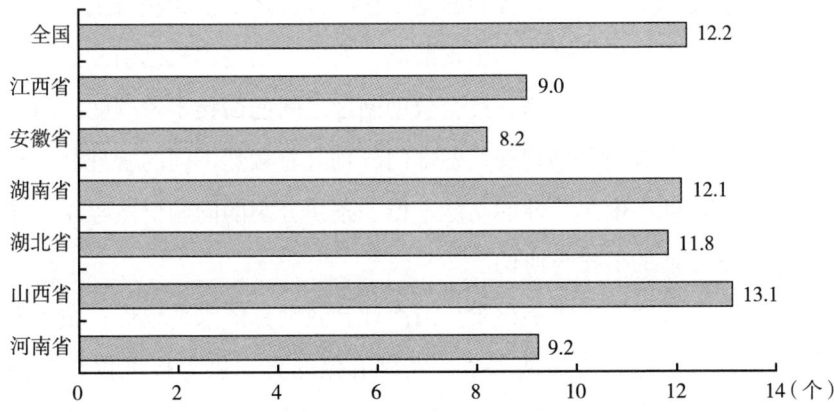

图4 2014年全国及中部六省每万人社会服务机构数

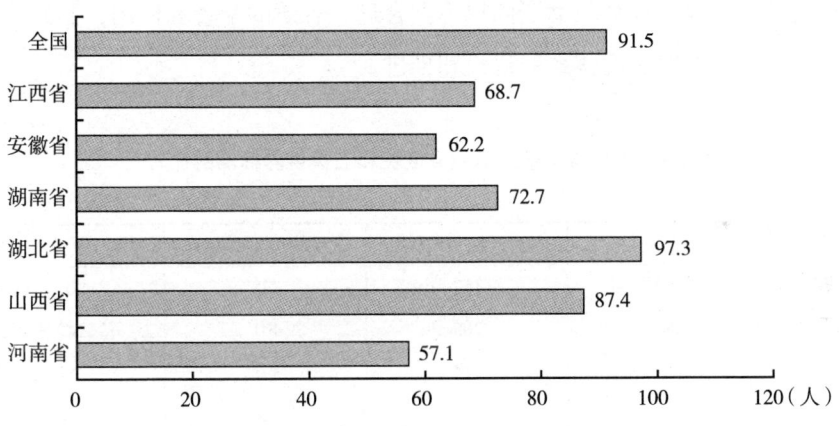

图5 2014年全国及中部六省每万人社会服务职工数

社会服务职工数从人员方面反映了一个地区能够提供社会服务的水平。由图5可以看出，每万人社会服务职工数的全国平均水平为91.5人，河南省每万人社会服务职工数为57.1人，这一数量低于全国平均水平，在中部六省中也是最低的。

（二）社会救助体系有待完善

第一，社会救助管理不够规范。河南省虽然在社会救助方面先后出台并实施了多项制度,但仍有一些社会救助工作在部分环节上无法可依,一些制度上的欠缺,难免造成救助工作出现漏洞,实践中出现因救助引发的纠纷民政部门和司法机关也不好处理。社会救助制度之间的衔接不够顺畅。当前社会救助工作由多个部门分别管理,各部门分别有着截然不同的管理制度和管理范围,各项救助制度单一性的功能定位、条块分割的问题仍然存在,导致制度之间缺乏合理的衔接与协调。

第二,社会救助标准不够科学。河南社会救助总体水平较低,城乡低保标准在中部六省中都处于最低水平,农村五保的集中供养标准仅高于江西省,而分散供养标准也是最低的。此外,从救助政策的覆盖面、人均占有的社会救助资源、救助工作机构设置和人员配备、救助资金投入等方面看,城乡存在较大差异。社会救助资源得不到合理、有效的配置和使用,制约了河南省新型社会救助制度体系的建设和推进。

表3 全国与中部六省城乡低保和五保供养标准的比较

单位:元/(人·月)

区域	城市低保平均标准	农村低保平均标准	五保集中供养标准	五保分散供养标准
河南省	329	152	328	201
山西省	384	205	401	242
湖北省	411	214	391	282
湖南省	353	194	474	250
安徽省	422	236	380	241
江西省	418	220	292	258
全 国	411	231	448	334

第三,贫困边缘群体的社会救助问题突出。贫困边缘人群的平均收入水平可能仅仅比低保线略高一点,但又不属于上述范围,因此便不能享受低保待遇,从而产生了新的矛盾和不平衡现象。当前各项救助制度主要考虑的是解决城市贫困居民最基本的温饱问题,还没有完全实现从消除"收入贫困"到消除"能力贫困"。

（三）社会福利体系有待提升

第一，孤儿福利保障力度不足。孤儿是社会福利事业和社会救助工作的重点对象。由于受经济、社会发展水平制约，儿童适度普惠型服务体系尚未建立，孤儿救助缺少整体的、完备的、科学的救助体系。河南省每十万人孤儿数为48人，高于全国每十万人32.2名孤儿的平均水平，孤儿集中供养的比例为13%，低于全国17.8%的平均水平。在经费保障方面，儿童福利院在院人员补助水平仅为全国平均水平的1/2。

第二，社会福利机构数量不足。在为儿童提供住宿的社会福利机构中，官办福利机构18家，民办的仅为2家，相对于4万多孤儿，机构数量不足。为残疾人提供工作岗位的福利企业为640家，其他福利机构173家，相对于720万残疾人，数量远远不够。究其原因，社会福利机构大多以官办为主，社会力量参与的积极性尚未调动起来。

第三，社会福利机构服务技能偏低。现有服务人员学历层次较低，大学本科及以上学历的人员比例为22.7%，具有助理社会工作师和社会工作师资格的比例不足1%。这些机构的服务人员工作方法比较落后，难以提供个性化、多样化、系统化的专业服务。

（四）基本养老服务体系有待健全

第一，养老服务资源总体短缺。河南省老年人口每千人养老床位数低于全国平均水平2张。特别是作为省会城市的郑州，养老服务床位每千人不足20张。养老服务机构规模较小，具有0~99张床位的养老机构为1529家、100~299张床位的为941家、300张床位以上的仅为70家。规模过小限制了养老服务机构综合功能的发展，大部分养老服务机构仅能提供简单的生活照料基本服务，难以提供康复、精神关爱、文化娱乐等其他更多服务。

第二，养老机构服务水平不高。当前河南省的养老服务业尚处于起步阶段，养老机构整体服务水平不高，专业人才匮乏，人员队伍不稳定。在养老服务人员中，具有大专及以上学历的仅占17.8%，具有助理社会工作师和社会工作师资格的不足1%。大多数护理人员是农民工或城市下岗失业人员，没有接受过专业培训，缺乏专门的护理知识。另外，由于养老机构工作时间长、工资待遇低，护理人员流动性强，队伍不稳定，行业整体缺乏竞争力和发展后劲。

第三，居家养老服务探索有待拓展。河南省各地市结合本地的实际开展了居家养老服务，但是老年活动场所、老年协会和老年护理机构建设滞后。居家养老服务的对象还仅限于孤寡老人，还没有普及所有的空巢老人和有需求的社会老人。在河南省60岁以上老年人口中，享受高龄津贴的比例为2.7%，享受服务补贴的比例为0.1%，享受护理补贴的比例为0.01%，均处于较低水平。

三 "十三五"时期河南省基本社会服务发展目标与重点任务

基本社会服务旨在为城乡居民尤其是困难群体的基本生活提供物质帮助，保障老年人、残疾人、孤儿等特殊群体有尊严地生活和平等参与社会发展。"十三五"期间，河南省要着力健全以城乡最低生活保障制度为核心，以农村五保供养、自然灾害救助、医疗救助、流浪乞讨人员救助制度为主要内容，以临时救助制度为补充的社会救助体系；以扶老、助残、救孤、济困为重点，逐步拓展社会福利的保障范围，推动社会福利由补缺型向适度普惠型转变，逐步提高居民福利水平；以居家养老为基础、社区养老为依托、机构养老为支撑，全面建成功能完善、规模适度、覆盖城乡的养老服务体系。

（一）社会救助

1. 发展目标

2020年，完善城乡最低生活保障制度，建立城乡一体化社会救助体系，健全低保标准动态调整机制，采取多种措施提高老年人、残疾人、未成年人和重病患者的保障水平，最低生活保障目标人群覆盖率达100%。将专项救助逐步延伸至低保边缘家庭，重点解决其医疗、教育、住房等方面的困难。加强医疗救助与基本医疗保险制度的衔接，医疗救助目标人群覆盖率达100%。加强城市生活无着落的流浪乞讨人员救助管理，城区均设有标准的救助机构，目标人群覆盖率达100%。

2. 重点任务

（1）推进城乡低保制度一体化。健全与经济发展和物价水平相适应的救助标准动态调整机制，加快推进城乡低保标准一体化进程。进一步提高低保分类救助系数，加大对"三无"人员、"五保"对象、老人、残疾人、单亲家庭等特殊群体的救助力度。

（2）完善城乡低收入家庭救助制度。出台实施低收入家庭收入和财产认定、核查办法，研究探索对低收入对象与低保对象实施救助的合理差别，实现低保制度与低收入家庭救助制度的有效衔接。

（3）健全城乡专项救助制度。完善城乡一体的医疗、教育、住房、采暖等专项救助制度，合理设定专项救助范围，适度提高救助水平；提高医疗救助报销额度，设立慈善医疗救助基金，建立特困人员住院押金减免制度；提高高等教育阶段新生入学教育救助标准，探索建立学龄前儿童教育救助制度；完善农村住房救助制度，将低收入家庭纳入救助范围；完善低保对象就业奖励、救助渐退和公益活动制度。

（4）规范临时救助制度。规范全省临时救助制度和标准，完善应急救助预案和及时沟通会商机制。

（二）社会福利

1. 发展目标

2020年，按照"覆盖全民、重点保障、层次有别、水平适中"原则，完善各项福利政策和制度安排，构建起与经济发展水平相协调的社会福利体系框架，大幅提升全社会的福祉水平。建立健全孤儿保障体系，合理确定孤儿养育标准，建立自然增长机制。拓展孤儿安置渠道，扩大福利机构收养能力，鼓励家庭养育，目标人群覆盖率达100%。完善落实安置残疾人就业和税收优惠政策，鼓励社会力量兴办福利企业，积极为残疾人创造更多的就业岗位。加强福利机构建设，进一步提高福利机构服务管理水平，福利机构护理人员持证上岗率达到90%。

2.重点任务

（1）提升儿童福利水平。构建以家庭养育为基础、基本生活费为保障、福利机构为依托的儿童福利服务体系。根据需求情况各区县设立专门的儿童福利机构。建立孤儿基本生活、医疗康复、教育、就业、住房等保障制度，将父母双方因失踪、重度残疾或服刑而无抚养能力抚养的未成年人纳入孤儿保障体系。完善孤儿供养经费自然增长机制，研究制定困难家庭儿童生活津贴政策。规范家庭寄养工作，完善成年孤儿社会安置政策。

（2）提升老年人福利水平。完善高龄津贴制度，不断提高津贴标准。建立失能老年人津贴，研究制定低收入家庭的失能老年人入住养老机构的补助办法。探索推进商业养老护理保险试点工作。开展丰富多样的老年文化活动，建设百个老年基层文教体专业团队、发展千个基层老年文教体活动基地、培育万名优秀基层老年文教体活动骨干。加强老年教育工作，整合社会教育资源，建立市、区（县）、街（乡镇）、社区（村）四级老年教育网络体系。加强老年人身心健康关爱服务，实现老年人精神关怀服务城乡社区（村）需求人群全覆盖。

（3）丰富残疾人福利内容。将残疾人生活补助覆盖范围扩大到残疾儿童，逐步建立残疾人生活津贴制度。对生活不能自理的残疾人给予护理补贴。建立残疾人大病医疗救助专项补助基金，为享受医疗保险和医疗救助政策后仍有困难的残疾人提供帮助。完善和落实残疾儿童康复服务补贴办法。深入开展满足残疾人特殊需求的居家服务。做好残疾人辅助器具服务工作。制定实施残疾人享受公共服务的优待措施。

（4）完善社会福利管理体制。健全和理顺社会福利体系，建立由民政部门牵头，发展改革、教育、公安、财政、人力社保、土地、规划、住房建设、卫生、残联、妇联等部门组成的社会福利协调机构，研究社会福利宏观战略和发展规划，统筹社会福利政策、资源。推进民办公助、公办民营、连锁经营、管理输出等社会福利机构社会化、集约化、标准化运作方式，加大政府购买社会化服务力度，引导社会力量兴办福利服务实体。

（三）基本养老服务

1. 发展目标

2020年，基本形成制度完善、组织健全、规模适度、运营良好、服务优良、监管到位、可持续发展，与人口老龄化进程相适应，与经济、社会发展水平相协调，以居家为基础、社区为依托、机构为支撑、医养结合的养老服务体系。老年人的生活照料、家政服务、医疗康复、文化娱乐、精神慰藉、应急救助等服务能有效开展；符合标准的日间照料中心、农村养老服务中心等城乡社区养老服务机构覆盖所有城市社区、90%以上的乡镇和60%以上的农村社区；养老机构床位实现平均每千名老年人35张以上。

2. 重点任务

（1）大力发展居家养老服务。制定政策扶持和资金引导办法，鼓励和支持社会力量参与、兴办居家养老服务业。研究建立居家养老床位补贴制度，建立服务商准入和退出机制，制定入户家政服务、老年餐饮服务、日间托老服务、精神关怀服务等行业服务标准。大力发展居家养老（助残）服务员队伍，为居家养老服务提供管理人才。鼓励专业技术学校开设养老服务相关专业，完善培训、取证、上岗制度，培育专业化的养老护理员队伍。

（2）加快完善社区养老服务。加强社区养老院（站）建设，重点满足高龄、独居、生活不能自理以及需临终护理的老年人的养老需求。规范建设社区（村）托老（残）所，实现老年人日间照料服务和助餐服务全覆盖。发挥社区（村）托老（残）所作用，引导生活自理的老年人参加活动、享受服务；对生活不能自理和高龄的老年人提供家务、家庭保健、辅具配置、送饭上门等服务。依托街道（乡镇）敬老院的设施资源，为社区老年人提供日间照料、短期托养、配餐等社会化服务。创建一批服务设施完善、信息网络健全、管理服务规范的养老服务示范社区。

（3）加强养老机构建设管理。继续实施社会力量兴办养老服务机构的资助和扶持政策，扩大资助范围，提高资助标准。探索民办养老机构建设用地供给扶持政策，建立健全外资进入制度。探索社会福利机构用水、用电、供暖、用气（燃料）等价格与居民用户实行同价，将符合规定的福利机构及内设的非营利性医疗机构纳入城镇基本医疗保险定点范围。支持养老机构开展残疾人托养服务。办好公办保障性养老机构发挥托底作用，重点为"三无"老人、低收入老人、经济困难的失能或半失能老人提供无偿或低收费的供养、护理服务。河南制定《社会福利机构管理办法》，完善养老机构分级分类标准和服务标准监控评估体系，实行星级与收费标准挂钩，重点打造一批养老服务机构品牌，推进养老服务机构管理标准化、规范化。

四 "十三五"时期河南省基本社会服务保障措施

按照应保尽保、应助尽助的要求，出台一批基本社会服务保障措施，推动治理体系和治理能力现代化，提升基本社会服务水平。

（一）创新发展机制

善于发挥市场机制作用，推行政府购买、特许经营、合同委托、服务外包等提供服务的方式，制定规范准入、资质认定、登记审批、招投标、服务监管、奖惩激励及退出等操作规则和管理办法，引导和规范基层自治组织、社会组织、企事业单位进入法规允许的基本社会服务领域。探索管办分开的有效实现形式，逐步形成公益目标明确、资金投入多元、监管制度完善、治理结构规范、运转协调高效的社会服务事业运行机制。

（二）完善投入机制

坚持政府主导、扩大社会参与、辅以市场手段，形成以政府投入为主的多渠道、多形式、多层次的基本社会服务发展资金筹措机制。推动政府加大对社会服务事业发展资金的投入，逐步提高社会服务经费在公共财政预算中的比重。完善财权、事权划分机制，形成合理的社会服务事业经费分级保障机制。在基本社会服务领域探索政府购买服务的新办法、新途径，并纳入政府采购体系。健全民间资本参与基本社会服务发展的政策，完善社会捐赠和社会互助的动员机制，稳步扩大福利彩票发行规模。完善资金使用、监督管理和支出绩效评估机制，防止资金违法违规使用。

（三）加强人才建设

以提高管理水平和发展能力为核心，培养造就一支具有现代管理理念、高度社会责任感、较强经营能力的基本社会服务管理人才队伍。以提高专业水平和创新能力为核心，培养造就学术品德好、专业素质高、服务能力强、团队结构优的基本社会服务专业技术人才队伍。以加大岗位开发设置、专业培训力度为核心，在基本社会服务领域培养一支数量充足、结构合理、素质优良的社会工作专业人才队伍。以提升职业素质和职业能力为核心，加快培养造就一支数量充足、门类齐全、结构合理、技能合格的基本社会服务技能人才队伍。

（四）推动标准化建设

加快建立健全基本社会服务标准体系。依据国家和河南省基本社会服务相关法律法规，保障基本社会服务的规模和质量，明确工作任务的事权与支出责任，制定基本社会服务国家基本标准。加强设施建设、设备配置、人员配备、服务规范、服务对象资格认定、评价监督等管理服务标准建设，研究制定和修订行业标准，以基本标准指导基本社会服务发展。

（五）加快信息化建设

加大基本社会服务信息资源整合力度，推进社会服务信息平台建设。重点加强社会服务基础信息中心和以低收入家庭认定、灾害应急救助指挥、孤残救助和资金社会化发放等为主要内容的社会服务管理信息系统建设。加大政务信息资源开发、利用和管理力度，大力推动信息共享和业务协同，提升电子政务应用能力。

河南省"十三五"时期人口城镇化发展研究[*]

刘兆鑫[**]

摘　要： 人口城镇化核心是人口市民化、素质市民化和待遇市民化的协调发展。人口市民化是人的城镇化的先决条件，素质市民化是人口城镇化的必要途径，待遇市民化是人口城镇化的基本目标。"十三五"期间，河南省推进人的城镇化面临诸多挑战和难题，需要从这三个方面着手推进系统工作，推动人口市民化与城镇体系结构调整互动衔接，推行农业转移人口身份转化工程，促进农业转移人口城镇发展机会均等化。

关键词： 人口城镇化　"十三五"　人口市民化　素质市民化　待遇市民化

新型城镇化"新"在人的城镇化。深入推进新型城镇化建设，要以人的城镇化为核心。2016年3月，《国民经济和社会发展第十三个五年规划纲要》提出："要坚持以人的城镇化为核心、以城市群为主体形态、以城市综合承载能力为支撑、以体制机制创新为保障，加快新型城镇化步伐，提高社

---

[*] 本文系河南省高校科技创新团队支持计划"县域社会治理评价"（15IRTSTHN007）和河南省科技发展重点攻关课题"人口密集型城市空间治理量化研究"（11202310824）的阶段性成果。

[**] 刘兆鑫，郑州大学公共管理学院副教授，社会治理河南省协同创新中心研究员，研究方向为城市社区治理、新型城镇化。

会主义新农村建设水平，努力缩小城乡发展差距，推进城乡发展一体化。"《河南省新型城镇化规划（2014~2020年）》提出"坚持以人的城镇化为核心，强化'一基本两牵动'，推进农业转移人口进得来、落得住、转得出。""十三五"期间，针对河南城镇化发展现状和突出问题，着力推动人口城镇化持续、有效、深入发展是全省新型城镇化建设的重点。人口城镇化关键在于农业转移人口市民化，集中表现为人口市民化、素质市民化和待遇市民化三个方面的协调发展。本文以社会治理河南省协同创新中心2015年夏季城市流动人口调查数据为依据，从人口市民化、素质市民化和待遇市民化这三个维度分析并提出河南省"十三五"时期人口城镇化发展对策和建议。

一 人口市民化

人口市民化是指有能力在城镇稳定就业和生活的农业转移人口举家进城落户，与城镇居民享有同等权利和义务，获得同等市民身份的过程。伴随着工业化和非农化的快速推进，河南作为传统农业大省有大量农村人口从农业生产中转移出来，使全省城镇化水平快速提升。"十二五"期间，河南全省城镇化率由2010年的37.7%增长到2015年的46.82%，增长了9.12个百分点。全国城镇化率从2010年的49.9%增长至2015年的56.1%。河南省城镇化水平较全国总体水平仍有不小差距，但从增长幅度来看，河南还是远远大于全国6.2%的平均水平。这一方面反映出河南推动人口市民化仍面临较大的人口基数和城乡人口结构压力，城镇化发展任务艰巨，同时也表明河南在"十二五"期间促进农业人口转移、推动人口市民化方面成果显著，追赶趋势明显。从总体情况来看，"十二五"期间河南全省人口市民化保持年均1.5个百分点左右的增长幅度（见图1）。

从全国情况来看，阻碍人口市民化的最大障碍是城乡二元户籍制度。2014年6月6日，在中央全面深化改革领导小组第三次会议上，习近平指出："推进人的城镇化重要的环节在户籍制度，加快户籍制度改革，是涉及亿万农业转移人口的一项重大举措。"2014年11月，河南省人民政府出台

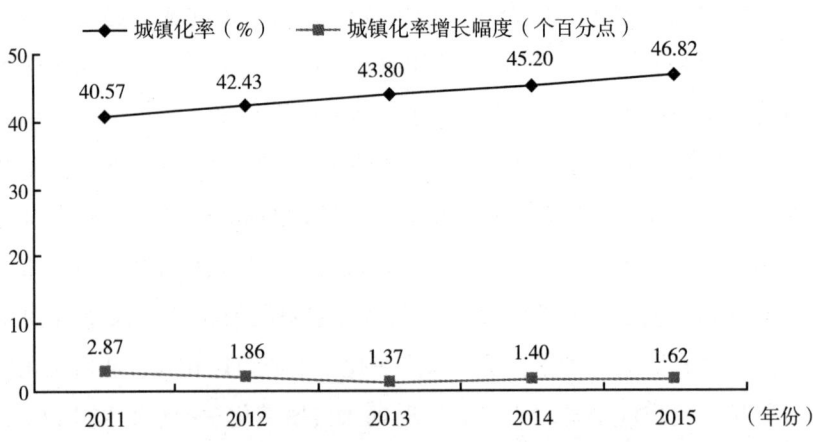

图1 "十二五"期间河南城镇化率及其增长幅度

《关于深化户籍制度改革的实施意见》，提出改革措施，要求"建立城乡统一的户口登记制度。取消农业户口与非农业户口性质区分，统一登记为居民户口"。这一措施的出台标志着实行了半个多世纪的"农业"和"非农业"二元户籍管理模式在河南省退出历史舞台。由于户籍制度限制，使得进入城镇的大量农业转移人口市民化程度低的问题也随着城乡统一户籍制度的实施而进入全面纠正阶段，河南继续推进人口市民化的体制障碍得以进一步消除。

但我们也必须看到，"十三五"期间，河南推进人口市民化仍面临诸多难题和挑战，主要包括如下方面。

（一）城镇化预期水平实现难度大

2015年，河南城镇化率为46.82%，与全国常住人口城镇化率56.1%的总体水平有较大差距。从"十三五"发展预期目标来看，《国家新型城镇化规划（2014~2020年）》提出，到2020年要实现全国常住人口城镇化率达到60%左右，努力实现1亿左右农业转移人口和其他常住人口在城镇落户。《河南省新型城镇化规划（2014~2020年）》则提出，到2020年全省常住人口城镇化率达到56%左右，争取新增1100万左右农村转移人口。这一目标虽然低于全国总体预期水平，但从河南发展现状来看，仍是针对河南实际制定的发展目标。不过这一目标的实现意味着河南要在"十三五"时期提高城镇化率近10个百分点。结合"十二五"发展状况来看，如果河南城镇化率以年均1.5个百分点的速度增长，到2020年也只能提高7.5个百分点左右。因此，河南要完成预期目标仍面临较大挑战。"十三五"期间，河南要推动人口市民化以更高速度增长才能保证预期目标的实现。而"十二五"期间较高的城镇化率增长速度从数据来看趋于平缓，说明继续推动人口市民化必须着力开发新的增长动力。

（二）城镇就业承载能力有待提升

就业是人口市民化的基础，稳定就业、增长城镇就业承载力是促进人口市民化加快发展的基本条件。根据2014年河南省政府制定的《关于深化户籍制度改革的实施意见》，到2020年全省将需要实现1100万农业人口转移到城镇安家落户。这也就意味着每转移220万农业人口，要促进城镇新增农业转移人口就业100万左右。从"十二五"期间全省城镇新增农业转移人口就业规模来看，这一目标的实现尚面临诸多不确定因素的影响（见图2）。

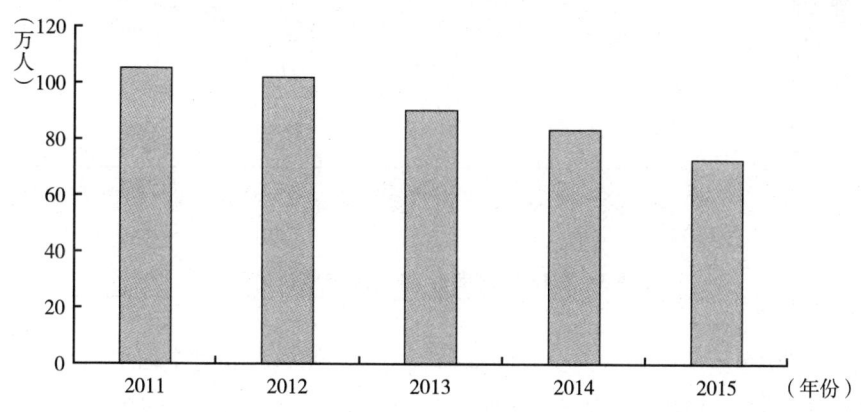

图2 "十二五"期间河南新增农村劳动力转移就业规模

"十二五"期间，全省城镇新增农业转移人口就业连续五年呈下滑态势，2015年新增农业转移人口就业规模仅为72万，表明全省城镇就业承载力，特别是农业人口转移就业承载能力增长面临困境。一方面是由于经济新常态和全球经济下滑带来经济增速放缓以及产业转型升级等多方面因素对就业岗位的压缩效应，另一方面也与河南产业结构吸纳就业能力不足有关。截至2015年，全省三产结构比例为11.4∶49.1∶39.5，第三产业比重虽有较大提高，但过分倚重第二产业的经济结构仍不能满足人口市民化快速发展的需要。

（三）城镇体系结构不均衡限制整体水平提高

合理布局的城镇体系是人口市民化的保障。全国"十三五"规划提出要"优化城镇化布局和形态、加快城市群建设发展、增强中心城市辐射带动功能、加快发展中小城市和特色镇"，目的就在于促进不同类型和规模城镇协调发展，促进城市承载力的整体提高。从河南情况来看，目前18个地市城镇化发展水平差异明显，不均衡性问题突出（见图3）。

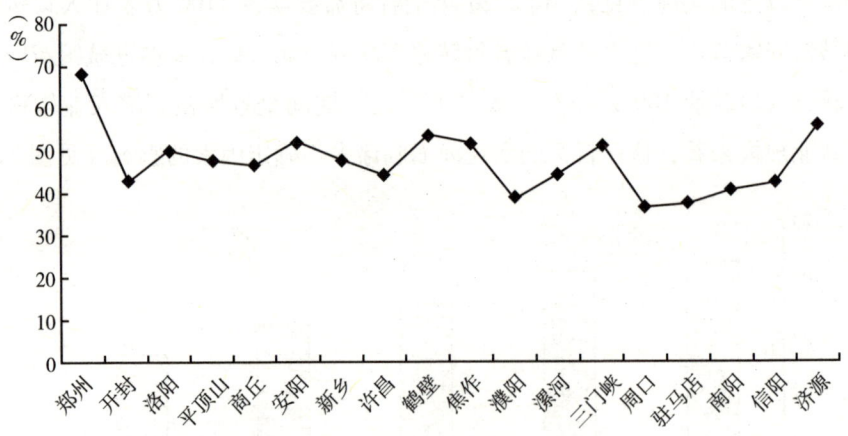

图3　2015年河南省18个地市城镇化率

从2015年情况来看，全省除郑州、济源城镇化率超过全国平均水平外，其他地市都与全国水平有一定差距，其中有11个地市城镇化率在50%及以下。这表明，全省城镇化发展水平地区差距较大，大、中、小城镇全面协调发展的格局有待进一步促成，郑州、洛阳等规模较大城市在发挥中心城市吸纳辐射功能的同时，其他城镇吸纳农业转移人口的空间还没有充分释放。如何促进各类型城镇统筹协调发展，优化城镇体系结构，提高城镇体系整体对人口市民化的承载能力仍是"十三五"时期的重点工作。

二 素质市民化

市民素质是城市发展的"软实力"，是新型城镇化的核心和灵魂。农业转移人口素质能否有效市民化，关系他们以后的生存和发展，决定着城镇的面貌和未来。人口城镇化不仅要保障农业转移人口获得同等的市民身份，同时也要促进农业转移人口素质提升，使其能够快速获得在城镇稳定就业和生活的能力。长期以来，河南省经济快速发展得益于全省丰富的劳动力资源，在新型城镇化进程中，与人口市民化相适应，农业转移人口素质市民化的现实要求将提高政府、企业及劳动力自身对教育、培训的投入激励，进一步提高劳动力素质。

农业转移人口素质市民化在宏观层面取决于农村人口素质的整体提升，在微观层面则受到城镇对外来务工人员的培训教育工作的影响。与现代城镇发展进步相适应的市民化素质要求具体体现在三个方面：一是全新的市民角色意识，也就是基于城镇一员的理性思考和以城镇发展为己任的自觉意识，是对城镇发展自觉认同、自觉参与、自觉奋斗的自主意识。良好的市民角色意识可以缩短农业转移人口与城镇市民之间的心理距离，增加被征地农民对所在城镇的归属感和自豪感，从而有助于被征地农民主动进行社会角色更新，加速实现自身素质的市民化。二是良好的职业适应能力。这体现在职业选择、职业技能、职业人际、职业心理等均衡发展上。农业转移人口要摆脱"等、靠、要"等消极择业思想，减少对现代职业的心理恐慌，掌握适应非农岗位的劳动技能，尽快适应从服务熟人社会向服务生人社会的转变。三是健康的日常生活方式。农业转移人口要自觉整合传统与现代、农村与城镇的生活方式，以满足正当、文明的生活需求为出发点，防止因居住隔离而受到部分老市民的排斥。

为推动城镇化发展，河南省较早开始关注农村人口素质培育，不断加大农村劳动力培训力度。从 2007 年开始河南着眼于农村剩余劳动力培训,到 2015 年,全省共培训农民工约 1300 万人,接受培训的农民工人数近年来以每年约 200 万人的速度持续增长,预计"十三五"期末全省累计培训农民工人数将达到 3000 万人。① 各个地市也高度重视农村劳动力,特别是进城务工人员的职业技能培训工作。仅以郑州市为例,郑州市每年组织形式多样的劳动力就业技能培训活动。截至 2015 年 8 月 31 日,全市组织农村劳动力就业技能培训 39441 人,完成年度目标任务 50000 人的 78.9%。2010~2014 年,全市累计组织农村劳动力就业技能培训 30 万以上人次。其中,2014 年共组织培训 7.1 万人,完成年度目标任务的 142%。

从实际效果来看,农村劳动力培训对农业转移人口素质市民化的作用还有待检验。从全国一般情况来看,2014 年全国初中毕业的农民工占 60%,高中和大专的比重不足 20%,接受过职业技能培训的农民工仅占 32%。② 从河南省情况来看,尽管全省不断加大农村劳动力培训力度并取得较大成就,但素质市民化工作在"十三五"期间仍面临许多难题。

(一)农业转移人口素质培育需求仍较大

河南有着大规模的农业剩余劳动力,每年农村劳动力转移就业总量将近 3000 万人,劳动素质培训需求巨大。按现有政府培训工程规模和深度来看,一时难以满足如此大规模转移就业的需要。据社会治理河南省协同创新中心 2015 年城市流动人口调查,累计发放问卷 600 份,回收有效问卷 489 份,有效问卷回收率为 81.5%,数据显示,有 43.8% 的受访农民工计划在未来 5 年内在打工地安家落户(见表 1),③ 但是其接受非农培训的比例却很低,一定程度上反映出当前河南全省农业转移人口素质培育覆盖面还有待全面扩大。

---

① 《河南省九年培训农民工 1300 万》,新华网河南频道,http://www.ha.xinhuanet.com/hnxw/2016-01/25/c_1117876951.htm。
② 《学习中国解读习近平对新型城镇化作重要指示:新在以人为核心》,凤凰网,http://news.ifeng.com/a/20160228/47617585_0.shtml,2016 年 2 月 28 日。
③ 2015 年 7 月,社会治理河南省协同创新中心在全省通过随机抽样的方式对城镇流动人口进行调查,共发放问卷 600 份,回收农民工样本 489 份。

表1 农民工未来五年留城预期

单位：人，%

五年后，您最有可能的情况是			
	频数	百分比	有效百分比	累计百分比
在打工地安家落户	214	43.8	43.8	43.8
返回老家生活	145	29.6	29.6	73.4
在其他地方继续打工	107	21.9	21.9	95.3
其他（请注明）	23	4.7	4.7	100.0
合　计	489	100.0	100.0	

在受访农民工接受教育培训的情况方面（见图4），有61.3%的受访农民工表示未接受任何形式的职业技能培训，而接受非农培训和学徒工培训的共占19.2%，反映出农业转移人口接受非农职业技能培训的程度较低，无法满足现实需求。与此形成鲜明对比的是，有33.5%的受访者认为其融入打工地城市的困难和障碍是学历有限等能力方面的因素，有12.3%的受访者认为缺乏外出务工经验是主要障碍。因此，"十三五"期间，农业转移人口在城镇务工所急需的职业学历、技能、受教育机会等方面需着力加强培养。

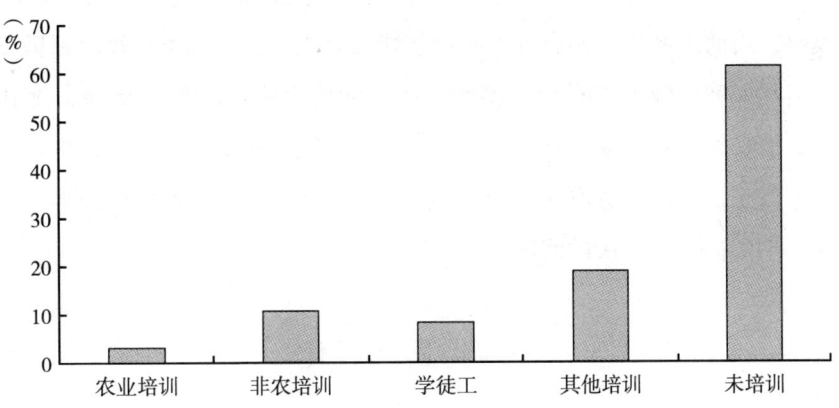

图4 农民工接受教育培训状况

（二）农民工提升自身素质的意愿不强

调查结果显示，一方面农民工素质结构不适应城镇工作、生活需要，另一方面农民寻求自身素质提升以改善在城镇生活状况的意愿却并不强烈。在"您最盼望务工地政府帮助解决的问题"方面，结果如图5所示。

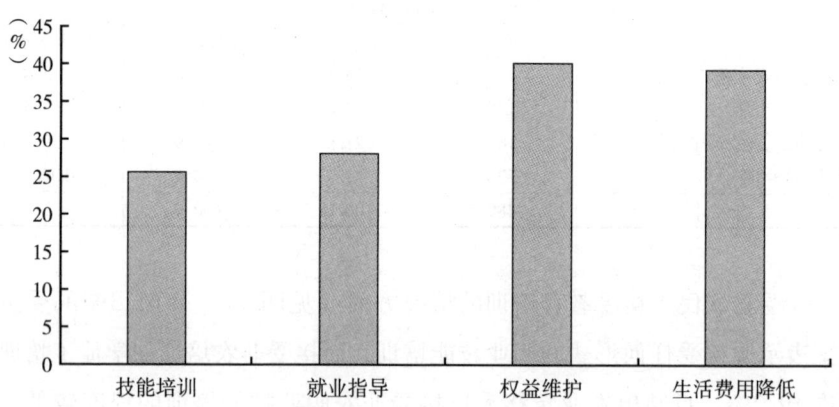

图5　农民工最盼望务工地政府帮助解决的问题

25.8%的受访农民工希望获得政府提供的技能培训，28.0%的受访者希望获得就业指导服务，而超过40.0%的受访者希望政府在权益维护方面提供帮助，39.1%的农民工则希望政府在降低其生活费用方面发挥积极作用。这表明，当前进城务工人员寻求职业技能提升的意愿要低于从政府那里直接获得实际保障和服务的意愿。实践表明，即使政府不断加大培训力度和投入，如果农民工缺乏提升素质的主观能动性，职业培训的实际效果也将大打折扣。因此，如何提高农民工自觉接受就业培训和再教育的主动性是"十三五"期间需着力解决的问题。

三　待遇市民化

农业转移人口待遇市民化是人的城镇化健康发展的关键。这需要在消除市民身份上的制度限制后，不断改善农业转移人口在城镇享有同等待遇的机会和程度，重点是推动同城同待遇。这要求一方面推进城镇基本公共服务常住人口均等化和全覆盖，另一方面也需推动农业转移人口城镇就业机会和工资收入同城化。以人为核心的新型城镇化就体现在合理兼顾社会需求与城市综合承受能力，逐步推进基本公共服务均等化，实现同城同待遇，让更多的人"进得来、留得住、过得好"。这些基本公共服务主要涉及优化教育管理体制和投入机制、完善社会保障制度、拓宽住房保障渠道以及建立财政转移支付同农业转移人口市民化"挂钩"机制等方面。政府要为社会公众提供基本的、与经济社会发展阶段相适应的、体现公平公正原则的大致均等的公共物品和公共服务。在基本的公共服务领域，政府应尽可能地满足农业转移人口的基本物质需求，尽可能地使他们享有同样的权利。因此，人口市民化以后，要切实让农业转移人口享受到与城镇居民同等的公共服务。

2014年以来，河南省实施城乡统一户籍制度后，城镇常住人口可享受的基本公共服务面向全省，在原则上实现了城乡一致。但考虑到预防城市病、城市综合承载力、调整城镇体系结构等多方面原因，全省城镇应实行差别化的落户政策，市民待遇开始与居住证制度挂钩。其中，郑州实施积分落户制度，洛阳等大中型城市实行稳定就业和居住可获得城镇户口制度，其他中小城市和城镇开放落户。这为畅通农业转移人口平等享受城镇基本公共服务的渠道提供了制度保障。

（一）基本公共服务常住人口全覆盖须继续发力

"十二五"期间，河南省以建立覆盖城乡居民、应保尽保的社会保障体系为目标，大力推进社会保障和福利体系建设。但从覆盖群体范围和程度来看，拓展空间仍较大。以郑州市为例，在社会保险方面，郑州市继续完善养老、基本医疗、工伤、失业、生育等各项社会保险制度，实现新型农村社会养老保险全覆盖。到2015年上半年，城镇职工基本养老保险参保人数314.1万人；城镇基本医疗保险参保人数333.6万人；失业保险参保人数153.4万人；工伤保险参保人数152.3万人；生育保险参保人数94.1万人。全市城乡居民养老保险累计参保达229.58万人；享受养老待遇60.07万人。这个成绩虽来之不易，但与郑州960万左右的城镇常住人口规模相比仍有不小差距。

从调查结果来看，当前河南省农民工最需要的公共服务主要集中在子女教育和医疗保障两个方面。有42.5%的受访农民工最盼望务工地政府帮助解决子女教育问题，而有50.1%的受访者最盼望务工地政府提供医疗保障服务。这反映了当前河南农业转移人口待遇市民化最急需的两种市民待遇。

在社会保险方面，农民工目前的参保率和参保意识还有待提高。从调查结果来看，在被问及现打工所在单位是否给他缴纳保险这一问题时，有59.5%的受访者表示不知道（见表2），这反映出农民工社会保险意识较为薄，同时也从一个侧面反映用工单位和企业在对待农民工参加社会保险方面缺乏相关的责任和义务。

表2　农民工社会保险意识

单位：%

保险缴纳情况	百分比
只缴纳了生育保险	1.4
只缴纳了工伤保险	22.1
生育保险和工伤保险都缴纳了	17.0
不知道	59.5

（二）就业机会市民化需重点突破

待遇市民化的起点是就业机会与收入的同城化。在就业机会方面，农业转移人口与城镇居民的最大差别在于获得工作的难易程度和稳定性上。一般而言，农业人口向城镇迁移的过程中都会伴随城市融入问题，相比于本地居民，外来人口在获得工作机会上往往处于弱势。由于当前劳动力供大于求的态势仍然持续，企业经营者形成了尽可能利用事实劳动关系来实现劳动力成本最小化的行为模式，大部分农民工与雇主之间没有建立稳定的劳动关系。农民工在劳动报酬、劳动安全卫生保护、休息、社会保险和福利、接受职业技能培训、提请劳动争议处理等方面都处于不平等的境地，难以获得其正当权利，也难以形成稳定的职业发展预期，这又反过来加剧了农民工获得新工作机会的难度。从调查来看，2015年，农民工普遍表示工作获得难度较大，如表3所示。

表3 农民工工作可获得性调查

单位：人，%

获得工作	频数	百分比	获得工作	频数	百分比
非常难	34	7.0	比较容易	35	7.2
比较难	220	45.0	非常容易	3	0.6
一般	197	40.3			

有45%的受访农民工表示在外就业找工作比较难。在当前经济新常态背景下，劳动力的供求关系已经重大转变，促进企业构建稳定的劳动关系有利于维持经济发展态势、有利于保障农业转移人口城镇就业、有利于企业员工素质的提升从而增强企业在更高层次上的竞争力、有利于劳动者工资水平的提高从而改善收入分配状况，是一举多得的重要举措。

在就业的稳定性方面，农民工市民化的前提是其在城市的定居，而其定居的前提则是在城市中有一份稳定的工作。但迄今为止，农民工的一个重要特征就是其就业的不稳定。有调查显示，新生代农民工平均每人每年换工作0.45次，很少有农民工能够在同一企业工作两年以上。特别是大量中小企业，与农民工签订正式用工合同的比例很低。大量报酬低、"招之即来挥之即去"的农民工的存在实际上构成了迄今为止"中国制造"的竞争优势的基础，也是既往的发展方式的重要支撑。劳动关系的不稳定，也使企业缺乏提升员工知识和技能水平的动机，而这使农民工更加看不到职业发展的前景。

四 结论与政策建议

人口市民化是人口城镇化的先决条件，是开放城镇系统接纳农业转移人口的基础性工作；素质市民化是人的城镇化的必要途径，是促进农业转移人口城镇稳定居住和生活的重要手段；待遇市民化是人的城镇化的基本目标，是新型城镇化建设的根本性政策工具。"十三五"期间，河南推动人的城镇化健康发展要着力实施以下政策措施。

（一）推动人口市民化与城镇体系结构调整的互动衔接

目前，河南省地市城镇化水平大致分为三个层次：第一层次是处于单极状态的郑州市，其城镇化水平远超其他地区；第二层次是焦作、济源、洛阳、许昌、平顶山和三门峡等工业型和资源型城市；第三层次是商丘、鹤壁、驻马店、信阳和周口等农业型城市。单极城市城镇化水平高，但与周边城市差距较大，辐射作用有限，因此必须大力扶持一批具有发展潜力的卫星城，扩大与周边县级城镇和焦作、开封、新乡等地的区域协调发展，促进人口加速集中。第二层次区域要发挥各自资源优势，因地制宜地向生态城市、宜居城市、创业城市等发展方向，发挥农业转移人口市民化的战略支撑作用。第三层次区域要着力加大基础设施建设，促进地区经济发展，加大本地开发力度，促进新兴人口聚集城镇。

（二）大力推行农业转移人口身份转化工程

农业转移人口素质市民化不能依靠自然选择的过程，还必须着力通过政策手段实现引导农业转移人口职业转化、地域转移、身份转变、行为转变和新市民价值观的形成等"多位一体"的总体目标。根据河南省情及河南省农民工市民化存在的问题，可坚持分类指导与重点推进相结合，不断推进农民工市民化进程：第一，加快城乡一体化的社会保障制度建设，实现城乡公共服务均等化，完善和整合"碎片化"的社保体系，扩大农民工社保覆盖面。实现农民工养老、医疗和失业保险关系全接续，制定、完善促进农民工参保的政策措施，逐步将符合条件的农民工纳入市低保范围。第二，加快探索和完善农村土地退出制度，使其宅基地、房屋及集体资产股权的出让及土地承包经营权的依法流转达到最大限度的资本化，为流出后的农民融入城提供启动资金支持，使其在城镇拥有基本生存保障和创业资本。第三，加快建立合理的财政投入机制和成本共摊机制，即由输出地和输入地政府、企业和农民共同分担的模式和机制，解决素质市民化培训需求大的问题。第四，加快对新型城镇化、新型工业化所急需的，农民工欠缺的针对性、时效性文化知识和职业技能培训教育，从根本上解决农民工市民化的"提工资难、提素质难"问题。

（三）促进农业转移人口城镇发展机会均等化

围绕城镇就业机会均等和工资福利均等两大领域做文章，促进农业转移人口获得与城镇居民大致相当的发展机会：第一，推进公共就业服务能力和基础设施建设。紧密围绕农业转移人口就业和人力资源开发重点工作，全面实现各项人力资源和社会保障业务领域的信息化，为人力资源和社会保障事业可持续发展提供技术保障。加快推进劳动保障监察网络化建设，实现劳动保障监察由粗放管理到精细管理、科学管理等行之有效的新监管模式。进一步完善劳动争议仲裁制度；加强对劳动者和用人单位的劳动保障法制宣传，依法推进劳动保障事业的健康发展。第二，促进劳动关系和谐稳定。"十三五"期间，要坚持以协调劳动关系为主线，以维护劳动者合法权益为重点，加强劳动合同管理，重点做好非公有制经济组织劳动用工和劳动合同签订工作。建立健全现代企业工资收入分配制度，进一步深化企业工资分配制度改革，在有效发挥市场调节作用的基础上，加强政府对工资分配的规范、指导、调控和监管，实施积极的工资政策，切实提高普通职工工资水平，促进职工工资增长与企业效益增长相协调，从整体环境上改善农民工就业的规范性、公平性。

河南省"十三五"时期政府向社会力量购买服务发展展望*

朱 磊**

摘 要： 本文采用文献研究为主、实地研究为辅的研究方式，从背景缘起、阶段进展、政策设计、购买内容、购买主体与承接主体等五个方面对河南省政府向社会力量购买服务工作进行了分析。研究发现：河南省政府向社会力量购买服务经过起步、扩散两个阶段的发展，已步入以建章立制、完善制度体系为主要任务的制度化阶段；政府购买服务的政策格局、内容格局和主体格局初步形成，既显示出显著的成绩和进步，同时存在诸多不足和缺陷。本研究指出，"十三五"期间河南省政府向社会力量购买服务的主要任务是完善制度体系，工作方向与重点是抓住若干薄弱环节有计划地实现突破，亟须解决的矛盾是政府购买服务承接主体发展滞后形成的短板效应。

关键词： 政府购买服务 基本进程 基本格局 河南省

导 言

近年来，河南省积极推进政府向社会力量购买服务工作，在实践探索和

---

* 本文是笔者主持的国家社科基金教育学青年项目"职业教育对农民工社会流动的影响研究"（项目编号：CJA140157）阶段性成果。
** 朱磊，河南大学哲学与公共管理学院讲师，社会治理河南省协同创新中心研究员，主要研究方向为组织社会学。

河南省"十三五"时期政府向社会力量购买服务发展展望

制度建设方面取得了显著成绩。目前，河南省的政府购买服务工作在各个层级政府均有展开，基本上涵盖了全部的服务领域和服务对象。这些地方性的实践探索积累了丰富而又宝贵的经验，同时也暴露出一些不足和缺陷，本文采用以文献研究为主、实地研究为辅的研究方式。文献研究法的应用主要通过河南省各级政府门户网站、中国知网和"百度"搜索引擎检索收集二手资料，这些资料包括文件、档案、案例、新闻报道等形式；实地研究法的应用，笔者选取河南省的郑州市金水区、开封市鼓楼区、南阳市宛城区、兰考县、唐河县、尉氏县、濮阳县等地为样本，于2015年6~9月进行实地观察、个案和小组访谈，收集到第一手资料。从背景缘起、阶段进展、政策设计、购买内容、购买主体与承接主体五个方面对河南省政府向社会力量购买服务工作进行了分析，进而对推动政府向社会力量购买服务政策设计与制度安排提出对策建议。

一 河南省政府购买服务的基本进程

与发达地区相比，河南省政府购买服务的实践探索起步较晚，但扩散速度较快。依据购买主体、购买内容等方面的特征，河南省政府购买服务的发展过程可以划分为两个阶段，即起步阶段和扩散阶段。

（一）起步阶段（党的十八大之前）

在这一阶段，河南省政府购买服务的实践探索在个别地方、个别领域、个别市、县政府部门开始出现，并显示出良好的机制活力和发展潜力。

洛阳市较早开展政府购买公共服务的探索，2007年出台的《洛阳市政府购买服务岗位聘用人员管理意见（试行）》提出以政府购买服务岗位的方式来推进机关事业单位用人制度改革。自2008年起，洛阳市在社会保险经办管理改革中导入政府购买服务机制，向商业保险公司、银行、大型企业和第三方中介机构等承接主体购买服务，被誉为社会保险管理的"洛阳模式"。①

　　河南省卫生系统也较早开展政府购买服务试点。2009年9月出台的《河南省基本公共卫生服务项目实施方案》规定：社会力量举办的卫生机构承担规定的公共卫生服务，政府通过购买服务等方式给予补偿。河南省卫生厅、财政厅等部门联合下发的《关于加强2012年基本公共卫生服务项目管理的通知》明确规定：基本公共卫生服务采取政府购买服务的方式免费向城乡居民提供，主要由乡镇卫生院和社区卫生服务中心负责组织实施。此前的2009~2010年，卫生厅在省内5个试点县开展政府购买基本公共卫生服务，共投入用于购买服务的合同资金5629万元。②政府购买服务的引入逐步形成了"政府购买、服务同质、合同管理、乡村议题、绩效支付"的基本公共卫生服务供给新模式，以河南省宜阳县为例。

　　　　宜阳县柳泉镇卫生院是一所县政府办的非营利性医疗保健机构，承担着辖区群众的基本医疗和基本公共卫生服务等职责。这家卫生院的院长说，县卫生局分别与镇卫生院、村卫生所签订公共卫生服务合同，主要开展计划免疫服务包和孕产妇保健服务包。在计划免疫中，政府按各村服务人口（人均1.08元）购买服务，先按合同金额的30%预付给卫生院和村所，最后考核按实际应种疫苗儿童计算。他们每管理一例孕产妇可获得103元补助，其中镇卫生院每例48元，村卫生所55元……记者看到，政府通过购买基本公共卫生服务，调动了乡村医务人员的积极性。村医反映，过去没人想干公共卫生服务。如今政府买下了，我们每项服务都给报酬。还免费培训我们，平时考核抓得很严格，各项工作都有记录，村民在家门口就可以享受到与城里人一样的基本公共卫生服务。③

---

① 中央党校中国特色社会主义理论体系研究中心：《服务惠民生　创新促和谐——关于社会保险管理"洛阳模式"的调查》，《人民日报》2012年9月19日。
② 《河南试点政府购买基本公共卫生服务推进居民均等化享用》，新华网，http：//news.xinhuanet.com/health/2010-12/21/c_12903469.htm，2010年12月21日。
③ 《河南试点政府购买基本公共卫生服务推进居民均等化享用》，新华网，http：//news.xinhuanet.com/health/2010-12/21/c_12903469.htm，2010年12月21日。

个别地方民政系统的政府购买服务探索也较为领先。郑州市金水区在2011年被国家民政部授予"全国社会工作人才队伍建设试点示范区"后出台了金水区《政府购买社会工作服务实施办法》《购买社工服务实施标准》《社工岗位设立标准》等政策文件,大力推行政府购买社工服务制度。2011年金水区投入150万元通过公开招投标方式在社区服务、社会救助、养老服务、残障康复、学校教育等领域设立26个政府购买社工服务岗位;2012年区财政投入250万元购买社工服务岗位,岗位数量增加到50个,服务领域扩展至团委、妇联等区有关直属部门以及街道办事处的星级社区和社区服务中心。

该阶段的政府购买公共服务并非一试就灵,个别试点也以失败告终。例如郑州市金水区花园路办事处在2009年10月试水的"物业城管",把城市管理中涉及市容市貌、基础设施管理以及社会秩序管理等内容,打包委托给社会上的物业管理公司代理。2011年5月,"物业城管"因为引发多起重大违法行政执法案件被叫停。这一政策试验失败的具体原因被总结为:

> 违法将行政执法权承包给物业公司;法定执行主体不作为,造成行政执法缺位;严重违反国务院《全面推进依法行政实施纲要》依法行政的基本要求;利用物业公司"以暴制民""以违法制止违法"。①

在该阶段,尽管政府购买服务的实践已经出现,但其局限于个别地方、特定领域,并未在全省范围内和各个领域广泛扩散。洛阳市在政府购买公共服务的实践探索上较为先进,其他地市和领域则鲜有进展。从政府购买公共服务的构成要素来看,这一阶段的实践探索在形式上已较为完备(尤其是洛阳市在社会保险管理中导入政府购买公共服务的案例),政府作为购买主体,社会力量作为承接主体,二者之间通过合同形成契约关系;在实质上仍有较大缺陷,突出地表现在对政府购买公共服务理念的认识不足、承接主体

---

① 《专家:政府购买社会工作服务是大势所趋》,大河网,http://news.dahe.cn/2013/10-24/102479969.html,2013年10月24日。

的社会化程度不高、购买程序的规范性欠缺等方面,制约了政府购买公共服务的深入发展。

(二)扩散阶段(党的十八大以来)

党的十八大以来,政府购买服务实践在河南省迅速铺展,越来越多的地方政府和公共服务领域开始导入政府购买公共服务机制,在全省范围内形成政策扩散之势。

首先是河南省各级政府积极响应中央政府关于政府购买服务的理念和政策。如图1所示,在国务院办公厅出台《政府向社会力量购买公共服务的指导意见》之后的一个月,洛阳市便在河南省内率先出台实施办法。在河南省政府出台实施意见之后,省内大部分地级市积极跟进陆续印发了本市的实施办法(意见)。

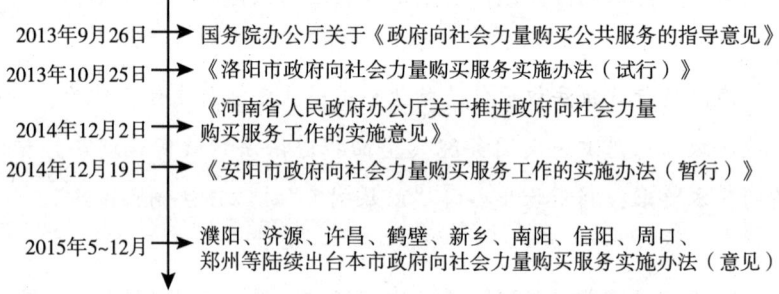

图1 中央-省-市级政府出台的关于政府向社会力量购买服务政策

从上、下级政府相同部门之间的关系来看,上级政府部门对下级政府部门的业务指导有力地推动了政府购买服务的贯彻落实。以图2所示的政府购买社会工作服务为例,经过中央、省、市三级政府的民政和财政部门联合出台政策,政府购买社会工作服务从中央到地方逐级扩散。在民政部的示范引导和检查考核驱动下,2014年河南省民政厅开展了河南省首次省级政府购买社会工作服务项目的立项工作,为保障项目有序开展,省民政厅、财政厅密集出台了《河南省政府购买社会工作服务实施办法》等一系列配套性政策和管理办法。首批15个省级政府购买社会工作服务项目在郑州、开封、南阳、新乡、洛阳等地实施，极大地带动了当地的政府购买社工服务的成长。以开封市为例，开封市"至善社工服务中心"获得项目立项，成为开封市首个政府购买的社工服务项目。该项目的实施直接推动了项目地兰考县首家专业社工机构的注册成立，同时为《开封市政府购买社会工作服务实施办法》的制定提供了试点经验和若干建议。

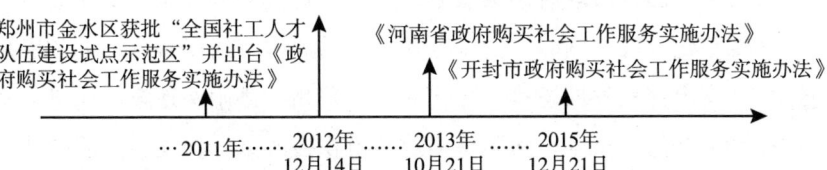

图2 中央-省-市-区级政府民政、财政部门印发的本级政策文件

中央政府关于政府购买服务的理念倡导和政策输出通过政府科层组织体制逐级下沉、扩散，贯穿其中的上级政府（部门）示范引导、行政指令推行以及地方政府（部门）积极学习、竞争、模仿等机制或路径，极大地促进了政府购买服务从中央到地方、从部门到全局、从文件到实践、从特定服务对象（领域）到更多服务对象（领域）的全面铺展。基层政府（尤其是县级政府）对于政府购买服务理念和政策的贯彻落实、选择性执行以及创新性探索，使得政府购买服务能够在基层社会更有生命力地建章立制、更近距离地推送给服务对象、更深度地扎根于服务对象的日常生活之中。以河南省鹿邑县加快推进政府购买公共服务进程为例：

> 鹿邑县先后制定印发了《关于推进政府购买公共服务改革的实施建议》《关于推进政府购买公共服务改革的暂行办法》《政府购买公共服务的程序规定》等相关文件政策，对政府购买公共服务方面的相关问题进行规范，进一步明确了政府购买公共服务的范围、数量、服务时间、质量要求、资金支付、采购人及供应商的权利义务。在提供什么样

的服务、怎样提供服务等问题上,鹿邑县政府事先征求群众意见,扩大政府决策群众参与度。通过召开会议、组织培训、集中学习和分散学习等方式,县政府认真领会党中央、省政府会议精神,加大改革的力度,建设服务型政府。①

经过起步和扩散两个阶段的发展,政府购买服务的理念、政策和实践逐步铺展到更加广泛的地区、部门、领域和服务对象。目前,河南省全部的省辖市和省直管县已开展政府购买服务试点,并对政府购买服务工作建章立制以推动其规范化发展。同时,由于各种复杂的原因,河南省各地的政府购买服务工作呈现出梯次发展态势。综合而言,郑州、洛阳两地较为先进,走在全省的前列;许昌、新乡、南阳等多数地市积极改革、探索,进展较快;少数地市难以打开改革创新的局面,工作滞后。

二 河南省政府购买服务的基本格局

本部分从政府购买服务的政策、内容与范围、购买主体与承接主体等三个维度分析河南省政府购买服务发展的基本格局。

(一)政府购买服务的政策格局

表1提供了两个关于政府购买服务政策的分类维度,一是根据政策的来源层级区分为省级政府(部门)、市级政府(部门)、县区级政府(部门)的政府购买服务政策;二是按照政策的显示度划分为全局性、专题性、涉及性的政府购买服务政策。在由省、市、县区政府(部门)组成的科层制组织架构中,政府购买公共服务政策通过"条块"结合的行政管理体制实现传递和落实。表1呈现了河南省政府购买服务政策格局的三个特征。

---

① 《鹿邑县加快推进政府购买公共服务进程》,河南省机构编制委员会办公室网站,http://www.hnsbb.gov.cn/info/news/info/8125.htm,2014年9月10日,此处引用经作者删减但保持原义。

表1　河南省政府购买服务的政策格局

	省级政府(部门)	市级政府(部门)	县区级政府(部门)
全局性	《河南省人民政府办公厅关于推进政府向社会力量购买服务工作的实施意见》(豫政办发〔2014〕168号)	洛阳、濮阳、济源、许昌、鹤壁、新乡、南阳、信阳、周口、郑州等市已印发实施办法(意见),少数城市尚未印发	个别县区(例如鹿邑县、金水区等)已印发本级政府的政策;绝大部分县区尚未印发
	《河南省政府向社会力量购买服务指导性目录》(豫财综〔2014〕140号)	许昌、济源、濮阳、焦作等市已印发并单独行文;洛阳、南阳、周口等市已制订,但未单独行文;近半数的地级市尚未印发本级政策	绝大部分县区尚未制订
专题性	省民政厅、财政厅《河南省政府购买社会工作服务实施办法》	个别地级市(例如开封市)已印发本级政府实施办法;绝大部分地级市尚未印发本级实施办法	个别县区(例如金水区)已印发本级政府实施办法;绝大部分县区尚未印发本级政策
	省财政厅、发改委、民政厅、老龄办等《关于做好政府购买养老服务工作的指导意见》	个别地级市(例如许昌市)已出台《关于开展政府购买养老服务工作的意见》,绝大部分地级市尚未出台本级文件	无
	无	新乡、周口、郑州等市发布《关于政府购买棚户区改造服务实施(管理)办法》	舞阳县发布《政府购买棚改服务管理办法》
涉及性	略	略	略

注:为简化起见,该表没有包括中央层面的政府购买服务政策。

首先,省级政府(部门)在政府购买服务政策的制订与引导上已经取得较大进展。两个全局性政策文件能够为全省各地、各部门推行政府购买公共服务工作提供政策依据;针对特定服务领域或服务对象的专题性政策(如政府购买社工服务)已经出台,为其他服务领域或服务对象的专题性政策制订积累了实践经验;政府购买服务政策的理念或措施已经广泛扩散到社区服务、农业公益性服务、基本公共卫生服务、养老服务、劳动就业与社会保障服务、社会救助服务、职业技能培训服务等领域。

其次,不同层级政府推进政府购买服务的进展有显著差异。如上文分析,省级政府(部门)成绩显著。但在市、县区级政府(部门)层面,政府购买服务政策的制订较为缓慢、滞后,尤其是在县区一级,目前只有极个别的县区出台了政府购买服务政策,绝大部分县区缺乏主动性,或没有开展政府购买服务的实践探索,或已有试点但尚未建章立制。

再次,政府购买服务政策的专门性、专业性有待提升。一方面,专题性的政府购买服务政策(针对特定服务领域或服务对象的政府购买服务政策)非常稀缺,在笔者搜集的资料范围内仅有"政府购买社会工作服务"和"政府购买养老服务"具有省、市、县区三级政府(部门)的专题性政策;另一方面,涉及性的政府购买服务政策(涉及政府购买服务理念与措施的各类政策文件)较多,政府购买服务的理念或措施已经得到很多政府部门、服务领域的理解、认同和采用。由此可以推断,针对特定服务领域或服务对象的政府购买服务试点已经有了一定的经验积累,迫切要求相应的政府部门及时总结经验、建章立制,研究、制订更多的专题性政府购买服务政策,以提升政府购买服务政策的专门性和专业性。

(二)政府购买服务的内容格局

河南省的政府购买服务分布在哪些服务领域?包括哪些服务项目、服务内容?覆盖了哪些服务对象?这三个方面构成了政府购买服务的内容格局。根据实地调查资料和二次文献,河南省的政府购买服务实践在购买内容上具有以下几个基本特征。

一是政府本身运作所需辅助性事项已经推广应用政府购买服务机制。这些服务领域包括机关物业管理服务、会议服务等具体内容,属于政府自身需要的服务。河南省各层级政府及其组成部门以《政府采购法》为依据,在这些服务领域的政府采购中较早采用、推广了服务外包、政府购买等措施。

二是政府履职所需技术性服务领域的政府购买服务实践较为活跃。尤其是在政府决策咨询、政策(立法)调研草拟论证、技术业务培训等服务领域,政府积极向高等院校、咨询机构、培训机构等社会力量购买服务。

三是基本公共服务领域越来越多地导入政府购买服务机制。党的十八大之后,河南省政府加速推进政府购买服务工作,在实践中不断拓展《政府采购法》对"服务"的界定范围,①教育、就业、社保、医疗卫生、住房保障、文化体育及残疾人服务等公共服务领域的政府购买服务实践大量涌现,越来越多的基本公共服务领域导入政府购买服务机制。

四是不同服务领域的政府购买服务工作发展水平呈现出较大差异性。上述三方面已经呈现这种差异性。从整体上看,相对于政府自身需要的服务领域,基本公共服务领域的政府购买服务发展滞后。就基本公共服务领域而言,基本医疗卫生、基本养老服务、公共文化等方面的政府购买服务较为先进。

五是生产性保障服务领域出现了政府购买服务实践。最为典型的是农业生产服务领域出现了政府购买农业公益性服务试点与创新。其中既有利用中央财政支农项目专项资金提供农业生产公共服务(例如农业生产全程社会化、农技推广、重大农作物病虫害统防统治、"一喷三防"等服务)的实践,也有贯彻落实相关政策开展的政府向经营性服务组织购买农业公益性服务的试点,还有基层政府在保障农业生产工作中的创新,例如唐河县制定实施的《小型农田水利设施维护管理办法(试行)》(唐政办〔2015〕33号),其主要思路就是引入政府购买小农水利管护服务的新机制。

(三)政府购买服务的主体格局

1. 购买主体的特征

一是购买主体由政府行政机关承担。河南省的政府购买服务实践绝大多数以各级行政机关作为购买主体,极少见参公管理、承担行政管理职能的事业单位和群团组织通过购买服务方式提供公共服务。造成这一特征的原因是复杂的,首先是政府行政机关拥有强大的行政资源,掌控着公共财政的使用

---

① 自2003年1月1日起实施的《政府采购法》把"服务"界定为除货物和工程以外的其他政府采购对象,在政策实施中偏重于采购政府自身需要的服务。自2015年3月1日起实施的《政府采购法实施条例》把"服务"划分为政府自身需要的服务和政府向社会公众提供的公共服务,实质上拓展了"服务"的范围,明确把公共服务纳入政府采购的对象范围。

方向,担负公共服务职能,担任购买主体的角色责无旁贷;其次是因为事业单位和群团组织缺乏公共资源,尤其是在当前的事业单位管理体制下,绝大多数参公管理、承担行政管理职能的事业单位通常被作为行政机关的附属单位而接受行政指令,不具有实质上的独立地位,难以有效发挥公共服务职能。

二是基层政府(部门)的购买能力较弱。主要表现为:在基本公共服务领域的政府购买服务实践中,购买主体基本上是省、市级政府(部门),极少数是县区政府(部门),罕见乡镇和街道。其实质是财税体制造成各级政府财政能力的差异,尤其是乡镇一级财政薄弱甚至"空壳化"运作,极大限制其作为购买主体的能力。

三是购买主体"隔层购买"现象较为普遍,即购买主体绕过下一层级政府(部门)开展政府购买服务。一方面,如前文所述,基层政府(部门)的购买能力薄弱,在购买公共服务上心有余而力不足,其主动性难以发挥;另一方面,上级政府(部门)为贯彻落实相关政策,自上而下地推行政府购买服务项目试点实践。因此造成了省、市级政府(部门)通常绕过县区和乡镇,通过直接购买的方式向服务对象推送公共服务。

四是购买主体之间的协调合作存在诸多障碍。例如在城乡社区服务领域,出现了多个政府部门购买服务项目汇聚于有限的几个社区的现象,这些社区通常是工作基础好、财政投入多、政绩显示度高的示范社区,而不是公共服务需求最强烈、最迫切的社区,在一定程度上造成了公共财政资金的重复投入、浪费使用和不公平分配现象。这一"集万千宠爱于一身"的现象反映了购买主体之间的协调合作存在诸多障碍。

2. 承接主体的特征

第一,承接主体的多元化格局初步形成,但不同类型承接主体的发展程度不平衡。一方面,营利性组织、社会组织、部分事业单位均承接了政府购买服务,作为承接主体所需的专业能力和规范性不断提高,在功能、服务领域上互为补充,初步形成多元格局;另一方面,与营利性组织相比,社会组织和部分事业单位作为承接主体的发展相对滞后,主要表现为其服务能力和规范性有待提高。

第二，营利性组织承接了绝大多数的政府购买服务项目，是数量较多、成熟度较高的承接主体。营利性组织承接政府购买服务的起步时间较早，以《政府采购法》、《招投标法》以及相关配套政策为依据，有着良好的市场环境，吸引了大量的专业人才，经过多年的发展已经成为数量众多、成熟度高的承接主体。营利性组织主要承接政府履职所需技术性事项、政府自身运作所需技术性事项等服务，近年来也越来越多地进入基本公共服务领域。

第三，社会组织越来越多地承担了政府购买服务项目，其数量不断增长，能力不断提高，功能不可替代。党的十八大以来，河南省着力在改善民生和创新社会管理中加强社会建设，积极推进治理体系和治理能力的现代化。得益于此，社会组织不仅获得了有效的政策激励和日益改善的发展环境，而且越来越多地承接了政府购买基本公共服务项目，在教育、就业、社保、医疗卫生、住房保障、文化体育及残疾人服务等公共服务领域成为不可替代的服务生产者。以政府购买公共服务项目为平台，河南省的社会组织发展态势良好，在数量、能力、活力方面均有显著提高。

第四，事业单位作为重要的承接主体，其公共服务功能将被进一步强化。在河南省当前的事业单位分类改革中，事业单位被划分为行政类、公益类、经营服务类三个类别，其中后两类事业单位作为政府购买服务承接主体的地位将得到巩固。同时，政府购买服务被视为推动事业单位管理体制改革、分类改革、去行政化的具体路径和举措，旨在进一步规范、强化事业单位承接政府购买服务项目的功能。

第五，承接主体的空间分布有所改善但仍不均衡。主要表现为承接主体的城乡分布有较大差异。由于城乡之间在政策、信息、资源、基础设施等方面差异悬殊，政府购买服务项目的各类承接主体倾向于优先选择城市作为驻地，城市因此聚集了绝大多数的、服务能力强的承接主体。与城市状况不同，常驻农村地区的承接主体数量偏少、服务能力不强，很多承接主体通常是"白天下乡、晚上返城"，不利于保证服务质量。近年来，农村地区的承接主体数量逐渐增多,但仍然力量不足且类型单一,尤其缺乏基本公共服务领域的承接主体。

三 展望与建议

按照规划要求,到2020年,河南省将建立比较完善的政府向社会力量购买服务制度和机制,形成与经济社会发展相适应、高效合理的公共服务资源配置体系和供给体系。本文从以下三个方面提出完善政府向社会力量购买服务的展望和建议。

(一)更加自觉地建章立制,加快构建和完善政府购买服务的制度体系

在经过起步、扩散阶段之后,"十三五"期间,河南省政府向社会力量购买服务将进入规范化、制度化的轨道,其主要任务是建章立制、完善制度体系。具体来说:一是加强政府(部门)与高等院校的合作,联合开展调研、专项课题研究、政策研讨会等活动,搞好调查研究,为完善政府购买服务政策奠定坚实的知识基础;二是在公职人员培训课程体系中适当增加政府购买服务的内容,传播政府购买服务的理论与政策知识,增加公职人员的相关知识储备;三是通过现场观摩会、咨政论坛、改革创新案例评选等活动形式,建立各地、各领域之间相互交流学习的平台与机制,在比较、学习中推动相关政策的不断优化。

(二)以政府购买服务的若干薄弱环节为突破口,明确工作方向与重点

河南省政府向社会力量购买服务存在若干薄弱环节,主要包括:专题性的政府购买服务政策的研究与制订较为滞后;县区、乡镇等基层政府(部门)作为购买主体的地位没有充分体现出来,尤其是在基本公共服务领域的购买能力较弱;政府购买服务实践对特定服务领域(对象)的适切性和

回应性不高。基于以上情况，明确"十三五"时期的重点和方向：一是由省级政府各组成部门牵头，研究和制订本系统的政府购买服务政策，引导和鼓励本系统积极开展政府购买服务实践，及时总结实践经验，为出台专题性政府购买服务政策奠定基础；二是通过财税体制改革充实县区、乡镇的本级财政，从根本上提高其政府购买服务的财政资金能力，逐步使更加了解服务对象需求的基层政府（部门）成为购买主体；三是探索建立能够及时识别、采集、评价、回应服务对象需求的信息反馈机制，使服务对象能够制度化地参与政府购买服务的各个环节。

（三）加大力度培育、规范承接主体，彰显承接主体的多元化特征

在政府购买服务实践广泛铺展、制度体系建设加速推进的形势下，承接主体方面存在的缺陷和不足凸显出来并形成短板效应，极大地限制了河南省政府向社会力量购买服务的绩效。政府应从培育、规范承接主体着手，推进政府购买公共服务：一是在政策上进一步为社会组织"松绑"，各级政府应向社会组织开放更多公共资源，提供更加宽松、自由的环境；二是通过建立社会组织孵化基地、开展公益创投活动、引进社会组织领军人才、政府公共服务外包等途径加大培育社会组织的力度；三是严格审查社会组织作为承接主体的资格，以实施政府购买服务为工作抓手推进事业单位分类改革，不断发展壮大公益性社会组织；四是实施政府购买服务"下乡"工程，加大对农村地区政府购买服务的财政投入，尤其是要切实推进政府购买农业公益性服务工作，引导各类承接主体积极与农村地区对接。

河南省"十三五"时期基本公共教育服务建设研究*

何水 刘济源**

摘　要： "十二五"时期，河南省基本公共教育服务体系建设取得了显著成就，在解决"有书读""读好书"等问题上迈出了坚实步伐，但在教育服务质量、基础教育布局、教育资源配置、教育改革创新等方面也存在一些有待解决的现实问题。"十三五"时期，河南省应坚持以科学发展观为指导，按照党和国家有关重要文件提出的各级各类教育发展要求，立足省情，以促进教育公平、全面提升基本公共教育服务质量为核心任务，以推进学前教育优质普惠发展、推进义务教育优质均衡发展、推动普通高中教育特色多样发展、推进特殊教育健康发展、推进中等职业教育创新发展及全面深化教育综合改革为工作重点，加快完善以义务教育为核心，涵盖学前教育、高中教育、特殊教育和中等职业教育的基本公共教育服务体系。

关键词： "十三五"　基本公共教育服务　河南省

---

* 中国博士后科学基金面上项目"新型城镇化进程中地方政府治理能力提升路径研究（2016M592299）"、河南省教育科学规划重大招标项目"河南省教育治理能力现代化问题研究"（2016－JKGHZDZB－01）、社会治理河南省协同创新中心开放课题"'十三五'河南省基本公共教育服务体系建设研究"（SHGL－2015－0017）研究成果。文中未注明的有关数据皆来自《2010年河南省教育事业发展统计公报》《2014年河南省教育事业发展统计公报》或根据其中的有关数据计算得到。

** 何水，郑州大学公共管理学院副教授、公共管理博士后，社会治理河南省协同创新中心研究员；刘济源，郑州大学公共管理学院2015级行政管理专业硕士研究生。

教育是民族振兴和社会进步的基石，是提高国民素质、促进人的全面发展的根本途径，在现代化建设中具有基础性、先导性、全局性的地位和作用。享有基本公共教育服务是公民的权利，提供基本公共教育服务则是政府的职责。就我国现阶段而言，基本公共教育服务主要涵括学前教育、义务教育、高中教育、特殊教育和中等职业教育。《国家中长期教育改革和发展规划纲要（2010～2020年）》明确提出，"到2020年，基本实现教育现代化……建成覆盖城乡的基本公共教育服务体系，逐步实现基本公共教育服务均等化，缩小区域差距"。国家"十三五"规划再次强调"推进教育现代化""加快基本公共教育均衡发展"。河南省作为人口大省，如何在"十三五"时期实现上述目标，是一个亟待解决的重大现实问题。本文通过梳理"十二五"期间河南省基本公共教育服务体系建设的主要成就，分析河南省基本公共教育服务体系建设存在的现实问题，进而提出"十三五"时期河南省加强基本公共教育服务体系建设的对策建议，以期助推河南省基本公共教育服务体系建设。

一 "十二五"时期河南省基本公共教育服务建设的主要成就

"十二五"期间，在中共河南省委、省政府的正确领导下，河南省教育系统围绕教育优先发展战略，以努力办好人民满意的教育为目标，群策群力，真抓实干，加快教育改革发展，积极构建基本公共教育服务体系，既从总体上解决了"有书读"问题，又在解决"读好书"上迈出了坚实的步伐，成就显著。

（一）各级各类教育协调发展

2014年，全省独立设置幼儿园15821所，附设幼儿机构数16798所，在园幼儿369.22万人，学前三年毛入学率达78.56%，较2010年提高了25.76个百分点；普通小学2.56万所，教学点8483个，在校生928.6万人，小学净入学率达99.97%，较2010年提高了0.03个百分点；普通初中4566所，在校生399.36万人，普通初中净入学率达99.96%，较2010年提高了0.34个百分点；普通高中774所，在校生189.55万人，高中阶段毛入学率达90.30%，较2010年提高了1.28个百分点；中等职业学校885所（含技工学校），其中，国家级重点中等职业学校151所、省部级重点中等职业学校134所、国家中等职业教育改革发展示范校62所、省级品牌示范院校100所（含高职和技校）、特色院校200所（含高职和技校），在校生共计137.58万人；独立设置的特殊教育学校142所，特殊教育学校和普通中小学随班就读班共招收残疾儿童0.36万人，特殊教育学校数和招生数分别较2010年增加了22所和0.04万人，在校残疾儿童共计1.83万人（见图1）。

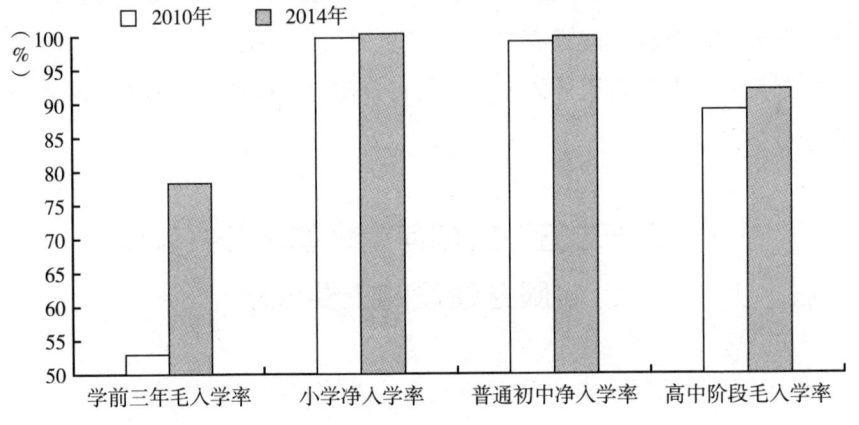

图1　2010年、2014年河南省基础教育入学率

（二）学校办学条件大为改善

"十二五"期间，河南省先后出台《河南省教育事业发展"十二五"规划》《河南省学校基本建设"十二五"规划》《河南省教育信息化十年发展规划（2011～2020年）》等重要文件，组织实施了学前教育扩容工程、义务教育学校标准化建设工程、普通高中改造工程、中等职业教育基础能力建设工程、农村学校教师周转宿舍建设工程、特殊教育学校建设工程等，大力加

强各级各类学校基础设施建设,极大改善了学校办学条件。2014年,全省小学生均校舍建筑面积、生均图书和生均教学仪器设备值分别为5.9平方米、15.83册和432元,分别较2010年增加1.37平方米、3.04册和232元;普通初中生均校舍建筑面积、生均图书和生均教学仪器设备值分别为10.64平方米、24.04册和782元,分别较2010年增加3.55平方米、5.47册和482元;普通高中生均校舍建筑面积、生均图书和生均教学仪器设备值分别为14.52平方米、17.41册和999元,分别较2010年增加1.69平方米、0.23册和348元;中等职业教育生均校舍建筑面积、生均图书和生均教学仪器设备值分别为12.06平方米、18.9册和2191元,分别较2010年增加3.27平方米、1.23册和719元(见表1)。

表1 2010年、2014年河南省各级各类教育生均教学资源

类别	生均校舍建筑面积(平方米)		生均图书(册)		生均教学仪器设备值(元)	
	2010年	2014年	2010年	2014年	2010年	2014年
小学	4.53	5.9	12.79	15.83	200	432
普通初中	7.09	10.64	18.57	24.04	300	782
普通高中	12.83	14.52	17.18	17.41	651	999
中等职业教育	8.79	12.06	17.67	18.9	1472	2191

数据来源:根据《2010年河南省教育事业发展统计公报》、《2014年河南省教育事业发展统计公报》相关数据计算得到。

(三)教师队伍素质明显提高

"十二五"期间,河南省各级政府切实加强教师队伍建设和教师教育工作,加大招聘引进、交流轮岗和培训力度,落实地位,提高待遇,全省专任教师数量明显增长,学历水平显著提高。2014年,全省学前教育专任教师达14.28万人,较2010年增加7.08万人;小学专任教师49.40万人,较2010年增加0.36万人;普通初中专任教师28.35万人,较2010年增加0.68万人;普通高中专任教师11.08万人,较2010年增加0.65万人;中等职业教育专任教师5.18万人,其中双师型专任教师1.07万人,较2010年

增加0.2万人。2014年小学、普通初中和高中专任教师学历合格率分别达到99.99%、99.20%、96.34%，分别较2010年提高0.35个、0.56个和1.35个百分点；小学专任教师具有专科及以上学历的占88.36%，普通初中专任教师中具有本科及以上学历的占68.64%，普通高中专任教师中具有研究生学历的占7%，分别较2010年提高12.45个、17.9个和2.5个百分点。中等职业教育专任教师学历合格率达83.06%，专任教师中具有研究生学历的占3.93%，较2010年提高0.01个百分点（见图2、图3）。

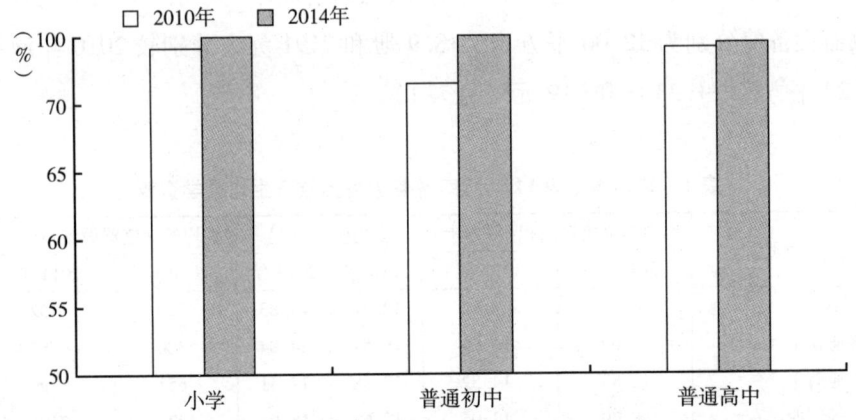

图2　2010年、2014年河南省基础教育专任教师学历合格率

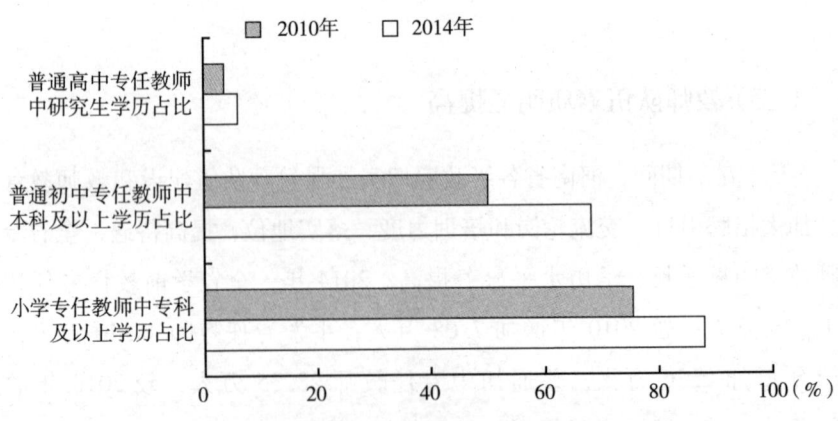

图3　2010年、2014年河南省基础教育专任教师学历情况

（四）基础教育改革不断深入

为推进义务教育均衡发展国家体制改革试点工作，河南省人民政府办公厅于2011年5月下发了《关于认真做好推进义务教育均衡发展国家教育体制改革试点工作的通知》（豫政办〔2011〕46号），提出了试点工作的总体要求，明确了目标任务和需要重点探索的领域，并在全省遴选确定33个综合改革试点和一批单项改革试点单位。此后，各试点单位围绕试点项目任务，结合本地实际，积极展开改革探索。①

一是推进义务教育管理体制创新。在以县（市、区）为主的义务教育管理体制下，进行学区管理模式探索，开展教育资源共享区域性改革实验。比如郑州市从2010年秋季开始在城区推行学区制，2014年进一步将市内九区144所初中划分为20个学区，在学区内实行课程计划、教学进度、教研活动、考试和评价、校本培训"五统一"以及教学设施、教师资源、教学资源"三共享"等方案，形成了优质义务教育资源的聚集效应；② 新乡市从2011年开始联合办学试点，2013年在总结联合办学经验的基础上，提出了多元化合作办学的思路，市区153所中小学全部参与，并结成55对合作校，每一个合作单位有2~5所学校，采取自由组合、特色合作、以强带弱等合作方式。

二是健全教师交流机制。主要是加大区域内教师资源的均衡配置力度，推动校长和教师在城乡之间、学校之间合理流动；推行校长任期制和轮岗制，优质学校校长和中层管理人员到薄弱学校交流任职。比如郑州市金水区实施"人走关系走"的教师交流制度，对区域内的骨干教师、名师、学科带头人以及其他符合交流条件的，每年按照15%左右的比例进行交流，每5年为一个交流周期。除城乡对口交流外，其余所有参与交流的教师都严格落实"人走关系走"制度，此举打破了学校围墙的壁垒，教师从"学校人"

---

① 《2014年郑州教育概况》，参见http：//www.zzjy.gov.cn/xxgk/jygk/index.shtml。
② 《河南省推进义务教育均衡发展国家教育体制改革试点工作情况通报》，参见http：//www.haedu.gov.cn/2014/02/11/1392101193343.html。

逐渐过渡为"职业教育人",为合理配置教师资源奠定了基础;焦作市中站区在城区优质学校与农村薄弱学校之间开展结盟共建,建立教师支教交流、名师资源共享、教师全员竞聘和教师岗位竞聘等制度,对参加交流的教师实行绩效工资优先、职称评定优先、先进表率模范优先、岗位竞聘优先。

三是探索城乡教育一体化发展的有效途径。重点是探索建立城乡一体化的义务教育均衡发展机制。比如为推进城乡基本公共教育服务均等化,鹤壁市政府出台了《关于加快推进城乡教育一体化的意见》,市教育局制定了具体的实施方案,各县区积极探索城乡教育一体化的模式;郑州市二七区组建城乡教育发展共同体,将全区城乡学校组建成8个小学教育发展共同体和1个中学共同体,组建了共同体理事会,制定了共同体章程,从教学教研、管理、师资、活动等方面搭建共同体内部共享共进平台,促进了共同体内部教育质量和办学水平的同步提升;三门峡卢氏县实施"校校牵手"对口帮扶计划,建立起城乡对口帮扶学校31对,乡镇学校对口帮扶农村小学100余对,学校之间通过互派人员、理念移植、专题研讨、专家引领、资源共享等方式,带动了农村学校教育质量和办学水平的提升。

四是深化招生考试评价制度改革。主要是进一步改进高中阶段学生招生方式,完善优质高中招生名额均衡分配到初中的办法;完善学业水平考试和综合素质评价制度,探索建立体现素质教育要求的中小学教育教学质量检测评价体系。近年来,河南省实行将部分优质普通高中招生计划均衡分配到初中学校的办法,并不断扩大分配生比例,2011年以来一直占到50%,部分市、县达到60%以上。此外,新郑市采取"给初中分配名额、为高中均分生源"的办法,把普通高中所有招生名额分配到初中学校,并将计划内所有初中学生按照考试成绩、男女生比例等因素全部平分,均衡分配到各高中学校。济源市、新安县等地都将普通高中统招生指标全部分配到初中。

(五)职业教育改革稳步推进

2012年5月,河南省人民政府下发了《关于创新体制机制进一步加快职业教育发展的若干意见》(豫政〔2012〕49号),决定在"十二五"期间，以国家职业教育改革试验区为平台，创新职业教育发展机制，改革封闭的办学模式，积极推进校企合作；改革单一的政府投资模式，建立多元投资办学机制；改革职业院校管理体制和机制，切实增强办学活力；抓好一批具有品牌效应的职业教育示范院校和特色院校建设项目；探索构建现代职业教育体系，带动职业教育整体水平提高，进一步加快河南省职业教育发展，增强服务中原经济区建设的能力。此后，河南省各地认真贯彻落实上述文件精神，稳步推进职业教育改革与发展。例如，安阳市将全市原有的47所中等职业学校，通过原址改建扩建、异地搬迁新建等方式，整合为18所占地面积平均为220亩以上、在校生规模达3000~6000人的中等职业学校，使安阳市中等职业学校"小而散、多而乱"的布局状况得到了极大的改善，为中等职业教育规模化、集聚化发展打下了坚实基础；在办学模式上，形成了政府主导、行业企业充分发挥作用、社会力量积极参与的多元化办学格局，通过"民办公助"、政府贷款和企业融资、BT模式等形式鼓励和动员社会力量投资建校，使全市初步实现了学校培养与企业用人无缝对接、校企携手、合作共赢的局面。①

二 河南省基本公共教育服务建设存在的主要问题

尽管"十二五"时期河南省基本公共教育服务体系建设取得了显著成就，但在教育服务质量、基础教育布局、教育资源配置、教育改革创新等方面仍存在一些亟待解决的现实问题。

（一）教育服务质量有待进一步提升

随着经济社会的快速发展，人民群众对基本公共教育服务的需求在不断增长。与此同时，人民群众对基本公共教育服务的要求在发生变化：从仅仅

---

① 《安阳市职业教育改革与发展稳步推进》，参见 http://www.henan.gov.cn/zwgk/system/2014/06/25/010482064.shtml。

追求学生成绩转变为追求学生全面而有个性的发展；从看重学校办学的硬件设施转变为更加看重学校的内涵建设；从关注入学机会的公平转变到更加关注教育过程的公平。然而，当前河南省基本公共教育服务的途径与方式还相对单一，政府对社会中介组织与民办教育机构提供教育服务的监督管理和专业引领还相对不足，政府、学校、社会和家庭之间的沟通与互动还有待进一步加强。适应人民群众对基本公共教育服务的需求变化，进一步提高基本公共教育质量和服务水平，切实办好人民满意的教育，已经成为河南省各级政府不容回避、亟待解决的现实问题。

（二）基础教育布局有待进一步优化

随着新型城镇化的加快推进、义务教育免费和国家"单独二胎"政策的出台，市县城区承担着大量来自农村进城和外来务工人员子女的就学任务，使得原本就不富裕的基础教育资源日显紧缺，特别是城区基础教育优质学校规模较大，甚至在办学条件方面造成部分生均办学指标不达标。教育布局的合理性尚未达到期望的目标与要求，与河南省城市建设、产业发展和人口变化的契合度还有待进一步加强。政府在调整教育布局、加强学校基础设施建设的同时，要做好新增教育需求的发展规划工作，建立和完善相应工作制度和保障机制，切实提高公办幼儿园和普惠性民办幼儿园覆盖率，强力推进基础教育薄弱学校全面改造工程，大力提升农村中、小学办学质量。

（三）教育资源配置有待进一步改善

"十二五"期间，随着义务教育经费保障机制的不断完善，义务教育标准化工程等一系列重要举措的强力实施，特别是随着义务教育均衡发展国家教育体制改革试点工作的稳步推进，河南省基础教育学校办学条件得到重大改善，基础教育均衡发展取得显著成效，但教育资源特别是教师资源配置的城乡差异、校际差异问题依然明显。市区（县城）学校办得越来越好，而农村教育发展则相对艰难。乡镇以下的乡村小学和教学点，规模不断萎缩，办学条件依然较差，教师学科结构不合理、教学水平偏低等问题突出；农村幼儿园办园条件简陋，办园水平与城镇相比有较大差距，达不到标准要求。此外，随着新型城镇化进程加快，大量进城务工人员随迁子女进入城镇学校学习，导致城镇中小学教育资源不足，"大班额"和"超大班额"问题依然突出。《2014年河南省教育事业发展统计公报》和《2010年河南省教育事业发展统计公报》数据显示，2014年河南省小学"大班额"和"超大班额"虽分别较2010年下降3.8%和1.62%，但仍高达18.31%和8.48%；普通初中"大班额"和"超大班额"虽分别较2010年下降13.42%和11.01%，但仍高达44.83%和20.04%。因此，优化河南省基础教育资源配置，促进各类教育要素城乡、校际的双向流动，实现基础教育均衡发展，依然任重道远。

（四）教育改革创新有待进一步深化

教育领域综合改革不到位，素质教育需要进一步加强，学前教育等教育改革发展薄弱环节仍需要进一步完善。学校内涵建设与硬件建设不同步，在学校硬件水平得到大幅度提高的同时，包括办学理念、管理、课程教学、培养模式、师资在内的学校内涵建设水平没有得到同步提高。校园安全工作有待加强，校园周边环境治理、接送学生车辆管理以及留守儿童的安全教育问题较为突出。职业教育尚难全面体现河南省经济社会发展对实用型人才的需求，政府主导、企业参与的力度不够，现代职业学校制度尚未完全形成，职业教育集团化建设的水平总体上处于低层次，校企合作的形式大于内涵，职业教育的体系建设和开放程度有待进一步加强。

三 "十三五"时期加强河南省基本公共教育服务建设的对策建议

"十三五"时期是全面建成小康社会的决胜阶段，也是教育改革与发展的关键时期。面对河南省基本公共教育服务体系建设存在的上述问题，河南省应坚持以科学发展观为指导，深入贯彻落实党的十八大和十八届三中、四中全会精神,全面贯彻党的教育方针,按照国家"十三五"规划以及《国家中长期教育改革和发展规划纲要(2010~2020年)》《河南省中长期教育改革和发展规划纲要(2010~2020年)》等重要文件提出的各级各类教育发展要求,立足省情,以促进教育公平、全面提升基本公共教育服务质量为核心任务,以下述六个方面为重点,加快完善以义务教育为核心,涵盖学前教育、高中教育、特殊教育和中等职业教育的基本公共教育服务体系。

(一)推进学前教育优质普惠发展

在巩固提高学前教育普及水平的基础上,切实强化政府责任,建立学前教育长效发展机制,实施学前教育"三年行动计划",构建科学的幼儿园保教质量评价体系,提升幼儿教师专业水平,促进学前教育超越相应等级水平。一是完善学前教育经费投入机制。建立财政拨款、社会力量投入、家长成本合理分担的学前教育经费保障机制,加大各级政府对学前教育的投入,将学前教育投入纳入各级财政预算,新增教育经费向学前教育倾斜,逐步提高财政性学前教育经费投入比重。二是大力发展公办幼儿园。合理布局,通过新建、改建扩建等方式扩大公办资源,提高政府公共服务能力,将中小学布局调整后的富余资源和其他富余公共资源,优先改建成公办幼儿园。加大城乡接合部公办幼儿园建设力度,延伸城市公共服务功能。三是加快发展农村学前教育。按照建立农村县、乡、村三级服务网络要求,统一规划,优先建设,加快发展农村学前教育,确保每个乡镇至少建设1所政府建设的公办中心幼儿园,村幼儿园、教学点实现全覆盖。四是创新办园体制机制。完善政府主导、社会参与、公办民办并举的办园体制,采取政府购买服务、奖励、公建民营等方式,支持普惠性民办幼儿园发展。

(二)推进义务教育优质均衡发展

适应新型城镇化和新农村建设进程带来的人口分布变化,健全城乡一体化的义务教育发展机制,实施优质教育资源促进计划,形成优质均衡发展的义务教育体系。一是合理配置城乡义务教育资源。建立城乡统一、重在农村的义务教育经费保障机制，科学推进城乡义务教育学校标准化建设，改善薄弱学校和寄宿制学校办学条件，推广实施城乡学校结队帮扶制度和校长、教师定期交流制度，落实乡村教师支持计划，建立健全区域内公共教育资源共享机制，着力解决城镇义务教育资源不足问题，全面改善农村义务教育薄弱学校基本办学条件，缩小义务教育城乡、学校发展差距，努力办好每一所学校。二是深入开展义务教育基本均衡县（市、区）创建工作。五年内，完成创建一批国家义务教育发展基本均衡县（市）区，基本实现区域内义务教育均衡发展。三是推进城区学校学区改革工作。总结郑州等地改革经验，在城区学校通过"划分学区、就近入学"，阳光招生、阳光分班等有效方式，积极化解"大班额"和"超大班额"问题。四是让特殊群体受到良好教育。将常住人口纳入区域教育发展规划、将随迁子女教育纳入财政保障范围，落实"以流入地政府为主、以公办学校为主"接受农民工随迁子女入学，免学费、免教科书费等政策，精准帮扶特殊群体，保障其平等受教育权利，从制度上保障不使一名学生因家庭贫困而失学。健全农村留守学生关爱服务体系，建立留守学生普查登记、结对帮扶制度，加强农村寄宿制学校建设，满足留守儿童入学、住宿需求。完善资助体系，实现家庭经济困难学生资助全覆盖。五是不断深化义务教育课程改革。积极开展"轻负担、高质量"教改实践，倡导启发式、讨论式、探究式、参与式教学，激发学生学习兴趣，提高教学效果。六是进一步强化教学管理。加强教学常规管理的系统性、科学性，着力规范备课、上课、作业、辅导和测试等常规环节，不断提升学校教育教学质量。

（三）推动普通高中教育特色多样发展

优化普通高中布局，加强学校内涵建设，规范管理，努力提高教育质量和办学水平，推动普通高中教育优质、特色、多样化发展，构建学校特色鲜明、课程优质多样、资源开放共享、体制充满活力的普通高中教育体系。一是全面普及高中阶段教育。完善普通高中学校布局，坚持适度规模办学，加强薄弱普通高中特别是县城高中学校建设，改善县办学条件，缩小地区之间、学校之间办学水平差距,率先从建档立卡的家庭经济困难学生实施普通高中免除学杂费,不断提高高中阶段教育普及水平。二是推动优质特色普通高中建设。全面开展特色高中创建活动,不断扩充优质教育资源,积极发展科技、艺术、体育、外语等特色高中,鼓励支持普通高中在课程体系、校园文化、人才培养模式等方面积极探索,形成鲜明办学特色。三是推进普通高中课程改革。扎实开展高中多样化课程建设,进一步优化课程结构,加强普通高中课程基地建设,形成一批拓展型和研究型课程,增强课程的选择性。四是加强普通高中学校内涵建设。提高普通高中管理水平,建立科学的教育质量评价体系,切实提高高中教育质量。五是促进普通高中多样化发展。探索学校多样化发展新途径,推进办学模式多元化和育人方式多样化,探索建立普通高中与职业教育资源共享机制,积极推进普通高中教育和职业教育融通、普通高中和高校人才培养有效衔接,拓宽学生发展渠道。

(四)推进特殊教育健康发展

改善特殊教育办学条件,提高特殊教育办学水平和教学能力,规范特殊教育学校办学行为,完善特殊教育体系。一是加强特殊教育学校建设。实施特殊教育学校建设工程,合理调整特殊教育学校布局,改善特殊教育办学条件和师资水平,加强专用设施配置,确保每所特殊教育学校都达到河南省示范性特殊教育学校办学标准。二是提高残疾儿童少年基础教育普及水平。完善残疾儿童少年随班就读保障体系,根据残疾学生的身心特点和特殊需求,加强教育的针对性和实效性,轻度残障随班就读,中度残障集中特殊学校教育,重度肢体残疾、脑瘫和孤独症儿童采取社区教育、送教上门等方法实施义务教育,确保全省视力、听力、智力三类残疾儿童义务教育入学率达到90%以上,普及残疾儿童15年免费教育。三是推进残疾人职业教育。加快发展以职业教育为主的残疾人高中阶段教育,逐步建立教育、培训、实习、就业"一条龙"服务的办学模式。四是提高教育与康复的有效性。探索医教结合的运行机制,进一步加强教育与卫生、民政、残联等部门的合作,依托盲、聋教育康复指导中心等,为各类残疾儿童提供教育、康复与保健服务，开展以个别化教育为特征的课程改革研究，配备资源教师和资源教室，创设有利于随班就读学生成长的良好环境，提升随班就读教育教学质量。

（五）推进中等职业教育创新发展

大力实施职业教育攻坚计划和全民技能振兴工程，进一步整合重组职业教育资源，扩大中等职业教育发展规模，优化中等职业教育专业布局，加快提升中等职业教育发展水平，培养大众创业、万众创新的应用型、创新型人才。一是推进职业教育园区建设。各地市应坚持"产城融合、组团发展"的理念，整合职业教育资源，贴近产业需求，统筹规划，加快职业教育园区建设步伐，努力打造核心职业教育园区。二是推动中职学校布局调整。合理配置职教资源，优化中职学校布局，推动各地市逐步形成以专门化学校为主体、县（市、区）综合性学校与专门化学校相结合的职业教育格局。三是优化中职教育专业结构。围绕经济社会发展需要，强化主体专业建设，推进等级中职学校评估，促进各类职业学校定位合理、错位发展、特色办学，积极创建国家中等职业教育改革发展示范学校。四是加强中职教育师资队伍建设。建立教师全员素质提高机制、"双师型"教师成长机制，加快建设一支数量充足、素质优良、结构合理、特色鲜明的教师队伍。五是完善现代职业技术教育体系。建立中高职有效衔接机制，做好中高职院校在培养目标、专业建设、课程内容及结构、教学过程、师资队伍建设等方面的融通与对接，探索"3+2"中高职学制模式，完善毕业生直接升学制度，拓宽毕业生继续学习通道，提高中职学生的升学比例。六是强化实训基地建设。建设一流实训基地，强化实训教学管理，把实训基地作为专业建设的支撑点、能力培养的强化点，推进理论教学与实践教学"双教结合"、学历证书与职业资格证书"双证融通"，提高学生就业创业能力。七是完善校企合作机制。以服务企业、提升技能、促进就业为宗旨，形成校企按需组合、相互支持、共同发展、合作双赢的校企合作发展模式。

（六）全面深化教育综合改革

深化教育领域综合改革，破除制约教育科学发展的体制机制障碍。一是改革教育分级管理体制。增强县级统筹发展教育职能，健全县级统筹、县与乡镇（街道）共建的学前教育管理体制，完善以县为主的义务教育管理体制，健全市级统筹规划、学校自主发展的高中教育管理体制。二是构建现代学校制度。逐步取消学校行政级别和行政化管理模式，扩大学校办学自主权，改革学校内部治理结构，完善学校法人治理模式。三是完善教师管理制度。全面推行中小学教师职称制度改革，试点中小学教师资格注册制，全面实行教职工岗位聘任制，探索建立教师转岗和退出机制，继续实施区域范围内中小学校长、教师交流制度，大力完善教师绩效考评制度。四是改革考试招生制度。推进学区制改革，坚持义务教育阶段免试、划片就近入学制度，健全初中学业水平考试，改进高中学校招生办法，推进中等职业学校按规范自主招生或根据学业水平考试成绩和综合素质评价注册入学。五是改革办学体制。推进公办学校多种形式办学，推行义务教育优质学校集团化办学，鼓励社会力量兴办教育。六是改革管理评价监督机制。实行管、办、评分离，扩大学校办学自主权，强化教育督导、教育决策、政策执行之间的统筹协调，健全政府宏观调控机制，完善教育督导长效工作机制，优化教育评价机制，加强学校民主制度建设，推进依法治校。

河南省"十三五"时期基本公共卫生服务建设研究*

侯圣伟**

摘　要： 河南省在基本公共卫生服务体系建设方面成效显著，基本公共卫生服务水平提升明显，服务意识增强，服务效率提高，基本实现了"十二五"卫生事业发展规划的既定目标。但仍存在需要继续完善的地方，如基本公共卫生服务财政支出人均投入不足、城乡间和区域间基本公共卫生服务不均等、绩效考核体系欠缺合理性造成公共卫生服务水平较低等问题。"十三五"时期河南应该从完善基本公共卫生服务、优化区域间基本公共卫生资源的配置、改善绩效考核体系、创新基本公共卫生服务体系提高服务供给效率和供给水平等方面加以改进。

关键词： "十三五"　基本公共卫生服务　河南省

基本公共卫生服务，是指由疾病预防控制机构、城市社区卫生服务中心、乡镇卫生院等城乡基本医疗卫生机构向全体居民提供的公益性公共卫生

---

* 郑州轻工业学院2012博士基金项目；2016年度河南省教育厅社科重点项目（2016 - ZD - 048）；2015年度河南省高等学校重点科研项目（15B630020）。
** 侯圣伟，郑州轻工业学院政法学院讲师，社会治理河南省协同创新中心研究员，研究方向为医疗保障、卫生经济学。

干预措施,其主要起疾病预防控制作用。河南省积极响应国家号召,"十二五"期间基本公共卫生事业取得长足进步,但仍然存在很多问题,本报告在利用相关数据和政策分析河南省基本公共卫生服务体系现状的基础上,通过纵向及横向对比,提出加强"十三五"基本公共卫生服务建设的对策建议。

一 河南省基本公共卫生服务建设现状

(一)河南省"十二五"公共卫生事业发展成效明显

"十二五"期间,河南省在基本公共卫生服务体系建设方面取得重大进展,公共卫生保障成效明显增强,居民健康水平实现预期目标,医疗卫生资源总量持续扩增,基本医疗卫生服务的公平性、可及性得到改善,总体保持低生育水平,基本实现了河南省"十二五"卫生事业发展规划的既定目标。

基本公共卫生服务均等化广泛普及。2015年底河南人均基本公共卫生经费达到40元,免费为城乡居民提供13类47项基本公共卫生服务。累计建立城乡居民电子化健康档案9495.3万份,建档率达92.2%。2014年末共有卫生机构(含村卫生室)71157个,卫生机构病床床位45.96万张,卫生技术人员(含村卫生室)49.49万人,其中乡(镇)卫生院2058个,床位9.56万张,卫生技术人员8万人。

重大疾病防治措施得力。扩大国家免疫规划稳步实施,一类疫苗常规接种达到3123.2万人次,0～6岁儿童规划疫苗接种率平均达96.8%,保持全省无脊灰状态。结核病规范治疗有序推进,艾滋病防治工作扎实有效开展,手足口病、发热伴血小板减少综合征得到有效控制,高血压、脑卒中等慢性病防治逐步规范。严重精神障碍患者救治救助工作扎实推进,累计录入登记30.55万例,随访管理22.8万例。

妇幼健康工作合力增强。2015年底,全省0～6岁儿童健康管理902.1万人,孕产妇健康管理178.4万人,新生儿疾病筛查率达80%,免费婚检率达到74.8%,国家免费孕前优生健康检查项目基本实现城乡居民全覆盖,全年共检测 60 多万对，占目标人群的 91.28%，高于国家确定的 80% 的目标。

卫生应急能力持续提升。有效防范中东呼吸综合征、埃博拉出血热等输入性突发急性传染病。持续推进卫生应急综合示范县创建，省级示范县增至 34 个。成功举行 2015 年河南卫生应急省级队伍检验性拉动演练。河南省荣获全国卫生应急技能竞赛一等奖。

卫生综合监督和食品安全保障有力有效。示范卫生监督机构创建工作成效明显。持续开展打击非法行医、推进依法执业专项行动，全省查处各类违法案件 12719 件，向公安机关移交 121 件，监督户次、监督覆盖率、办案数量等主要指标均位居全国前列。公共场所卫生监督示范区持续扩大，饮用水安全得到保障。全省食品安全风险监测覆盖率达 93% 以上。首次发布 7 项食品安全地方标准。备案和公示食品安全企业标准 2393 份，从源头上严把食品安全关。

（二）健全公共卫生组织领导，完善基层卫生服务体系

河南省政府加强组织领导，健全了省、市、县、乡镇四级公共卫生组织网络体系，明确分管领导，落实专门人员负责公共卫生日常管理。目前，已形成省市进行总体规划，县乡（区）积极推进，以各类疾病预防控制中心、卫生监督所、妇幼保健所、社区卫生服务中心、村卫生室等公共卫生单位为实施主体和站点的完善的体系建设网络，加强对《传染病防治法》《突发公共卫生事件应急条例》等相关法律法规和卫生保健知识的宣传教育，广大人民群众的防病保健意识不断增强，各级公共卫生体系的应对能力和水平得到全面提升。比如，南召县第二人民医院在 2015 年 11 月完成了在 123 个县直单位 1.1 万多名干部职工中开展以建立居民健康档案和健康教育为主要内容的基本公共卫生服务项目，为辖区常住人口建立统一、规范的居民健康档案，标志着该县城乡居民基本公共卫生服务实现辖区全覆盖。从 2009 年开始，南召县在城乡启动健康教育、预防接种、儿童保健、老年人保健、孕产妇保健、传染病防治、慢性病管理、婚前保健等 12 类 43 项基本公共卫生服

务,由县疾控中心、县妇幼保健院、县卫生监督所具体承担项目的组织实施、技术指导和监督检查。经过几年的运行,各项工作流程基本清晰,整体工作模式趋于成熟,工作成绩得到省市卫生主管部门的充分肯定,在南阳市考评中荣获第一名。①

(三)四级财政共同负担经费实现机制化,提升公共卫生服务能力

河南省根据国家安排,明确要求各级政府根据实现基本公共卫生服务逐步均等化的目标,不断完善政府对公共卫生服务的投入机制,逐步增加公共卫生服务投入,所需经费由同级政府预算统筹安排,由四级财政分别负担,公立医院承担规定的公共卫生服务,政府给予专项补助。社会力量举办的各级各类医疗卫生机构(含村卫生室)承担规定的公共卫生服务任务,政府通过购买服务等方式给予补偿。② 2015年,河南基本公共卫生服务资金年人均财政补助标准由2014年的35元提高到40元,一般县各级财政负担情况:中央24元、省8元、省辖市3元、县(市、区)5元,新增每人5元经费用于增加服务内容和村医补助,例如,扩大人均基本公共卫生服务覆盖面,提高居民健康档案建档率,居民健康档案规范化电子建档率达75%以上;扩展和增加服务内容,除原有11项项目外,在老年人体检中新增加腹部黑白B超检查;加强健康教育服务,提高个体化健康教育补助水平,其中中医药健康管理服务目标人群覆盖率保持在40%以上;加强预防接种服务,完善建立预防接种证、卡服务并给予相应补助,对基层医生提高每接种剂次的补助水平。在农村地区,因村医承担的基本公共卫生服务主要有预防接种、老年人和重性精神疾病患者健康管理、高血压和糖尿病患者健康管理、传染病和突发公共卫生事件报告处理等,新增的人均5元基本公共卫生服务补助资金全部用于乡村医生。

---

① 《公共卫生服务实现全覆盖》,《河南日报(农村版)》2015年11月25日。
② 河南省卫生厅、财政厅:《河南省基本公共卫生服务项目实施方案》,2009年9月22日。

（四）信息化下强化立体服务意识，基层服务新模式成效突出

在提高服务水平和意识方面，河南省除了不断提高公共卫生财政补助标准，新建及扩建疾病预防控制中心、卫生监督所、妇幼保健所等，更新改造基础设施和仪器设备，全面提升疾病预防控制、卫生执法监督、应急医疗救治等总体能力，实现省市之间、地区之间、城乡之间以及各医疗卫生单位之间的公共卫生信息共享之外，自2014年3月开始正式实施基层医疗卫生机构管理信息系统项目，为全省基层医疗机构提供统一的、规范化的、信息整合的管理信息系统，建设涵盖城乡健康管理、基本诊疗、公共卫生、基本药物、绩效考核、医疗保障（新农合）、综合卫生信息分析与监管等功能的基层医疗卫生信息综合管理系统，建设形成云中心及运维管理系统、全省统一的医疗云安全防护支撑环境和远程培训云服务平台，基层卫生服务水平和服务意识将获得极大的提升，实现"保基本、强基层"的目标。同时各基层组织不断创新服务模式，为城乡居民提供优质、高效、满意的基本公共卫生服务。典型的有确山县卫生局组建的"推进基本公共卫生服务"宣讲团到基层活动，宣讲团在全县12个乡镇巡回宣讲，通过向乡镇卫生院医疗卫生人员及村医讲解如何规范化开展基本公共卫生服务工作，更好地为辖区居民提供优质、高效、满意的基本公共卫生服务，受到基层卫生人员及村医的欢迎；宝丰县采取"建立医疗卫生机构巡诊制度""建立重点病人随访制度""宣传医疗卫生惠民政策""对活动实行目标管理"等四项措施，积极开展"走基层、送医下乡"活动，组织医务工作人员深入农村，服务农民健康，落实医疗卫生惠农政策，努力提升全县农民群众的健康保障水平；义马市通过广泛开展基本公共卫生服务宣传月活动，通过悬挂宣传横幅和标语、设立咨询台、布置宣传展板、发放宣传手册、开展现场咨询、举办健康讲座、免费义诊等方式，让居民充分了解国家基本公共卫生服务项目有关政策、具体服务内容、服务主体、服务要求等，使城乡居民积极参与和享有基本公共卫生服务，促进了义马市实现基本公共卫生服务均等化的进程。

（五）健全绩效考核体系，公共卫生服务效率得以强化

河南省卫生计生委在原有的考核指标体系的基础之上，通过健全绩效考核体系，进一步细化了市、县级基本公共卫生服务项目绩效考核指标体系，加大了对重点和难点工作的考核力度。实行逐级考核、县级为主，强化县级考核的主体责任，县级对基层医疗卫生机构考核的结果经复核后计入国家及省、市绩效考核的最终成绩，逐步形成基层机构自查、县级全面考核、市级及以上抽查复核的绩效考核格局；县级对基层医疗卫生机构每年考核的覆盖面应当达到100%，并按照指标体系进行全面考核，在农村地区至少抽查20%的村卫生室，考核至少每半年开展1次；实行考核结果通报制度，及时向上级卫生计生和财政部门报送考核结果和应用情况，并及时向被考核地区或机构通报考核结果；各地特别是县、区级建立考核结果与补助经费挂钩的奖惩机制；绩效考核主要针对上一年度国家基本公共卫生服务项目实施情况，包括组织管理、资金管理、项目执行、项目效果四个部分。在省级和市级组织的现场考核中，四个部分的参考分值分别为15分、15分、45分和25分，县级的参考分值分别为10分、10分、55分和25分。[①]

二　河南省基本公共卫生服务建设存在的问题

"十二五"期间，河南省在具体实施基本公共卫生服务项目的过程中做出了很大努力，取得了令人瞩目的成就，在缓解城乡居民"看病难、看病贵"，降低婴幼儿及孕产妇死亡率，提高人口出生质量，提高居民健康水平等方面取得了非常好的效果。但由于河南省经济水平和医疗卫生条件仍然较为落后，因此河南省的公共卫生服务还存在着很大的缺陷，尤其是城乡之间和区域之间发展不均衡问题突出。

[①] 河南省卫计委、省财政厅、省中医管理局：《河南省基本公共卫生服务项目绩效考核指导方案》，2015年8月。

（一）基本公共卫生服务财政支出逐年上涨，人均投入不足

表1　河南省2010～2014年医疗卫生预算支出与地方财政预算总支出比对

单位：亿元，%

年份	2014	2013	2012	2011	2010	年均增长率
医疗卫生预算支出（A）	602.95	492.48	425.99	361.48	270.21	22.22
公共财政预算支出（B）	6028.69	5582.31	5006.40	4248.82	3416.14	15.26
A/B	10.0	8.8	8.5	8.5	7.9	

资料来源：根据中华人民共和国国家数据库数据计算而成。

根据表1中的数据，2010年全省公共财政预算支出为3416.14亿元，其中用于医疗卫生的财政预算支出为270.21亿元，2011年用于医疗卫生的财政预算支出为361.48亿元，2011年用于医疗卫生的预算支出比2010年增加了33.8%，2012年医疗卫生预算支出比2011年增加17.8%，2013年比2012年增加15.6%，而2014年又比2013年增加22.4%。通过数据比对，可以看出河南省近年来用于医疗卫生的总支出费用是在逐年上涨的，年均增加率达到22.22%，全省医疗卫生支出占全省公共财政支出的比重也在逐年增加，2010年医疗卫生财政预算支出占地方公共财政预算支出的比例为7.9%，其后一致保持增加态势，2011～2014年分别为8.5%、8.5%、8.8%、10.0%。医疗卫生预算支出的年均增长率也远远超过了地方公共财政预算支出年均增长率，这说明河南省用于改善居民医疗卫生服务的决心在逐渐增强。

由表2可以看出，自2010年始，公共财政支出逐年增加，河南省增长比例虽低于全国平均水平，但医疗卫生支出增长比例明显高于全国平均水平，特别是2012年和2013年，分别高出全国平均水平5个百分点和1.2个百分点，河南医疗卫生支出占公共财政总支出的比重，也高于全国年均平均水平。但河南人口占全国人口的比重为6.9%，而医疗卫生支出不到全国医疗卫生支出总量的6%，反映出河南人民享受到的医疗卫生公共服务相对较少，低于全国平均水平，而河南人口中农村人口占56.2%，就当前医疗卫

生资源过多集中于城市来看，农村人口可拥有的医疗卫生服务又低于河南平均水平。虽然河南总的医疗卫生支出额度是逐年增加的，但人均医疗卫生支出的数量仍远远低于全国的平均水平。2014年全国人均卫生费用为1490.06元，而河南省人均卫生费用仅为1134.04元。由此可见，河南省用于公共医疗卫生的总体投入不足，仍需要加大对基本公共卫生服务的投入力度，才能逐渐满足居民的基本公共卫生服务需要。

表2 公共财政支出及医疗卫生支出比例

单位：亿元，%

年份	区域	公共财政支出（A）	医疗卫生支出（B）	B/A	年度增长率（A）	年度增长率（B）
2010	全国	73884.43	4730.62	6.4	0	0
	河南	3416.14	270.21	7.9	0	0
2011	全国	92733.68	6358.19	6.9	25.5	34.4
	河南	4248.82	361.48	8.5	24.4	33.8
2012	全国	107188.34	7170.82	6.7	15.6	12.8
	河南	5006.4	425.99	8.5	17.8	17.8
2013	全国	119740.34	8203.2	6.9	11.7	14.4
	河南	5582.31	492.48	8.8	11.5	15.6

资料来源：根据中华人民共和国国家数据库数据计算而成。

（二）基本公共卫生服务水平城市优于农村，区域间基本公共卫生服务不均等

河南省城市医疗卫生资源与农村医疗卫生资源相比，相对丰富。在城市，政府投资的各种医疗卫生机构，如医院、社区卫生服务机构、医学教育机构、医学研究所等相对较为集中，各类专业的公共卫生服务机构，如儿童医院、妇幼保健院、传染病院、疾病预防控制中心等，为居住在城市的居民提供的公共卫生服务远远优于农村居民享有的公共卫生服务。在河南省农村地区，县、乡、村三级卫生机构构建起来的卫生服务网络为河南省农村居民提供基本的医疗服务和公共卫生服务，但政府对农村医疗卫生机构的投入却

很少。而且，河南省不同级别医疗机构人员学历构成差异巨大，高学历人才由省级到乡村递减幅度大，低学历及无学历人才构成比随医疗机构级别的降低而出现大的幅度变化。河南省级医疗机构拥有本科以上人员的比例最高，为38.39%，村卫生室仅为0.11%，而省级医疗机构拥有中专及无学历人员构成比最低，仅为30.15%，村卫生室则最高，为96.17%。从每千人口床位数来看，河南省城市床位数为农村的大约3倍，而全国城市为农村的2倍，河南医疗卫生机构床位数在城市地区的集中度明显高于全国平均水平，这表明河南省农村居民住院服务设施严重不足，基层卫生服务体系存在重大缺陷。[①]

同时，由于河南省各地市之间的经济社会发展水平存在很大差异，各地市在财政支持、公共卫生设施配置以及人口数量上的差异导致了各地市基本公共卫生服务供给能力和水平未能实现均等化。从政府公共财政预算支出及人均享有财政预算支出的额度来看，除郑州外，周口市、南阳市、驻马店市和商丘市虽然在财政预算支出总数上居于全省前五位，但人均享有财政预算支出的额度均低于全省平均数，排在全省后五位。从医疗机构床位数、每万人医疗机构床位数、卫生技术人员数和每万人卫生技术人员数比对可以看出，河南省17个省辖市之间的基本公共卫生服务均等化水平也存在着比较明显的地区差异。郑州市、南阳市、洛阳市、周口市和新乡市的医疗机构床位数在河南省居于前列，但由于南阳市和周口市人口密度太大，每万人医疗机构床位数反而低于全省平均数，与河南省其他市相比，也比较落后。而在拥有卫生技术人员数和每万人卫生技术人员数方面，除郑州市和济源市外，全省其他15个省辖市的每万人卫生技术人员数均低于全省平均数。[②]

通过以上比对分析可以发现，河南省基本公共卫生服务呈现出典型的区域不均等的特点，郑州市作为省会城市，经济社会发展水平较高、财政对医疗卫生服务投入较多，因此整体公共卫生服务水平较高，而南阳市、周口市、商丘市、驻马店市等由于整体经济社会发展水平有限，财政对医疗服务

---

① 侯圣伟：《河南省医疗卫生资源配置城乡差异研究》，《河南社会治理发展报告》，社会科学文献出版社，2015。
② 王冉：《河南省基本公共卫生服务均等化存在问题分析》，《智富时代》2015年第S2期。

投入的绝对数虽然也很多,但由于人口密度太大,因此人均享有基本公共卫生服务的水平仍低于全省平均水平,基本公共卫生服务比较落后。

(三)绩效考核体系存在不合理性,基层卫生服务人员积极性不足

对基本公共卫生服务的考核是深化医药卫生体制改革的重点工作之一,是政府部门考核的重点,当前以县级考核为主体的绩效考核机制在健全公共卫生服务体系以及提高基层公共卫生服务水平方面起到了良好的作用,但仍然存在一定的不合理性,造成公共卫生服务的水平难以提高。

绩效考核体系的不合理性,主要体现在以下几个方面。第一,绩效考核的主体仍局限在政府及相关部门,而农民等重要的利益相关者并没有深度参与到绩效考核中,难以得出科学、客观的考核结果。第二,绩效指标的适用性较差和改革后的医疗体系脱节。由于有一部分乡镇卫生院是从县级医院转型而来的,其考核指标大量沿用县级医院绩效考核指标体系,而实际上,乡镇卫生院的服务理念、内容和模式等与医院存在很大差别,这直接导致绩效考核指标体系与实际情况的脱节。第三,绩效考核结果利用效率不高。由于基本公共卫生服务信息化建设工作滞后,考核结果还是依靠传统的人工方式,不便于审核和监控,也不便于政府财政补助资金分配。国外早有研究表明,卫生服务机构绩效管理的有效性很大程度上取决于信息系统。第四,绩效考核的作用和价值不明显。目前一些乡镇卫生院对承担基本公共卫生服务的卫生人员采取的激励方式与绩效考核效果脱节,不利于提高基层卫生技术人员积极性和主动性。[①]

(四)公共卫生服务水平较低,服务质量难以落实

由于绩效考核体系的不合理性,基本公共卫生服务重数量、轻质量等问题出现,其典型代表为健康档案管理质量较低和慢性病管理薄弱等。公共卫

[①] 周丹凤等:《河南省息县基本公共卫生服务均等化现状分析》,《医学与社会》2014年第8期。

生服务质量是以健康档案质量管理为主要指标，健康档案质量可以全面反映基本公共卫生项目服务质量。但目前对基本公共卫生服务中健康档案的考核还是以建立健康档案数量为主要指标，对健康档案动态质量管理没有引起重视，造成居民电子健康档案滞后，无法与纸质档案实现同步，因此信息库中存在很多"死档"，直接影响了基本公共卫生服务的实现。同时，对慢性病患者的管理工作比较薄弱，主动筛查、随访、监测居民慢性病的积极性不高。原因主要在两方面，一方面农民对慢性病普遍认识不足，治病意识淡薄，尤其是对于无症状的高血压，不注重疾病早期治疗；另一方面传统的重医疗、轻预防观念还未转变，地方政府又受到人力、财力、物力等因素的制约，对乡镇卫生院的工作支持和指导力度有限，使得目前农村慢性病管理工作开展缓慢，基层医务人员由于绩效考核体系的不明确也缺乏工作的积极性和主动性。[①]

三　加强河南省"十三五"时期基本公共卫生服务建设建议

（一）完善投入机制，提高基本公共卫生服务水平的均等化

政府应该针对基本公共卫生服务总体财政投入不足的情况，继续加大投入力度，增加医疗卫生费用支出，尤其是增加医疗卫生费用中公共支出所占的比例，加强监管并降低基本公共卫生服务的价格，并且有倾向性地增加总体公共卫生服务较差的市的卫生服务机构的数量和卫生设施的数量，从整体上改善全省的医疗环境和条件，实现全省各地市医疗环境和医疗条件的均等化。建立多元化的、长期可持续的医疗卫生筹资机制。明确省、市、县共同承担医疗卫生财政投入的比例必须与当地开展基本公共卫生服务需要的实际成本相适应；完善省以下财政管理体制，积极推进省直管县的财政管理体制改革，确保县乡卫生机构正常职能；通过税费减免、转移支付、转向经费、

---

① 程晓斌：《医院医疗质量监控的影响因素与对策》，《中国医院管理》2007 年第 3 期。

捐赠等方式吸引社会资本更多地进入农村基层公共卫生资源的培养和建设。在增加投入的同时，还必须通过公共设施的建设来缩小公共卫生服务水平的差异化，各级政府应充分重视并提高公共卫生事业服务的质量，进一步健全城市供水、供电、供气、垃圾处理等基础设施功能，对于农村地区则加强供水工程建设，改善饮水安全和人居环境，在进行城乡公共卫生事业设施建设的过程中，要注意城乡公共卫生服务均等化问题，缩小城乡差距。

（二）促进卫生资源整合，优化区域间基本公共卫生资源的配置

河南省基本公共卫生服务在城乡之间、区域之间存在比较大的差异，要进一步推进基本公共卫生服务均等化。一方面，要进一步完善农村公共卫生服务管理体制，明确县、乡、村三级卫生机构的职责，并加强农村公共卫生人才队伍建设，为实现城乡基本公共卫生服务均等化提供必要的体制基础和人才条件；另一方面，要调整地区间基本公共卫生服务投入水平，按照各地区的经济投入水平、人口密度等客观情况，确定每个地区的实际基本公共卫生服务经费投入标准，推进各地区的基本公共服务水平逐渐实现均等化。加强财政投入的省级统筹，按照各地区经济发展水平，合理调整财政投入标准，经济发达地区承担较高比重的投入，增加对欠发达地区的财政补贴力度，合理协调不同经济发展区域的财政投入水平。通过完善激励约束机制，强化省级政府调节省以下财力分配的责任意识，增强省级财政对市县级财政的指导和协调功能，逐步形成合理、平衡的纵向与横向财力分布格局，不断强化基层政府供给基本公共卫生服务的经济保障能力。

（三）改善绩效考核体系，提升基本公共卫生服务的效率

创新公共卫生服务绩效考核体制，不断提高基层医疗机构的基本公共卫生服务意愿和服务能力，以促进基本公共卫生服务实现均等化。结合已有的绩效考核实施方案，细化基本公共卫生服务的绩效考核办法，加强对村级的绩效考核，切实将绩效考核结果与经济利益挂钩，实行多劳多得，按绩效考核结果及时支付。同时，引入第三方监督，落实行政问责，形成良性激励约

束机制，达到均等化管理的目的。① 在改善绩效考核机制的同时，应加强政府的公共服务职能和监督体系建设。河南省各级政府的公共服务职能虽然在不断改善，公共服务质量不断提高，但根据调查分析结果可以看出：河南省各级政府的公共服务供给相对于日益增长的人们的社会公共需求还存在很大差距，各地区的公共服务综合满意度都是介于"不满意"和"基本满意"之间，并没有达到"基本满意"。② 各级政府要明确各自的公共服务责任，在当前深化行政体制改革和转变政府职能的背景下，政府需要强化其公共服务职能，以建立服务型政府为目标，进一步完善基本公共卫生服务监督体系。

（四）创新基本卫生服务体系，提高服务供给效率和供给水平

深化基本公共卫生服务体制改革，充分利用将居民健康档案系统与医院诊疗系统互联互通的优势，整合两者的卫生资源，实现信息互通、资源共享及协调互动；加强基本公共卫生人才的培养和重点学科的建设，大力培养公共卫生技术人才和慢性病管理人才来改善基本公共卫生服务的供给方向；针对基本公共卫生服务存在的薄弱环节，开展专题培训；对村卫生室人员实施分类指导，切实提高基本公共卫生服务人员的综合能力和服务质量；加强对卫生人员进行国家医改政策的宣传，强化公共卫生服务全局意识和责任意识，教育引导卫生人员转变重医轻防的思想观点，提高卫生人员开展基本公共卫生服务工作的主动性。同时，各社区可以和公共卫生部门联合，制定符合本社区实际的健康教育宣传方案，尤其注重在开展健康体检过程中进行面对面的宣传教育。每年也可根据季节的变化、疾病发生的特性和重点人群，确定宣传主题，确保健康教育达到实效，全面提高居民健康知识的知晓率和行为形成率。对慢性病患者进行及时登记管理和治疗服务，并至少每季度随访一次或健康检查一次，对患者提供病情评估和健康服务指导。充分利用信息管理系统，提升综合管理水平，规范服务行为，逐步提高慢性病管理发现率、规范化管理率和有效控制率。

---

① 王磐石等：《上海市促进基本公共卫生服务逐步均等化的实施策略》，《中华医院管理》2011年第7期。
② 郭敬、黄陈刘：《河南省公共服务满意度调查研究》，《河南科学》2015年第11期。

河南省"十三五"时期高等教育发展战略研究

刘 莹*

摘　要： 河南省高等教育在"十二五"时期取得了巨大成就，但仍存在高等教育整体发展水平不高、高等教育与经济社会发展联系不够紧密、高等教育供给与需求还有较大差距等问题。"十三五"时期，河南省高等教育发展面临难得的机遇，要牢固树立并全面贯彻"创新、协调、绿色、开放、共享"五大发展理念，实施高校分类发展、高等教育内涵发展、人才优先发展、高校特色发展、教学质量提升、高水平大学发展、高等教育国际化等战略。

关键词： "十三五"　高等教育　发展战略

"十三五"时期是全面建成小康社会、实现"两个一百年"奋斗目标的重要阶段，也是河南基本形成现代化大格局、更加出彩的关键时期。实现"两个百年""四个全面"战略布局和目标，推进河南三大国家战略规划和"四个河南"建设的深入实施，推进供给侧结构性改革，必须以高素质劳动者和拔尖创新人才为基础，以科技创新为动力。高等教育是培养人才、发展科技的基础与关键，其发展水平和质量决定着人才的创新能力，影响着产业

---

* 刘莹，郑州大学教育系讲师，社会治理河南省协同创新中心研究员，研究方向为高等教育管理就业创业研究。

升级的方向和水平。河南省高等教育要紧紧围绕经济社会发展的新形势、新需求、新变化,主动适应经济发展新常态,加快提高竞争力和贡献力,为全省经济社会发展提供更加有力的高层次人才支撑和智力支持。

一 河南省"十二五"时期高等教育发展的主要成就

"十二五"期间河南省高等教育持续发展,专业建设和学科建设不断优化,高等教育质量得到有效提升。2014年全省高等教育总规模276.50万人,比2010年的232.35万人增加了44.15万人;高等教育毛入学率34.00%,比2010年的23.66%增加了10.34个百分点。2014年普通高等教育招生51.43万人,本、专科人数分别为25.76万人和25.67万人,本、专科人数之比约为5.0∶5.0;在校生总数为167.97万人,本、专科人数分别为95.52万人和72.45万人,本、专科人数之比为5.7∶4.3。而2010年普通高等教育招生47.83万人,本、专科招生分别为21.13万人和26.7万人,本、专科人数之比为4.4∶5.6;在校生总数为145.67万人,本、专科在校生数分别为68.72万人和76.95万人,本、专科之比为4.7∶5.3。整体来看,"十二五"期间,河南省高等教育事业实现了快速、健康发展,实现了历史性跨越。

表1 2010~2014年河南省高等教育总规模及毛入学率

类别 \ 年份	2010	2011	2012	2013	2014
高等教育总规模(万人)	232.35	236.49	258.59	265.00	276.50
高等教育毛入学率(%)	23.66	24.63	27.22	30.10	34.00

高等教育规模不断扩大。从表1中可以看到,2010年全省高等教育总规模232.35万人,高等教育毛入学率23.66%;2011年全省高等教育总规模236.49万人,高等教育毛入学率24.63%;2012年全省高等教育总规模258.59万人,高等教育毛入学率27.22%;2013年全省高等教育总规模265

万人，高等教育毛入学率30.10%；2014年全省高等教育总规模达到276.50万人，高等教育毛入学率为34.00%。总体来说，高等教育总规模不断扩大，高等教育毛入学率逐年递增。"十二五"期间，河南省高等教育毛入学率连年提高，2015年高等教育毛入学率达到36.49%，接近全国平均水平；每万人口中接受普通高等教育的在校生由2010年的146人增加到2015年的187人，增长了28%。

高等教育结构进一步优化。2010年全省研究生培养机构23处；普通高等学校107所，其中，本科院校45所（含10所独立学院），高职院校62所，成人高等学校15所。截至2014年，全省研究生培养机构27处，普通高等学校129所，成人高等学校12所。18个省辖市均布局了普通高等学校，其中14个省辖市布局了本科院校。高等教育的学科专业结构进一步优化，高校工科等应用型学科专业比例达到70%以上。"十二五"期间，新升格、更名和转设本科高校7所，本科培养能力得到加强。截至2015年底，全省共有本科院校52所（含8所独立学院），高职院校和专科院校77所。同时，高等教育学科专业结构进一步优化，高校工科等应用型学科专业比例达到70%以上。一批本科院校转型发展的做法和经验在全国产生了重要影响。

学科实力进一步增强。截止到2014年全省研究生培养机构授权一级博士学位授权点55个，其中普通高等学校授权一级博士学位授权点53个；授权一级硕士学位授权点284个，其中普通高等学校授权一级硕士学位授权点271个。高校拥有一级学科国家重点学科1个，二级学科国家重点学科4个，国家重点（培育）学科4个，一级学科省重点学科259个，二级学科省重点学科97个。

高等学校办学条件得到改善。"十一五"期末，全省普通高等学校占地面积达到14万亩，校舍建筑面积4237万平方米，图书藏量1.1亿册，教学科研仪器设备值87亿元，专任教师7.8万人；截止到2014年全省普通高等学校占地面积达到16.26万亩，校舍建筑面积达到5467.39万平方米，图书藏量达到1.41亿册，教学科研仪器设备值达到140.56亿元，普通高等学校教职工达到13万人，其中专任教师9万余人，这为提高高等教育质量提供了有力保障。

高等教育质量不断提升。高等教育质量工程建设、"211工程"建设、高水平大学建设等领域取得重大进展，省部共建高校达到5所，河南省人民政府印发了百年名校河南大学振兴计划（2011~2020年）。"十二五"期间，河南省高等院校的办学水平、人才培养质量及科研创新能力不断提高。郑州大学入选"中西部高校综合实力提升工程"，河南大学等7所高校入选"中西部高校基础能力建设工程"；河南农业大学牵头成立的河南粮食作物协同创新中心入选国家首批14个协同创新中心；河南在高校国家科技进步一等奖、长江学者、百篇优秀博士论文方面均实现了零的突破；高校毕业生就业率连续5年保持在75%以上，高于全国平均水平。

高等教育国际化取得重大进展。"十二五"期间，河南省高等教育的国际交流合作取得新突破，河南大学迈阿密学院通过国家审批，成为河南省第一所与世界200强大学合作举办的本科办学机构；华北水利水电大学与国内其他10所"985""211"高校一同入选"金砖国家网络大学"项目；郑州大学、河南师范大学与其他6所国内高校共同成为"中俄文化高校联盟"26个创始成员。同时，河南省成为产教融合发展战略国际论坛永久驻地，与13所世界500强高校开展了国际交流合作。

高等教育公平正在有效推进。"十二五"期间，河南省扎实推进阳光招生，高考招生录取更加公平，录取率由2010年的65%提高到2015年的83%，本科录取率由29.49%提高到44.4%，已经接近全国平均水平。同时，启动实施农村贫困地区定向招生专项计划，农村考生就读重点大学比例明显提高。此外，进一步完善家庭经济困难学生的资助政策体系，投入资金89.2亿元，资助学生3794.7万人次。其中，发放国家助学贷款22.5亿元，总额居全国第一。

二 河南省"十二五"时期高等教育发展的主要问题

在肯定成绩的同时也要清醒地看到，目前河南省高等教育整体发展水平不高，高等教育与经济社会发展结合不够紧密，高等教育供给与人民群众对优质高等教育需求还有较大差距，高等教育体制机制障碍依然较多，河南要正视这些亟待解决的突出矛盾和问题。加快高等教育改革发展，既是发展之需、转型之要，也是民生之本。特别是随着经济发展进入新常态，高等教育作为科技第一生产力和人才第一资源的重要结合点，作用越来越突出。尽管取得了巨大的成就，但是与全国平均水平相比，河南省高等教育发展仍然存在以下几个方面的主要问题。

高等教育总体规模不大，毛入学率偏低。2010年全省高等教育总规模达232.35万人，高等教育毛入学率达23.66%，比全国低2.84个百分点。尽管"十二五"期间全省高等教育总规模和毛入学率逐年递增，2015年高等教育毛入学率达到36.49%，接近全国平均水平；每万人口中接受普通高等教育的在校生也由2010年的146人增加到2015年的187人，增长了28%。但是必须看到，河南省作为人口大省，高等教育的总体规模仍需扩大，毛入学率有待提高。

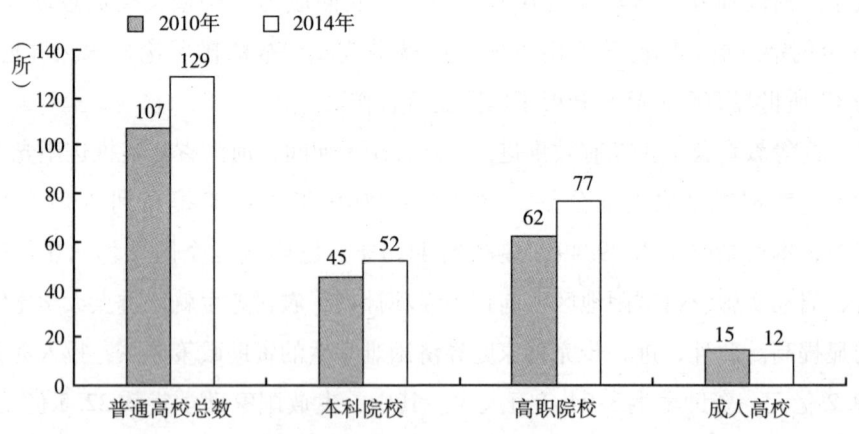

图1 河南省高等学校数量变化

高等学校数量偏少，校均规模偏大。由图1中可以看到，2010年全省有普通高等学校107所，其中，本科院校45所（含10所独立学院），高职院校62所；有成人高等学校15所。截至2014年，全省有普通高等学校129

所，其中本科院校52所（含8所独立学院），高职高专院校77所；有成人高等学校12所。虽然高校数量有所增加，但是河南省每1000万人口拥有普通高等学校比全国少7所。河南省本科院校校均规模为1.97万人，比全国多0.66万人；专科学校校均规模为0.86万人，比全国多0.27万人。

高等教育结构还需进一步优化。河南省高等教育体系逐步完善，但高校层次结构、布局结构、学科专业结构还不能适应河南省新型工业化、新型城镇化和新型农业现代化协调发展的需要。高等教育体制机制改革亟待突破。如何健全政府主导、社会参与、办学主体多元、办学形式多样，充满生机活力的高等教育办学体制是新时期的重大课题。

三 河南省"十三五"时期高等教育发展的主要机遇

"十三五"时期是我国发展进程转段、发展动力转换的新时期，以创新驱动的经济新常态，以"创新、协调、绿色、开放、共享"为主的发展新理念，以供给侧改革为核心的改革新动向给教育发展带来了巨大的机遇和挑战。

从世界范围看，经济全球化深入发展，新一轮科技革命方兴未艾，教育国际化、信息化进程不断加快，极大地推进了国际教育合作与交流，为国际优质教育资源的共享和引进创造了更加有利的条件。从我国来看，经济社会发展进入新常态，国家实施"一带一路"、"大众创新、万众创业"、"互联网+"等一系列重大战略，为高校深度融入经济社会主战场、深化改革、转型发展提供了更加广阔的空间。国务院《统筹推进世界一流大学和一流学科建设总体方案》以及河南省《关于推进高等教育综合改革的意见》的实施，一大批支持一流大学、一流学科、一流人才建设的重大工程、计划，为河南省高等教育发展提供了更加完善的政策支撑。从区域发展来看，"十三五"期间河南省将实施三大国家战略规划、推进四化同步科学发展，着力优化经济结构、转换发展动力，着力保障和改善民生，打造"四个河南"、推进"两项建设"，推动部分领域和区域实现现代化，综合竞争优势大幅提升，实现由经济大省向经济强省跨越，综合实力进入全国第一方阵。这就为河南省高等教育事业发展创造了更加有利的条件。

总体来说，"十三五"期间，河南省高等教育事业的发展正面临难得的机遇。

首先，国家"十三五"规划纲要为河南省高等教育发展提供了方向指导。国家"十三五"规划纲要指出，要推动具备条件的普通本科高校向应用型转变。推行产教融合、校企合作的应用型人才和技术技能人才培养模式，促进职业学校教师和企业技术人才双向交流。推动专业设置、课程内容、教学方式与生产实践对接。要推进现代大学制度建设，完善学校内部治理结构。建设一流师资队伍，用新理论、新知识、新技术更新教学内容。完善高等教育质量保障体系。推进高等教育分类管理和高等学校综合改革，优化学科专业布局，改革人才培养机制，实行学术人才和应用人才分类、通识教育和专业教育相结合的培养制度，强化实践教学，着力培养学生的创意创新创业能力。深入实施中西部高等教育振兴计划，扩大重点高校对中西部和农村地区的招生规模。全面提高高校创新能力，统筹推进世界一流大学和一流学科建设。这些政策导向，为河南省"十三五"期间高等教育发展指明了方向。

其次，国家加快建设中原经济区为河南省高等教育发展提供了有力的政策支撑。教育部与省政府签订了《加快河南教育发展推进中原经济区建设战略合作协议》，重点支持河南省全面提升高等学校服务中原经济区建设的能力，这为河南省高等教育发展提供了有力的政策支撑。

最后，广大人民群众接受高质量教育的新期盼，为高等教育发展增添了新动力。"十二五"期间，河南省整体经济实力持续增强，人民生活水平不断提高，接受更高质量、更加公平的高等教育的愿望愈益强烈，对河南省高等教育发展提出了新要求。因此，"十三五"期间，河南省必须进一步统筹规划高等学校布局，不断优化和调整高等教育结构，推动高等教育内涵提升，为中原经济区建设和实现"中原崛起、河南振兴"提供强有力的人才保障和智力支撑。

四 河南省"十三五"时期高等教育发展战略

强省必先强教。河南省高等教育要坚持优化布局、调整结构、提升质量，增强服务经济社会发展的能力，加快开放步伐，扩大国际交流合作，为全省经济社会发展提供更优质的人才资源。目前，河南高等教育改革发展的理念还相对滞后，科学的教育观、人才观还没有全面树立和落实，高等教育体制机制改革还不彻底，发展活力还没有充分激发，高等教育治理能力还需要进一步提升。针对这些问题，"十三五"期间，河南高等教育要牢固树立并全面贯彻"创新、协调、绿色、开放、共享"的五大发展理念，坚持创新发展、协调发展、绿色发展、开放发展和共享发展。

（一）实施高校分类发展战略

高等学校的分类是一个世界性的难题。"十三五"期间，河南省高等教育要实施分类管理，走分类发展的道路。既要适应国家总体部署，推动建设几所世界知名的高水平大学，也要在区域一流大学上下功夫。既要建设好普通高等学校，也要建设好高等职业技术院校。同时要积极响应教育部、国家发改委和财政部联合发布的《关于引导部分地方普通本科高校向应用型转变的指导意见》，推动和引导河南省部分具备条件的普通高校向应用技术型大学转型。"十三五"期间，河南省要进一步落实好促进普通高等学校分类发展的指导意见，加强分类指导和分类评价，引导高校科学定位、办出特色、争创一流，推动本科学校转型发展，抓好示范性应用技术类型本科院校建设工程。

（二）实施高等教育内涵发展战略

质量是高等教育的生命线，我国高等教育正在步入全面提升内涵、质量的新时代。"十三五"期间，河南省高等教育机构要将更多的时间、精力、资源用到内涵发展、提高质量上来，要牢牢把握"质量"这一核心和主线。

一方面加强高校德育工作,大力培育和践行社会主义核心价值观,研究制订进一步加强高校思想政治工作的意见,加强大学生心理健康教育和校园网络文化建设和管理,在立德树人上下功夫;另一方面,要创新人才培养模式,遵循教育规律和人才成长规律,更加注重学思结合、知行统一、因材施教,增强学生社会责任感、创新精神、实践能力,注重教学、科研、实践紧密结合。同时,要健全专业动态调整机制,加强质量监控和绩效评价,保证育人质量不断提高。

(三)实施人才优先发展战略

2016年3月21日,中共中央印发《关于深化人才发展体制机制改革的意见》,就人才发展体制机制改革提出了具体意见。人才是经济社会发展的第一资源,也是河南省高等教育崛起的力量源泉。"十三五"期间河南省高等教育要实施人才优先发展战略。河南穷省办大教育的基本省情尚未发生根本改变,诸如教育经费短缺、优质高等教育资源不足、教育信息化建设滞后、高水平教师不足等问题仍然存在。因此,在"十三五"期间,要树立全球视野和具备战略眼光,充分开发利用国内、国际的人才资源,主动参与国际人才竞争,完善更加开放、更加灵活的人才培养、吸引和使用机制,不唯地域引进人才、不求所有开发人才、不拘一格用好人才,确保人才引得进、留得住、流得动、用得好。要实行更积极、更开放、更有效的人才引进政策,加大力度实施海内外高层次人才引进计划,敞开大门,不拘一格,柔性汇聚全球人才资源。对河南省急需紧缺的特殊人才,要开辟专门渠道,实行特殊政策,实现精准引进。要打破户籍、地域、身份、学历、人事关系等制约,促进人才资源合理流动、有效配置。建立高层次人才、急需紧缺人才优先落户制度。要继续推进高校人才强校工程,加强对青年教师的职业素质培养和职业能力培训,深化教师管理和教育人事制度改革,建立有效的教师激励奖惩机制。

(四)实施高校特色发展战略

2015年,河南省启动了高等学校优势特色学科建设工程,通过第三方评价遴选了 10 个优势学科、25 个特色学科。"十三五"期间,将优势学科做得更强、将特色学科做得更优,将成为河南省高等教育发展的亮点,并以此引领河南高等教育的创新与改革进程,加快高水平综合性大学、特色骨干大学、示范性应用技术类型本科院校、品牌示范高职院校建设。加强河南省高等学校重点和特色学科专业建设,发挥驱动带动作用,构建适应中原经济区建设需要的学科专业体系,推动高等教育办出特色、提升水平,更好地为中原崛起、河南振兴提供人才和智力支持。

(五)实施教学质量提升战略

2012 年 8 月,省政府召开河南省全面提高高等教育质量工作会议。会议总结了"十一五"以来全省高等教育工作,安排部署了今后一个时期全面提高高等教育质量的具体工作,出台了《河南省人民政府关于全面提高高等教育质量的若干意见》(豫政〔2012〕92 号)。按照突出重点、引导方向、以点带面、全面提高的原则,构建校、省、国家教学质量工程三级建设体系,提升人才培养质量。2011 年,河南立项建设了 261 个省级项目,其中,特色专业 78 个、精品课程 75 门、教学团队 35 个、教学名师 26 名、双语教学示范课 18 门、实验教学示范中心 29 个。2012 年,河南立项建设了 267 个省级质量工程项目,其中,特色专业 81 个、精品资源共享课 75 门、教学团队 36 个、教学名师 22 名、双语教学示范课 20 门、实验教学示范中心 33 个。其中,3 门课程首次入选国家精品视频公开课。25 种教材入选"十二五"国家级规划教材。2013 年,已遴选确定郑州大学的口腔医学等 81 个专业为省级特色专业建设点;确定 150 个省级"专业综合改革试点"项目,推荐 28 个本科项目参加国家遴选;遴选建设 32 个省级教学团队,推荐国家精品视频公开课 10 门,评选省级精品视频公开课 15 门,评选表彰 25 名教学名师;获批 27 个国家级大学生校外实践教育基地,5 个"十二五"国家级实验教学示范中心。

(六)实施高水平大学发展战略

(1)推进世界知名高水平大学和世界一流学科建设工作,重点支持郑

州大学、河南大学打造高水平研究型大学

国务院下发《统筹推进世界一流大学和一流学科建设总体方案》，河南省在"双一流"建设过程中不能落后，要创造条件，重点投入，全面支持郑州大学综合改革、提档升级、跨越发展。"十三五"期间要继续落实《百年名校河南大学振兴计划》，及时解决河南大学在振兴过程中遇到的瓶颈和障碍，力争在"十三五"末期将郑州大学建设成为世界知名的高水平大学，将河南大学建设成为国内一流的地方综合性大学。

（2）推进区域高水平大学和区域一流学科建设工作

"十三五"期间要重点支持近年来获得省部共建的高校，将其建设成为区域特色鲜明的高水平大学。同时推动区域高水平学科建设，建成一批具有河南特色，服务河南和国家经济社会发展的区域一流学科。

（3）继续推动"中西部高等教育振兴计划"

加大力度建设入选"中西部高校综合实力提升工程"的郑州大学。参照"中西部高校综合实力提升工程"财政支持标准，重点支持河南大学。同时还要重点建设入选"中西部高校基础能力建设工程"的部分高校，推动中西部高校基础能力建设工程的规划落实。"十三五"期间，要进一步完善相应建设规划，推动落实中西部高等教育振兴计划。

（七）实施高等教育国际化战略

国际化是高等教育本质特征的重要体现，是培养高素质拔尖创新人才的重要支撑，是迈向国内外知名高水平大学进而建成世界一流大学的重要途径。当前，世界多极化、经济全球化深入发展，科技进步日新月异，知识经济方兴未艾，科技与人力资源在全球范围内进行整合与配置，对高等教育的发展产生了重要而深刻的影响。根据西南交通大学高等教育研究所发布的2015年中国大学国际化排名，河南省仅有郑州大学一所高校进入，排名第71位。总体来说，河南省高等教育国际化落后于全国平均水平。未来十年，特别是未来五年是河南省高等教育国际化建设发展十分关键的时期。实施高等教育国际化战略，就是要培养具有社会责任感、全球视野和创新精神的高素质拔尖创新人才。大力推进高等教育的国际化建设，通过更高层次、更广范围、更具实效性的国际合作与交流，深化教育教学改革，提升教师队伍的水平，增强科学研究的实力，是提高人才培养质量和办学水平的重要战略选择。"十三五"期间河南省还要积极推进高等教育中外合作办学工作，继续鼓励省内高校与国外知名高校开展合作办学，推进郑州大学、河南大学与世界百强知名高水平大学开展合作办学工作。

具体来说，可以从以下几方面着手。

（1）实施"学生国际视野拓展计划"。

全面贯彻党的教育方针，吸收和借鉴世界一流大学的教育理念、教学方式方法、教学管理模式和评价方式，引入课程、教材等海外优质教学资源，探索开设旨在增强学生跨文化理解力和国际交往能力的专门课程，推进高等教育人才培养模式改革。深入推进与国际知名大学多种形式的合作办学，到2020年成立若干个联合学院，联合招收、培养学生。开展专业国际认证，到2020年完成新增若干个专业的国际认证工作。通过不断改革和探索，到2020年基本形成具有河南特色的开放式、国际化的高等教育教学体系。

加强与海外高校以及企业的联系与合作，拓展联合培养、交换生、短期访学、暑期学校、海外实习实践、短期社团文化交流、国际竞赛等各类项目，到2020年使本科生在校期间具有海外访学经历的人数比例达到20%；在加大联合培养力度的基础上，同样，大力推进研究生参加国际合作科研项目、国际会议、短期访学等项目，到2020年使研究生在校期间具有海外访学经历的人数比例达到20%。到2020年基本形成多类型、多层次、多途径的学生海外访学经历工作体系。

（2）实施"国际科技项目合作计划"。

加大国际科技合作力度。积极鼓励和支持教师参与双边、多边和区域性的国际科技合作，争取并承担国际框架和国际组织的科研项目，加强与国外著名高校和大型企业的科技合作，显著提高国际科技项目的数量和国际科技项目经费占学校科研经费的比例，到2020年实现国际科技项目经费比2015

年翻两番，到2020年能够承担一批聚焦世界科技前沿、具有重要国际影响的国际科技合作项目。

提升学科的国际影响力。围绕河南省的优势、强势学科以及拟重点发展的新兴学科和交叉学科方向，加强与一流大学和科研机构的校级实质性合作研究平台建设，到2020年建成若干个国际科技合作平台，到2020年在大部分优势学科方向建立起高水平的国际合作平台；大力支持各个学科积极争取和举办本学科领域有影响力、高水平的国际会议，进一步加大对在高水平国际期刊发表成果和申请国际专利的支持力度，产出一批具有重要国际影响力的科研成果。

（3）实施"人才国际竞争力促进计划"。

着力面向海外引进高层次拔尖人才和具有良好发展潜质的优秀青年人才，通过各种灵活的形式吸引一批优秀的外籍教师到学校参加教学科研工作，完善引进高层次人才的评价体系。进一步优化教师队伍学员结构。建立并完善有效的措施和机制，丰富教师队伍特别是青年教师队伍的海外经历，注重教育背景多元化，制定实施"青年骨干教师海外培训计划""管理干部海外培训计划""辅导员海外培训计划"等措施，使河南省高等教育教学科研型教师队伍中具有长期境外工作经历的人员比例到2020年提高至30%。通过有效途径大力提升教师队伍的外语水平和应用能力，积极适应人才培养国际化和教师国际互访交流工作的需要；大力提升教师队伍的国际影响力和竞争力，制定实施教师海外学术休假制度，鼓励和支持教师在高水平国际学术、行业组织任职，担任国际期刊编委，参加重要国际学术会议并做特邀报告、主题报告。

（4）实施"留学中原计划"。

扩大留学生的规模，优化其结构。到2020年基本形成与河南省高等教育事业发展相适应的留学生规模和结构。建立国际化的学位课程体系。到2020年，形成以一级学科为基础，与国际接轨的全英文学位课程体系及相应的全中文课程体系，推动学校的教育教学改革，通过与国外高水平大学合作开设课程、聘请外籍教师授课等各种措施，切实提升英文课的质量和水平。到 2020 年建立起更具系统性的全英文学历教育体系。完善预科生和短期访学教育体系。建设具有河南特色的汉语学习和中国文化学习体系，努力成为来华留学生汉语学习的目的地。积极推进河南省高校孔子学院的建设，提升对外汉语教学的水平和影响力。

新型城镇化篇
New Urbanization

河南省新生代农民工群体调查分析*

樊红敏　李岚春　刘晓凤　杜鹏辉**

摘　要： 基于社会治理河南省协同创新中心"2016年春外出务工返乡农民工综合调查"数据，本报告从新生代农民工的现状、城镇化期待以及存在的困难和障碍三个方面，分析了河南省新生代农民工状况，在此基础上，提出了河南省城镇化的对策建议。调查表明：第一，河南省新生代农民工工作环境稳定，平均收入略高于河南省在岗职工平均工资，能够保证其在打工地安稳地生活，但劳动强度大，缺乏劳动保障，劳动权益维护有待进一步加强；第二，新生代农民工在务工地自购住房比例极低，购房需求较大；第三，和非新生代农民工相比，

---

* 河南省哲学社会科学规划项目"县域维稳制度化及动态稳定机制构建研究"（2013BZZ006）、2014年河南省高等学校哲学社会科学研究"三重"重大项目"治理视角下河南省化解基层社会矛盾的路径及机制创新研究"（2014-SZZD-08）阶段性成果。

** 樊红敏，郑州大学公共管理学院副院长、教授、博士生导师；李岚春，郑州大学公共管理学院2014级政治学理论专业硕士研究生；刘晓凤，郑州大学公共管理学院2015级公共管理专业博士研究生；杜鹏辉，郑州大学公共管理学院2016级行政管理专业硕士研究生。

新生代农民工维权意识高，对政府的信任度也高，呈现出政治意识理性化的趋势；第四，新生代农民工更能接受自己的打工身份和生活，但生活方式单一，社会保障覆盖率不高，公共服务不足。新生代农民工的城镇化意愿大大高于非新生代农民工，主要表现在新生代农民工更愿意生活在城市，城市公共服务对其最具吸引力，个人发展空间和改变命运是其城市梦的一部分；新生代农民工对城市融入持积极态度，对社会的开放性、公平性持肯定态度，有较高的参与社区事务的意愿等。新生代农民工城镇化的障碍包括：对打工地没有归属感；与城市居民相比，新生代农民工在收入、教育、医疗、权利保障等方面仍有很大差距，住房、就业是其城镇化过程中面临的最大问题。未来河南省要把新生代农民工市民化作为城镇化工作的着力点：一是鼓励新生代农民工落户城镇；二是进一步提升新生代农民工工资待遇，改善就业环境；三是加强新生代农民工权益保护；四是改善公共服务，提高新生代农民工的社会认同感，促进城市融入。

关键词： 农民工　新生代农民工　城镇化

随着改革开放成长的一代，是人称"80后""90后"的一代。他们作为城镇化的建设者与参与者，为推进城镇化进程做出了巨大贡献，同时新生代农民工也是城镇化进程的重要人口来源，为城镇化建设不断注入新的活力。河南省作为人口大省和农业大省，新生代农民工人员数量十分庞大。为了更好地了解河南省新生代农民工群体，社会治理河南省协同创新中心于2015年寒假期间对河南省新生代农民工返乡人员进行了抽样调查。

本文以社会治理河南省协同创新中心于2016年1～3月开展的"外出务工返乡农民工综合调查"为数据支撑。调查围绕河南省农村外出务工返乡人员的打工地点、收入状况、居住情况、健康状况、劳动保护以及未来打算等方面开展了问卷调研。调查团队由176名郑州大学的研究生、本科生组成，调查范围涵盖了河南省的18个市，92个县（区），此次调查采用滚雪球的调查方式，累计发放问卷500份，回收有效问卷420份，有效问卷回收率为84%，其中新生代农民工有效问卷254份，占有效问卷总数的60.5%；非新生代农民工有效问卷166份，占有效问卷总数的39.5%。

新生代农民工调查样本中，男性139人，占54.7%，女性115人，占45.3%；在文化程度上，小学及以下13人，初中99人，高中或中专58人，大专44人，本科及以上40人，分别占样本总量的5.1%、39.0%、22.8%、17.3%、15.8%；在年龄阶段上，1980年以后出生的有129人，占50.8%，1990年以后出生的有125人，占49.2%；在工作种类上，操作工88人，服务员61人，办事员48人，管理者23人，企业主3人，其他（如司机、收银员、学徒等）31人，分别占总样本量的34.6%、24.0%、18.9%、9.1%、1.2%、12.2%，具体见表1。

表1　调查样本描述分析

单位：人，%

变量	指标	人数	比例	变量	指标	人数	比例
性别	男	139	54.7	年龄	1980年以后	129	50.8
	女	115	45.3		1990年以后	125	49.2
文化程度	小学及以下	13	5.1	工作种类	操作工	88	34.6
	初中	99	39.0		服务员	61	24.0
	高中或中专	58	22.8		办事员	48	18.9
	大专	44	17.3		管理者	23	9.1
	本科及以上	40	15.8		企业主	3	1.2
					其他（如司机、收银员、学徒等）	31	12.2

一 新生代农民工现状

（一）新生代农民工平均收入略高于河南省在岗职工平均工资，能够保证其在打工地安稳地生活

新生代农民工总体年收入均值略高于4万元。在问及"您去年的总收入为多少"时，通过数据分析可知，河南省新生代农民工2015年平均收入为44346元，低于全国在岗职工平均工资（57361元），高于河南省在岗职工平均工资（42670元）。① 新生代农民工平均年收入主要集中在1万~8万元，其中3万~5万元所占比例最高，为36.2%，1万~3万元和5万~8万元分别占31.1%、20.1%（见图1）。

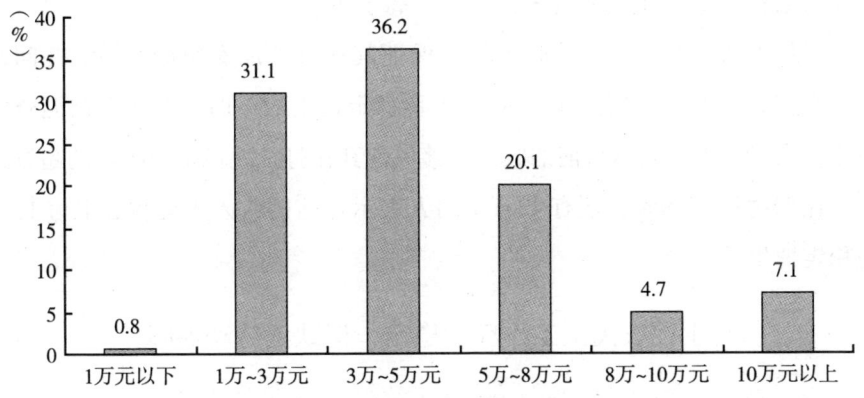

图1 新生代农民工2015年收入分布

新生代农民工平均收入整体水平高于河南省在岗职工平均工资，新生代农民工群体生活水平相对稳定（见表2）。通过调查发现，非新生代农民工年收入均值为38602元，和新生代农民工相比少了5744元，新生代农民工工作种类主要是服务员、办事员，而非新生代农民工的工

---

① 参见《河南省统计年鉴2015》。

作种类以操作工居多,说明新生代农民工主要集中于第三产业,即服务业。

表2 2015年新生代农民工收入情况

单位:元

类别	收入均值	类别	收入均值
省外年收入均值	48517	省内年收入均值	37046
男性年收入均值	49635	女性年收入均值	37952
年收入总体均值	44346		

其中,省外收入高于省内收入。新生代农民工省外的平均年收入为48517元,而省内平均年收入为37046元,高了30.9%。男性收入高于女性收入。从性别来看,男性新生代农民工的平均年收入为49635元,而女性新生代农民工平均年收入为37952元,高了30.8%。

多数人认为自己目前的收入能够保证其在打工地安稳地生活。在问及"按照您目前的收入状况,能否在打工地稳定地生活"时,在所有被调查的新生代农民工中,表示目前的收入能够保证其在打工地稳定地生活的超过一半,比例达到57.9%,还有42.1%的人表示目前的收入不能保证其在打工地稳定地生活。

(二)新生代农民工工作环境稳定,但缺乏劳动保障

超过半数的人有稳定工作,但劳动合同签订率较低。在问及"您在过去的一年更换过几次工作"时,调查数据显示,新生代农民工中有62.2%的受访者在过去的一年中未更换过工作,工作环境稳定;有18.9%的新生代农民工在过去的一年中更换过一次工作;有16.1%的新生代农民工更换过两次工作;有2.8%的新生代农民工更换过三次或三次以上工作(见图2)。

劳动合同签订比例不高。在问及"您目前工作的劳动合同情况如何"时,数据显示,有48.8%的新生代农民工已经签订劳动合同,期限在一年以上的占34.3%,同时,仍有36.6%的农民工没有签订劳动合同,

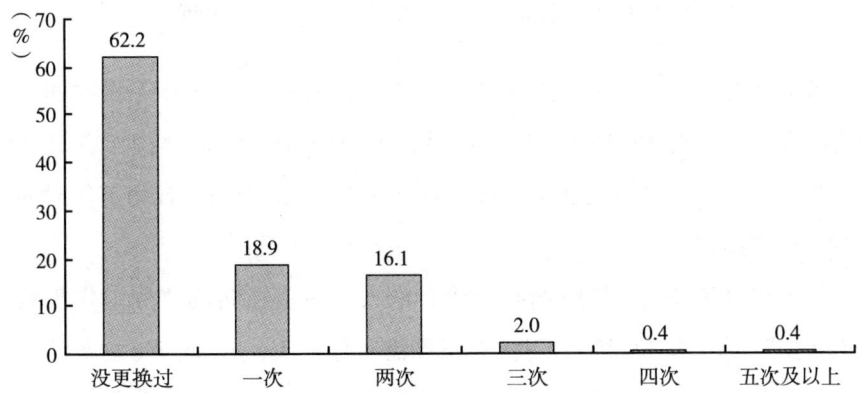

图 2　新生代农民工工作变动情况

14.6%的农民工属于自营（见图3）。总体来看，新生代农民工群体签订劳动合同的比例不高。从不同地域对比来看，省外务工人员劳动合同签订比例略高于省内务工人员，省外务工人员签订劳动合同的比例为53.2%，略高于省内的49.5%；省外未签订劳动合同的比例为46.8%，略低于省内的50.5%。由此可见，河南省在依法推进签订劳动合同方面有待加强。

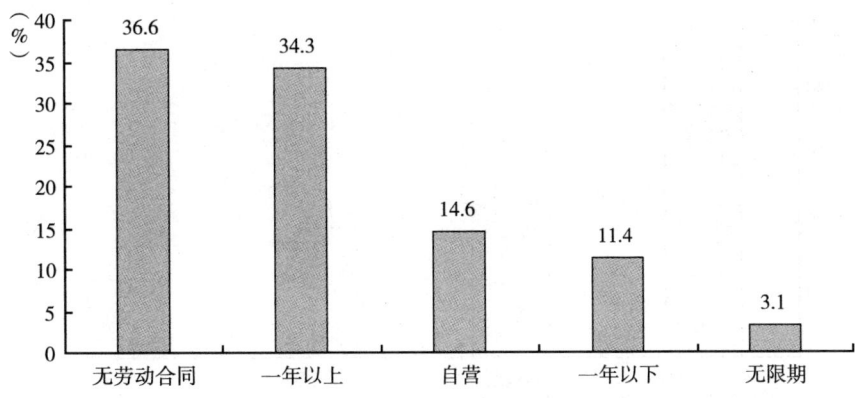

图 3　新生代农民工工作的劳动合同情况

（三）劳动强度大，劳动权益维护有待进一步加强

劳动强度大，日均工作时间相对较长。在问及"您的日工作时间数平均为多少"时，有39.4%的受访者日均工作时间在8小时之内，有60.6%的受访者日均工作时间超过8小时，甚至有2.7%的受访者日均工作时间达到14个小时以上。

周工作时间较长，能够拥有双休日的人较少。在问及"周工作天数平均为多少"时，有42.2%的受访者每周需工作6天，有26.7%的受访者每周需工作7天，工作天数5天以上的占比为68.9%，但大部分集中在每周工作6天；每周工作5天之内，拥有双休日的人所占比例，为31.1%。

劳动保护情况较差，省内劳动保护情况较差。在问及"您工作单位的劳动保护情况如何"时，调查分析，有46.1%的新生代农民工表示工作单位有一些劳动保护措施，仅有22.8%的新生代农民工所在单位劳动保护措施较为齐全，但也有19.3%的新生代农民工表示完全没有劳动保护措施，11.8%的新生代农民工认为不需要劳动保护。总体来看，只有68.9%的新生代农民工所在单位有劳动保护措施。从不同地域对比来看，省内没有劳动保护措施的农民工占52.6%，这一比例远高于省外的42.3%（见图4－1、4－2）。

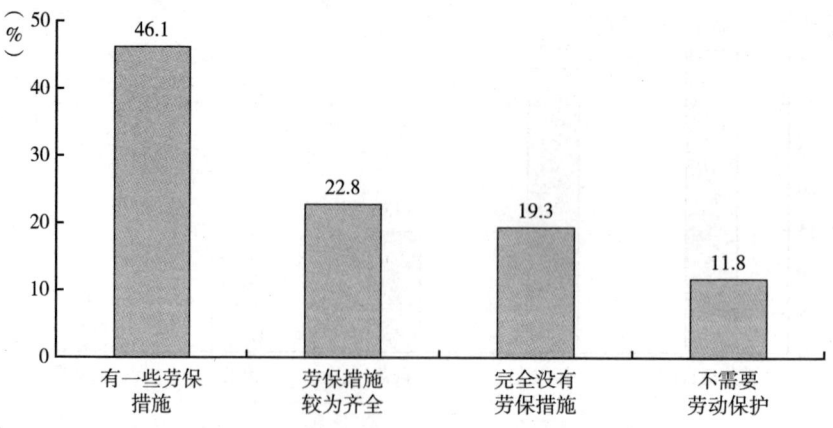

图4－1　新生代农民工所在单位的劳动保护情况

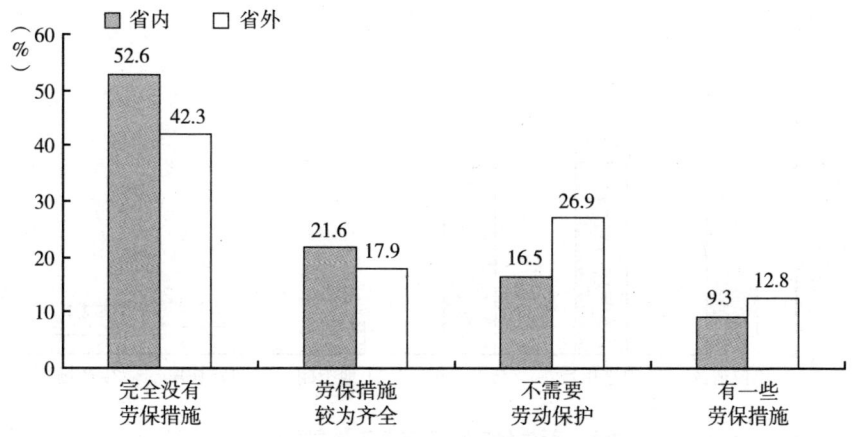

图 4-2 省内外农民工劳动保护情况对比

（四）新生代农民工在务工地自购住房比例极低，购房需求较大

新生代农民工居住方式以租赁为主，大部分农民工在务工之地没有住房，有明显需求，但购房意愿不强。在问及"您在务工地点的居住情况如何"时，96.5%的新生代农民工在打工地没有自购住房。综合来看，有50.8%的新生代农民工居住在出租屋内，其中独立租赁占25.6%、与人合租占25.2%（见图5）。这说明，租赁是新生代农民工的主要居住方式，单位宿舍是新生代农民工居住地的第二选择，有39.0%的受访者居住在务工地点的单位宿舍内。

新生代农民工的购房需求比较大，但在务工地购房意愿不强。调查数据显示，在新生代农民工购房意愿的调查中，在未来三年内，打算在务工地购买商品房的人占30.7%，而不打算购买商品房的比例占69.3%，说明大多数新生代农民工购房需求比较大，但不打算在务工地购买商品房。

（五）社会保障覆盖率不高，针对农民工的公共服务需加强

社会保障参保率不高，农村合作医疗保险享有率最高，城镇居民养老保险享有率最低。在问及"您享有以下哪些项目的保险"时，在外务工人员

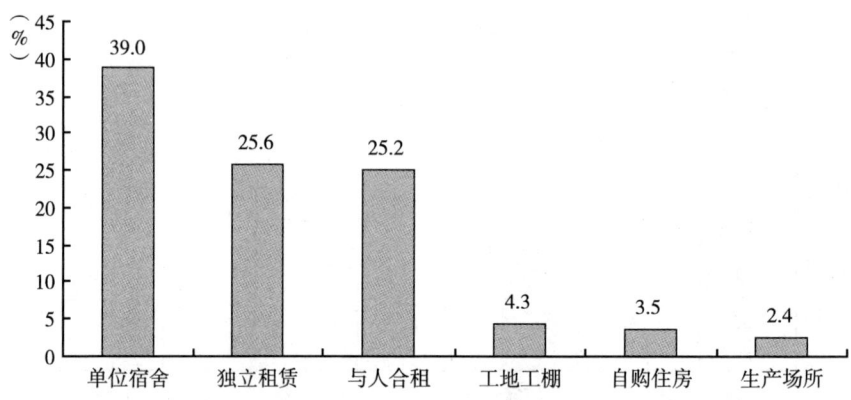

图5 新生代农民工在务工地居住情况

享有的保险项目中,农村合作医疗保险是享有率最高的险种,享有率达到76.8%(见表3),说明当前河南省农村合作医疗保险普及率比较高,其他依次是工伤保险、农村居民养老保险、失业保险等。其中,城镇居民养老保险享有率最低,为11.1%,说明河南省城镇居民养老保险普及率比较低。

表3 在外务工人员享有的保险项目

单位:%

类型	享有	不享有	不知道
农村合作医疗保险	76.8	18.1	5.1
工伤保险	43.5	46.5	10.2
农村居民养老保险	31.1	60.2	8.7
失业保险	23.6	63.8	12.6
生育保险	21.7	64.6	13.8
城镇居民医疗保险	18.9	73.2	7.9
城镇职工医疗保险	16.7	74.2	9.1
城镇职工养老保险	14.6	77.1	8.3
商业保险	14.2	68.9	68.9
城镇居民养老保险	11.1	77.1	11.9

新生代农民工对商业保险缺乏了解。在新生代农民工享有的保险项目中,商业保险享有率仅为14.2%,享有率比较低,且68.9%的受访者不了解这一险种,说明新生代农民工对商业保险缺乏了解,商业保险的熟知度不

高影响了其享有率的提高。

新生代农民工对社会保障的认知度不高。在问及"您没有缴纳其中一种或几种保险的原因是什么"时，有45.3%的新生代农民工认为这些保险并没有作用，22.8%的农民工是因为大家都没有缴纳这些保险，20.1%的人则认为只是暂居在务工地，无须在工作地缴纳保险，其余分别有30.3%和25.2%的新生代农民工在客观上因为工作单位不支持和工作不稳定而未能缴纳保险（见图6）。由此可见，新生代农民工没有认识到各类保险的重要性，自身对社会保障的认知度有待提高。

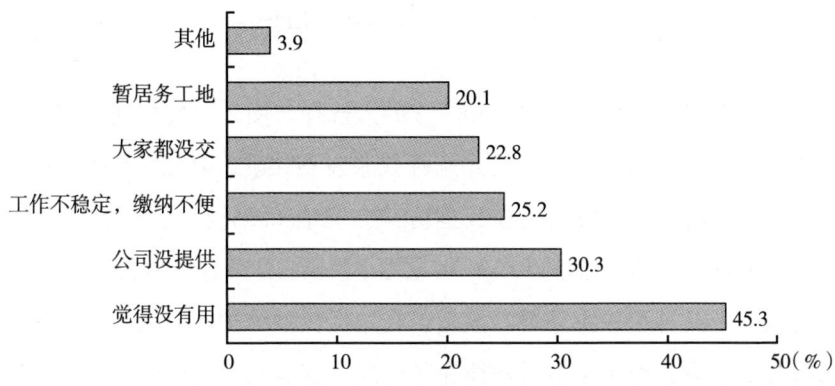

图6　新生代农民工没有缴纳一种或几种保险的原因

就业培训严重不足。在问及"您在家乡接受过技术培训的类型是什么"时，调查发现，新生代农民工在外出务工之前，3.5%的人在家乡接受过农业培训，11.0%的人接受过非农培训，11.8%的人当过学徒工，18.1%的人接受过其他培训，而58.7%的人表示没有在家乡接受过技术培训（见图7），表明河南省缺少针对新生代农民工的技术培训。

（六）和非新生代农民工相比，新生代农民工维权意识高，对政府的信任度也高，呈现出政治意识理性化的趋势

与非新生代农民工相比，新生代农民工维护自身权益具有积极主动性。在问及"当您的权益受到侵犯时，您会如何处理"时，调查数据显示，新

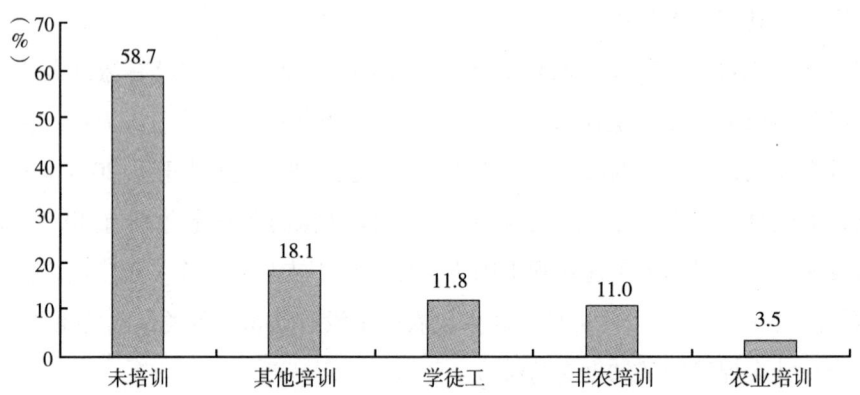

图7　新生代农民工在家乡接受技术培训的类型

生代农民工在权益受到侵犯时，30.7%的人选择与用人单位协商，22.4%的人选择寻求法律援助，21.7%的人选择找亲友帮忙，3.1%的人选择向有关部门举报，还有0.4%的人选择其他方式，只有6.3%的人选择自己忍了，比例低于非新生代农民工的9.6%（见图8），说明当前新生代农民工在维护自身权益上具有积极主动性。但是，在选择权益维护方式上，多数人倾向于选择私下处理，而不是通过法律途径解决，这表明了河南省新生代农民工的法律维权意识不强。

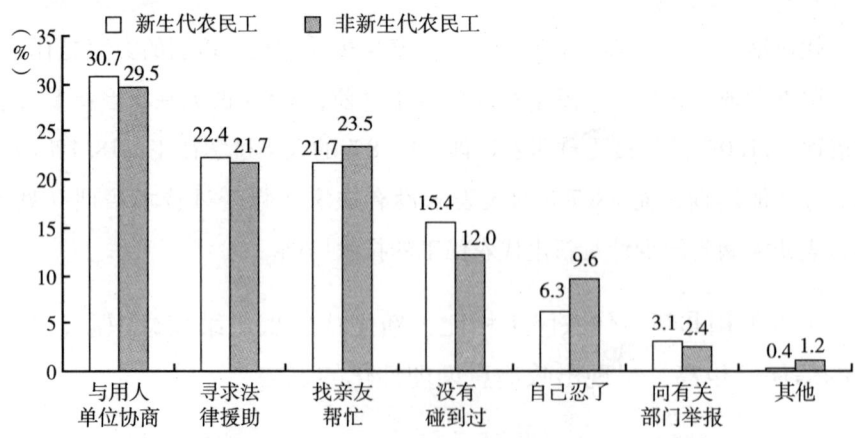

图8　新生代和非新生代农民工维护权益方式对比

新生代农民工对政府信任程度比较高。在问及"您对政府的信任程度如何"时，调查数据显示，10.2%的新生代农民工对政府非常信任，55.1%的农民工对政府比较信任，27.6%的农民工对政府的信任程度为一般，仅有7.1%的农民工对政府不信任，其中6.3%表示不太信任，0.8%表示非常不信任（见图9）。由此可见，新生代农民工对政府的信任程度比较高，政府在处理有关新生代农民工的事宜上得到认可。

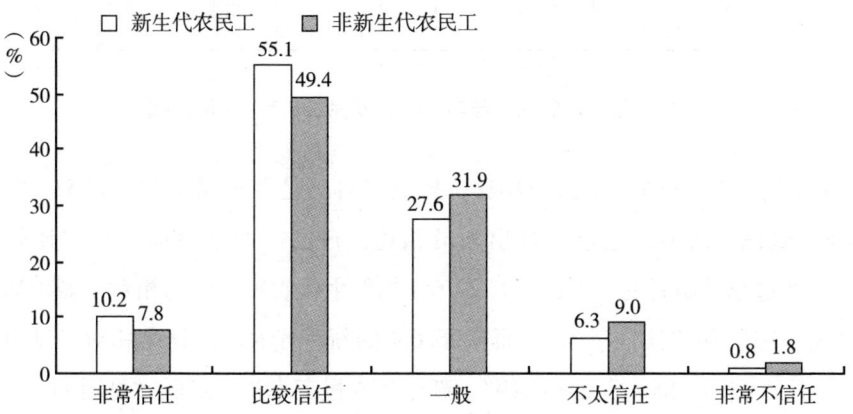

图9 新生代农民工和非新生代农民工对政府的信任程度对比

（七）新生代农民工更能接受自己的打工身份和生活

大多数农民工认可自己的打工生活。在问及"您对自己目前生活状况的总体评价"时，有47.6%的新生代农民工"非常满意"和"比较满意"自己目前的生活状况，有13.0%的新生代农民工"不太满意"和"非常不满意"目前的生活状况；而38.5%的非新生代农民工"非常满意"和"比较满意"自己目前的生活状况，低于新生代农民工的生活满意度，有19.3%的非新生代农民工"不太满意"和"非常不满意"目前的生活状况，高于新生代农民工的生活不满意度（见图10）。可见，大多数新生代农民工的自我幸福感满意度较高，能接受自己的打工身份和生活。

相对于农村未外出者，新生代农民工幸福感高。在问及"与打工所在地

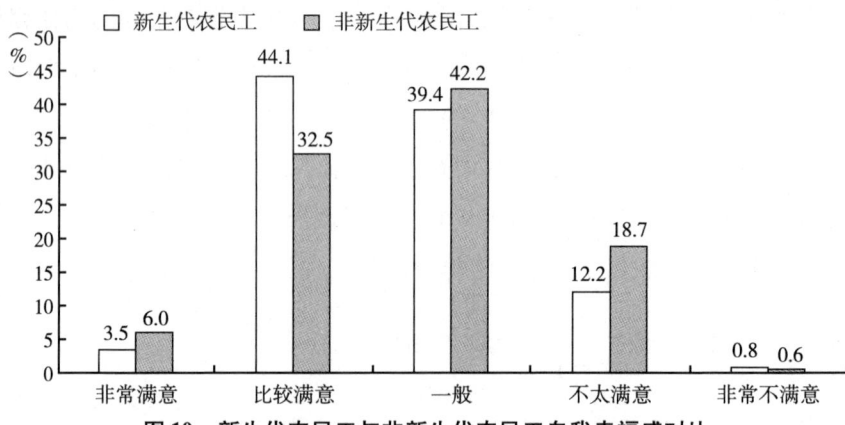

图10 新生代农民工与非新生代农民工自我幸福感对比

的城市人和老家未外出的人员相比,您觉得自己是否幸福"时,有52.8%的新生代农民工认为与老家未外出人员相比,自己"非常幸福"和"比较幸福",超过总受访者的一半;只有29.6%的新生代农民工认为相对于城市居民"非常幸福"和"比较幸福",而有26.0%的新生代农民工认为相对于城市居民"不太幸福"和"非常不幸福",新生代农民工幸福感降低(见图11)。

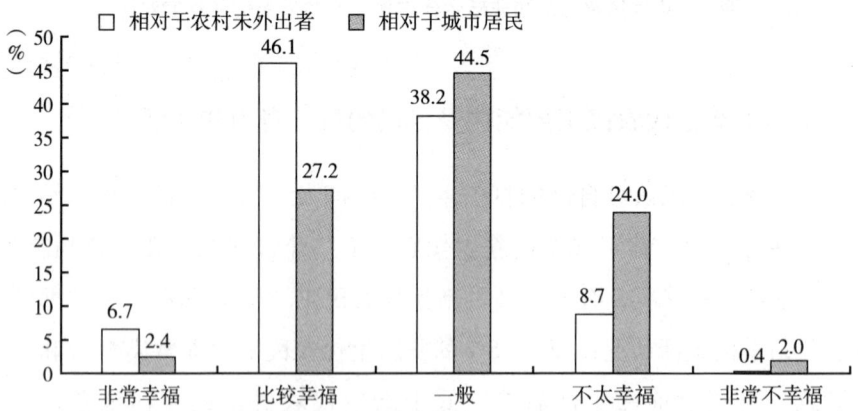

图11 新生代农民工相对于农村未外出者和城市居民幸福感比较

(八)新生代农民工生活方式单一,城市融入有待全社会共同努力

上网是新生代农民工主要的娱乐方式和业余活动。在问及"您主要的

业余文化生活是什么"时,有53.1%的新生代农民工选择上网;而非新生代农民工主要娱乐方式和业余活动为看电视听广播,为40.4%(见图12)。

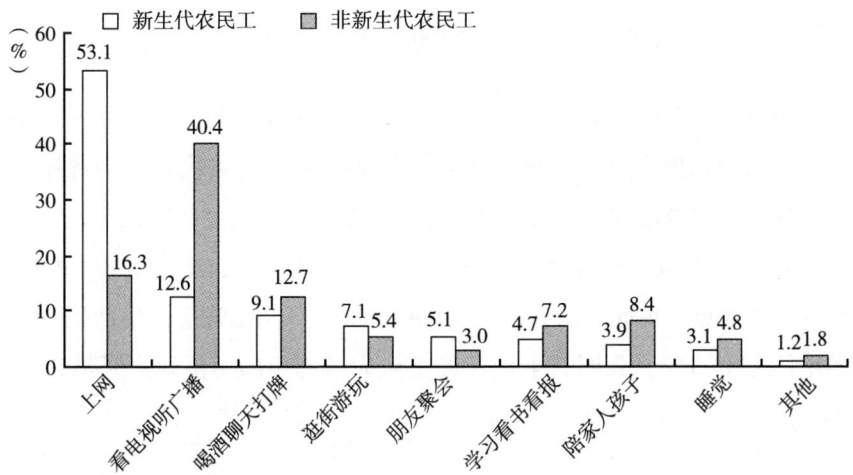

图12 新生代农民工与非新生代农民工娱乐方式和业余活动对比

新生代农民工的日常人群以业缘和友缘为主。在问及"您日常交往人群如何"时,新生代农民工日常交往人群中以业缘、友缘和亲缘为主的分别占33.1%、32.7%和20.5%。以地缘为主的交往仅占11.0%,以趣缘为主的交往仅占2.8%(见图13)。

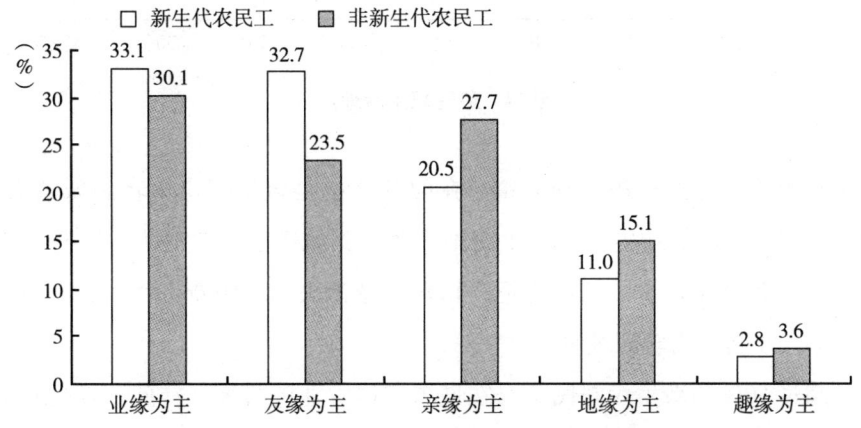

图13 新生代农民工与非新生代农民工日常交往人群情况对比

二 新生代农民工的城市梦

（一）新生代农民工认为最理想的生活地点是城市

受访新生代农民工选择县城及地级市作为最理想生活地点的占一半以上。对"最理想生活地点"这个问题，有30.7%的新生代农民工选择了县城；选择省会大城市和地级市是最理想的生活地点的新生代农民工比例相差不大，分别为26.0%和26.4%；还有16.9%的新生代农民工认为乡村是最理想的生活地点。由此可以看出，新生代农民工认为最理想的生活地点是城市的比例为83.1%，表明新生代农民工认为最理想的生活地点是城市（见图14）。

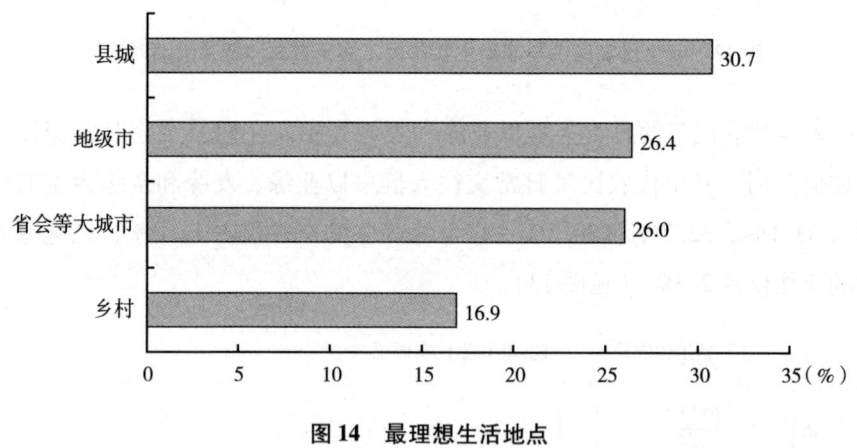

图14 最理想生活地点

超半数人想把户籍转到城镇。在问及"您是否想把户籍转到城镇去"时，有超过一半的新生代农民工想把户籍转到城镇去，比例为55.9%，还有44.1%的新生代农民工不想把户籍转到城镇去，说明新生代农民工群体比较倾向于将户籍转到城镇去。

超过60%的新生代农民工有在城市安居立业的打算。在问及新生代农民工"对未来的打算"时，有42.5%的农民工有在城市安居立业的打算，

19.3%的打算到老家县城落户,想在城市安居立业的农民工占61.8%;仅有28.7%的农民工打算有钱后返村(见图15)。可见,有较多的新生代农民工不仅憧憬城市的生活和有转移户籍的意愿,而且已经有在城市安居立业的打算。

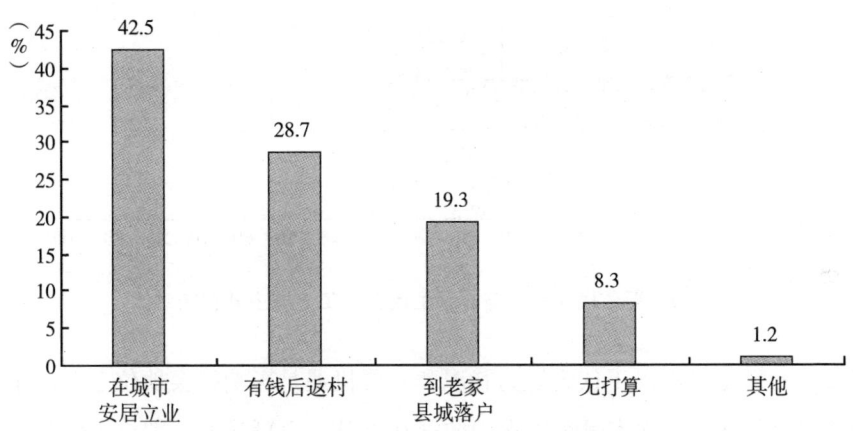

图15 新生代农民工对未来的打算

(二)改变命运成为农民工进城的主要动力

在问及"您外出务工主要是为了什么"时,调查数据显示,新生代农民工外出务工主要是为了赚钱,改善家人生活状况的比例为75.2%;其次外出务工是为了给自己更大发展空间,改变自己命运的比例为57.9%;另外,还有一部分新生代农民工外出务工主要是为了见世面和为了孩子上学,比例分别为29.1%和16.9%。对比发现,新生代农工以"给自己更大发展空间,改变自己命运"和"见世面"为进城主要目的的占比远高于非新生代农民工,而以"为孩子上学"为进城主要目的的占比远低于非新生代农民工。可以看出,新生代农民工更注重自己未来的发展,更倾向于满足自身精神发展的需求与自我提升的需要(见图16)。

新生代农民工更加重视能力状况、发展机遇等后致性因素。在问及"您认为以下因素影响地位上升的重要程度如何"时,分别有95.7%和

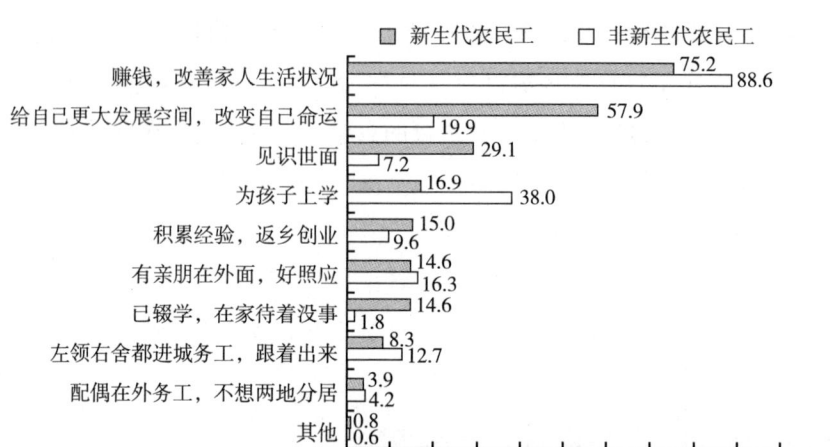

图16　新生代农民工与非新生代农民工进城主要目的对比

95.3%的新生代农民工认为能力状况和发展机遇是影响社会地位上升的重要因素（见图17），而先赋性因素中的家庭出身、户籍状况分别位于倒数第三和倒数第一，这说明大部分农民工认为个人社会地位的上升是由能力、教育等获致性因素决定的，农民工认为相对于户籍关系、家庭出身、社会关系等先赋性因素，后致性因素更加重要，农民工对于当前社会的感知更加公平。

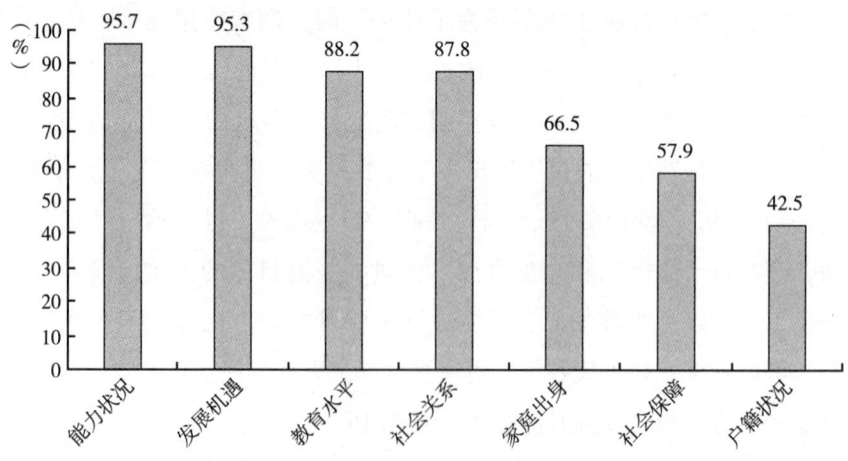

图17　新生代农民工认为影响社会地位上升的因素

(三）城市公共服务对新生代农民工最具吸引力

在问及"与农村老家相比，您比较看重下列城市生活中的哪些方面"时，与农村老家相比，有18.4%的新生代农民工相对比较看重城市生活中的教育；其次是交通和医疗条件，分别为18%和16.9%；再次是城市生活中的工作环境、环境卫生以及娱乐设施，分别为14.2%、13.7%和12.9%；还有5.5%的新生代农民工比较看重城市生活中的社会治安（见图18），说明城市公共服务对新生代农民工有较强的吸引力。

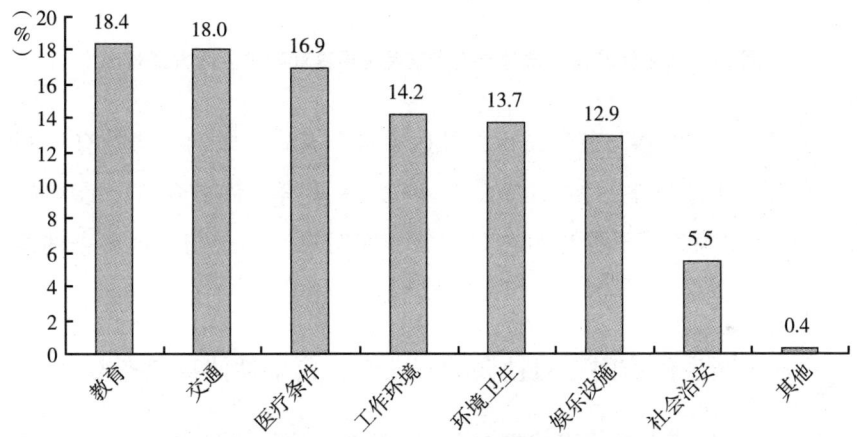

图18　与农村老家相比，比较看重城市生活中的哪些方面

新生代农民工更向往城市的生活方式。在问及"您更喜欢哪种生活方式"时，有52.4%的新生代农民工更喜欢城市的生活方式，22.0%的表示更喜欢农村的生活方式，还有25.6%的人没有明确表示。有45.8%的非新生代农民工则更喜欢农村的生活方式，29.5%的非新生代农民工更喜欢城市的生活方式，选择说不准的非新生代农民工占24.7%（见图19）。城市和农村的生活方式相比，新生代农民工更喜欢城市的生活方式，而非新生代农民工更喜欢农村的生活方式。

（四）新生代农民工参与社区事务的意愿比较高

在问及"您是否愿意参加务工所在城市的社区事务"时，新生代农民

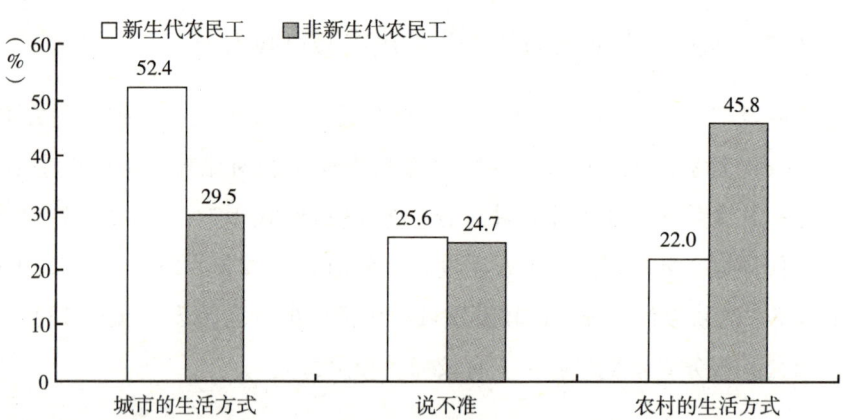

图19　新生代农民工与非新生代农民工更喜欢哪种生活方式对比

工中有72.9%愿意参与务工城市的社区事务,其中,主动参与的有7.1%,有时间有精力的条件下参与的有52.4%,在政策允许的条件下参与的有13.4%;而明确表示不参与的有27.1%,表明农民工参与社区事务的意愿较高。

(五)新生代农民工对社会的开放性、公平性持肯定态度

新生代农民工对自身当前收入水平和社会地位的自我认知大部分为中层和中下层。农民工对于自身当前的收入水平和社会地位的估计均以中层居多,分别为37.8%和39.0%,中下层35.0%和39.0%次之,接着是下层17.7%和12.6%、中上层8.7%和7.1%及上层0.8%和2.4%,农民工对于自身的经济社会地位认知以自身所在中层为主(见表4)。

表4　新生代农民工对自身收入水平和社会地位评价

单位:%

类别	上层	中上层	中层	中下层	下层
当前收入水平	0.8	8.7	37.8	35.0	17.7
五年后收入水平	7.1	29.5	37.8	18.9	6.7
当前社会地位	2.4	7.1	39.0	39.0	12.6
五年后社会地位	7.1	28.0	41.3	15.7	7.9

较多新生代农民工对自身发展有信心。分别有74.4%的人和76.40%的人认为五年后自身收入水平和社会地位会在中层及以上，对比当前和五年后的收入水平和社会地位，其中收入水平变化最大的是中上层，从8.7%到29.5%增加了20.8个百分点，社会地位变化最大的是中下层，从39%到15.7%降低了23.3个百分点；这表明大量农民工对未来自身的发展有信心，对社会的开放性、公平性持肯定态度（见表4）。

三 新生代农民工实现城市梦还有多久

（一）农民工对打工地没有归属感

被调查者中大部分人对打工地没有归属感。在问及"您对务工地的总体感觉如何"时，有44.5%的新生代农民工认为务工地仅仅是打工之地而已，24.4%的新生代农民工认为自己只是过客而已，有20.1%的新生代农民工认为务工地是第二故乡，仅有10.2%的新生代农民工认为目前的务工地是理想之地。这表明有小部分年轻人将务工地看作理想之地，但总体来看，他们更认为自己只是务工地的过客，仅在此打工而已。

（二）新生代农民工比较愿意到城镇，面临最大的障碍是住房问题

在问及"您认为到城镇面临的最大障碍是什么"时，新生代农民工认为到城镇，面临的最大障碍是住房问题，比例达40.2%；其他依次为就业问题、社会保障问题、子女上学问题，分别为34.7%、16.0%、8.7%（见表5）。

表5 农民工到城镇面临的最大障碍

单位：人，%

选项	频度	有效百分比
住房问题	102	40.2
就业问题	88	34.7
社会保障问题	4	16.0

续表

选项	频度	有效百分比
子女上学问题	22	8.7
医疗服务	2	0.8
文化休闲服务	2	0.8
其他（请注明）	2	0.8

新生代农民工不愿意到城镇主要考虑是房子贵，买不起。在问及"您不愿意到城镇主要考虑的是什么"时，新生代农民工不愿到城镇主要考虑的是"房子贵，买不起"，比例为31.1%；其次是"生活成本高、花费大"，为21.3%；其他依次为"宅基地权益受到侵害""居住方式不适应""土地承包权受到侵害""难以找到工作""人生地疏，关系冷漠""子女教育问题""环境污染问题"，比例分别为5.9%、5.5%、4.3%、4.3%、4.3%、3.1%、2.4%，"没有社会保障"的仅为1.6%。

经济成本是新生代农民工融入城市的最大障碍。在问及"您认为融入打工地城市的困难和障碍有哪些"时，调查数据显示，在经济成本方面，选择城市开销大的新生代农民工占68.1%，比例最高，选择工资太低的新生代农民工占28.7%；在家庭因素方面，选择家人无法照料和子女教育问题的分别占33.5%和25.6%；在个人素质方面，选择学历限制和缺乏外出经验的人分别占34.3%和7.9%；此外，选择工作太辛苦的人占21.3%，选择生病无人照管的占5.9%。总体来看，经济成本是新生代农民工融入城市的最大障碍，说明新生代农民工的个人收入急需提高。

（三）与城市居民相比，新生代农民工在收入、教育、医疗等方面仍有很大差距

新生代农民工在收入、教育、医疗等方面仍然没有得到公平对待。在问及"您最渴望在以下哪些方面得到公平对待"时，调查数据表明，有28.7%的新生代农民工最渴望在工资收入方面得到公平待遇；23.6%的新生代农民工渴望在子女教育方面得到公平对待；17.3%的新生代农民工渴望在

就业机会方面得到公平待遇；11.0%的新生代农民工渴望在医疗保障方面得到公平对待；9.4%的新生代农民工渴望在社会保障方面得到公平对待；还有5.1%和4.3%的新生代农民工渴望在职业培训和劳动保障方面得到公平对待（见图20）。这说明农民工在收入、教育、医疗等方面仍然受到歧视，政府需要采取有效措施实现公共服务均等化。

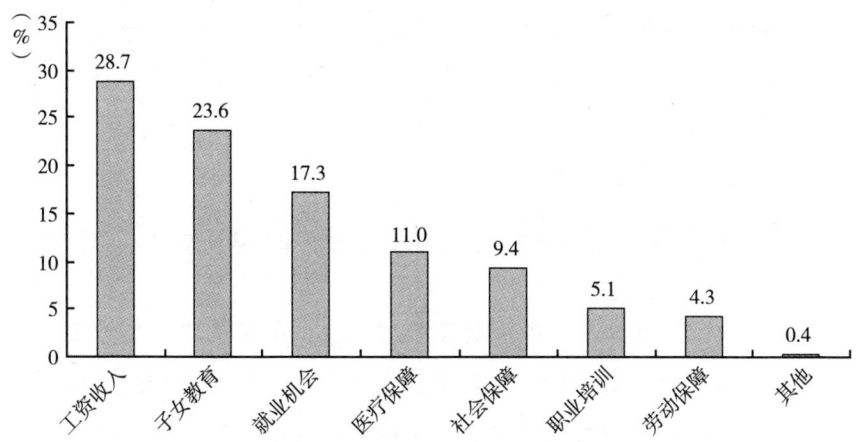

图20　农民工最渴望受到的公平待遇

（四）新生代农民工的权利保障欠缺

农民工盼望在医疗保障、子女教育、权益维护等方面尽快采取措施。在问及"您最盼望务工地政府帮助解决的问题是什么"时，调查表明，有44.5%的受调查新生代农民工最盼望务工地政府帮助解决医疗保障问题，比例最高；其次是子女教育，占38.6%；再次是权益维护，占33.5%。此外，有32.7%的人认为是降低生活费用，28.7%的人认为是提供技能培训，24.0%的人认为是提供就业指导，21.3%的人认为是提供市民待遇，还有15.7%的人认为是提供养老保障。由此可见，新生代农民工迫切需要打工所在地政府在医疗保障、子女教育和权益维护等方面采取措施帮助自己（见图21）。

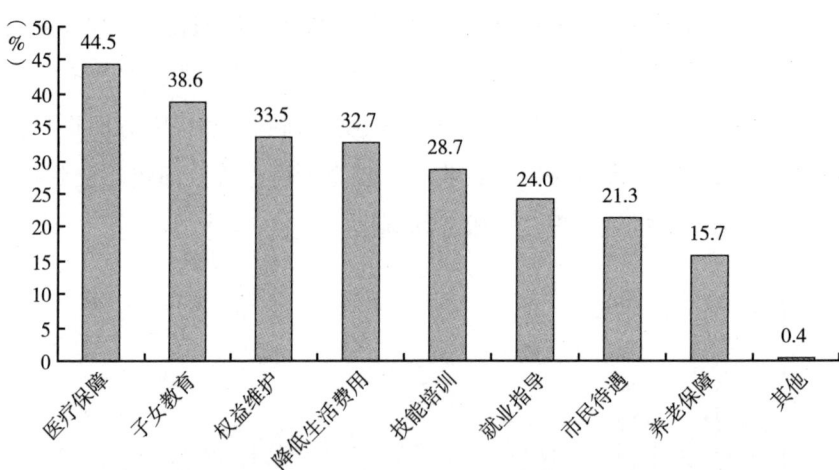

图 21　新生代农民工期望打工地政府解决的问题

新生代农民工基本未在务工地参加过工会。在问及"您在务工地参加工会情况如何"时,受访的新生代农民工中仅有 10.2% 的人参加过工会;有 62.2% 的人表示没有参加过工会;还有 27.6% 的人表示所在单位没有成立工会组织,说明新生代农民工在务工地参与社会事务较少。

四　对策建议

(一)进一步提升新生代农民工工资待遇,改善就业环境

调查数据显示,河南省新生代农民工平均工资低于全国在岗职工的平均工资。工资收入的高低直接关系新生代农民工的生活质量,各用工单位除了做到"同工同酬"之外,还应在相对合理的范围内尽量提升农民工的工资水平和就业待遇,使新生代农民工能够更好地安心立足岗位、创造更多社会价值。河南省农民工劳动强度大,日均工作时间、周工作时间相对较长,用人单位应规范自身加班制度、有偿假期和带薪年假制度。河南省针对农民工的就业中介服务缺乏、就业培训严重不足等问题,应建立农民

工就业服务体系，统一高效的人力资源信息交流平台，为新生代农民工提供更多的就业信息和就业指导。此外，还应加强农民工技能培训，这关系农民工增加就业机会和提高工资收入等问题，也可以为现代化产业转型升级提供人力资源。

（二）加强新生代农民工权益保护

调查数据显示，河南省新生代农民工社会保障参保率不高，新生代农民工已经渗透到河南省经济生活和社会生活各个领域，大多属于青壮年，年龄结构偏年轻，在解决权益保护问题时应该突出医疗保险、工伤保险、失业保险和生育保险等与新生代农民工切身相关的制度建设。尽快改变新生代农民工身份转变滞后于职业转换的现状，减少在新生代农民工权益保护中的制度性障碍。新生代农民工的劳动合同签订率较低，针对新生代农民工权益缺失且不断受到侵害的现状，政府相关部门应督促用工单位与新生代农民工签订劳动合同，通过宣传以有效提升新生代农民工的自我保护意识，从根本上为其权益维护提供法律依据。加强用工单位的劳动保护措施检查，有效保障农民工的人身安全。加强农民工权益保护的立法工作，进一步增强农民工的依法维权意识，建立保护农民工权益的法律援助体系，强化劳动法律的执法和监察力度，切实保护好农民工的合法权益。

（三）鼓励新生代农民工落户城镇

调查数据显示，新生代农民工认为最理想的生活地点是城市，但面临最大的障碍是住房、就业和收入问题，年轻人对新事物具有较强的接受能力，能够较快地适应新环境，他们向往现代化的城市生活，是新生代农民工群体中市民化的主要生力军。但他们也存在经验不足、经济能力较弱等问题，需要更多的鼓励和帮助。在就业方面，应为年轻人提供更多的就业指导和技能培训，使其具有更明确的职业发展规划和专业技能，从而获得更好的就业岗位和工资待遇。在住房方面，放宽年轻人申请保障性住房的条件，降低购房贷款申请条件和贷款利率，让他们有更多机会安居乐业；同时建立城乡要素平等交换机制,为将农村资产转化为城市资产提供平台,解决购房资金问题。在户籍方面,帮助他们全面了解政策,放宽落户条件,在政策上应该给予更多的倾斜。同时,鉴于不少老年人更喜欢农村生活方式,在尊重个人意愿的前提下,可以鼓励一部分老人"回流",为年轻人腾出更多发展空间。

(四)改善公共服务,促进新生代农民工城市融入

调查数据显示,与城市居民相比,新生代农民工在收入、教育、医疗等方面仍有很大差距,盼望在医疗保障、子女教育、权益维护等方面尽快采取措施,新型城镇化的核心是"人"的城镇化,这就需要提高农民工的市民化待遇,完善他们的社会保障,满足他们的基本公共服务需求。在医疗保险和养老保险方面,实现城乡一体化,为农民工就诊提供方便,为其养老提供保障。在失业保险、工伤保险、生育保险和商业保险等方面提高农民工参保率,完善社会保障体系。在子女教育方面,为农民工子弟提供更多平等的受教育权利,让孩子能够在父母身边健康成长。此外,在工资收入、劳动保障、就业机会和职业培训方面,应给予农民工和城市人同等的待遇。城市融入,相应地,除了外在身份、权利和待遇的无差异化,还有内在的心理认同。要积极吸纳农民工参加工会活动、参与社区事务等,培养新生代农民工的主人翁意识,要通过文化建设消除群体间的心理隔阂,建立包容、公平和共享的新型社会。

河南省农村居民向城镇迁移意愿及路径研究

栗志强　周灿尧　张　博*

摘　要： 调查发现，大部分河南省农村居民表现出较强烈的迁居城镇的意愿，但是在他们迁居城镇类型的选择上普遍倾向于选择家乡附近的县城等小城市；与户籍新政出台之前相比，河南省农村居民迁居城镇的意愿略有提升。在迁居城镇的路径上呈现出以家乡附近的小城市为主要迁入地，以工作、婚姻和教育为主要动因，以自己闯荡为主的多元化实现模式，以务工为主、部分居民无固定职业四个主要特征。针对河南省农村居民在迁居城镇意愿及路径方面的特点，本研究提出了相关对策建议。

关键词： 农村居民　城镇化　河南省

党的十八届三中全会指出：新型城镇化的核心是"人的城镇化"。国务院总理李克强在2014年政府工作报告中表示，今后一个时期，着重解决好现有"三个1亿人"问题，即促进约1亿农业转移人口落户城镇、改造约1

---

* 栗志强，郑州轻工业学院政法学院副教授，博士，研究方向为城镇化问题、农村婚姻问题；周灿尧，郑州轻工业学院政法学院2015级社会工作专业硕士研究生；张博，郑州轻工业学院政法学院2015级社会工作专业硕士研究生。

亿人居住的城镇棚户区和城中村、引导约 1 亿人在中西部地区就近城镇化。① 河南省政府于 2014 年 11 月 4 日公开了《河南省人民政府关于深化户籍制度改革的实施意见》,强调进一步调整户口迁移政策,统一城乡户口登记制度,全面实施居住证制度,稳步推进义务教育、就业服务、基本养老、基本医疗卫生、计划生育、住房保障等城镇基本公共服务覆盖全部常住人口;重点解决一批已进城就业定居农业转移人口落户问题,成建制转化一批城镇棚户区和城中村居民,有序转移一批农村富余劳动力。到 2020 年,努力实现 1100 万左右农业转移人口和其他常住人口在城镇落户,全省常住人口城镇化率达到 56%。② 这一户籍新政的出台,意味着河南省在推进农民市民化方面迈出了一大步。那么,户籍新政出台之后,农民迁居城镇的意愿如何?将采取何种路径迁入城镇?本报告针对这一问题,对河南省 216 名农村居民进行了问卷调查,在此基础上,提出了推进农民市民化的对策建议。

一 研究对象及研究方法

本研究的研究对象是"农村居民",即户籍在农村,户籍身份为"农民"并长期居住生活在农村的居民。一部分农村居民长期在城镇打工,长期生活、工作在城里,本研究将其看作已经迁居城镇的农村居民。本文将在城镇务工经商并连续居住超过三个月的农村居民界定为已经迁居城镇的农村居民。

为了研究的便利,本研究在资料的收集上采用了非概率抽样中的"滚雪球"式抽样方法,即通过熟人介绍熟人的方式在河南省豫北地区抽取了 231 名农村居民进行问卷调查。考虑到调查对象中留守农村的老年人较多,课题组在问卷的设计上采用了标准化的访问式问卷,由访问员依据问卷题目对农村居民进行一对一访谈并填写问卷。本次调查共发放问卷 231 份,回收

---

① 李克强:《2014 年政府工作报告》。
② 河南省人民政府门户网站,http://www.henan.gov.cn/zwgk/system/2014/11/11/010506954.shtml。

有效问卷216份，回收率达93.5%。本研究使用了SPSS统计分析软件对录入的信息进行统计分析。由于采用了非概率抽样，本研究主要采用百分比统计描述。

本研究有效样本为216人，样本在性别、年龄、学历等方面构成如下：从性别上来看，样本中男性有114人，女性102人，分别占样本总数的52.8%和47.2%；从年龄结构来看，样本中18岁以下、18～30岁、31～40岁、41岁以上的样本分别为1人、11人、7人、197人，分别占样本数的0.4%、5.1%、3.2%、91.2%；从学历上来看，样本中初中以下学历的有196，高中学历的有14人，中专学历的有3人，高中以上学历的有3人，分别占样本数的90.7%、6.5%、1.4%、1.4%；从家庭年收入来看，2000元以下的有70人，2000～4999元的有48人，5000～10000元的有42人，万元以上的有56人，分别占样本数的32.4%、22.2%、19.4%、25.9%。从样本性别、年龄和文化构成来看，基本反映了当前农村居民的群体特征。

二　河南省农村居民向城镇迁移意愿

本研究主要从是否知道《河南省人民政府关于深化户籍制度改革的实施意见》、是否愿意迁居城镇、愿意迁居何种类型的城镇、愿意或者不愿意迁居城镇的原因、户籍新政出台之前的迁居意愿等几个方面对河南省户籍新政出台前后的农村居民迁居城镇的意愿进行了统计分析，分析结果如下。

（一）河南省农村居民对河南省户籍新政的了解不足

2014年河南省人民政府出台了《关于深化户籍制度改革的实施意见》，这个文件出台标志着河南省城乡二元体制基本被打破。这个政策的出台无疑为农村居民迁居城镇、成为市民创造了有利的条件。但是，研究数据表明，有59.7%（129人）的农村居民表示不了解该《实施意见》，仅有23.2%（50人）的农村居民了解河南省人民政府出台的该项《实施意见》，有17.1%（37人）的农村居民听说过但不曾有深入的了解，对政策如何具体实施并不清楚。从上述数据来看，河南省出台的《关于深化户籍制度改革的实施意见》对本研究中的样本影响力度偏弱，半数以上农村居民不了解户籍制度改革的实施意见细则，少数被访者曾听说过该项政策但未曾进行过深入的了解，对其如何具体实施以及如何惠及广大农村居民并不清楚。可见，河南省户籍新政策的宣传普及力度不够，并未对基层农村居民产生较大的影响力。

（二）河南省农村居民普遍向往迁居城镇

河南省农村居民是否愿意迁居城镇？愿意迁居城镇的比例有多大？本研究在问卷中使用"是否愿意迁居城镇，成为一名市民"来测量样本中农村居民迁居城镇的意愿。数据分析表明，在216个样本中，有116名农村居民表示"愿意迁居城镇"、81名农村居民表示"不愿意迁居城镇"、19名农村居民表示"无所谓"，分别占样本总数的53.7%、37.5%、8.8%。可见，在城镇化的大潮之下，河南省农村居民向往城市生活，普遍有着较为强烈的迁居城镇的意愿。通过数据分析还发现，农村居民的迁居城镇意愿虽普遍较为强烈，但与其家庭经济状况之间没有显著相关性。可以看出，无论贫富，农村居民都有着强烈的迁居城镇的意愿。

（三）河南省农村居民更倾向于迁居家乡附近的小城镇

县城、县级市由于离家较近、文化上的差异性较小等原因，往往成为农村居民迁居城镇的重要选项，已有研究发现，近年来越来越多的农业转移人口进入县城、县级市等小城镇就业、居住。据国家统计局统计，2012年我国在县城、县级市务工的农业转移人口占到其总数的23.6%。[①] 本研究中使用"你愿意迁居哪种类型的城镇"来测量农村居民迁居城镇意愿。研究数据如表1所示：在115名愿意迁居城镇的样本中，83名农村居民表示"愿

---

① 栗志强：《河南省小城市（镇）农民工市民化的现状及问题研究》，《河南社会治理发展报告（2015）》，社会科学文献出版社，2015。

意迁居小城市",12 名农村居民表示"愿意迁居中等城市",12 名农村居民"愿意迁居省会城市",5 名农村居民"愿意迁居北京、上海等一线城市",分别占该类样本数的 72.2%、10.4%、10.4%、4.3%。

表1 "愿意迁居的城镇类型"和"是否愿意迁居城镇成为市民"交互分类

单位：人

			是否愿意迁居城镇成为市民					合计
			非常愿意	愿意	无所谓	不愿意	非常不愿意	
愿意迁居的城镇类型	北京、上海等一线城市	计数	0	5	0	0	0	5
		是否愿意迁居城镇成为市民中的%	0	4.9	0	0	0	2.6
	郑州等省会城市	计数	3	9	1	0	0	13
		是否愿意迁居城镇成为市民中的%	23.1	8.8	5.9	0	0	6.7
	安阳等中等城市	计数	0	12	4	0	0	16
		是否愿意迁居城镇成为市民中的%	0	11.8	23.5	0	0	8.3
	林州等小城市	计数	9	74	6	5	1	95
		是否愿意迁居城镇成为市民中的%	69.2	72.5	35.3	8.8	25.0	49.2
	以上城市都不愿意去	计数	1	2	6	52	3	64
		是否愿意迁居城镇成为市民中的%	7.7	2.0	35.3	91.2	75.0	33.2

由数据分析结果可以看出，愿意迁居城镇的样本中，农村居民愿意迁居城镇的类型与人数之间呈反比关系——绝大多数的农村居民愿意迁居县级小城市，随着城市级规模的升高，愿意迁居的样本数反而逐渐下降。

那么，是什么原因导致绝大多数河南省农村居民愿意迁居县城之类的小城镇呢？本研究的数据分析发现（见表2），样本中有 57 人认为"离家近，便于照顾老人、便于种地"是其愿意迁居县城的原因，占愿意迁往县城样本数 83 人的 68.7%；28 人回答"县城教育条件好"，占愿意迁往县城样本数的 33.7%；21 人回答"县城医疗条件好"，占愿意迁往县城样本数的 25.3%；18 人回答"县城环境好"，占愿意迁往县城人数的 21.7%；15 人回答"县城有亲戚和熟人",占愿意迁往县城样本数的18%;8人回答"县城发展机会多",占愿意迁往县城样本数的9.6%;7人回答"县城房子便宜",占愿意迁往县城样本数的8.4%;6人回答"县城生活压力小",占愿意迁往县城样本数的7.2%;3人回答"在县城有工作",占愿意迁往县城样本数的3.6%。由此可见,在本研究中,大多数样本愿意迁居县城的原因是县城离家近,便于照顾家中老人,也便于种地。费孝通认为,中国传统乡土社会一向安土重迁,传统的农民是粘着在土地上的。① 离家近,便于照顾土地、照顾老人是城镇化背景下农村居民在城市生活与乡土依恋之间做出的一种理性选择。这样或许可以兼顾城乡,既实现了城镇化,又未远离故土。此外,数据分析表明,县城的教育条件、医疗条件、环境条件等优势也是吸引农村居民迁居县城的重要因素。

表2 农村居民迁居县城的原因

单位:人,%

迁居县城的原因	频数	百分比
离家近,便于照顾老人、便于种地	57	68.7
在县城有工作	3	3.6
县城有亲戚和熟人	15	18.0
县城房子便宜	7	8.4
县城生活压力小	6	7.2
县城环境好	18	21.7
县城医疗条件好	21	25.3
县城教育条件好	28	33.7
县城发展机会多	8	9.6
其他	8	9.6

(四)河南省户籍新政出台前后农村居民迁居城镇意愿的比较

如前文所述,本研究发现河南省农村居民普遍向往城市生活,愿意迁居城镇。那么,河南省农村居民迁居城镇的意愿与户籍新政出台之前相比,是

---

① 费孝通:《乡土中国》,上海人民出版社,2006。

否有所提升？本研究数据分析发现（见表3），样本中有9人表示在户籍新政出台之前"非常愿意"迁居城镇，82人表示在户籍新政出台之前"愿意"迁居城镇，分别占有效样本数的4.2%和38.0%。而户籍新政出台之后愿意"迁居城镇"的样本数量则有115名，占样本数的53.2%。可见，户籍新政出台之后河南省农村居民迁居城镇的意愿有一定的提升。

表3　户籍制度改革政策出台之前是否愿意成为市民

单位：人，%

选项	频数	百分比	选项	频数	百分比
非常愿意	9	4.2	不愿意	76	35.2
愿意	82	38.0	非常不愿意	3	1.4
无所谓	38	17.6	不愿回答	8	3.7

在愿意迁居城镇的类型上，样本中有80人回答在河南省户籍新政出台之前愿意迁往县城等小城镇，占有效样本数的37.0%；有24人回答在新政出台之前愿意迁居中等城市，占有效样本数的11.1%；有10人回答新政策出台之前愿意迁居郑州等大城市，占有效样本数的4.6%。可见，无论新政出台前后，河南省农村居民普遍较倾向于迁居家乡附近的小城镇，愿意离开家乡迁居大中城市的只是少数。

三　河南省农村居民迁居城镇的路径特点

当前，河南省农村居民是通过何种途径迁居城镇的？其特点是什么？本研究在问卷设计上使用了"通过何种途径来到城里""迁居城里的主要原因""是否在城里拥有住房""主要迁往何种类型的城市""在城镇主要从事什么职业""与农村承包土地的关系"等问题来考察农村居民迁居城镇的路径特点，主要考察迁入城镇的类型、迁居城镇的动因、迁居城镇的实现方式。

（一）河南省农村居民迁入地：以家乡附近的县城等小城市为主

前述研究表明，河南省农村居民普遍愿意迁居家乡附近的小城镇，本研究的数据分析呼应了前述发现。如表4所示，216个样本（有13人不愿回答，占6%）中有89人自己或者孩子长期居住在农村，有71人自己或者孩子长期居住在县城等小城镇，有24人自己或者孩子长期居住在地区级城市，有19人自己或者家人长期居住在省会级以上城市，分别占有效样本数（216人）的41.2%、35%、11.8%、9.4%。

表4 自己或家人迁居城镇的情况

单位：人，%

地点	频数	百分比	地点	频数	百分比
农村	89	43.8	地区级城市	24	11.8
县城(镇)	71	35.0	省会级以上城市	19	9.4

由表4可见，河南省农村居民主要迁居城镇类型是县城等小城镇，迁居地区级城市的比例较低，迁居省会级以上城市的比例最低。这与前述研究的结论基本吻合。

（二）河南省农村居民迁居城镇的主要动因：工作、婚姻和教育

河南省农村居民迁居城镇生活，其主要动因是什么？本研究对农村居民迁居城镇的动因做了调查。根据对少数村民的访谈也发现，近年来农村居民进城购买商品房的现象在农村十分普遍，其中很多人买房的原因是孩子结婚或者孩子上学。数据分析表明，在受访样本中，有64人承认"自己或者孩子在城里买了房子"，占有效样本数的29.6%。近年来，由于人口性别比的失衡，农村男青年择偶十分困难，女方的要求也日益攀升，在城里有房子成为不少女方家庭对男方的最低要求。因此，缔结婚姻成为不少农村居民不得不进城买房的主要原因之一。本研究的数据分析也发现，有40人承认自己或孩子在城里买房的目的是结婚，占有效样本的18.5%。可见，在当前的社会背景下，河南省农村居民迁居城镇的主要原因之一是婚姻。

另外，访谈还发现不少农村居民迁居城镇，在城里买房或者租房，目的是陪孩子上学。在目前城镇化的背景下，农村教育资源日渐萎缩，不少乡村

小学都门可罗雀,接近于停办的边缘。在农村教育日渐凋敝的背景下,进城陪读成为不少农村居民迁居城镇的主要原因之一。在本研究的有效样本中,有71人承认自己或者子女迁居城镇的主要原因之一是"孩子上学",占有效样本数的32.9%。

样本分析表明,有57人认为农村居民迁居城镇是"因结婚、孩子上学不得不迁移",占有效样本数的26.4%。可以看出,接近1/3的农村居民迁居城镇是出于"被动"的原因,而非主动进城。

尽管结婚和上学越来越成为农村居民迁居城镇的重要因素,但工作也是不容忽视的主要因素。本研究数据分析发现,有效样本中,回答自己或者孩子迁居城镇的主要原因之一是"工作方便"的有110人,占有效样本数的50.9%。可见,大多数农村居民迁居城镇,在城镇长期生活的目的还是务工经商。

(三)河南省农村居民迁居城镇的实现方式:自己进城闯荡为主的多元化模式

以往的研究指出,农民工进城打工主要是通过熟人介绍。河南省农村居民是通过何种途径迁居城镇的?本课题组在访谈中发现,农村居民对自己或者子女迁居城镇的方式的回答较为多元化。研究数据的分析也表明(见表5),在190个迁居城镇的有效样本中,有87人承认自己迁居城镇是通过自己闯荡实现的,占有效样本数的45.8%;此外,"经别人介绍""依靠亲戚关系""通过买房""通过求学"等途径各占据了一定的比例。由此可见,当前农村居民迁居城镇,主要是依靠自己的闯荡,而不是别人介绍,迁居途径呈多元化的特点。

表5 迁移到城里的途径

单位:人,%

途径	频数	百分比	途径	频数	百分比
经别人介绍	27	14.2	通过买房	26	13.7
自己闯荡	87	45.8	通过求学	34	17.9
依靠亲戚关系	10	5.3	其他	6	3.2

（四）河南省农村居民迁居城镇后的谋生方式：务工为主，部分居民无固定职业

河南省农村居民迁居城镇后，其在城镇的生存模式是什么？是否有稳定的职业可以支撑其在城里生存下来？这是保障农村居民能够真正迁居城镇并最终融入城镇社会，实现市民化的必要前提。本研究的数据分析发现（见表6），在190个迁居城镇的有效样本中，回答在城里"打工"的有137人，占据了样本数的72.1%，其次是回答"无固定职业"的20人，占了样本数的10.5%。

表6 在城里从事的职业

单位：人，%

职业	频数	百分比	职业	频数	百分比
打工	137	72.1	无固定职业	20	10.5
做小生意	12	6.3	其他	14	7.4
学习	7	3.7	合计	190	100.0

"在城里的生活状态"调查中，有104人表示"工作生活都在城里"，占有效样本数的48.1%，有33人回答"在城市居住但是没有工作，回农村种地"，占有效样本数的15.3%。另外，还有11人回答"在城里有房，但在外地务工或农村种地，房子很少居住"，占有效样本数的5.1%（见表7）。由以上分析结果可见，大多数河南省农村居民迁居城市后主要以务工为生，也有相当部分农民迁居城镇后在城里没有固定职业，甚至有些农民在城镇买房后无法在城镇定居，需要回家种田谋生或者在外地城市打工谋生，所买房子基本上空置或者很少居住。而且，本研究数据发现，样本中只有62人（占有效样本数的28.7%）表示自己或者子女在进城之前"学习过职业技术"。因此，大多数迁居城镇的农村居民并没有接受过职业技术培训，缺乏在城镇获得稳定职业的技术条件。

表7 在城里的生活状态

单位：人，%

生活状态	频数	百分比
工作、生活都在城里	104	48.1
在城市居住但是没有工作,回农村种地	33	15.3
在城里有住房,但在外地务工或农村种地,房子很少居住	11	5.1
住在农村,不在城里居住	45	20.8
其他	23	10.6

四 推进河南省农村居民实现有序城镇化的对策建议

（一）调查发现

多数农村居民对于2014年出台的《河南省人民政府关于深化户籍制度改革的实施意见》不够了解，河南省的户籍新政对于农村居民的影响受到一定的制约。尽管如此，大部分农村居民还是表现出较强烈的迁居城镇的意愿，但是由于安土重迁的文化传统和割舍不掉的土地情结等原因，农村居民在迁居城镇类型的选择上普遍倾向于选择家乡附近的县城等小城市。愿意迁居省会城市和北京、上海等大城市的农村居民比例较低，可能是受到户籍新政的影响，与户籍新政出台之前相比，河南省农村居民迁居城镇的意愿略有提升。

上述研究表明，河南省农村居民在迁居城镇的路径上呈现出以家乡附近的小城市为主要迁入地，以工作、婚姻和教育为主要动因，以自己闯荡为主的多元化实现模式，以务工为主、部分居民无固定职业四个主要特征。由于农村居民崇尚安土重迁的文化传统等原因，河南省农村居民普遍选择家乡附近的小城市迁居，较少人迁居大中型城市。在迁居的动因上，为了工作的方便是主要动因。同时，由于择偶困难和农村教育的凋敝，因婚姻和孩子就学而"被动迁移"的居民也占据了较大比例。在迁居城镇的实现方式上，呈现出以"自己闯荡"为主的多元化特点，农村居民迁居城镇打工、居住不再仅仅依靠老乡、好友的介绍。在迁居城镇后，大多数农村居民以务工为主要的谋生方式，有部分居民没有固定职业，有的农村居民在城市买房后，因没有稳定的职业，不得不仍然回乡种田或者去外地打工，房子基本空置。

（二）对策建议

第一，加大政策宣传力度，让农村居民了解2014年《河南省人民政府关于深化户籍制度改革的实施意见》，引导有条件的农村居民向城镇迁移。

第二，积极创造条件，鼓励符合条件的农村居民迁居小城镇。研究结论显示，河南省农村居民有着强烈的迁居城镇的意愿，理想的迁居城市是家乡附近的小城市。李克强总理在2014年政府工作报告中指出，要重点解决"三个1亿人"问题，其中之一是引导1亿人口在中西部地区实现就近城镇化。根据这一精神，地方政府应当因势利导，尽可能鼓励有条件的居民向家乡附近的小城镇迁移，有序实现就近城镇化。

第三，优化农村教育资源，提高农村教育质量，减少因孩子教育而出现的"被动迁移"的城镇化现象。上述研究表明，由于农村教育的凋敝，教育资源严重短缺，因子女求学而不得不迁居县城的现象在河南省农村屡见不鲜，这是一种超越农民的经济承受能力的"被动迁移"。因此，通过吸引优秀的教师到农村去，优化农村教育资源，使农村孩子也能够享受到优质的教育资源应成为河南省实现有序城镇化的重要措施。

第四，发展县域经济，以多种形式吸引企业投资，增强县城等小城镇的劳动力吸纳能力，为农村居民迁居城镇创造更多的就业机会。只有这样，农村居民迁居城镇后才能够获得稳定的经济收入并能够实现长期定居，才能为农村居民市民化创造条件。

第五，在农村普及中等职业教育，对农村居民进行职业技术培训，使其具备进入城镇的基本谋生技能，从而更好地融入城市分工体系，进而实现市民化。

河南省城乡依法拆除违法建设问题研究

高林照*

摘　要： 随着经济社会发展和城市建设的快速推进，拆迁问题成为全社会关注的热点问题，因为拆迁而引发的群体性事件屡屡见诸报端。建建拆拆造成资源大量浪费，也制约了城镇化的有序推进和健康发展。造成这一现象的原因主要有：一是规划缺失；二是建设劣质；三是决策随意；四是利益诱惑；五是法规滞后。笔者认为河南省在违法建设依法拆迁治理工作中，要做到以下几点：一是加强领导；二是高度重视并严格执行规划；三是完善地方法规、规章；四是强化部门配合和综合治理；五是逐步实现以司法强拆取代行政强拆。

关键词： 城乡　违法建设　拆迁治理　河南省

按照中央城市工作会议的要求，河南省提出开展城乡违法建筑专项治理行动，从2015年起，力争用三年左右时间全面清理拆除城市建成区的违法建设，坚决遏制新增违法建设。为了推动全省违法建设专项治理工作，确保在依法依规的框架内，在确保社会稳定的前提下，圆满完成这项艰巨而重大的工作，本文试图对此进行研究，以期有所助益。

---

* 高林照，河南省政府研究室调研员，社会治理河南省协同创新中心研究员，研究方向为城镇化与新型智库建设。

一 违法建设及其危害

违法建设,既有规划违法、土地违法,也有建设违法、文保违法、环保违法等很多种,只要不符合相关部门规定的建设行为都属于违法建设。违法建设的形成,既有主观故意违法,也有被违法的现象,也就是建设行为在先而法规在后的被违法,还有因申报手续过于烦琐复杂但建设时间要求比较紧而造成的被违法。这些给违法建设的治理带来了很大的难度。

违法建设,是指在规划控制区范围内,未经建设、规划行政主管部门批准或违反建设审批规定的建设项目,未按规定取得有关建设许可证的建设行为。违法建设主要体现在违法加盖或重建、抢盖抢建、项目违建等几类,具体内容包括:一是未申请或申请未获得批准,并未取得规划许可证、建设用地许可证和建设工程许可证而实施的建设;二是擅自改变建设工程许可证规定实施的建设;三是擅自改变了土地使用性质实施的建设;四是临时建筑建设后超过有效期未拆的建设;五是通过伪造相关材料向主管部门骗取许可证而实施的建设。

(一)违法建设的危害

随着经济社会发展和城市建设的推进,违法建设成为全国各地的一个共性问题,其带来的危害主要表现在以下四个方面。

一是违法建设影响城乡规划布局。违法建设是违反城乡规划许可的建设活动,要么没有取得规划许可,要么超越规划许可,违反规划控制导致空间结构改变,影响城乡布局。二是违法建设侵蚀城市发展的土地资源。随着国家实行最严格的土地政策,城市发展的土地资源十分珍贵,为数不多的宝贵的土地资源、发展空间受到违法建设吞食侵占,影响了土地要素的自由流动,城市发展的建设项目难以落地,城市有机更新活动难以实施。三是违法建设威胁城市综合环境。违法建设质量低劣,配套设计不足,环境卫生恶劣,安全隐患严重,对人民群众生命财产威胁很大,后果不堪设想。四是违法建设损害了社会公平和市场秩序。许多经营性临时建筑，多次转承包，到期了仍长期经营，甚至还初步形成了非法隐形房地产市场。

（二）违法建设的成因

违法建设的形成主要有以下四个方面因素。

一是经济利益的驱使。改革开放以来，大量外来人员涌入城市谋生，出租屋的需求量急剧增加。一部分人为图私利，在没有办理任何手续的情况下，私自搭建房屋，出租给外来人员。还有一些人利用马路边乱搭建，有的甚至将杂物房、单车房改建后出租，而在拆迁时这些违法建设都会得到相应的补偿，无形中助长了违法建设之风的蔓延。特别是在城中村改造中，城中村改造成为城中村村民以及村组集体增加收入的最后一根"稻草"，所以一些村民开始大量建造或加盖房屋，有的甚至连夜盖房，以求得巨额补偿。

二是进城谋生群体生存的需要。城市是摆脱贫困的重要载体。经济繁荣发展，吸引了大量外来人员涌入"淘金"。而城市高昂的房价又使他们难有立足之地。于是，他们有的利用荒废破旧房屋乱搭乱建，在真空地带聚集；有的在城郊租地种菜、养殖，私自利用租来的土地搭建窝棚，形成聚居地；有些工程项目雇用了大量临时工，为解决临时工的吃住问题，一些项目负责人占用工程项目附近的空地搭建简易工棚。

三是审批和管理难。申请规划、土地、建设等手续时，有的地方审批期长，审批所需资料多、难度大、费用高，有的企业、公司干脆不申报。同时，在申报过程中，当事人采取少报多建的方法逃避监管。而项目审批后，重审批、轻监管，导致审批后违法建设的情况屡见不鲜。

四是执法不力。由于有关部门执法人员数量较少，而违法建设量大面广，不但城区存在，城乡接合部以及农村都同样存在，且有愈演愈烈之势。处于临街、临路且具备商业经营地块的原工业厂房，经营户易将其改建为商业用房，即便发现了违法建设，但取证时间长、难度很大、效果不好。同时，在处理违法建设案件时，违法建筑物拆除一般来说损失比较大，极易引发现场矛盾和冲突，且此类案件一般不止涉及一户而是几户甚至几十户，容易引发暴力抗法，也极易造成群体性上访。同时，违法建设拆除，都必须提前制订执行方案，且涉及部门广、人员多、花费成本高。仅一栋居民违法建设就可能动用巡防、执法、国土、规划等单位数百人。此外，由于城市违法建设范围、违法建设主体、违法建设形式的特殊性，根据现行有关法律和法规来进行治理，实属不易。违法成本低，无形中纵容和助长了违法建设的发生。

二 河南省依法拆迁违法建设的主要做法

近年来，河南省违法建设屡禁不止，各地积极主动地推进依法拆迁治理，特别是郑州、洛阳、许昌等地，拆迁工作取得了明显成效，综合其主要举措，有以下五个方面。

第一，坚持以人为本，依法依规征拆。房屋征拆工作直接关系人民群众的切身利益，事关社会稳定和经济社会发展大局。省委、省政府高度重视此项工作，明确要求严格房屋征拆管理，坚决纠正侵害人民群众利益的行为，切实维护社会稳定，为全省经济社会发展营造和谐稳定环境。科学编制城市近期建设规划、棚户区及城中村改造规划，妥善处理城市建设发展与维护群众利益之间的关系，合理确定房屋征拆规模与时序，有序推进老旧住宅综合整治，显著改善和提升城镇居民的居住环境与质量。

第二，切实加强领导，完善推进机制。特别是郑州市每月组织一次由市四大班子所有领导和各县（市）区、开发区党政主要负责人以及市直相关委、局主要负责人参加的现场观摩会，每周由市委、市政府主要领导组织一次小型督导会，各县（市）区对所辖乡镇（办公处）也照此做法开展现场观摩和督导活动，极大地调动了各级干部的工作积极性，增强了他们的压力感和责任感。"八仙过海，各显神通"，这是促进拆迁工作顺利推进的主要原因。

第三，充分利用政策，实施综合治理。研究克难攻坚的方法，不仅使违章建筑拆除顺利推进，对合法的建筑特别是涉及农村居民住宅的建筑也都探索出了顺利搬迁、拆迁的办法措施。河南省各地采取了"疏、堵、拆"相结合的综合治理措施。所谓"疏",河南针对多年来对集体土地进行建设尤其是村民住宅建设不予发证且管理无据的实际状况,本着疏导与监管并重的原则,畅通群众依法建房的申请渠道。所谓"堵",规定违法建设的房屋不得出租、出售或者转让,不得办理房屋权属登记手续;从事经营活动的,相关部门不得办理营业执照等证照;同时规定供电、供水、供气等单位不得为其提供服务。通过制度设计,切断违法建设者谋取非法利益的条件,从而维护依法建设者的合法权益。所谓"拆",对于在建违法建设工程,赋予城乡规划主管部门当场责令暂停施工并介入调查取证的权限,同时规定,承揽违法建设施工作业的单位或者个人在城乡规划主管部门查处违法建设过程中应当立即停止施工,并配合调查。对于已建成的违法建设工程,属于乡村规划范畴的,由乡(镇)人民政府依法查处等。

第四,舆论宣传到位,化解疏导情绪。在宣讲政策时与拆迁户见面,取得理解支持;在确定拆迁范围、数量时与拆迁户见面,征得群众同意;在补偿兑付时与拆迁户见面,做到实事求是,确保公平公正。采取软体标语、宣传册子等形式来宣传相关政策,使群众看得明白,想得清楚,真心接受,同时加强与新闻单位的联络沟通,占领宣传主阵地,把握宣传主动权。

第五,依托网格管理,做实基础工作。河南省各地坚持把群众拆迁安置工作作为网格化管理的中心工作,坚持依靠群众,一切为了群众,一些地方成立了以基层办事处一级网格长为指挥长的征迁安置指挥部。打破常规,以二级网格为单位,结合实情和"4+2"工作法,自下而上制定了拆迁工作方案。由二级网格长分包各村拆迁,三级网格长及职能部门工作人员现场办公,采取"三包一早两结合"管理法,即实行"包任务、包时限、包稳定";坚持"早餐会";做到"5+2""白+黑"两结合。在群众关心的附属物补偿等关键环节,保持原则,加强监管,疏导结合。坚持网格提前着手,要求在拆迁群众正式回迁新居之前,任何时候提出搬家求助,三级网格长都必须积极帮助其寻找房源,联系搬家公司,协助群众搬家等。

第六,创新工作方式方法。通过聘请知名人士成立顾问团、建立村组干部"拆迁红黑榜"、帮助群众算明白账等方式方法,效果明显。

三 依法拆迁违法建设典型经验

违法建设是城市的癌症和毒瘤,近年来,全国各地都在开展拆除违法建筑工作,一些地方创造了成功的拆迁经验,探索出了有效的拆迁模式。

(一)浙江"三改一拆"模式

浙江省委、省政府自 2013 年起就开展了治理违法建筑三年行动,将"三改一拆"作为推进新型城市化、优化人居环境、建设"美丽浙江"的主要推手,对全省范围内的旧住宅区、旧厂区、城中村进行改造,对违法建筑进行拆除,创造出了"三改一拆"的工作经验。截至 2015 年 9 月底,浙江省总计拆除违法建筑 4.3 亿平方米。国家住房城乡建设部于 2015 年 10 月专门在浙江省义乌市召开全国治理违法建筑工作现场会。其主要做法有以下方面。

第一,依法依规,区别对待,分类处置。浙江省开展"三改一拆"工作是依据 2013 年 7 月浙江省第十二届人大常委会第四次会议通过的《浙江省违法建筑处置规定》和相关的法律法规开展的,工作中对所有的违法建筑依法进行处置。但同时,浙江省规定:现存建筑若在 1986 年底前建成,均可视为既定合法建筑;2009 年底前建成的,在符合规划的前提下可以补办合法手续;除此之外的建筑,若无审批或不符合审批条件的均是违法建筑。

第二,拆改结合,促进转型,改善民生。全省拆违涉及土地 42.98 万亩,"三改"涉及土地 38.61 万亩,拆出了发展空间,为浙江后续发展提供了巨大的舞台。通过改造 1.2 亿平方米的旧厂区,促进了"腾笼换鸟",改造或淘汰一大批低、小、散企业,推动了转型升级。同时,大批旧住宅区经过改造变成居民的幸福家园;大批旧厂区经过改造变成了文化创意园、科技创新区;大批城中村经过改造变成了美丽的城市花园。

第三,领导重视,齐抓共管,构建机制。浙江省高度重视,动员党政部门、社会大众、媒体网络等各方面的力量,在全社会形成了治理违法建筑的强大氛围,最大限度地争取群众的理解和支持,并制定好时间表、路线图,明确工作目标和工作任务。建立了长效机制，以前的违法建筑必须全面治理，新的违法建筑不再产生。

（二）合肥大拆违模式

针对城市违法建设严重的实际情况，合肥市委、市政府在全市范围组织了集中查处和拆除违法建筑的行动，全市共拆除违法建筑面积近900万平方米，清理出的城市国有土地约4平方公里，为合理调整城市用地提供了土地和空间资源，对改善城市道路交通、消防安全，促进各类市政工程管线安全运行起到了积极的作用。合肥市拆违的主要做法如下。

第一，坚定不移地坚持"属地管理"的原则，形成了灵敏高效的指挥系统。属地管理原则明确要求各级党委、政府对辖区查处违法建设工作负总责，明确规定各区、街道（乡镇）党委、政府对辖区范围内包括中央、省直部门、单位的违法建设的拆除工作负有指挥、决策、协调直至强拆的权力。各部门和单位，包括中央和省部属单位，紧密配合支持并服从所在地查处违法建设的指挥协调。各区和开发区注意结合实际开拓性地实施"属地管理"原则，确立了街道（乡镇、工业园区）在查处违法建设工作中的主体地位，将任务层层分解，建立了"三级捆绑联动"负责制度，区几套班子分别包联若干个街道（乡镇、工业区），区直各部门分工联系1个以上的居（村），有的街道实行街道干部包村、村干部包组、党员骨干结对包户等等。

第二，始终把群众利益放在首位是做好拆违工作的根本。任意搭建违法建筑，侵占公共绿地，堵塞消防通道，占压地下管道，影响公共安全，破坏城市规划，侵害了广大市民群众的公共利益，已经成为制约城市建设发展的瓶颈问题。为了整个城市的长远利益和群众的根本利益，坚持以人为本、群众利益至上，不仅体现在政策的制定上，而且充分体现在具体执行的过程和每个环节中。在全国各地比较通用的"自拆"和"强拆"两个环节中，该市创造性地增加了"助拆"环节，即对于自拆有困难的由街道组织人员帮助进行拆除，这样不仅可以钝化矛盾，而且可以赢得更多的理解和支持。在拆违先后顺序上，先拆官，后拆民，对在群众中确有困难的，不搞"一刀切、齐步走",而是在必拆的条件下通过"缓拆",给其适当留有准备和过渡的期限,体现了以人为本和个性化操作。对于群众中拆除后的特困户,在政策范围内认真落实好"三个确保"的规定;对于少数具有特殊困难的,坚持特殊对待、特殊解决,努力帮助被拆群众解决实际困难和问题。

第三,卓有成效的宣传和思想政治工作是拆违平稳推进的重要保证。在大拆违中,该市充分考虑了拆除违法建设的艰巨性和复杂性,把宣传和思想政治工作贯穿于拆违工作的全过程。通过宣传和思想政治工作,把违法建设的现状、严重危害和查处的法律依据、界定标准、纪律要求等告知于民;在大拆违工作中,坚持并做到了各级各部门尤其是拆违一线的工作人员,在任何时候、任何情况下都能高度重视政治思想工作,做到了入户到人、以理服人、以情感人、不厌其烦,达到为群众解疑释惑、钝化矛盾的良好效果,有力保证了拆违的顺利推进。

第四,方式方法的不断创新是保持拆违势头强劲不衰的利器和法宝。为确保迅速打开局面同时又避免出现影响社会稳定的不良事故发生,该市确定了"突出重点、分段推进"的总体思路,并在具体实施中确定了波浪式推进的工作方法,对违法建设采取了全面出击拆除与抓主要矛盾、抓重点战役突破拆除相结合的办法。在选择突破口上,明确"易难相济、务求首战必胜"的原则,决定先从党政机关、党员干部中的违法建设开刀。严格要求各区和街道必须按照部署统一行动,同时又鼓励各区、街道根据自身实际,在完成确定的重点的同时,自选重点和突破口,做到"规定动作"和"自选动作"相结合。随着工作的推进,在抓载体上,由"日报制度"到"两清一创",再到查处"两个新违",三者有机结合效果显著。

(三)长沙"三拆迁"模式

长沙市依法拆迁治理的做法是:第一,程序到位"依法拆"。近年来,长沙市按照"拆违必合法、凡事要有据、程序要到位"的原则,相继出台了城市违法建设工程处理办法、城市房屋拆迁管理条例等一系列法规,对违法建设的认定和依法处理程序与处理措施进行了明确。针对拆迁、拆违中多发的矛盾纠纷，长沙市还建立拆违基础信息管理台账机制，对每处违法建设的位置、类型、面积、当事人名称等各项信息都要翔实记录，每次违法建设拆除都要按要求做好面积认定，资金拨付和使用都要严格把关，确保无懈可击。

第二，党员干部"带头拆"。为了打赢拆违"攻坚战"，长沙市成立了由市委书记、市长"挂帅"的拆违工作领导小组，各区、各街道也成立了专门拆违组织机构。为支援拆违一线，长沙市还从44个市直单位抽调181名机关党员干部全脱产参与拆违。长沙市明确要求，全市全体党员干部必须主动带头自行拆违，发挥模范表率作用。

第三，以人为本"和谐拆"。考虑到违法违章建筑形成的因素较为复杂，长沙市明确规定，在拆违过程中给予当事人适当补偿，尽可能维护群众利益。另外，长沙市还坚持"有情"操作，对一些困难的违建户给予帮扶。

总而言之，要成功实施违法建设治理，归纳起来主要经验有：一把手重视支持是关键，熟悉政策、吃透法律是前提，部门联动、综合治理是保障，合理补偿、标准公开是核心，引导舆论、宣传跟进是基础，善做工作、多方施策是重点。

四 河南省依法拆除违法建设的对策建议

第一，加强领导。领导重视是成功开展各项工作的一条普遍经验。因此，要破解违法建设拆迁治理这个难题，各地领导特别是主要领导，必须把这项工作作为各项工作的重中之重，作为头等大事来抓，作为首要任务来做，全力以赴发挥领导带头作用。

第二，严格执行规划。规划是城乡建设的龙头，有些建筑物本来就存在，由于规划滞后或规划更改"被违法"的事例屡见不鲜，由于规划不科学和规划的随意修改造成的拆迁更是不胜枚举。因此，为了避免建设违法建筑，政府必须高度重视并严格执行城乡规划。目前河南省正处于城市发展提速和质量提升的关键时期，必须更加注重规划的调控、引领和约束作用，科学编制城市规划，严格执行规划。深化规划体制改革，积极推动以城乡空间规划为基础的"多规合一"，实现一张蓝图绘到底。完善规划审查审批机制，健全城乡规划委员会制度，优化规划审查报批流程，提高规划审批效率。严格执行城市规划建设管理行政决策法定程序，坚决遏制领导干部随意干预城市规划设计和工程建设的现象。研究推动城乡规划法与刑法衔接，严厉惩处规划、建设、管理违法行为，强化法律责任追究，提高违法违规成本。

第三，完善地方法规、规章。地方法规是依据国家法律并结合地方经济社会发展实际而制定的，必须遵循国家的法律而不能与之相违背。目前河南省漯河、驻马店、许昌等地都出台了针对违法建设、违法占地的处罚实施方案，结合本地实际，大力开展拆违工作，取得了较好成效，建议各地要在国家法律前提下，大力开展依法治理违法拆迁活动。加快申报审批手续办理，有关审批部门要在依法依规的前提下，简化审批流程，压缩审批时限，提高审批效率，达到为民、便民的目的。

第四，强化部门配合和综合治理。在治理违法建设时，重在部门配合、形成工作合力。各部门要建立信息交流网络，加大联合执法力度。比如环卫部门要做好渣土运输管理工作，依法加强对清运渣土的运输单位、运输车辆的管理，督促、协助各责任单位做好违法违章建设拆除后的建筑垃圾清运工作；房管部门要加强房屋确权、租赁和交易市场管理，严格审查各类房屋的确权登记条件；法制、司法、信访部门分别负责做好整治工作中指导监督和行政执法、司法保障以及群众来信、来访接待工作等。

第五，逐步实现以司法强拆取代行政强拆。要解决拆迁纠纷，法院应通过司法手段对相关法律法规进行准确认定，居中并公正进行裁判。当然，法院在自身审执压力大、外部拆迁压力大的情况下，在参与拆迁过程中也面临很大难题，比如对违法建设审判周期较长，难以适应城市建设时效性的需要等。违法建设拆除的执行单靠法院力量明显不足，需要很多部门协力推动，但是，法院作为社会公平正义的捍卫者、社会稳定的维护者，要与政府部门和社会力量共同协调与配合，这也正是未来拆违工作的主要依托力量和发展方向。

河南省新型农村社区协同治理探索的经验与启示[*]

徐贵宏[**]

摘　要： 河南省新型农村社区面临着利益诉求增多、民生诉求凸显以及民主诉求增强的治理需求，为此，河南省各地对新型农村社区治理进行了多元化探索，主要包括党委领导、政府主导协调、自治组织承上启下、民间组织补充共享、私人组织互利共赢以及公民参与等内容。但是河南省新型农村社区依然存在组织结构体系尚待完善、治理主体权责尚待明确以及协调、管理、参与机制尚待完善等问题，今后宜从拓展"多元主体"发展空间以及推进多元主体"协同治理"两个方面优化河南新型农村社区治理。

关键词： 社会管理创新　新型农村社区　协同治理模式

新型农村社区既有别于传统的行政村又不同于城市社区，其是由若干行政村合并在一起，统一规划，统一建设，或者是由一个行政村建设而形成的新型社区。新型农村社区是在农村地域内，通过村庄合并、征地拆迁、产业

---

[*] 本文得到河南省教育厅人文社科一般项目（项目批准号：2015 - ZD - 009）"公益服务类事业单位绩效考评研究"的支持。同时，本文得到"社会治理河南省协同创新中心"的支持。

[**] 徐贵宏，河南财经政法大学公共管理学院副教授，社会治理河南省协同创新中心研究员，研究方向为公共组织治理理论与实践。

带动、旧村完善、服务共享等方式形成的以村民集中居住为主要特征，社区服务和管理功能较为完备的现代化新型农民聚居点和社会生活共同体。① 新型农村社区与传统农村相比具有显著特征，前者属于传统农村向城市过渡的城镇化形态。

一 河南省新型农村社区的治理新需求

新型农村社区是一种全新的社会管理形态，其社会环境与社会管理主客体都发生了很大变化，形成了多样化的治理新需求，迫切要求建立健全新型农村社区治理模式。②

利益诉求增多。新型农村社区利益格局复杂化，利益纠纷增多，征地拆迁、土地流转、居（村）民就业、基础设施建设、环境卫生维护、社区服务、物业管理、治安调解等事务明显增多，土地利益、发展利益、社会保障等诉求明显增强，社区管理面临新挑战，亟须新型农村社区服务和管理能力的提升。③

民生诉求凸显。由于历史和现实的原因，新型农村社区的民生问题仍然突出。④ 其中有三个问题较为典型。一是就业问题凸显。农民集中居住以后，有的农民失去了土地，有的农民转入了第二和第三产业工作，但由于他们一般缺乏现代化的劳动技能，往往会出现就业困难、"坐吃山空"的现象。居民没有稳定的就业就不可能实现新型农村社区的长久和谐与稳定。二是社会保障问题凸显。比如农村居民对子女的教育问题，就医、养老等问题反映比较多。三是文化民生诉求激增。农民集中居住以后，随着身份的转换和生活方式的变化，居民的文化需求大量增加。只有通过丰富的文化生活，

---

① 任志安：《农村社区治理模式探析——以绍兴农村"两种"模式为例》，《黑龙江社会学》2007年第6期。
② 李德虎：《当前我国新型农村社区管理体制创新研究——以成都为例》，《新疆社会科学》2013年第1期。
③ 米寸美：《滑县锦和新城新型农村社区建设模式研究》，郑州大学硕士学位论文，2013。
④ 刘露：《河南省新型农村社区开发模式创新研究》，郑州大学硕士学位论文，2013。

才能使居民各得其所，精神富足。

民主诉求增强。由于市场经济的发展和居民与新型农村社区利益关联度的提升，新型农村社区居民的思想观念也在发生深刻变化，民主法治意识增强，民主诉求也较传统行政村和城市社区更为凸显。正所谓哪里有利益，哪里就有民主的诉求。由于涉及居民的利益问题增多，他们要求参与社区治理的愿望和要求也日趋强烈，希望作为"社区人"更多参与社区的公共事务管理与决策，这必然对传统社区管理体制提出新的要求。① 这些需求对新形势下创新农村社区管理体制，提高新型农村社区管理科学化水平提出了紧迫任务和严峻挑战。

二 河南省新型农村社区治理的地方探索

在河南，建设新型农村社区，早已有之，新乡市的小冀镇、漯河市的南街村、七里营镇刘庄村等都是典型的例子，围绕新型农村社区的治理，河南省多个地方展开了实践探索。

（一）党委领导

"党建综合服务体"的创建和设立是新型农村社区治理中的一大创新。借助"党建综合服务体"，便民、居务和党务三种服务在新型农村社区治理中实现了"三合一"。② 开封于 2012 年 5 月全面启动了城乡社区党建综合服务体建设，已建成并投入使用 29 个党建综合服务体，初步建立了以党组织为核心的社区组织体系，构建了社区服务的一站式工作平台，在服务居民群

---

① 高强：《新农村公共服务新型社区平台的探索——新型农村社区"内源式"和"外推式"的建构模式分析》，《天府新论》2006 年第 2 期。
② "党建综合服务体"：通过设立"党务、居务、便民"三个服务中心，建立"党群、居民委员会、社区中介"三个社区组织，制定"党工委议事、重大事项决策、居民自治、居务公开、民主议事、居民（代表）会议"六项管理制度，服务体实行"信息化、网格化、共建式、自助性"四类管理模式，将基层党建工作及涉及社区居民生产、生活的服务性公共事务全部纳入"党建综合服务体"管理服务范围。

众方面发挥了积极作用。①

在开封市通许县的朱砂镇徐汇花园新型农村社区，集中居住了6个村庄的群众，是一个大型的新型农村社区。为此，朱砂镇党委组建了社区"党建综合服务体"，2012年8月1日建成并投入使用，共设置3个中心1个大厅45个站室。② 在创新管理模式上，"党建综合服务体"运用了"信息化"管理、"网格化"管理、"分级式"管理、"民本化"管理；在强化服务上，采取了"一站式"便民服务、党员"示范性"服务、中介组织"社会化"服务，深受社区居民的欢迎和好评。

在开封市禹王台区文环社区，按照建设标准，"党建综合服务体"最低要涵盖"三中心、八室、四站、一厅"，③ 居民可以在"党建综合服务体"享受计生、户籍、司法、社保等一站式代理服务。"党建综合服务体"建设了高标准办事大厅、人口学校、儿童临时托管中心、社区警务室、居民文体活动室、家政服务缴费站、青少年之家等设施，完善了社区的服务功能，基本实现"窗口接待全完善、服务网络全方位、各类载体全支撑"的目标。有了"党建综合服务体"，居民基本上可以实现不出社区办理一切常见事务。

（二）政府主导协调

政府在新型农村社区治理中发挥着重要的协调作用。新乡市将《新型农村社区建设规划》《土地利用总体规划》《城镇总体规划》《产业集聚区

---

① 周义军：《新乡市新型农村社区建设情况调研报告》，参见：http://www.xxsskl.com/shownews.asp? ID = 934。

② 在"党建综合服务体"，实现了"一站式服务"，物业、卫生、治安、工商、税务、人口、计生、户籍、信访、农技、便民等各项关系民生的服务，一应俱全，方便快捷。除此之外，"党建综合服务体"还根据社区居民实际需求分别开设了图书室、调解室、党建活动室、文娱活动室、居民教室以及法律援助中心。并且，"党建综合服务体"还提供活动场所以方便社区民间组织开展活动，比如，老年居家养老服务队、青年志愿者以及各种产业协会等都有了活动场所。

③ "三中心"：党务服务中心、居务服务中心、便民服务中心。"八室"：党务（居务）办公室、两代表一委员工作室、党员教育室、综治（警务）室、居民议事室、社区档案室、社区中介组织活动室、居民文娱活动室。"四站"：流动党员服务站、计划生育指导站、社保和劳保服务站、卫生服务站。"一厅"：综合办事大厅。

规划》等四个规划合在一起，统一协调，统筹规划，实现了发展的集聚化、集约化。这种做法就体现了新乡市在新型农村社区治理中的主导作用。从2006年开始，新乡市全市总共3571个行政村统一规划集中整合变成1050个新型农村社区，形成了"四种建设途径"①和"五种建设模式"②。并且，新乡市政府通过多渠道筹措资金，坚持社区基础设施和公共服务设施建设以政府投入为主，不给村民带来压力。③

一切从实际出发，新乡市结合实际，通过创新政策推进新型农村社区的发展，这些政策包括旧宅基地补偿、旧宅基地复垦、农民权益保护、公共服务、基础设施等多项政策。④通过努力，这些政策逐渐显现出了预期的政策效果，比如，实现了社区医疗卫生、社区教育体制、社区户籍管理、社区社会保障等方面改革的突破，再比如，实现了劳动就业、行政便民服务、城乡发展规划、公交、路网的一体化。同时，新乡市也充分尊重农民意愿。从社区规划、拆迁复垦、建设模式等全程实行"四议两公开"，让群众当家做主。为了农民的"安居"，新乡市政府还充分考虑了农民的"乐业"，通过发展产业集聚区、规划农民创业园、大力发展现代农业等途径，促进农民转移就业和增收致富。⑤

在新乡市辉县市新型农村社区的治理中，政府的主导协调作用就得到了充分发挥。在辉县市张村乡裴寨社区，以政府主导、群众自建的模式，吸纳该乡11个行政村1.5万山区群众入住新型农村社区，就地实现城镇化，居

---

① "农民自建、集体代建、招商建设、社会援建"四种建设途径；王兴中：《新乡"四种模式"助推新型农村社区建设》，《中国社会报》2009年4月15日。
② "城中村改造型、旧村完善型、村庄合并型、服务共享型、整体搬迁型"五种建设模式。
③ 马丙宇、李存伟、李柯杞：《新型农村社区建设看新乡》，《大河报》2012年11月13日。
④ 新乡市先后出台8个方面49项优惠政策，鼓励引导群众到社区建房入住。为入住社区居民办理城镇户口，享受城镇居民就业、教育、医疗、社会保障等方面的同等待遇，并继续保留原有的惠农政策。
⑤ 新乡市27个产业集聚区（专业园区）建成区面积达146平方公里，辐射了全市半数以上的乡镇、1/3的行政村，入驻规模以上企业（项目）超过5000家，吸纳农村劳动力就近就地转移就业达52.5万人；累计启动建设新型农村社区352个，建房面积2789万平方米，拆除旧宅面积5.7万亩，复耕或恢复生态面积2.9万亩。

民"在路东是农民、在路西是工人、在商业街里是商人"。在辉县市常春镇常春社区，政府主导整合该镇15个行政村，建成连体别墅930栋，多层13栋，复式6栋，总建筑面积29万平方米，可容纳1288户居民入住。同时，政府在社区周边规划了农民创业园，吸引十余家企业入驻。在辉县市孟庄镇南李庄社区，政府协调河南孟电集团无偿出资1.6亿元支持建设新型农村社区，能够容纳615户居民。同时，政府主导建设农贸市场、建材市场、物流仓库，每年能增收300多万元，400间商业门面作为集体财产，每年租金收入数百万元。①

（三）自治组织承上启下

完善、创新村民自治，走出新型农村社区治理困境。在河南，新型农村社区中的自治组织发挥了承上启下的桥梁作用。比如，新郑市通过行政方式撮合组织合并、指派了新型农村社区领导班子（成员人数控制在五至七人），例如，组成社区联合党总支书记、居民监督理事会、社区发展协调委员会。在新郑市的许多新型农村社区都建立了现代治理规则，包括社区党建工作联席会议制度、社区党建工作领导责任制度、社区党总支议事决策制度、镇领导班子成员联系社区党建工作制度、社区代表会议制度、社区民主议事制度、社区重大事项决策制度。

在郑州市，新型农村社区的自治组织更加有效地发挥了桥梁作用。郑州市十分重视群众性自治组织的建立健全，这样，便实现了"政府管理与社区自治"和"政府治理与居民自治"的无缝对接和良性互动。为了形成社区自治的良好局面，郑州市引导社区居民选举产生了居民小组长、楼长、单元长，成立了社区居委会、居民小组长、楼组、单元组等居民自治组织，形成了"上下贯通、左右联动"的社区治理新格局。

在河南邓州市张村镇朱营村实行了"四议两公开"，这样，"六把钥匙

---

① 王耀兴：《市委、市政府赴河南考察新型农村社区建设报告》，参见http://www.hg.gov.cn/art/2014/10/23/art_791_42041.html。

开一把锁",有效解决了新型农村社区治理的难题。在邓州市陶营乡朱西村,为方便村民参与村务、发表意见,村里引入电话表决、视频表决、微信表决、电子邮件表决等多种形式,无论村民是否在家,都能够通过各种途径表达意见,实现民主决策。

(四)民间组织补充共享

社区民间组织根植于社区民众之中,了解社区民众的公共需求,并能够及时满足社区民众特定的公共需求,受到社区民众的欢迎。这类组织具有志愿性、公益性、服务性和互助性,非常适应社区治理的创新性需求,在郑州得到大力培育。这样的群众性文体组织、公益慈善组织和扶贫组织、权益保护组织在郑州得到鼓励和支持。郑州市政府还鼓励有关政府部门购买社区公益服务,并采取了相应的激励措施,比如,采取公益创投、项目资助、社会化运作、政府购买服务等多种有效的方式,在政策上和资金上扶持社区民间组织开展公益性服务,积极鼓励民间力量兴办各种微利服务。目前,郑州市对于具有示范导向作用的公益性社区民间组织,每年重点扶持一百家,从市财政平均提供资金5万元扶持其发展。在新乡市,全市新型农村社区建立起1.8万余人的志愿服务队伍,服务性、公益性和互助性的社会组织不断壮大。这些组织积极参与协助做好社区建设、社区管理、房屋拆迁、矛盾调处、反映社情民意、便民服务代理等工作。按照"谁投资,谁受益"的原则,引导和鼓励社会资本在社区投资兴办公共事业。引导金融、邮政、电信等机构在社区设立网点,"万村千乡"市场工程优先进入社区,同时鼓励企业和个人兴办农资超市等提供便民服务。[①]

(五)私人组织互利共赢

河南在推进新型农村社区治理中,把产业支撑、工业发展与社区建设衔

[①] 叶兴庆、何宇鹏、冯明亮等:《河南省新乡市新型农村社区治理调查》,参见 http://www.govinfo.so/news_ info.php? id = 55068。

接起来，一方面利用预留的发展用地，鼓励有特长、有资本、有意愿的农民创业，积极发展现代农业；另一方面积极吸引企业参与产业园区、工业园区的建设，创造更多就业岗位，实现私人企业与社区的互利双赢。① 许昌市为促进新型农村社区的良性发展，积极促进企业参与新型农村社区的建设。许昌的民营企业通过"资金帮扶、社会捐助、村企共建、产业和项目帮扶"等形式，积极参与新型农村社区建设，并且取得了良好的效果。统计显示，2006～2012年，许昌有33家民营企业参与新型农村社区建设，累计已投入22.27亿元资金。②

在许昌市魏都区，企业通过不同形式参与新型农村社区的建设。③ 一是参与农村基础设施建设。比如，老吴营社区在河道砌坎等环村水系建设中共收到企业赞助款20万元用于桥梁建设，修建了"万里路桥"。二是支持群众性文化体育事业。比如，高营社区的街头游园建设，得到了宏伟公司的赞助6万元，每年高营社区举办的"树文明新风，争做好媳妇"和建党周年表彰活动以及春节的文艺演出活动都是由宏伟公司出资的。三是资助社会福利事业。比如，亚安绝缘材料厂多年来关心高营社区教育和社区基础设施建设，先后出资3万多元为社区小学购置桌椅，资助贫困生，奖励优秀教师。四是安置失地农民就业。比如，俎庄社区现有劳动力总数1600人，直接在裕丰纺织公司就业的人数达到450人。五是直接参与新型农村社区建设。比如，恒达公司参与北关社区、东城区等城中村改造项目达10个，总改造面积达5000亩，总投资达150亿元，总安置受益村民数达1万户。这样，企业和社区实现了互利合作，达到了双赢的局面。比如，豫源纺织有限公司出资2万元帮助崔代张社区打机井，出资3000多元帮助社区搞好文化娱乐和卫生工作，春节假期社区组建民办巡逻队，义务为社区和企业做好安全保卫

---

① 路燕、王静、郭旭源、张敏：《河南省新型农村社区建设的产业发展模式及保障措施——以社旗县吴氏营社区为例》，《河南农业科学》2013年第8期。
② 许昌市委统战部：《关于民营企业参与新型农村社区建设的调研报告》，参见http://www.rootinhenan.com/rootinhenan/html/2012/10/173108.htm。
③ 魏都区统战部：《新型农村社区建设企业帮社区工作的探索和思考》，参见：http://xc.rootinhenan.com/rootinhenan/html/2012/9/19699.htm。

工作。

在长葛市，古佛寺社区是第一个新型农村社区。长葛市共有三家上市公司，但农字号的只有"众品"一家。古佛寺社区试点就是让众品公司参与进来。通过土地的增减互换，实现多赢。原先居住在农村的居民搬迁出来集中居住在统一规划的新型农村社区中，改善了住房条件和生活环境，还腾出400亩宅基地。这些腾出来的宅基地置换给众品公司搞工业园区、养殖园区是一种较为常见的选择，同时，还可以通过漂移的办法将用地指标转移到长葛产业集聚区。另外，农村耕地流转起来后，众品公司通过租用的办法，依然用来耕种，科学种田，种植经济、高效作物。古佛寺社区的农民，只要愿意，都可以进入众品公司工作。通过"建设用地指标漂移"，众品公司得到了建设用地，农民变工人，村庄变社区，公共设施和公共服务得到完善了，双方互利共赢。①

（六）公民参与

公民才是新型农村社区建设的主体，新型农村社区建设为了公民也必须依靠公民，充分尊重公民的意愿和利益诉求，充分保证公民的参与权。鹤壁市在新型农村社区建设中，注重保障社区公民权益，尊重群众意愿，充分发挥群众的主体作用，把群众参与、民主决策贯穿始终，对新型农村社区规划、选址、搬迁等重大事项，确保群众的知情权、参与权、选择权和监督权，不"赶"农民上楼。

新乡市的卫辉市城郊乡整体推进新型农村社区建设，始终重视公民参与，这也是社区治理的本质要求。该乡坚持的三个原则，都体现了这一本质要求：第一个原则是"尊重群众意愿，政策引领促建设"；第二个原则是"拆旧建新，腾退土地见成效"；第三个原则是"让利于民，不从社区建设上谋利益"。在新型农村社区建设过程中，拆迁工作是最容易出问题的工作，城郊乡为实现和谐拆迁，十分尊重民意，积极引导和鼓励公民参与拆迁

---

① 石坡：《河南新型农村社区调查》，《南风窗》2012年第23期。

工作,拆迁方案的制定、拆迁协议的签订,都是通过群众大会或代表会议的集体讨论之后才最终决定的。这样,公民的参与权和知情权都得到了尊重。在新型农村社区治理中,城郊乡学会精打细算,尊重群众的意愿,维护群众的利益。城郊乡有的放矢,针对每一家入区农户,具体问题具体分析,分别专门制定一系列激励措施和优惠政策,做到让利于民,切实让农户时刻感受到入住新型农村社区的优越性。为促进新型社区建设工作良性运行,城郊乡实现了土地平衡置换、合理置换,确保了社区所在村农民利益不受损、被整合村土地交得出、社区建设不受阻。

三 河南新型农村社区治理存在的问题

(一)组织体系尚待完善

虽然新型农村社区的基础实施和公共服务设施建设好了,但是,如何进行管理,就需要理顺关系,才能取得良好的治理效果。新乡市在这方面就需要慎重处理"新型农村社区与原有行政村的关系"和"原有村党支部与村民自治组织的关系"。然而,处理好这些关系,并非易事。

管理体制尚需完善。在纵向管理体系上,社区管理权力重心下移不够,村民(社区)委员会对社区的管理仍在较大程度上受制于政府。在新型农村社区的建设实践中,政府与村委会实际上处于一种"领导与被领导"的上下级关系,这使村委会这一基层群众性自治组织作用的发挥受到了限制。这表明,现有管理体制仍不能适应城市化要求,普遍存在"多头"管理,导致不问不管、相互推诿、过分依赖物业公司、管理无力、参与过度等现象发生,出现"真空地带",缺位、错位问题严重。[①]

社区组织有待加强。在横向管理体系上,除政府、村两委外,其他类型

---

① 中共浙江省绍兴市越城区委组织部:《农村新社区治理机制的研究》,参见 http://cmzz.mca.gov.cn/article/ncsqjs/201201/20120100265709.shtml。

组织（社会团体、经济组织、基金会、群众活动团队等）参与社区管理的积极性、主动性有待提升，参与社区管理的方式、途径有待探索。在河南省，无论是从广度上，还是从深度上看，企业参与新型农村社区的治理都是不够的，而公益性、服务类民间组织参与新型农村社区治理的程度也是不够的。新型农村社区的协同治理离不开各类社区组织的发展。从调查情况来看，河南省农村居民对公共事务管理的参与意识都很强，但缺乏参与的平台和渠道。这表明，在河南新型农村社区协同治理中，需要大力发展各类社区组织。

（二）治理主体权责尚待明确

管理组织尚需理顺关系。部分农村基层党组织涣散，带领新型农村社区建设发展的作用缺失，难以凸显村支部的领导核心地位；村委会和村党委之间权力分配不清晰，职能有交叉，易产生矛盾，影响农村社区建设发展；乡镇政府对村委会更多的是行政命令和指挥领导，影响了村委会的自治地位；社区民间组织在新型农村社区治理中的组织功能和权责定位尚不明晰。

服务组织能力有待提升。新型农村社区使得几个村的人住在了一起，随着逐步融入社区围绕"同住""住好"，成立新的超越村界的社区服务组织是当务之急。目前，河南省新型农村社区内部的服务机构及岗位的权责有待规范和明确。比如社区综合服务中心、科技文化活动室等服务机构应该干什么、能够干什么；机构内部各职位的权责界定等。在调研中发现许多居民虽然在住房条件上城镇化了，但生活习惯与居民素质仍未改变，加之社区内物业管理水平不高，许多社区面貌不佳。如何使新居民快速适应城镇生活方式、融入主流社区并从医疗、教育、培训等多方面分享城镇化的成果是新型农村社区需要解决的问题。[①]

[①] 丁可：《河南省新型农村社区建设中存在的问题及对策研究》，《知识经济》2013年第11期。

（三）协调、参与、监督机制尚待完善

一是协调机制不完善。新型农村社区治理实现多元协同治理模式，最为关键的就是各个治理主体之间的协调问题。将各个治理主体统筹起来、协调一致，建立沟通顺畅、运行稳定的社区治理协调机制，是新型社区协同治理面临的突出问题之一，也是新型社区协同治理应该正视和解决的问题。目前，河南某些新型农村社区内的各类矛盾时有发生，部分地方在新型农村社区的征地拆迁、产权转移、补偿安置等焦点问题上仍有一些矛盾亟待协调解决。这表明，新型农村社区的协调机制还不完善，缺少民主协商的机制，还不能很好地协调不同主体的利益。

二是参与机制不完善。居民参与是新型农村社区治理中确保实现居民权利的基本途径，也是实现居民利益的重要方式。新型农村社区协同治理无法回避居民的参与。居民代表大会是实现居民参与社区治理的重要途径。然而，目前，居民代表大会很少召开，即使召开也往往流于形式，很难保障居民的参与权。听证会也是居民参与社区事务管理的重要平台，可以发挥沟通的作用。借助听证会，社区居民可以就共同关心的问题集思广益、求同存异、达成共识。然而，听证会也往往流于形式，徒有虚名，很难真正发挥作用。为了维护与实现自身利益，居民理应有足够的动力参与社区治理。然而，现实情况却表现为居民的参与程度很低。[1]

三是监督机制不完善。在新型农村社区治理中，监督约束机制直接关系治理绩效的高低。一是党内监督，村委会、党建综合体都必须首先做好内部监督，才能从根本上保障居民的权利。然而，事实并不是十分令人乐观，社区党员干部的腐败问题不容忽视。二是居民代表大会的监督，作为决策机构，居民代表大会对社区重大建设和事项的合法性可以进行法律监督。然而，并不经常召开的居民代表大会，很难有效监督社区干部。三是社区监督

---

[1] 刘红斌：《新农村社区治理模式中的组织及人才队伍建设》，《华中农业大学学报》（社会科学版）2009年第4期。

委员会的监督。应该说，社区监督委员会在治理结构中是监督的主要力量。然而，由于社区监督委员的意愿和能力的限制，其监督效果往往大打折扣，起不到有效作用。

四 优化河南新型农村社区治理的对策建议

（一）拓展"多元主体"发展空间

一是加强制度供给。从制度供给的角度来看，河南省对新型农村社区协同治理的基本理念、远景目标、指导思想、服务标准、实施步骤、治理主体参与治理的准入和运行规则、治理主体的职能和行为规范以及约束条件，都应该做出细化的、具体的、规范的制度安排。二是加强主体协调。从引导协调的角度来看，河南省应从政府层面建立政府与其他治理主体的合作机制：其一，出台普遍性或者区域性的扶持政策，运用财税杠杆等各种手段鼓励、支持市场力量和社会力量参与到新型农村社区治理之中；其二，主动协调各治理主体在社区治理各个环节的优化组合，并保护各参与主体的平等竞争。加强指导，充分发挥新社区的主体作用，引导社区管理组织机构特别是村"两委"转变职能，从治理、管理向服务转变，防止行政化倾向。三是加强法律监管。从法律监管的角度来看，法律监管是在多元主体机制形成前的预备、多元主体参与治理格局形成后的必要职能。河南省应当确立新型农村社区治理的服务标准、资格认证、质量体系、收费标准、审计制度等规章制度，以约束和监督各治理主体的行为。四是培育民间组织。2013年中央财政支持社会组织参与社会服务立项470个，鼓励孵化和发展各类社会组织。河南省也应该重视并积极推进新农村社区内各类社会组织的孵化，在不同领域里探索并建立政府购买民间组织服务的政策和标准，以招标的形式鼓励城市的社区组织走向农村。同时，接纳并促进与一些民间慈善组织的合作，实现社区服务资金来源的多元化以及服务主体的多元化。

（二）推进多元主体"协同治理"

一是强化"协同理念"。"协同治理"是以民生民权为引擎、以多元主体为主导、以制度安排为制衡、以服务标准为标杆，用以实现新型农村社区公共利益的最大化。从理论上讲，河南省政府部门应该站在新型农村社区协同治理的高度，在新型农村社区公共服务建设过程中内化"治理"理念。在实践中，政府部门继续深化"民主机制"，为公众创造、拓展参与新型农村社区治理的渠道和路径。

二是建立"协同机制"。按照协同治理理论，将开放系统、远离平衡态、序参量、竞争与合作、控制参量、反馈机制等思想应用于河南省新型农村社区协同治理之中，建立六个环节相互合作、竞争、制衡的"协同机制"。理论上，河南省应将"新型农村社区协同治理模式"视为一个开放的系统，并运用协同理论促进系统由无序转变为有序。实践中，无论是在制度层面还是在执行层面，河南必须把握和清楚划分新型农村社区公共服务全过程；促进治理主体在各个环节有合作、有竞争又相互制衡地参与到新型农村社区治理之中。

三是健全"协同制度"。按照治理主体分工协作的原则，建立社区协同治理制度。其一，健全社区议事制度，包括决策制度和执行制度，如居民代表会议、居民议事会和居民委员会，并准确定位、各行其权、形成合力。其二，健全社区居民自治制度，包括居民代表会议制度、居民议事制度、社区事务听证制度，规范决策程序、提高决策水平。其三，健全社区工作规范，包括居民委员会工作制度、会议制度、民主理财制度、社区公共突发事件处置应急预案。其四，健全民意沟通制度，包括定期走访联系群众制度、包片联户制度。其五，完善居务公开制度、民主评议制度和居民委员会工作报告制度等。

河南省18个地市公共服务质量调查*

丁辉侠 孙梅**

摘　要： 本报告依据河南省18市居民公共服务问卷调查数据，从供给数量、供给结构、服务态度和服务产品本身四个维度，以居民满意度作为评价地方公共服务质量的最终标准，对河南省公共服务质量进行调查分析。结果表明，各地居民在公共服务总体和各类公共服务的满意度方面相差较大，满意度最高和最低的城市相差都在30个百分点以上。分析也发现，公共服务满意度与公共服务投入数量之间的总体相关性较低。根据调查发现，本报告从公众参与、供给创新、结构优化和绩效改进方面，有针对性地提出地方公共服务质量提升的政策建议。

关键词： 公共服务质量　公众满意度　财政投入　供给结构　供给绩效

引　言

随着经济生活水平的提高，公众对公共服务的需求呈现持续增长趋势。

---

* 本研究是国家社科基金（项目编号：15BZZ054）、河南省软科学（项目编号：152400410055）、河南省社科基金（项目编号：2014CJJ034）阶段性研究成果。
** 丁辉侠，郑州大学公共管理学院副教授，社会治理河南省协同创新中心研究员，研究方向为政府绩效评价；孙梅，郑州大学公共管理学院2014年行政管理专业研究生。

2007年的中共十七大报告提出"完善省以下财政体制，增强基层政府提供公共服务能力"。2012年中共十八大报告则从质量上对公共服务与民生事业发展提出新的要求："推动政府职能向创造良好发展环境、提供优质公共服务、维护社会公平正义转变"，"着力提高教育质量"，"推动实现更高质量的就业"等。2016年的中央政府工作报告再次提出要"发展更高质量更加公平的教育"、"改善农村公共服务"等。公共服务质量应成为评估政府公共服务的重要内容。本研究在对公共服务质量进行界定的基础上，提出公共服务质量评价的几个维度，然后从这几个维度设计具体指标，尝试对河南省18个省辖市公共服务的质量进行评价，并从满足公众需求角度提出提高公共服务质量的对策建议。

一 公共服务质量内涵及其评价维度

对公共服务质量的界定是对其评估的逻辑起点。公共服务包括有形的产品和无形的服务，公共服务质量与公众的消费体验直接挂钩。因此，与普通产品一样，公众对于公共服务质量的感知也主要通过最终满意程度来体现。本研究把公共服务质量界定为公共服务满足公众公共服务需求的程度，最终体现为公众对公共服务的满意度或认可度。这种满意度或认可度主要取决于公共服务提供的数量、结构、服务过程、产品标准等，并以公众的需求满足为条件。

要对公共服务的质量进行评价，需要进一步分析公共服务质量的影响因素，即什么原因可能影响公众对公共服务的满意度。从已有研究和政府实践来看，影响公众对公共服务满意程度的因素主要有供给数量、供给结构、服务态度和服务产品本身质量。一是公共服务供给数量。公共服务质量本身包含一定的数量要求。在特定的经济发展阶段，数量是满足公众公共服务需求的基础。因此影响供给数量的因素既与政府的公共财政能力有关，也与对公共服务的重视程度有关。二是公共服务供给结构。公共服务供给结构包括城乡结构、区域结构和各类公共服务的组合情况。各类公共服务组合结构不合理主要表现为期望消费的公共服务供给短缺的同时,伴随着某些公共服务供给过剩。三是服务态度。公共服务大部分是以无形的服务形式提供,其质量只有在接受服务的过程中才能感觉得到,因此服务人员在服务过程中的态度决定了公众对于公共产品质量的评价。四是公共服务产品质量本身。这是指政府提供的公共服务质量本身是否达到规定标准或承诺标准。服务标准是公众及其他主体评价服务质量的主要尺度,也是上级机关和公众监督公共部门的主要依据。在没有明确标准的情况下,判断的依据主要是根据公众期望的标准。

不同于 2012 年"新加坡连氏中国城市公共服务质量调查"[1],本文的调查研究是在关注总体满意度的基础上,对各类公共服务满意度进行比较分析,以供给数量、供给结构、服务态度和服务产品本身质量为评价维度,运用调研统计数据具体论证,合理选取评估指标,综合考量公共服务质量与财政投入数量、供给结构、管理绩效等方面的关系。

二 评价指标选择、基本假设与数据来源

根据研究需要和数据可得性,本报告主要选取总公共服务人均财政投入、各类公共服务人均财政投入和居民满意度三个主要指标来测量河南省 18 个省辖市的公共服务质量。其中,总公共服务人均财政投入用来衡量公共服务供给的总体数量;各类公共服务人均财政投入既用来衡量其供给数量,同时也用于评价供给结构;居民满意度用来衡量当地居民对其公共服务供给总体情况和各类公共服务供给的满意度。

一般而言,公共服务的投入与满意度之间应存在正相关关系。本报告选取河南省 18 个省辖市主要公共服务的满意度来评价其供给质量,对其投入与满意度之间的相关性进行验证。而对于公共服务质量与财政投

---

[1] 纪江明:《中心城市社会保障公众满意度及其影响因素研究——基于"2012 新加坡连氏中国城市公共服务质量调查"的实证分析》,《中共浙江省委党校学报》2015 年第 3 期。

入呈现正相关的假设需要满足一定的条件，即这些财政投入需完全用于公共服务供给。但面对复杂的行政管理环境，公共服务财政投入数量可能与公共服务满意度出现不一致的情况，本报告也试图对这些问题进行解释。

本次调查中，公共服务财政支出指标来自《河南省统计年鉴》。公众满意度数据来自河南省协同创新中心2015年12月的调查数据，该调查采用随机抽样的方法，问卷的具体发放情况为：各省辖市除了郑州（500份）和洛阳（300份）外，各发放问卷200份，共发放调查问卷4000份，回收有效问卷3540份。

三 河南省18个地市公共服务质量评估结果分析

（一）河南省18个地市公共服务投入数量

公共服务财政投入决定了公共服务的供给数量。表1是河南省18个省辖市2012年、2013年和2014年人均公共服务支出的排名。[①] 可以看出，郑州、济源、三门峡、鹤壁和洛阳等几个城市在人均公共服务财政支出方面，连续三年稳居前几名，周口和开封连续三年排在最后两名。除了驻马店排名变化较大，由2012年的第16位上升为2014年的第8位外，其他省辖市在三年内的排名变化都不太大。在理论上，地方政府的公共服务投入与其经济实力呈正相关关系。分析河南省18个省辖市的人均GDP数据发现，各市人均公共服务财政支出的排名与人均GDP高度一致。以2015年为例，各市人均公共服务财政支出和人均GDP的pearson相关系数高达0.88。

---

① 该数据是用18个省辖市在公共安全、教育、科学技术、文化体育、社会保障和就业、医疗卫生、节能保护、城乡社区事务、农林水事务、交通运输和住房保障上的总支出之和，除以常住人口计算而得。

表1 2012～2014年河南省18个地市人均公共服务财政支出排名

省辖市	2014年	2013年	2012年	省辖市	2014年	2013年	2012年
郑　州	1	1	1	信　阳	10	9	8
济　源	2	2	2	商　丘	11	14	13
三门峡	3	3	3	新　乡	12	10	10
鹤　壁	4	5	5	许　昌	13	11	14
洛　阳	5	4	4	安　阳	14	15	12
焦　作	6	7	6	平顶山	15	13	10
濮　阳	7	6	7	南　阳	16	16	15
驻马店	8	12	16	开　封	17	17	18
漯　河	9	8	9	周　口	18	18	17

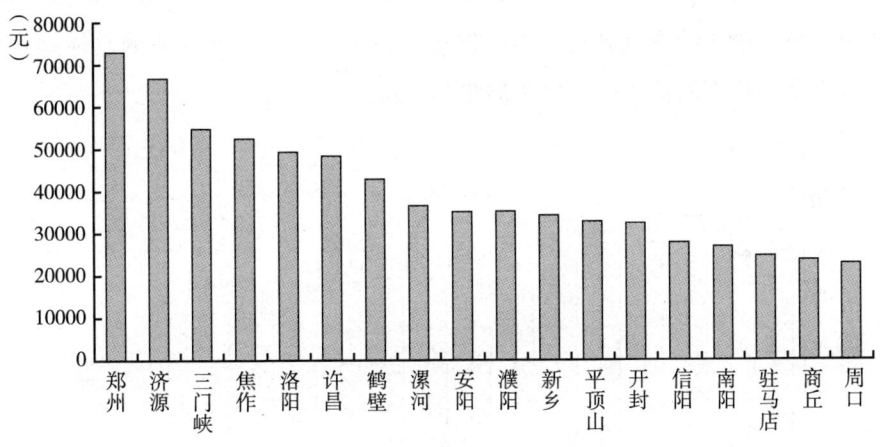

图1　2015年河南18个地市的人均GDP

（二）河南省18个地市的公共服务满意度

本研究的以上分析表明，地方政府的公共服务投入与地方政府的人均GDP高度相关，因此地方政府的经济实力是其提供高质量公共服务的重要保障。但上述分析只是依据政府在财政支出方面的重视程度而进行的分析，单一的投入指标还不能完全说明各地公共服务的质量情况。公共服务满意度是衡量公共服务质量的另一个重要指标，也是最终评价标准。

1. 总体满意度分析

根据河南省协同创新中心2015年对河南省18个省辖市公共服务的调查数据进行分析，各地公共服务总体满意度排名如图2所示。根据调查结果，2015年居民公共服务总体满意度排名前五位的分别是新乡、许昌、鹤壁、济源和漯河五个城市，都在50%以上。而安阳、周口、信阳、濮阳和商丘五市的排名总体比较靠后，除安阳外，都在40%以下。不同地方公共服务总体满意度差别明显，满意度最高的城市与最低的城市之间相差了37.5个百分点。用pearson相关系数分析发现，18个省辖市的人均财政投入与公共服务总体满意度相关系数较低，仅为0.20，这表明人均财政投入只能表明当地政府对公共服务的重视程度，而不能较好地代表公共服务供给的数量和质量。公共服务满意度则是对供给数量、服务态度、服务品质的总体感知，可以更好地代表居民对公共服务质量的评价。

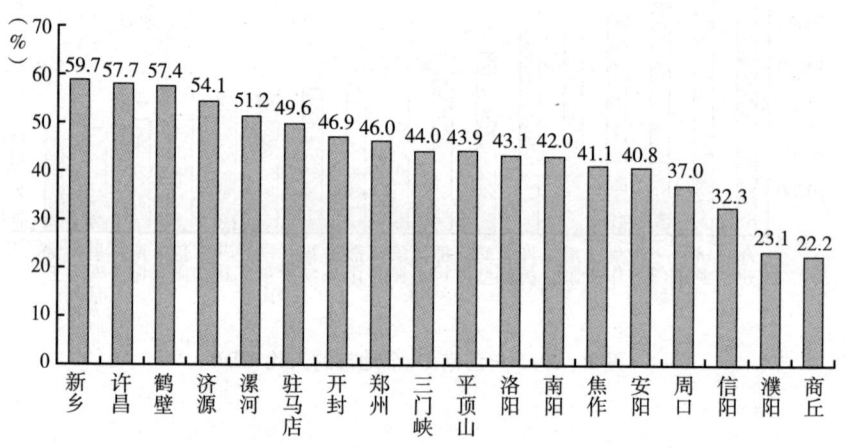

图2　2015年河南省18个地市的公共服务总体满意度排名

2. 各类公共服务满意度分析

公共服务的总体满意度表明当地居民对公共服务的总体感知。由于不同类别的公共服务在投入、服务质量等方面也存在差别，因此有必要通过分析当地居民对各类公共服务的满意度，来评估各地主要公共服务类别供给的质量情况。本报告重点选取了河南省18个省辖市的教育、医疗卫生、交通、养老和就业五类公共服务进行问卷调查，它们的满意度情况如图3至图7所示。

（1）在教育服务方面，居民满意度排名前五的分别是新乡、济源、平顶山、三门峡和许昌，其满意度都在60%以上。而信阳、驻马店、鹤壁、周口和商丘的居民满意度较低，都不超过45%。

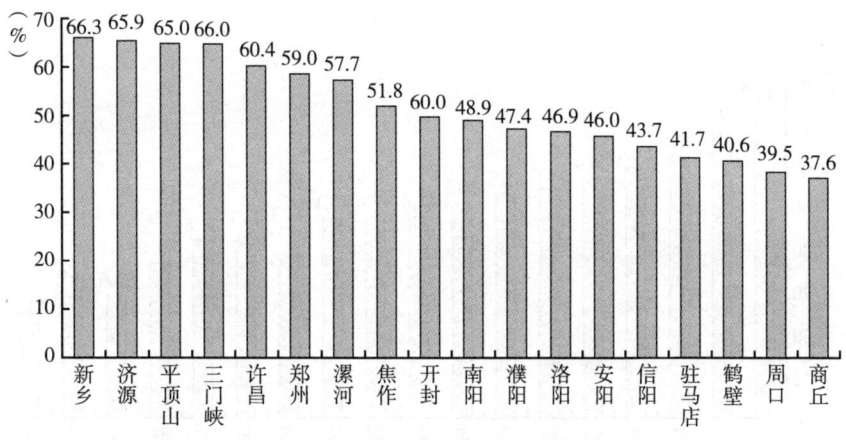

图3　2015年河南省18个地市的教育服务满意度排名

（2）在医疗卫生服务方面，居民满意度排名前五的分别是新乡、漯河、鹤壁、驻马店、济源，都在45%以上，满意度最高的新乡为56%。满意度排名比较靠后的分别是安阳、商丘、濮阳和信阳，都在31%及以下。其中，信阳接受调查的居民对医疗服务的满意度只有22.8%。

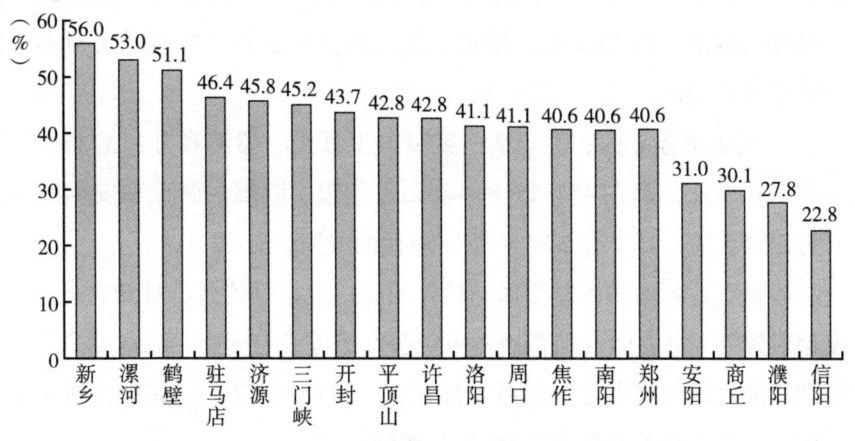

图4　2015年河南省18个地市的医疗服务满意度排名

（3）在交通服务方面，居民满意度排名前五的分别是三门峡、许昌、新乡、南阳和济源，都在55%以上。其中，三门峡被访居民的满意度最高，达75.9%。排名比较靠后的分别是驻马店、濮阳、周口、信阳和商丘，都在45%以下。其中，接受调查的商丘居民对当地交通服务的满意度只有22.2%。

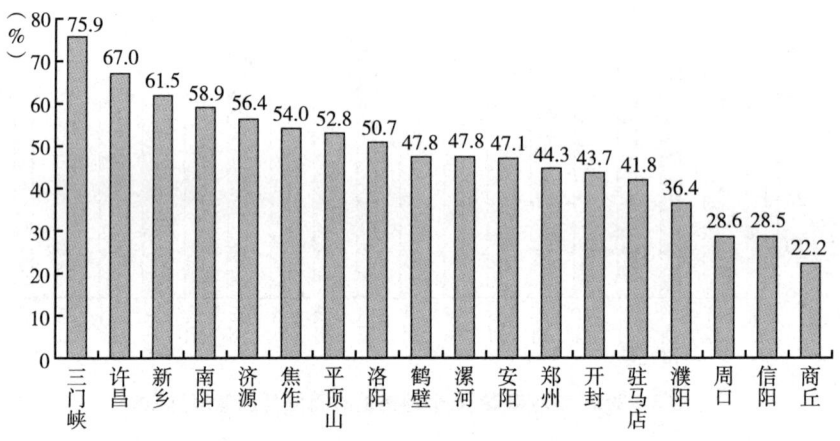

图5　2015年河南省18个地市的交通服务满意度排名

（4）在养老服务方面，鹤壁、平顶山、济源、漯河、驻马店、新乡的居民满意度排名比较靠前，都在40%以上，但最高的鹤壁也只有50.4%。洛阳、周口、信阳、商丘、濮阳的居民满意度排名比较靠后，都在30%以下，最低的濮阳只有19.6%。相对于其他类公共服务，各地居民对养老服务的满意普遍偏低。

（5）就业服务方面，驻马店、鹤壁、平顶山、漯河和开封的居民满意度排名比较靠前，都在45%以上。洛阳、信阳、濮阳、商丘和安阳的满意度排名比较靠后，基本在30%以下，最低的安阳只有20.1%。

总体来看，各地居民对交通和教育的满意度相对较高，对养老服务的满意度相对较低。并且，在所调查的五类公共服务满意度中，满意度最高的城市与满意度最低的城市之间相差大都在30个百分点以上。其中，在交通服务方面，满意度相差竟然高达50多个百分点。

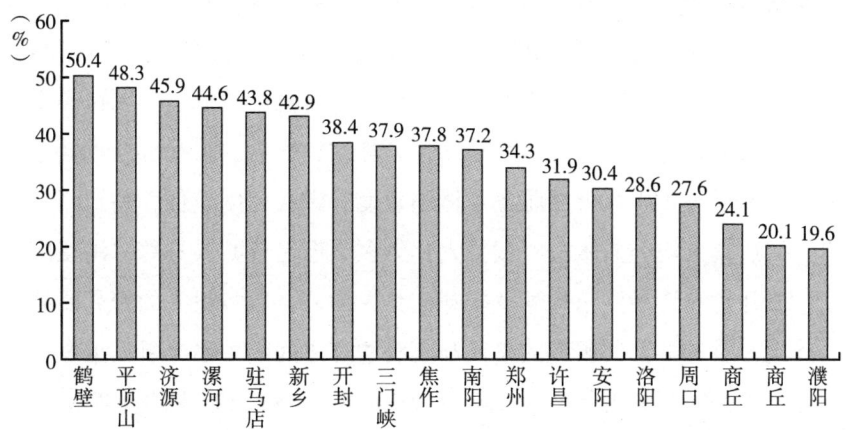

图6 2015年河南省18个地市的养老服务满意度排名

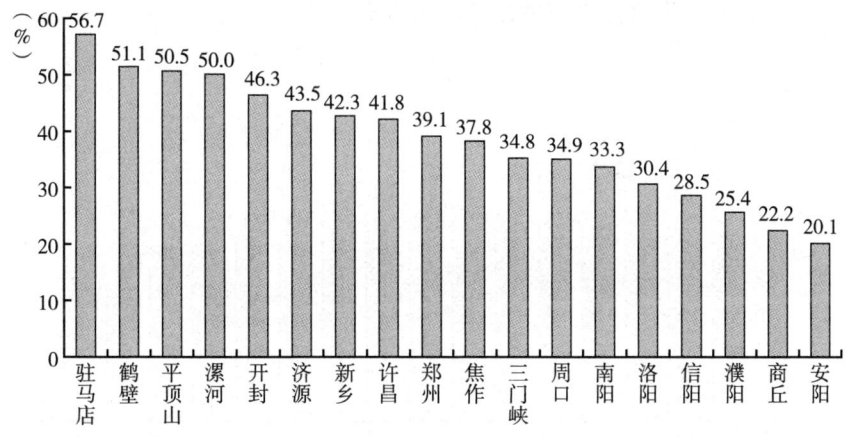

图7 2015年河南省18个地市的就业服务满意度排名

（三）调查发现

根据调查结果和统计数据分析，发现各地公共服务的满意度与其财政投入数量、供给结构、供给绩效和城市规模都有重要的关系。

（1）公共服务的满意度与人均公共服务投入之间并不总是一致，它们之间的相关性在各地差别较大。首先，对于总体公共服务满意度而言，一是部分省辖市的人均公共服务财政投入与公共服务总体满意度较为一致。投入较多的，满意较高，如济源和鹤壁的人均公共服务财政投入排名比较靠前，其总体满意度的排名也比较靠前；投入少的，满意度较低，如周口和安阳的人均公共服务财政投入和总体满意度排名都比较靠后。二是部分省辖市的人均公共服务财政投入与公共服务总体满意度一致性程度较低，如郑州和洛阳两市，虽然其人均公共服务财政投入比较多，但是公共服务总体满意度却并不高；而开封和许昌两市的满意度却比其人均公共服务投入的排名要靠前较多。其次，对各类公共服务的投入与其满意度之间的关系分析，也发现相似的问题。以交通服务为例，在2012~2014年，各省辖市人均交通财政投入如图8所示。大部分省辖市的交通公共服务满意度与其人均财政支出保持一致，如济源、三门峡。但有部分城市人均财政投入虽然排名并不靠前，但满意度排名却位居前列，如许昌、新乡和南阳。

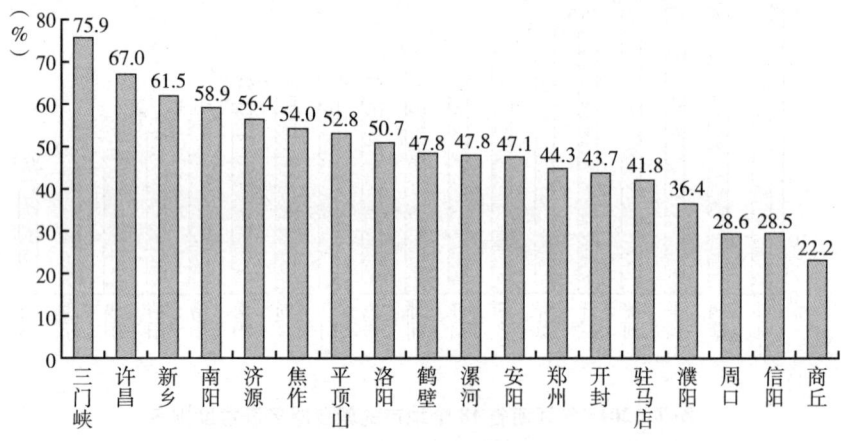

图8　2012~2014年河南省18个地市的人均交通服务财政支出

（2）公共服务的总体满意度可能与供给结构有关。教育、医疗卫生、交通、养老和就业服务，与居民生活息息相关，居民对其质量的感知比较敏感，这些公共服务结构不合理，如政府在一些公共服务方面投入过多，而在另一些公共服务方面投入过少，或者总体供给数量不足，将直接影响居民对总体公共服务满意度的评价。如调查分析发现，济源的公共服务供给结构总体上比较合理，人均公共服务财政投入连续三年稳居前两名，总体满意度排名第四，投入数量与总体满意度比较一致。进一步分析发现，在本研究重点分析的教育、医疗卫生、交通、养老和就业方面的人均投入方面，济源在18个省辖市中均排在前五名，供给结构比较均衡。

（3）公共服务的总体满意度可能与管理绩效有关。公共服务财政投入虽然可以在一定程度上代表公共服务的供给数量，但公众满意与否还与资金管理绩效有关。有效的资金管理，可以使这些投入更多应用于公共服务项目，而不是行政管理、协调等方面。新乡可能是公共服务管理绩效比较好的城市，数据分析表明虽然其人均公共服务财政支出在2012年、2013年和2014年连续三年都在18个省辖市中居第10名左右，但其公共服务总体满意度却排名第一。进一步分析发现，本研究所调查的公众对各类公共服务的满意度中，新乡排名也都比较靠前。对于其投入相对较少、满意度较高的合理解释就是其公共财政投入管理绩效比较高，公共服务供给质量比较高。

（4）公共服务满意度可能与城市规模有关。城市规模越大，人口越多，公共服务的拥挤度就越高，居民多样化的服务需求也就越难以满足。例如，郑州和洛阳都是两个城市人口规模较大的城市，虽然其人均公共服务的财政投入比较多，但无论是总体还是各类公共服务的满意度都与其投入不相称。这可能与城市规模较大，管理难度也较大有关。而济源和新乡两个地方，城市规模较小，再加上供给结构和管理绩效方面的原因，无论是其公共服务的总体满意度还是各类公共服务的满意度都较高。

（5）公共服务满意度还可能与当地居民心理期望有关。公共服务质量作为公众接受公共服务时的心理感知，最终满意度受其对公共服务质量心理预期的影响。一般而言，在规模越大、经济越发达、政治资源比较集中的城市，居民对其公共服务的期望值也就越高，如郑州，作为全省政治、经济、文化和社会中心，本地居民对公共服务的期望与公共服务拥挤度形成明显反差，这可能是被访居民满意度不高的主要原因之一。而像济源这样的规模较小、环境优美、经济宽裕的省辖市，居民的公共服务心理预期就较容易得到满足，因此对当公共服务的满意度也较高。

四　地方公共服务质量提升的对策建议

（一）提高公众参与程度，完善以需求为导向的公共服务供给制度

公共服务供给必须以需求为导向，才能最大程度提升公众的获得感和幸福感。地方政府公共服务的对象是地方居民，要使当地居民对公共服务质量满意，首先要了解公众的需求，包括需要什么公共服务，需要多少，以及希望以什么方式提供等。为此，需要提高公众的参与度，让他们参与公共服务供给决策的全过程。可采用调查问卷、网络留言、座谈、访谈、听证等形式，了解公众的公共服务需求情况，包括公共服务的需求结构、需求数量和服务态度等。这样政府就可较为准确地把握应该提供哪些公共服务、提供多少、怎样提供等问题，同时也可以对目前公共服务供给中存在的问题及时进行绩效改进。从决策执行到结束，同样需要公众的参与，才能使公众真正满意。公众可以通过多种方式参与公共服务运行，作为受益人直接参与供给过程，并感知供给质量；作为监督者，监控公共服务供给的各个环节，促进节约，防止浪费；作为评价者进行实时反馈，督促政府进行绩效改进。只有让公众充分行使自己的知情权、参与权、监督权，才能更加有针对性地强化政府的公共服务能力，提升公共服务质量。

（二）创新公共服务供给方式，增加公共服务供给

总体而言，各地公共服务供给不足仍是政府工作的短板。增加公共服务供给是坚持共享发展、促进社会公平正义、增进人民福祉的重要途径，也是政府职能合理履行的重要体现。一方面，坚持普惠性、保基本、均等化、可持续的发展方向，根据当地需求情况，合理布局公共服务结构，增加对各类公共服务的公共财政投入数量；另一方面，创新公共服务提供方式，合理发挥市场机制的作用，通过深化改革，加快形成政府、事业单位、社会组织、企业多元参与、公平竞争的公共服务供给格局。同时，在公共服务领域推行

"供给侧结构性改革",坚持需求导向,强调公民参与,调动社会主体参与积极性,不断提升公共服务数量、质量和效率。

(三)优化公共服务供给结构,满足居民的多样化需求

公共服务的供给结构,是政府公共服务供给制度的直接体现,是政府对当地经济发展、民生建设、生态环境等一系列因素综合权衡的结果。针对各地在公共服务供给中存在的重短期工程效益,轻周期长、见效慢的民生项目;重硬件基础设施建设,轻软件服务建设;重政绩工程,轻公众急需的公共服务等问题,政府应加快优化公共服务供给结构,坚持以民为主,增加对教育、医疗卫生、社会保障、就业等民生服务的投入,尽最大努力满足公众需求,提升公众满意度。

随着社会经济的发展,公众的服务需求日益多样化,地方政府应更加注重公共服务的供给结构,持续改进供给质量,降低当地居民公共服务预期差距。同时,还要有意识加强政府与公众的互动,真正了解公众需求,有效满足公众的多样化需求。

(四)提高公共服务供给绩效,增加居民满意度

提高公共服务供给绩效是增加居民满意度的必然选择。近年来,虽然各地政府对公共服务的投入力度不断加大,服务供给规模也呈持续增长态势,但在公共服务满意度方面却存在较大差别。有限的公共资源,如果得不到合理利用,就会降低公共服务质量,影响公众满意度。因此,提高公共服务供给绩效是提高公共服务质量的关键。

提高公共服务的供给绩效,政府必须坚持以人为本,明确公众的需求偏好,构建公众诉求机制,主动承担公共责任,维护公平正义,合理配置公共服务资源,实现公共服务的供求均衡,寻求以最低成本实现最大收益,最大化供给配置效率,提高资金的使用效益。

河南省城市居民幸福感调查分析*

梁思源　周勇振**

摘　要：本文以2015年河南省居民幸福感调查问卷为数据来源，对全省18个地市的居民幸福感进行测评。测评结果显示，总体来看，河南省居民幸福感指数大多处于较高水平，南阳和平顶山两个地市的幸福感指数远高于其他地市，而驻马店、商丘和三门峡的居民幸福指数相对较低，处于中等水平。本研究以社会治理为出发点，从政府质量和居民社会生活两个维度，对幸福感相关因素进行分析，找出与幸福感相关程度较高的影响因素。此外，找出影响各地市居民幸福感的优势因素与限制因素，为各地进一步提升居民幸福感提供参考依据。分群体来看，河南省居民幸福感呈现性别、学历和年龄差异；幸福感随居住时间推移先降后升；本地人比外地人更感到幸福；农民工或农民的幸福感最低；中低收入人群幸福感较低。建议改善民生，提高工资水平，尤其是农民工工资待遇水平；加强政府网站建设，提高政府政务公开水平；加强养老与医疗公共服务供给；发展社会组织，积极推动居民社会参与。

关键词：居民幸福感　河南省

---

* 河南省软科学研究计划项目"河南新型城镇化发展中基本公共服务均等化评价研究"阶段性成果。
** 梁思源，郑州大学公共管理学院讲师，社会治理河南省协同创新中心研究员，研究方向为社会治理与社会发展、土地资源管理；周勇振，郑州大学公共管理学院2014级行政管理专业研究生。

河南省城市居民幸福感调查分析

幸福感是人们对自身、生活、环境都感到满意的一种心理状态,是一种抽象的主观感受。幸福感强的人不仅生活快乐,并且与周围环境相处和谐。近年来,随着经济发展,物质生活极其丰富,但经济增长和收入提高也不一定带来国民幸福感的上升。[①] 国民生活质量的提高需要从物质和精神两个方面进行双重考量,因此,居民生活的幸福感越来越受到重视,它在一定程度上能够作为政府政策执行效果的依据,能够体现社会发展的协调程度和融洽状况。本文以 2015 年 12 月社会治理河南省协同创新中心在全省 18 个地市开展的"河南省居民幸福感调查"结果为依据,对河南省居民幸福感状况进行分析评价,并在此基础上对提升居民幸福感的措施提出对策建议。

一 数据来源与评价方法

(一)数据选取

本文以社会治理河南省协同创新中心于 2015 年 12 月 17~22 日开展的"河南省经济发展环境满意度调查"为数据支撑。调查围绕居民对经济发展的行政环境满意度、法制环境满意度、金融环境满意度以及社会环境满意度指数等方面开展了问卷调查。调查团队由 40 名郑州大学公共管理学院的研究生、本科生组成,调查范围涵盖了河南省的 18 个地市,调查采用分类抽样和街头偶遇相结合的调查方式,在调研对象选取中,综合考虑了性别、年龄、职业和经济状况等因素,在 18 个地市的城区选取公园广场、大型超市、商场、书店等地点开展了调查,此次调查累计发放问卷 4000 份,其中郑州 500 份,洛阳 300 份,其余各地市 200 份(见图 1),回收有效问卷 3608 份,有效问卷回收率为 90.2%。

[①] Easterlin, R A. "Does Economic Growth Improve the Human Lot? Some Empirical Evidence." *Nations and Households in Economic Growth*, New York Academic Press, 1974.

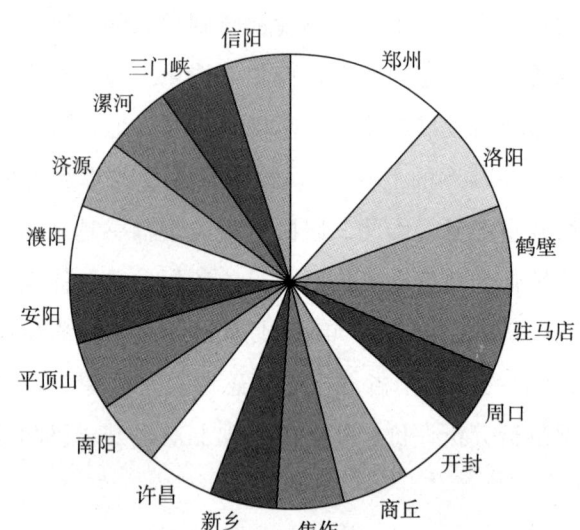

图 1　河南省 18 个地市问卷数量分布示意

（二）样本分析

调查样本中，男性1794人，占49.7%，女性1814人，占50.3%；在户籍所在地上，本地户籍为2602人占72.1%，外地户籍为1006人占27.9%；在年龄阶段上，30岁以下1305人，30~45岁1589人，45岁以上714人，分别占总样本量的36.2%、44.1%、19.8%；在文化程度上，初中及以下502人，高中或中专1000人，大专943人，本科及以上1163人，分别占样本总量的13.9%、27.7%、26.1%、32.2%；在居住年限上，超过70%的为长期居住者，其中一年以下366人，一年到三年534人，三年以上2708人，分别占总样本量的10.1%、14.8%、75.1%；在职业分布上，专业技术或高级管理人员380人，私营企业主303人，机关事业单位人员589人，个体工商户584人，普通工人877人，农民工或农民283人，其他（如学生、打工者等）592人，分别占总样本量的10.5%、8.4%、16.3%、16.2%、24.3%、7.8%、16.4%；在年收入上，1万元以下252人，1万~2万元656人，2万~3万元960人，3万~5万元951人，5万~10万元

612人、10万元以上177人，分别占样本总量的7.0%、18.2%、26.2%、26.4%、17.0%、4.9%，具体见表1。

表1 调查样本描述分析

单位：人，%

变量	指标	人数	比例	变量	指标	人数	比例
性别	男	1794	49.7	年龄	30岁以下	1305	36.2
	女	1814	50.3		30~45岁	1589	44.1
户籍所在地	本地	2602	72.1		45岁以上	714	19.8
	外地	1006	27.9	文化程度	初中及以下	502	13.9
居住时间	一年以下	366	10.1		高中或中专	1000	27.7
	一年到三年	534	14.8		大专	943	26.1
	三年以上	2708	75.1		本科及以上	1163	32.2
年收入	1万元以下	252	7.0	职业	专业技术人员或高级管理人员	380	10.5
	1万~2万元	656	18.2		私营企业主	303	8.4
	2万~3万元	960	26.6		机关事业单位人员	589	16.3
	3万~5万元	951	26.4		个体工商户	584	16.2
	5万~10万元	612	17.0		普通工人	877	24.3
	10万元以上	177	4.9		农民工或农民	283	7.8
					其他（如学生、打工者等）	592	16.4

二 河南省各地市居民幸福感分析

国民福利的增加是经济增长和政府政策的最终目标。对幸福感的测量包括单一维度和多维度测量两种方法。单一维度测量是指调查者向被调查对象提出一个单一的、有关幸福感的问题，让被调查者选择一个能够代表其幸福感状态的答案。多维度测量方法不直接就被调查者的幸福感程度进行提问，而是采用比较复杂的量表对被调查者幸福感从多个维度进行全面地衡量。为了更好地对比分析，本研究采用单一维度测量和多维分析相结合的方法。

本研究利用李克特量表的编制原理，将"您感觉自己幸福吗"这一问题的答案分为5个等级，分别为"非常幸福、比较幸福、一般、比较不幸福、非常不幸福"。幸福感知度按照5分量表的形式进行赋值，1.00分表明非常不幸福，2.00分表明比较不幸福，3.00分代表一般，4.00分表示比较幸福，5.00分表明非常幸福，分数越高意味着幸福度越高。依此对选定区域的样本进行赋值计算，得出全省及18个地市的居民幸福感指数。幸福感指数评定标准为：1.00~2.00分为低，2.00~3.00分为比较低，3.01~3.50分为中，3.51~4.00分为比较高，4.00~5.00分为高。

（一）河南省居民生活总体比较幸福

测算结果表明，河南省居民整体处于比较幸福的状态。在所有受访者中，分别有44.12%和16.21%的人表示"比较幸福"和"非常幸福"，分别有8.87%和1.86%的人表示"比较不幸福"和"非常不幸福"，有28.96%的人表示"一般"。全省居民幸福感指数的平均值为3.64，属于较高水平。分地市来看，南阳和平顶山两个地市的居民幸福感指数远高于其他地市，分别为3.96和3.89；此外，郑州、许昌、新乡、济源、焦作、信阳、洛阳、漯河和安阳的幸福感指数都高于全省平均水平；而驻马店、商丘和三门峡的居民幸福指数相对较低。

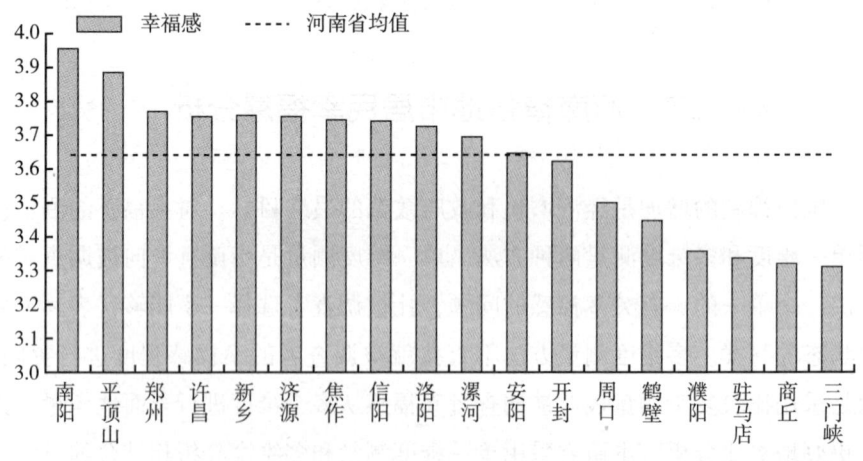

图2 河南省18个地市幸福感指数排名

（二）居民收入、养老服务是河南省社会建设发展中的薄弱环节，影响居民幸福感

为了更好地对居民幸福感影响因素进行分析，本研究从社会治理的角度出发，从政府治理、民众生活两个维度选取与居民幸福感相关的因素进行分析与评价，并且对所选取因素与幸福感进行相关分析。根据 SPSS 软件计算结果，当相关系数 R≥0.6 时，在 0.01 水平上显著相关；当 0.4≤R<0.6 时，在 0.05 水平上显著相关。据此，本研究根据相关系数将相关程度划分为三个层次：相关系数 R≥0.6 时为高度相关，当 0.4≤R<0.6 时为显著相关，当 R<0.4 时为弱相关。分析结果显示，信心感、司法公正、公益活动参与、生活质量、对所在城市喜爱度、公共事务参与和政府网站因素与幸福感呈高度相关。养老服务、参与主动性、社会和谐、收入满意度、政府效率、政府信任、教育服务、政务公开、依法行政、法治环境、公共服务总体满意度和医疗服务指标与幸福感呈显著相关。其他指标与幸福感相关程度较弱。将与幸福感高度相关和显著相关的指标进行整理和归纳，建构幸福感评价指标体系并测算其分值，政府质量和社会生活是居民幸福感评价的二级指标，政府质量包括法治建设、政府建设、公共服务等；居民社会生活包括居民的社会参与、收入满意度与生活质量、对未来的信心感、社会和谐程度等（见表2）。

表 2　幸福感评价指标与得分

单位：分

指标			相关系数 R	分值
政府质量	法治建设	司法公正	0.6442	3.40
		依法行政	0.4250	3.24
		法治环境	0.4248	3.43
	政府建设	政府网站	0.6059	3.24
		政务公开	0.4359	3.19
		政府效率	0.4630	3.40
		政府信任	0.4606	3.23
	公共服务	养老服务	0.5506	3.15
		教育服务	0.4387	3.44
		医疗服务	0.4020	3.21

续表

指标		相关系数 R	分值
社会生活	社会参与 — 公益活动参与	0.6388	3.79
	社会参与 — 公共事务参与	0.6194	3.60
	社会参与 — 参与主动性	0.5047	3.35
	生活质量	0.6280	3.17
	收入满意度	0.4708	3.01
	信心感	0.7971	3.70
	对所在城市喜爱度	0.6227	3.57
	社会和谐	0.4990	3.55

分析结果表明，公益活动参与意愿、对未来信心感、公共事务参与意愿、对所在城市喜爱度以及社会和谐状况得分均在3.50以上（见图3），处于较高水平。也就是说，从满意度和意愿度调查的综合测算得分来看，河南省居民的社会参与意愿都很强烈，对所在城市的喜爱程度很高，社会和谐程度很高，并且对未来极具信心。得分相对较低的是收入满意度、养老服务满意度、生活质量和政务公开状况，这些方面是河南省社会发展建设中的薄弱环节。可以说，增加居民收入、加大养老服务投入与建设、提高居民生活质量、提升政务公开程度与水平，是河南省政府提升居民幸福感的主要着力点。

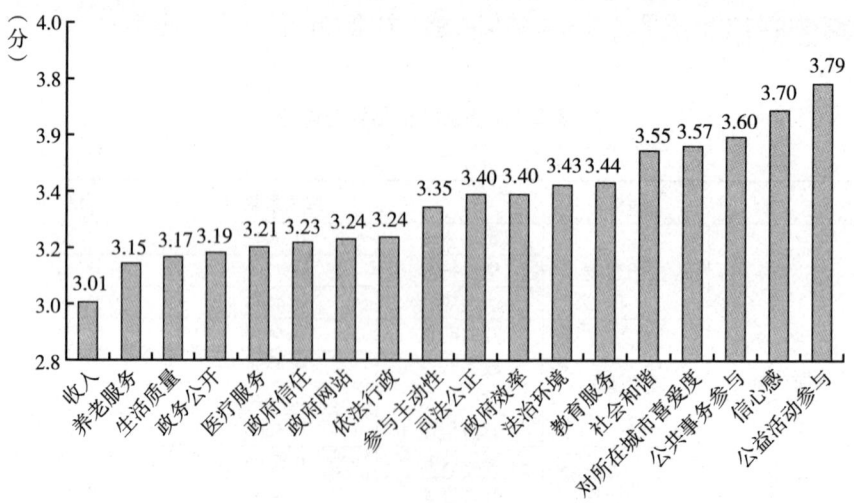

图3 幸福感相关因素得分情况

（三）河南省18个地市影响幸福感的优势因素与限制因素各有不同

将影响18个地市居民幸福感的相关因素进行赋值计算，通过对比分析，可以找出影响各地市居民幸福感的优势因素与限制因素。分析表明，影响各地市幸福感的优势因素和限制因素各不相同。比如在司法公正方面，新乡、许昌、平顶山优势最为明显，驻马店、濮阳、安阳的限制性最强；在依法行政方面，鹤壁、新乡、许昌优势最为明显，安阳、濮阳、信阳限制性最强；在政府网站满意度方面，新乡、许昌、漯河优势最为明显，三门峡、商丘、濮阳的限制性最强（见表3）。

表3 各地市影响幸福感优势与限制因素分析

地市		因素分析
安阳	优势因素	政府效率
	限制因素	法治环境、教育服务、医疗服务、养老服务、依法行政、司法公正、公共事务参与、公益活动参与、参与主动性、政务公开、政府网站、政府信任、社会和谐、生活质量、对所在城市喜爱度、信心感、收入满意度
鹤壁	优势因素	政府效率、法治环境、医疗服务、养老服务、依法行政、司法公正、公共事务参与、参与主动性、政务公开、政府网站、政府信任、生活质量、收入满意度
	限制因素	教育服务、公益活动参与、社会和谐、对所在城市喜爱度、信心感
济源	优势因素	政府效率、法治环境、教育服务、医疗服务、养老服务、依法行政、司法公正、公共事务参与、公益活动参与、参与主动性、政务公开、政府网站、政府信任、社会和谐、生活质量、对所在城市喜爱度、收入满意度
	限制因素	信心感
焦作	优势因素	政府效率、养老服务、依法行政、司法公正、公共事务参与、公益活动参与、参与主动性、社会和谐、生活质量、对所在城市喜爱度、信心感、收入满意度
	限制因素	法治环境、教育服务、医疗服务、政务公开、政府网站、政府信任
开封	优势因素	教育服务、医疗服务、养老服务、依法行政、司法公正、公共事务参与、公益活动参与、参与主动性、政务公开、政府信任、社会和谐、对所在城市喜爱度、信心感、收入满意度
	限制因素	政府效率、法治环境、政府网站、生活质量
洛阳	优势因素	医疗服务、公共事务参与、公益活动参与、参与主动性、对所在城市喜爱度、信心感
	限制因素	政府效率、法治环境、教育服务、养老服务、依法行政、司法公正、政务公开、政府网站、政府信任、社会和谐、生活质量、收入满意度

续表

地市		因素分析
漯河	优势因素	政府效率、法治环境、医疗服务、养老服务、依法行政、司法公正、公共事务参与、参与主动性、政务公开、政府网站、政府信任、生活质量、对所在城市喜爱度、收入满意度
	限制因素	教育服务、公益活动参与、社会和谐、信心感
南阳	优势因素	养老服务、依法行政、司法公正、公共事务参与、公益活动参与、参与主动性、政府信任、社会和谐、生活质量、对所在城市喜爱度、信心感、收入满意度
	限制因素	政府效率、法治环境、教育服务、医疗服务、政务公开、政府网站
平顶山	优势因素	政府效率、法治环境、教育服务、医疗服务、养老服务、依法行政、司法公正、参与主动性、政务公开、政府网站、政府信任、社会和谐、生活质量、对所在城市喜爱度、信心感、收入满意度
	限制因素	公共事务参与、公益活动参与
濮阳	优势因素	教育服务
	限制因素	政府效率、法治环境、医疗服务、养老服务、依法行政、司法公正、公共事务参与、公益活动参与、参与主动性、政务公开、政府网站、政府信任、社会和谐、生活质量、对所在城市喜爱度、信心感、收入满意度
三门峡	优势因素	教育服务、养老服务、公益活动参与、对所在城市喜爱度
	限制因素	政府效率、法治环境、医疗服务、依法行政、司法公正、公共事务参与、参与主动性、政务公开、政府网站、政府信任、社会和谐、生活质量、信心感、收入满意度
商丘	优势因素	无
	限制因素	政府效率、法治环境、教育服务、医疗服务、养老服务、依法行政、司法公正、公共事务参与、公益活动参与、参与主动性、政务公开、政府网站、政府信任、社会和谐、生活质量、对所在城市喜爱度、信心感、收入满意度
新乡	优势因素	政府效率、法治环境、教育服务、医疗服务、养老服务、依法行政、司法公正、公共事务参与、公益活动参与、参与主动性、政务公开、政府网站、政府信任、社会和谐、生活质量、对所在城市喜爱度、信心感、收入满意度
	限制因素	无
信阳	优势因素	政府效率、对所在城市喜爱度
	限制因素	法治环境、教育服务、医疗服务、养老服务、依法行政、司法公正、公共事务参与、公益活动参与、参与主动性、政务公开、政府网站、政府信任、社会和谐、生活质量、信心感、收入满意度
许昌	优势因素	政府效率、法治环境、教育服务、医疗服务、养老服务、依法行政、司法公正、公共事务参与、公益活动参与、参与主动性、政务公开、政府网站、政府信任、社会和谐、对所在城市喜爱度、信心感
	限制因素	生活质量、收入满意度

续表

地市		因素分析
郑州	优势因素	教育服务、司法公正、公共事务参与、公益活动参与、政府网站、政府信任、社会和谐、生活质量、信心感、收入满意度
	限制因素	政府效率、法治环境、医疗服务、养老服务、依法行政、参与主动性、政务公开、对所在城市喜爱度
周口	优势因素	法治环境、参与主动性、政府信任、收入满意度
	限制因素	政府效率、教育服务、医疗服务、养老服务、依法行政、司法公正、公共事务参与、公益活动参与、政务公开、政府网站、社会和谐、生活质量、对所在城市喜爱度、信心感
驻马店	优势因素	政务公开
	限制因素	政府效率、法治环境、教育服务、医疗服务、养老服务、依法行政、司法公正、公共事务参与、公益活动参与、参与主动性、政府网站、政府信任、社会和谐、生活质量、对所在城市喜爱度、信心感、收入满意度

从河南18个地市幸福感优势因素与限制因素分析结果来看，新乡、济源、平顶山、许昌、开封、漯河、鹤壁、焦作、南阳、郑州十个地市的优势因素多于限制因素，其余地市的限制因素相对较多。

通过分析可以看出，幸福感较高的地市的优势因素相对较多，但也并不是所有幸福感相对较低的地市限制因素就一定多。优势因素和限制因素都是相对全省平均水平而言的，影响因素的数量和等级不同，对居民幸福感产生的影响程度也不同。分析结果有助于各个地市在加强巩固自身优势因素的同时，针对限制因素加强相关建设，从而不断提高当地居民的幸福感指数。

三 河南省居民幸福感呈现性别、学历和年龄差异

（一）女性比男性更幸福

从调查数据来看，女性的幸福感要高于男性的幸福感。女性中，有20.0%的人觉得自己生活非常幸福，44.4%的人觉得自己比较幸福；而男性

中，只有12.4%的人觉得自己非常幸福，43.8%的人觉得自己比较幸福。女性的幸福感指数达到了3.73，高于男性的3.55。这可能与男性承受的工作和家庭压力较大有关，从而导致其幸福感低于女性。

（二）幸福感与学历呈"U"形相关

拥有本科及以上学历或初中及以下学历的人群幸福感较强。幸福感并没有随着文化程度的提高逐渐提高，而是呈现"U"形相关。学历较低或是学历较高的人群最幸福，而处于中间层次的高中或中专、大专水平的人群幸福感相对较低。初中及以下学历人群的幸福指数为3.68，其中有19.7%的人觉得自己非常幸福，42.4%的人觉得自己比较幸福；高中或中专学历人群的幸福指数为3.61，其中有17.3%的人觉得自己非常幸福，42.3%的人觉得自己比较幸福；大专学历人群的幸福指数为3.58，其中有12.7%的人觉得自己非常幸福，44.1%的人觉得自己比较幸福；本科及以上学历人群的幸福指数为3.69，其中有16.6%的人觉得自己非常幸福，46.4%的人觉得自己比较幸福（见图4）。本科及以上学历人群中觉得自己"比较不幸福"和"非常不幸福"的比例，是不同学历人群中最低的，综合来看，本科及以上学历人群的幸福感最强。

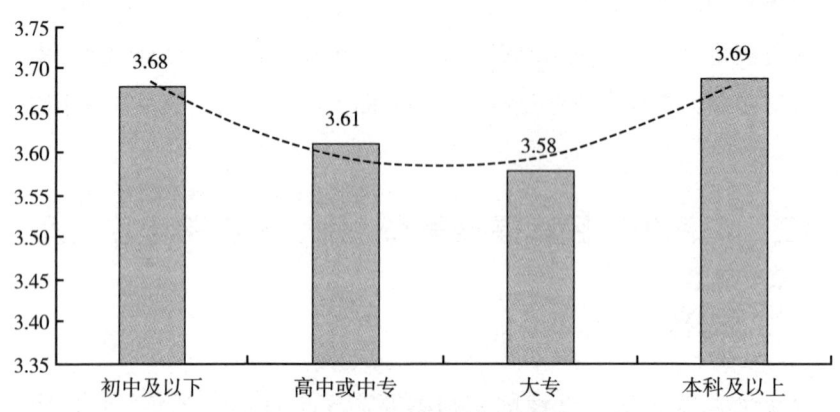

图4 河南省居民幸福感分学历对比

(三) 60岁以上人群幸福感最强

调查结果显示，60岁以上人群的幸福感最强，幸福感指数达到了3.77。30岁以下年轻人的幸福感要高于30~60岁人群，30岁以下人群幸福感指数为3.68，其中，觉得自己幸福（非常幸福和比较幸福）的人占61.0%，觉得自己不幸福（比较不幸福和非常不幸福）的人占9.9%；30~45岁人群幸福指数为3.58，其中，觉得自己幸福的人占58.6%，觉得自己不幸福的人占11.9%；46~60岁人群幸福指数为3.64，其中，觉得自己幸福的人占60.4%，觉得自己不幸福的人占11.3%；60岁以上人群幸福指数为3.77，其中，觉得自己幸福的人占65.7%，觉得自己不幸福的人占7.0%（见图5）。综合来看，中青年人群的幸福感较低，尤其是30~45岁的人群幸福感最低，这和他们承受的工作、家庭压力较大有关。60岁以上人群大多已经退休，生活比较自由轻松，他们对自己的收入和生活质量满意度相对较高，对自己所在城市的喜爱度最高，社会参与主动性最强，幸福感也是各年龄段中最强的。

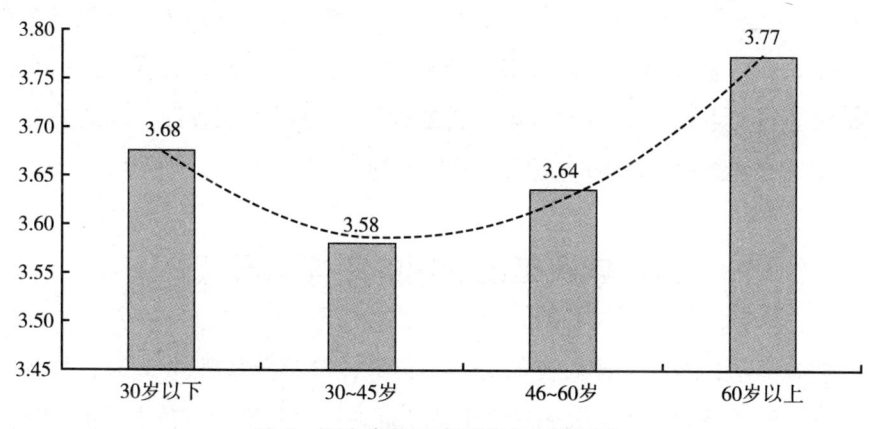

图5　河南省居民幸福感分年龄对比

四　幸福感随居住时间先降后升

在当地居住半年以下的人群幸福感最强，之后随着时间的延长出现先降后升的现象。居住1~3年的人群幸福感最低,当居住达到三年以上后,幸福感逐渐增强。居住半年以下人群的幸福指数为3.72,其中有20.8%的人觉得自己非常幸福,43.8%的人觉得自己比较幸福;居住半年到一年人群的幸福指数为3.63,其中有16.7%的人觉得自己非常幸福,42.3%的人觉得自己比较幸福;居住一年到三年人群的幸福指数为3.44,其中有12.0%的人觉得自己非常幸福,39.0%的人觉得自己比较幸福;居住三年以上人群的幸福指数为3.68,其中有16.8%的人觉得自己非常幸福,45.2%的人觉得自己比较幸福。在居住半年以下人群中有半数以上具有本科或以上学历,收入相对较高,对自己生活质量最满意,所以幸福感较高;居住三年以上人群中,具有本地户籍的比例最高(达到85.4%),对所在城市喜爱度最高,归属感最强,相应的幸福感也较高。

本地人比外地人更幸福。从调查数据来看,户籍为本地的人的幸福感要高于外地人的幸福感。户籍为本地的人群中,有16.3%的人觉得自己非常幸福,45.1%的人觉得自己比较幸福;户籍为外地的人群中,有16.0%的人觉得自己非常幸福,41.6%的人觉得自己比较幸福。本地人的幸福感指数达到了3.67,高于外地人的3.56。户籍为本地人的归属感更强,所以幸福感更强。这一点在"对所在城市的喜爱度"上也得到了佐证,本地人对所在城市的喜爱指数为3.66,远高于外地人的3.32。

五 农民工或农民的幸福感最低

调查显示,农民工或农民的幸福感最低,幸福感指数为3.34,并且表现出对生活质量和收入不太满意。个体工商户和机关事业单位人员的幸福感最强,其幸福感指数分别为3.72和3.69。不同职业人群中明确表示自己幸福(非常幸福和比较幸福)的比例也差别较大,农民或者农民工中,觉得自己幸福的比例不到半数(只有45.6%),普通工人中有58.6%的人觉得自己幸福,其他职业均在60%以上(见图6)。在各个行业中,农民和农民工是最弱势群体,他们的文化水平较低、工资收入较低,生活质量也不高,从而导致他们的幸福感较低。个体工商户工作自由度较大,他们的幸福感指数最高。机关事业单位人员工作相对稳定,福利待遇较好,相应地幸福感也较高。

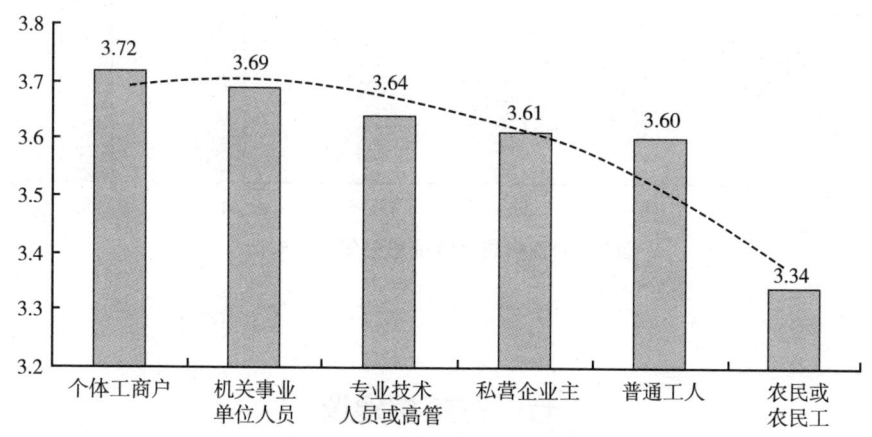

图6 河南省居民幸福感分职业对比

六 中低收入人群幸福感较低

从整体上来看,随着收入的增加,幸福感有增加趋势,但具体来说并不是收入越高幸福感就越强。幸福指数在年收入2万~5万元人群中出现了低谷,在其他年收入人群中幸福指数与收入呈正相关,年收入5万元以上人群的幸福感最高。进一步分析发现,年收入2万~5万元人群中以男性为主,而年收入在2万元以下以女性为主,男性幸福感低于女性是造成年收入2万~5万元人群幸福感较低的原因之一;从年龄来看,年收入2万元以下人群以30岁以下年轻人为主,而年收入2万~5万元人群以30~45岁中青年为主,30~45岁年龄段人群幸福感最低也是影响年收入2万~5万元人群幸福感的主要原因(见图7)。

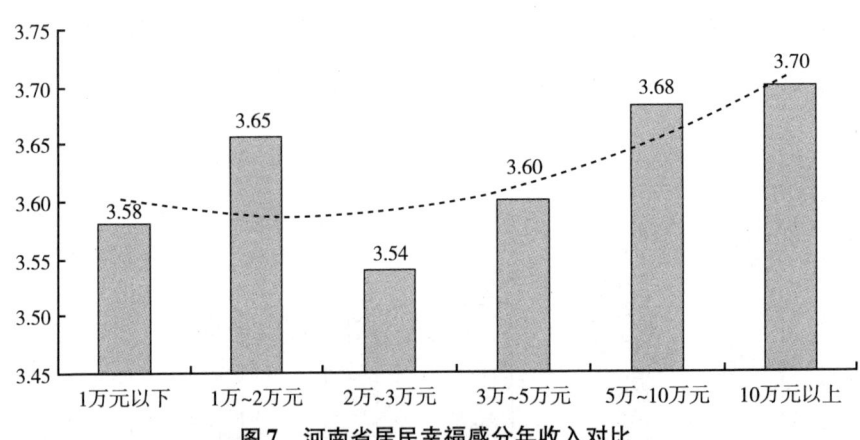

图7 河南省居民幸福感分年收入对比

七 对策与建议

（一）改善民生，提高工资待遇水平

研究发现，收入的满意度直接影响着居民生活的幸福度。要改善民生，首要任务就是提高居民收入，尤其是提高农民工或农民的收入水平。要提高居民收入，提升居民幸福感，需要在原有的基础上建立增加工资收入的长效机制。具体来说，第一，要确保居民收入"稳"中有增。尽量避免由宏观经济政策引发的剧烈经济波动，并建立包括医疗保险政策、失业保障和退休保障政策等社会保障政策，加大对家庭特殊困难的贫困人口和低收入人口的补贴力度，提高农民工转移性收入。第二，调整优化居民收入结构。扩展居民收入来源渠道，加强政府服务功能，改善农民创业环境，努力使市场信息公开化透明化。完善土地承包制度、健全土地流转制度，以提高农民工财产性收入。第三，降低居民收入获取成本。通过合理控制居民的税费、交易成本等提高居民收入质量。努力解除农民工在农转非和进城务工过程中的政策性壁垒和障碍，并将农民工的各种合法权益包括医疗、教育和住房等纳入务工城市的管理体系中。第四，提升居民受教

育水平，建立完善的培训体制，提升居民就业技能，从根本上提升收入质量。

（二）加强政府建设，提高政府网站与政务公开水平

研究表明，政府网站建设与政务公开水平是影响政府质量以及居民对政府信任度的重要因素。政府网站是政务公开的重要平台，而政务公开水平直接影响着居民对当地政府的信任，影响着整体社会的和谐状况。因此，在提高政府质量方面，应大力完善政府网站建设，并且提高政府政务公开水平。政府网站建设与政务公开水平两者相辅相成。政府网站建设是提升政务公开能力的重要媒介，这需要先进技术手段的引入和相关制度的健全。一方面，加强政府网站平台建设，使政府与居民之间形成良性互动；另一方面，使政府政务公开制度化、常态化，提高居民对政府工作的知情权与信任度。

（三）加强养老与医疗服务供给

在各项公共服务供给中，养老和医疗是和居民幸福感关系最密切，但又相对薄弱的方面。在养老服务方面，政府需要从数量和质量上增加养老服务供给，从而让人们老有所养、老有所乐，达到幸福生活的最终目的。这需要加大对机构养老服务的扶持力度，加快养老机构的建设，在政府的推动下使养老服务社会化、产业化、正规化；政府出资关注弱势群体，为最弱势老人提供最基本的养老服务，从整体上提升居民的幸福感水平。在医疗服务方面，医疗服务供给不足，会严重影响居民幸福感的提升。政府应加大医疗卫生服务投入，促进医疗设施水平和医护人员素质的提升。加大社区诊所等便民性医疗服务的供给，化解大医院人满为患、就诊困难的问题。建立合理的医药价格体系，解决居民"看病贵"的难题。最后，加强医疗供给监管，提高政府供给医疗服务的效率，确保民众能够得到优质高效的医疗服务。

（四）发展社会组织，积极推动社会参与

居民幸福感与社会参与度关系密切，积极开展居民社会参与活动有助于

其幸福感的提升。在具体做法上，围绕公众参与这一核心，以社区建设为支点，强化社区自治，政府等公共部门提供辅助性指导，在管理上以市场机制为主要原则，培育广泛的公众参与机制。在社会事务上，提高公民的知情权与参与度；在公益活动方面，鼓励民间非营利组织（如各种兴趣协会、慈善组织、公益环保组织等）的发展，打造和谐融洽、生机盎然的居民生活圈。在方法手段上，借鉴互联网+思维，利用网络等新媒体资源，将与居民生活相关的各种资源和平台相联系，打破时间与空间的限制，用便捷高效的方式积极推动居民的社会参与。

城乡社会治理篇
Urban and Rural Social Governance

河南省农村社区建设的现状、问题及对策

王海昌 王奎清*

摘　要： 在近10年的发展历程中，河南省农村社区建设覆盖面不断扩大，形成了各具特点的建设模式和社区组织形式，建立健全了农村社区公共服务体系，创新了农村社区治理机制。与此同时，当前农村社区建设中存在着认知粗略模糊，指导性及配套政策建设相对滞后，资金投入总量不足且缺乏可持续性，社区治理体制尚不规范、社区社会组织和居民参与不足，基本公共服务供给与社区居民需求反差较大等问题。推进河南省农村社区建设，应当提高全社会对农村社区建设的认识广度和深度，科学编制农村社区建设规划，全方位拓展资金筹

---

* 王海昌，博士，河南省民政厅副处长，社会治理河南省协同创新中心研究员，主要从事社会保障和社会治理政策研究与实务工作；王奎清，中原工学院思政部副教授，研究方向为马克思主义理论教育与社会保障。

措渠道，健全政策体系，创新治理体制，完善基本公共服务供给体系等。

关键词： 河南省　农村社区建设　治理机制　公共服务

一　河南省农村社区建设的现状

农村社区建设是在党和政府的领导下，在行政村范围内，依靠全体居民，整合各类资源，强化社区自治和服务功能，促进农村社区经济、政治、文化、社会、生态全面协调可持续发展，不断提升农村居民生活质量和文明素养，努力构建新型乡村治理体制机制。2015年国家出台了《关于深入推进农村社区建设试点工作的指导意见》，河南省各地围绕创新农村基层社会治理、提升农村公共服务水平、促进城乡一体化建设、推进农村社区建设试点工作进行了探索。

（一）农村社区建设覆盖面不断扩大

农村社区建设试点工作以来，河南省各地都把农村社区建设特别是新型农村社区作为社会主义新农村建设的基础性工程积极推进。2011年，在河南省委确定以新型农村社区建设为基点，统筹城乡发展，实现工业化、城镇化、农业现代化"三化"协调发展战略后，全省各地从制定和实施新型农村社区布局规划入手，在社区基础设施建设、资源整合、资金投入、组织建设、管理服务等具体工作方面进行积极探索，大力推进新型农村社区建设，并取得了阶段性成果。2007年至今，河南省共有30个县（市、区）被民政部确定为"全国农村社区建设实验县（市、区）"，占全国304个实验县（市、区）的9.9%；有5个县（市、区）被民政部命名为"全国农村社区建设全覆盖示范单位"，有7个县（市、区）成为"农村社区建设全覆盖示范单位"，17个乡镇被河南省命名为"全省农村社区建设全覆盖示范乡镇"。

截至2014年底，全省115个县（市、区）的1.22万个行政村开展了农村社区建设，占全省4.7万个行政村的26.0%，其中，已建成农村社区5417个、在建2728个。

（二）形成了有特色的新型农村社区建设和组织模式

基于农村社区建设过程的总体形态，河南省农村社区建设和组织设置主要有如下模式。一是"撤并村庄型"，也称为"集聚型社区"，即在一个乡镇范围内，通过规划设计、调整村组结构，把分散居住的村组集中到新规划建设的居民小区；在组织设置上一般是"社区管委会＋村民委员会＋村民小组"模式，乡镇（街道）党委选派社区管委会党组织书记，涉及撤并村"两委"主要负责人兼任管委会党组织委员，河南省大部分新型农村社区是采取这种模式。二是"中心村带动型"，也称作"多村一社区"，即在一个乡镇范围内，通过对所辖村进行重新整合，把两个或两个以上的行政村规划为一个社区，在社区层面成立协调议事机构，每个社区确定一个中心村，设立社区服务中心，提高公共服务水平；在组织设置上一般是"社区管委会＋主体行政村'两委'＋村民小组"模式，乡镇（街道）党委直接任命或选派社区管委会党组织书记，主体村"两委"成员兼任社区成员。三是"一村一社区型"，即在以现有的行政村为单位设置农村社区，一个行政村建一个农村社区，在村里设立社区综合服务中心，在不改变村民自治架构的情况下建立健全农村社区管理和服务体系；在组织设置上一般是将社区组织和村级组织合而为一，村级"两委"成员兼任社区"两委"组织人员，郑州、安阳、平顶山和洛阳等市所属的部分县（市、区）的行政村普遍采取这种模式。四是"村企合一型"，即在部分工业基础较好的行政村，在发展工业的同时，积极实施村庄合并，建设集中居住社区，实行村企合一；在组织设置上一般是"社区党组织＋村委会"模式，企业董事长兼任社区党组织书记，村委会主任和成员以及社区党组织成员由村党员和村民选举产生，这类社区多数集中在城市（县城）的城中村、城郊村中的村集体经济基础较好的行政村。

(三) 推动农村社区公共服务体系建设

河南省各地在推进新型农村社区建设过程中，推动公共服务向农村延伸，构筑了政府基本公共服务、农村居民自我服务和市场化服务有机结合的农村社区服务体系，促进了公共基本服务均等化，改善了农村人居环境。一是建立完善了"一中心""六室""一广场"等社区公共服务设施。"一中心"即是农村社区综合服务中心；"六室"即多数社区建有卫生室、警务室、计生服务室、图书阅览室、文体活动室、志愿者服务室等；"一广场"即是文体活动广场。政府在农村社区综合服务中心设立"一站式"服务大厅，通过这个"中心"和功能不同的"服务室所"等"中转站"，上承政府部门、下联村民群众，向农村居民提供基本公共服务项目。目前河南省建成农村社区综合服务中心904个、农村社区服务站4024个，60%以上农村社区开展了行政事务代办服务。二是普遍开展了群众性的志愿服务和互助服务活动。在新型农村社区中，鼓励和支持农村专业经济组织、专业技术协会、中介组织、志愿者组织、社区活动团体等发展，通过多种形式提供生产生活服务。同时，鼓励社区农村居民发扬邻里互助的优良传统，组织开展各种自助、互助服务，解决生产生活困难。三是推进农村社区市场化服务发展。遵循"谁投入、谁所有、谁受益"的原则，引导各类市场主体从农民生产生活实际需求出发，在社区逐步兴办起便民超市、农资供销、农产品经营、农技服务、邮政通讯、幼儿园、餐饮娱乐等服务项目，为社区提供便民利民服务。

(四) 创新了农村社区治理机制

在农村社区建设中，以转变政府职能为重点，积极理顺社区各种关系，初步形成了"党委领导、政府负责、居民自治、社会协同、公众参与"的农村社会治理机制，发挥了农村社区各种治理主体作用。一是积极探索社区党建工作机制。建立健全社区党建工作指导委员会、社区党建工作联席会等党建工作协调议事机构，深入推行"四议两公开"，发挥了社区党组织在社区建设中的引领和领导核心作用。二是初步实现了由管理型向服务型的转变。积极倡导政府有关职能部门实行职责、权利、人员、经费同步下放社区，为居民提供方便快捷的服务。三是培育各类社区社会组织，广泛参与社区建设，完善农村社区治理体制。各地根据农村实际情况，降低门槛，实行备案制，发展各类社区社会组织，推进驻区企业参与社区建设，建立健全协商、共建和指导监督机制，有效发挥各类机构和组织在社区治理中的作用。据统计，截至 2014 年底，河南省有 3.88 万名农村社区工作者、0.19 万个农村社区社会组织、12.94 万农村社区志愿者、0.25 万农村社区社会工作者，这些农村社区治理主体为社区建设和治理创新提供了人力资源基础。

二 河南省农村社区建设存在的主要问题及其原因

河南省农村社区建设实施不到 10 年历程，和全国一样，处于起步探索阶段，没有现成的经验可资借鉴，在建设的过程中必然会遇到诸多问题。在存在的问题中，既有全国普遍存在的共性问题，又有作为新型农村社区建设的个性或者说是河南特有的问题。

（一）农村社区建设认知水平粗略模糊

农村社区建设是一项系统性的社会工程。但是，在相对数量的基层干部和群众思想深处，对农村社区建设特点、目标、规律以及可能出现的问题等的认识不到位或存在片面性。一是对内涵理解简单化。有的地方认为农村社区建设就是撤并村庄、大拆大建，实现农村居民集中居住；有的地方对农村社区建设的动力、条件、主体、对象以及每一阶段的任务、目标、政策、措施等没有清晰认识。二是对建设规律缺乏科学把握。农村社区建设从微观上看，大致要经历试点、深化和全面推进三个阶段，而有些地方，在"比数量、争位次"政绩观驱动下，没有充分先行试点就跨越深化阶段开展，甚至全面推开。三是对复杂性和艰巨性认识不足。多数农村社区示范点建设是在经济社会条件较好的村庄，在经济倾斜、政治激励的驱动下，短期内大规模举债、集中占用土地建示范点社区，急功近利、阶段性和短期性行为十分明显，缺乏中长期的规划以及目标任务、推进步骤、考核评价标准和机制。对即将进入任务更重、难度更大的整体推进阶段缺乏清醒认识，预留时间短暂，无谋虑长远应对之策，部分地方因资金投入、土地周转、产业支撑等中断而出现了半途而废的局面，有的地方因"急刹车"而诱发了社会不稳定因素。

（二）指导性及配套政策建设相对滞后

河南省农村社区建设自2007年开展试点以来，省级层面没有出台综合性的指导政策，只有相关部门制定若干专项指导意见。与此同时，全省大多数市、县制定的地方性政策相对丰富集中，甚至乡镇都制定了新型农村社区建设的实施意见。从历史演进上看，农村社区建设是一个自下而上的探索性工作，在一些基层探索基础上，党的十六届三中全会提出加强"农村社区服务"、党的十六届六中全会提出"积极推进农村社区建设"，2006年民政部制定了全国农村社区建设实验工作试点指导意见。河南在没有省级综合性政策指导下，部门和基层政策的内容具有较大局限性，有的原则性较差，在具体操作中出现了"玻璃门"现象，政策"好看不管用"难以落实，各地出台的政策有的缺乏科学性，甚至有悖于上级精神，导致农村社区建设具体行为呈现出自发性、盲动性，不能很好解决农村社区建设与经济社会发展融合问题，有的地方甚至有侵犯农村居民权益的现象。

（三）资金投入总量不足且缺乏持续性

河南省农村社区建设虽然有投入资金意愿，且已经投入较大量资金，但与农村社区建设所需资金相比，不仅缺口较大，而且持续性支持能力不足，严重制约了农村社区健康发展。一是资金投入总量不足。据测算，一个农村社区（按5000人规模、1200户计算）的基础设施和公共服务设施建设需要投入约3000万元。2011~2014年，河南省纳入农村社区建设范畴的行政村分别为0.89万个、1.22万个、1.17万个和0.98万个，需要投入资金分别约2670亿元、3660亿元、3510亿元和2940亿元；而2011~2014年全省每年投入涉及农村社区建设的公共建设资金和市政设施投资之和分别为132.7亿元、146.6亿元、138.8亿元和135.5亿元,仅分别为所需资金总量的5.0%、4.0%、4.0%和4.6%。① 二是资金来源单一。国家财政没有设立农村社区的专项资金,河南省虽然形成了多元化资金筹措渠道,但仍是初级阶段,以财政政策性投入为主,社会资金等投融资平台水平不足,筹资有限。三是资金投入缺乏持续性。在试点示范时期,各地出台了阶段性利好政策进行资金动员,短时间内聚集了各方面资金用于社区建设。进入全面推进阶段后,阶段性利好政策效应释放殆尽,筹资总量逐年递减,资金投入连续性、稳定性不足,2014年以及以后的年份财政资金投入大幅度减少。四是农村社会聚集资金脆弱。全省大多数农村的村集体经济发展滞后,筹资能力普遍缺乏;农村居民家庭收入来源有农业生产经营、非农经营和外出务工等,由于风险较大、收入较低、收入不稳定等,通过购房等投入农村社区建设的资金十分有限。资金投入不足,使用效率不高,一方面已经规划的项目难以开工,另一方面已取得的成就也难以维持,很多基础设施因缺乏维护资金而严重破损,影响了农村居民日常生活和农村社区建设成效。

(四)社区社会组织和居民参与不足

农村社区建设是政府主导型,社区自治组织和基层政府之间传统隶属化关系改变较少。一是治理行政化色彩较浓。农村社区的治理体制应当是党组织领导下的居民自治机制,但河南省一些农村社区,特别是"撤并村庄"和"中心村带动"型社区,多数实行"管委会"体制,即工作人员多以乡镇派出为主,吸收村委会干部参加,特别是"企业共建社区"的企业领导人、物业管理者、社区工作者多为几个牌子、一套人马,居民自治有着浓厚的行政化色彩。二是社区服务功能较为薄弱。与村委会性质、职能和管理模式不同,农村社区的功能更多的是为农村居民提供服务,而不是管理;但现实是农村社区工作人员多数仍沿袭着传统农村自治体制中基层政府和村委会

---

① 《河南年鉴(2012~2015)》,251页、第258页、266页和273页。

的关系，社区现实中工作的内容，既要承担乡镇安排的行政事务，又要承担发展村集体经济的任务，还要管理社区事务，社区的服务功能尚未提到主要位置。三是社区建设的人力资源短缺。一方面，作为农村社区建设主体，农村文化素质较高的年轻居民大多走向城市，留下的居民在文化素质、职业技能、心理素质和观念上整体水平较低，与农村社区建设要求相距甚远；另一方面，农村社区建设是一项全新工作，农村社区管理服务人员大部分是原来的村干部，村干部普遍缺乏现代社区建设相关的管理和服务的理念、知识和技能等。四是农村社区居民参与不足。社区建设离不开社区居民的积极参与；但在当前，现有农村社区居民较多的是留守老人、妇女和儿童，即"三留守"人员，他们的思想较为传统守旧，缺乏民主参与意识，较少反映利益诉求、关注社区公共事务，社区文化生活枯燥，社区公共价值弱化，村庄精神普遍萎缩，导致社区建设缺乏活力，影响长远发展。五是社区社会组织严重缺失。社区社会组织是社区治理现代化的助推器，社区社会组织的发展能够通过各种活动和服务，弥补政府功能的不足，化解各种社区矛盾，是社区建设中的重要社会力量。当前河南省农村社区社会组织数量普遍偏少、种类单一，与居民生活联系密切的家政、维修、维权等服务型、公益型社区社会组织极少；同时，农村社区社会组织参与社区管理和服务的能力不足，承接公共服务转移与参与公共事务的范围还较为有限。

（五）基本公共服务供给与社区居民需求反差较大

河南省在农村社区的教育、医疗、社会保障以及基础设施等方面做出了一定成效，但与社区居民需求、与城市社区相比，无论在总量还是在服务水平上差距都很大，突出表现在：一是服务设施总量供给不足。80.7%的农村社区尚未建立社区综合服务中心，养老、助残、救助等社区专项服务设施建设相对滞后。二是服务项目覆盖范围有限。现有的农村社区服务项目涉及卫生计生、文化娱乐、社会治安等方面，为居住在社区里的多数"三留守"人员以及伤残、特困、优抚等社会弱势群体最需要提供的家政服务、日间照料、残疾人康复、法律援助、医疗服务、心理疏导等项目涵盖较少。三是服务信息化建设滞后。受传统工作、习惯、思维方式影响，农村社区信息化建设资金投入和专业信息人员缺乏，多数尚未建设社区综合管理信息平台，已建的因行业部门间设置壁垒限制而无法实现信息互联互通和共享。信息时代是以计算机、通信技术和网络技术为特征的时代。在农村只有53.9%的村用上了互联网，农村居民手机拥有量虽然在不断增加，但是手机通信服务费用高于城市，与国家和城市信息化建设水平相比，农村社区信息化无论在基础设施、信息平台还是在跟进服务上，既远远落后于信息时代发展，也跟不上农村社区住宅建设，更无法满足农村居民信息化需求。

三 加强河南省农村社区建设的对策建议

（一）提高全社会对农村社区建设的认识广度和深度

农村社区不仅是住宅及人居环境建设，而且是在党和政府的领导下，在行政村范围内，依靠全体居民，整合各类资源，强化社区自治和服务功能，促进农村社区经济、政治、文化、社会、生态全面协调可持续发展，不断提升农村居民生活质量和文明素养，努力构建新型乡村治理体制机制。农村社区建设作为一个新生事物，需要深入广泛地宣传和普及其深刻内涵、价值和意义。农村社区建设一般伴随着农村土地的规模化流转和原生态居民居住迁移，因此需要奠定深厚的认识基础、思想基础、理论基础、经验基础和群众基础与营造浓厚的支持氛围。应遵循建设规律，循序渐进、量力而行，通过试点和深化，引导农村居民认识社区、认同社区、参与社区，因地制宜、稳妥分类地推进。

（二）科学编制农村社区建设规划

农村社区建设规划是农村社区建设的重要前提，农村社区不是行政区划，而是以一定数量的居民为基础，是人们参与社会生活的基本场所，是相互交往的社会成员的生活基地。编制农村社区建设规划必须坚持从农村实际出发，统筹整合城乡一体、产业发展、村庄布局、土地资源、公共服务和生态环境规划之间的衔接，实现"六规合一"。农村社区建设要与村庄布局相结合，尊重群众意愿和集约利用公共资源；与土地资源相结合，确保农业持续发展和粮食安全；与公共服务相结合，极力避免基础设施重复建设从而方便服务管理；遵循乡村自身发展规律，实现农村社会效益、经济效益和生态效益的和谐统一。

（三）全方位拓展资金筹措渠道

一是设立农村社区建设专项基金。政府财政是农村社区建设的主要筹资渠道。中央和省级财政可以设立农村社区建设专项资金，实现顶层政策设计从无到有，层层传导，引导资金流向，逐年递增投资总量，为农村社区建设提供持续保障。二是整合各类涉农资金捆绑使用。在县级财政建立涉农资金整合使用平台，对涉农资金实行相对集中管理，除用于保障农村居民基本生活的特殊用途的救灾救助、扶贫资金外，所有涉农的财政安排资金整合到一个平台，统筹安排用于农村社区的建设，降低管理成本，避免多头审批、重复投资。三是引入和推广公私合作模式。在农村社区建设领域引入社会资本，一方面可以为社会资本特别是民营资本提供更多投资机会，与政府公共服务和公共基础设施建设合作；另一方面在弥补政府投资不足的同时，可以促进公共服务提高效率。四是激励社会力量捐助。发挥党委政府的社会动员能力，利用相关税收优惠政策，动员鼓励企业家捐助。五是提升农户投入能力。通过实施合理的宅基地复耕与收回补偿水平，降低或减免农村社区住宅的规划、国土、人防、建设等有关税费和购买成本，促进就近就业，通过多种途径增加农村居民财产性收入，提升农户投入能力。六是强化金融信贷支持。积极加强与各金融机构协调合作，出台有关政策，把农村产权改革和银行信贷品种创新结合起来，加大对社区建设的支持力度；同时，积极探索发行国债、彩票、设立基金等方式，创新融资平台，突破融资瓶颈，筹集农村社区建设资金。

（四）创新和完善农村社区治理体制

一是完善社区治理结构。社区治理结构的核心是社区权力结构。适应农村社会治理新要求,加强和改进社区党组织的领导和服务职能、基层政府的社区治理和公共服务职能、社区群众性自治组织的民主自治职能,充分发挥社会组织、群团组织、驻社区单位在社区治理中的重要作用,鼓励和支持多元主体参与社区治理,推进政府治理与社会自我调节、居民自治良性互动。二是转变基层政府社区治理职能。依法厘清基层政府与社区组织的权责边界,转换政府角色,从过去的领导、管理转到协调、指导、服务上来,使社区有充分的自治权、参与权、监督权;按照政事分开、政社分开的原则,把原来由政府包揽和企事业单位包办的居民服务、居民管理职能还给社区。三是激发社区社会组织参与社区治理的活力。完善培育发展社区社会组织的政策措施,发挥枢纽型社会组织的积极作用,鼓励社区社会组织孵化工作,培育发展公益慈善类、社会服务类、文化体育类、中介服务类社会组织,对不具备登记条件的社区社会组织实行备案制度。四是完善"四个民主"自治机制。完善民主选举机制,规范选举程序,探索社区流动人口在居住地参加社区群众性自治组织选举的方式方法,提高社区群众性自治组织直选率;完善民主科学决策机制,坚持居民会议或居民代表会议制度,通过民情恳谈会、民情直通车、议事会、联席会、社区听证、社区论坛等形式加强社区议事协商;完善民主管理机制,引导居民依法参与社区事务、财务和集体资产等方面的管理;完善民主监督机制,健全党委、居务、财务、服务等信息公开制度,加强居务监督委员会建设。五是积极探索"社区、社区社会组织、社区社工"的"三社联动"。建立以社区居民需求为目标、社区为平台、社会组织为载体、专业社会工作者或社会志愿者为支撑的社区服务机制,通过财政补贴、政府购买服务、公益项目等方式,为社区居民开展服务。

(五)完善农村社区基本公共服务供给体系

一是加强农村社区综合服务设施建设。整合农村基层公共服务各类资金和项目,以聚居人口为基础,以村庄分布为半径,统筹建设集服务、治理、教育、活动等功能为一体的社区综合服务设施,为社区居民活动提供平台,同时,扩大农村社区服务项目,实现农村社区基本公共服务全覆盖。二是推进"互联网+社区"综合信息平台建设。充分利用现有的国家基础通信设施和"互联网+"行动计划,以现有的社区服务中心为基地,通过政策扶持、专业指导、资金资助、人才培养、项目承接、信息共享等措施,建立智能化公共服务综合信息平台,承载生活服务、政务咨询、政务办理等服务内容,为社区居民特别是"三留守"人员提供多样化的转型升级服务。三是积极发展农村社区市场化服务。按照"谁投资、谁所有、谁收益"原则,鼓励和支持各类经济组织和个人投资农村社区服务业,按照市场化原则为农村居民提供生产、生活服务。四是健全"一站式"综合性服务窗口。整合政府各项延伸至农村社区的就业、社保、低保、卫生、计生、文化、培训等公共服务信息,发展面向社区居民的"一站式"服务,为社区居民代办包括劳动就业、社会保险、社会救助、医疗卫生、计划生育、住房保障在内的公共事项,全面建立"一门受理、协同办理"机制,形成畅通无阻的受理渠道、规范有序的事项转办和承接流程,打通公共服务"最后一公里"。

河南省"空心村"治理研究

徐京波*

摘　要： 随着工业化和城镇化推进，农村人口大量向城镇特别是大城市转移，导致农村空心化现象日益严重。农村空心化不仅表现为居住空间废弃、农村经济衰退、人口流失等问题，还表现为家庭婚姻、留守老人缺乏系统的社会支持、人际关系疏离、公共服务供给不足等社会问题。基于此，在"空心村"治理中，一要激发农村社会组织活力，重构农村互助体系；二要构建政府、市场、村庄在公共服务供给中的协调机制；三要加强农村法治建设与发挥乡规民约作用并重。

关键词： 新型城镇化　"空心村"　农村治理

引　言

河南省作为人口流出大省，农村空心化现象非常严重。本研究通过对河南省豫北农村实地调查，分析"空心村"社区治理困境，在此基础上提出应对策略。本研究主要采用问卷调查法，对河南省豫北地区的农村进行了问卷调查。该地区大部分农民外出从事建筑行业，村庄青壮年劳动力大量外出，留守妇女、留守老人、留守儿童成为村庄主体。样本选择主要采取立意

---

* 徐京波，博士，郑州轻工业学院政法学院讲师，校特聘教授，社会治理河南省协同创新中心研究员，研究方向为农村社会治理。

抽样的方法，根据本研究的目标和主观分析来选择和确定调查对象。本研究主要选择了留守老人和留守妇女，并且根据两个群体的不同特征，设计两份不同的问卷。总共发放问卷299份，有效问卷294份，废卷5份。在有效回收的294份问卷中，60岁以上的留守老人占55%。60岁以下的被调查者中，女性占57%，配偶常年在外打工的占60%。

一 河南省"空心村"的家庭婚姻状况

（一）异地夫妻之间的日常联系较少

"空心村"的一个重要特征是家庭结构的完整性受到冲击，许多夫妻长期两地分居。由于离开原有乡土社会，进入城市工作，在地理空间上相距较远，因此回家探亲的交通成本较高，许多在外务工的农民工长期脱离原有乡村生活，与家人相聚的时间较少。据调查，6%的在外务工者每周回家一次，10.7%受访者配偶一个月回家一次，57.1%的受访者配偶半年回家一次，26.2%的农民工一年或超过一年回家一次，团聚时间较少。

尽管目前通信技术相对发达，但是外来务工人员通过手机等通信手段与家人联系的频率仍然较低。仍有70.3%的农民工在一周以内的时间与家人联系一次，甚至有29.7%的在外务工者一个月及以上的时间与家人联系一次（见表1）。这可能会使得农民工与家庭成员的心理距离或情感距离逐渐拉大。

表1 在外务工者与家人联系频率

单位：%

频率	百分比	频率	百分比
每天	16.0	一个月	19.8
2~3天	28.4	一个月以上	9.9
一周	25.9		

（二）异地夫妻之间的情感逐渐淡化

长期异地分居，缺乏互动，情感趋于淡化。特别是居住在村庄里的留守妇女，既要从事农业劳动，又要照顾老人和孩子，生活中可能会面临许多困难。丈夫角色长期缺失，可能会使其在情感上较为脆弱、孤独。当被问及丈夫长期不在，情感是否感到孤独时，70.0%的被访者回答感到孤独。

家庭具有化解矛盾、调节生活的功能。成年夫妻是承担家庭责任的主体，无论是养老、子女教育，还是人情往来，都需要夫妻协商共同完成。但是"空心村"的家庭更多是不完整的，许多留守妇女承担起了夫妻双重责任，在生活中遇到的许多烦恼，难以面对面地向丈夫诉说。在调查中发现，有43.0%的留守妇女向在外打工的丈夫诉说烦恼，但是在访谈中发现其尽管向丈夫倾诉，但是由于空间距离存在，丈夫难以在实际行动上提供帮助。57.0%的被访者表示，日常生活中遇到的烦恼不会向在外打工的丈夫倾诉，其中3.5%的留守妇女向公婆诉说，10.5%的被访者向自己父母诉说，9.3%的被访者向自己的孩子诉说，11.6%的被访者向邻居诉说，22.1%的被访者选择了其他，而在其他的注明中，留守妇女主要是向自己诉说。由此可见，留守妇女的情感压力较大。

（三）婚外情较为严重，离婚现象较为严重

由于夫妻长期分居，情感淡化，导致"空心村"婚外恋、离婚率呈现出增高的趋势。调查数据显示有5.0%的被访者认为婚外情现象较为严重和非常严重，35.4%的被访者认为严重性一般。尽管调查数据显示将近60.0%的被访者认为该现象不严重，但是实际情况比数据呈现的要严重得多。因为婚外情在乡村社会是一个敏感话题，在对村干部的深度访谈中了解到，当今农村婚外情现象还是较为严重的，婚姻的稳定性因为家庭结构离散而受到冲击。

与婚外情现象呈正相关，"空心村"的离婚率也在逐渐上升，而且上升速度较快。当问及最近三年，村里离婚率变化时，有48.8%的被访者认为上升了，45.5%的被访者认为没有变化，认为下降的只占5.8%。在进一步深度访谈中，笔者发现最近三年"空心村"的离婚现象不仅表现在"80后""90后"群体中，而且中老年人的离婚率也在逐渐上升。

二 河南省"空心村"的留守老人社会支持状况

(一)"空心村"留守老人的生活困境

留守老人主要指60岁以上,子女在外打工,居住在农村社区的老人。他们的子女长期不在身边,在日常生活中其更多是自我照顾。衡量其生活困境的一个重要指标则是生活开支情况,当问及生活费够不够花时,只有0.6%的留守老人认为生活费很充足且有多余,19.4%的被访者认为生活费够用,34.4%的留守老人认为自己生活费不够用,甚至很缺乏,45.6%的被访者认为自己的生活费勉强够用,但是一旦遇到重大事故,生活就会变得较为艰难。

在城市社会,60岁以上的老年人已经退休,不再进行工作。而在"空心村"社区,只要没有重大疾病,老年人基本上要从事农业活动。在调查中,有56.9%的留守老人仍然务农,务农占用了农民日常生活中的大部分时间,留守老人休闲娱乐生活匮乏。20.9%的被访者平常串门聊天,6.5%的留守老人平常听收音机、看电视,6.5%的留守老人平常打牌、打麻将,8.5%的老人选择呆坐,生活内容较为单调。

由于"空心村"中的大部分留守老人从事农业活动,因此农村留守老人的生活费主要靠自己劳动所得。根据调查,38.5%的留守老人的生活费主要来自自己劳动所得,当然子女供给也是生活费的主要来源,30.8%的受访者接受子女供给。但是在访谈中发现许多被访者的第三代的生活费由留守老人负担,因此子女供给的生活费,一大部分被供给者的子女使用,甚至一些留守老人还要从自己的劳动收入中拿出一部分补贴第三代的日常开支。

表2 留守老人生活费主要来源

单位:%

主要来源	百分比	主要来源	百分比
积蓄	9.1	养老保险	9.8
子女供给	30.8	政府社会救济	10.5
劳动所得	38.5	其他途径	1.4

(二)"空心村"留守老人的精神状况

大量青壮年外出务工,外出地离家较远,回家成本较高,导致许多留守老人与子女长期分离。在调查中,每月回家探望老人的只有35.2%,有27%的在外务工者在重要节日回家探望老人,31.4%的被访者子女只有春节期间回家,3.1%的留守老人子女在家里出现紧急大事时才会回家,3.1%的被访者子女几乎不回家。留守老人子女回家频率较低,将会导致留守老人出现精神情感问题。

子女不在身边,留守老人在一定程度上存在孤独感、抑郁感。调查发现,67.1%的留守老人在日常生活中感到孤独或抑郁,其中38%的被访者偶尔感到孤独、抑郁,22.1%的被访者经常感到孤独或抑郁,7%的留守老人表示孤独或抑郁成为其精神生活中的常态。在深度访谈中发现,32.9%从不感到孤独的留守老人中,一部分是子女在身边或经常回家探望,另一部分则是由作为留守儿童的第三代在家陪伴,从而减轻了其情感压力。

通过上述分析,可以发现"空心村"留守老人既面临着经济困难,也存在精神层面的问题。在对两者需求进行问卷调查时,只有8.8%的被访者认为子女给予金钱更重要,与对子女的金钱需求相比,有33.3%的留守老人认为精神慰藉更为重要,他们认为子女在身边更为重要。当然超过一半的被访者认为金钱和精神慰藉都需要,这也说明"空心村"留守老人面临着物质和精神双重困境。

(三)"空心村"留守老人的医疗问题

由于子女外出务工,缺乏对老人的照顾,而且大多数留守老人还要从事农业活动,导致了"空心村"留守老人的身体健康状况较差。仅有13.2%的留守老人很健康,20.1%的留守老人认为身体状况一般,44.7%的被访者有慢性疾病,有22%的留守老人有严重疾病。也就是说,66.7%的留守老人身体健康状况不是很好。

由于留守老人健康状况较差,因此他们的医疗费用支出也较大,在他们的劳动所得中所占比例较高。36.9%的留守老人每年用于医疗费用支出为2001~5000元，17.8%的被访者每年用于医疗费用支出为1001~2000元，医疗费年支出在501~1000元的所占比例为8.9%，医疗费年支出在201~500元的占20.4%，仅有15.9%的被访者每年用于医疗费支出在200元以下。

表3 留守老人平均每年用于医疗的费用

单位：元，%

费用	百分比	费用	百分比
200以下	15.9	1001~2000	17.8
201~500	20.4	2001~5000	36.9
501~1000	8.9		

通过医疗费用支出的具体客观数据难以衡量留守老人的看病难问题，因此在调查中笔者进一步分析了医疗费用承担情况的主观测量。将医疗支出与劳动收入所得进行比较，只有30.2%的被访者认为可以承担，28.9%的被访者认为医疗费支付有些困难，32.1%的留守老人认为医疗费支付很困难，还有8.8%的被访者认为医疗费基本无力支付。医疗支付的困境，一方面因为子女外出导致家庭支持系统出现问题，另一方面则是因为当前农村医疗保障制度依然存在问题。

三 河南省"空心村"的人际关系状况

（一）村民之间的社会互助减少

互助这条道德原则渗透于农民生活乃至整个社会生活之中。它根植于这一简单观念：一个人应当帮助那些帮助过自己的人，或者至少不损害他们。更具体地说，它意味着被接受下来的礼物或服务为接受者带来了相应的义务——有朝一日要以相当的价值给予回报。但是在对当今"空心村"进行调查时发现，传统乡村社会中互助关系逐渐被瓦解，社会日趋个体化，建立在个人和民间实践基础上的"助"的理念和体系遭到破坏。为了分析农村个体化趋势，笔者在调查问卷中从借用生产和生活用品、农忙互助以及经济困难求助三个方面设计问题。在调查中问及被访者，平时如果需要借生产、生活用品一般向谁借时，有54.9%的被访者回答"尽量不借"，他们更多倾向于自己购买。当然仍有34.9%的被访者会倾向于向邻居借日常用品，这一部分人往往年龄偏大。另外还有8.5%的被访者向亲戚借，1.4%的被访者向朋友借。

以家庭为核心的独立生产模式有其灵活性的优点，但也有抵御风险、困难能力弱的缺点。因此在传统乡村的农事活动中互帮互助现象很普遍。传统乡村社会的互助一般是在家族范围内或邻里之间。在调查中，有55.9%的被访者会向亲戚求助，但是在深度访谈中发现这里的亲戚更多局限于子女，家族之间的互助较少。农忙时，邻里之间的互助只有25.6%，还有16.7%的被访者在农忙时能不找人帮忙就不找，只有1.8%的被访者向朋友求助。

家庭出现经济困难一般向谁求助，这一问题的回答结果与农忙时期互助相似，有68.6%的被访者会向亲戚求助，这里的亲戚也更多局限于父母、子女之间，邻居之间相互进行经济互助的较少，只有20.2%，邻里之间的社会信任受到影响。另外向村委会求助的只有2.5%，而向银行贷款的所占比例更少，仅占1.4%，还有7.3%的被访者向朋友求助。这也说明村民对村委会和相关金融机构的信任度较低，基层组织和基层金融机构对农民生活困难救助力度不足。

（二）村民之间的社会互动频率降低

差序格局是中国传统乡村社会的重要特点，兄弟姐妹之间的关系是农民社会关系网络中较为亲密的关系，相互之间的社会关联较为密切。但是在当今的农村社会，由于大量农民外出务工，许多亲戚，甚至家庭成员已经离开原有农村社区，相互之间联系逐渐减少。在被访者中，有68.6%的被访者与亲戚之间来往不多，各过各的，有21.6%的被访者与亲戚之间来往很多，还有9.9%的被访者在逢年过节时相互之间拜会，即使拜会也更多是礼节上的交往，长时期缺乏面对面的社会互动，必然会影响相互之间的情感，而且春节过后，各自又会离开农村社区，联系再次中断，从而进一步加深彼此之间情感隔阂。

由于居住距离较近，在传统乡村社会，邻居之间的社会互动比较多，但是目前由于电视和电脑在农村的普及，许多农民的闲暇生活更多局限于自己的家庭范围内，走出家庭与邻居进行闲聊的频率逐渐下降。在问卷调查中，只有28.9%的被访者经常与邻居进行聊天，63.6%的被访者偶尔与邻居进行聊天，另外还有8.2%的被访者几乎不与邻居进行聊天。

以上调查显示，当今农民与兄弟姐妹来往较少，在主观评价方面，农民也认为亲属之间的关系在逐渐疏离。仅有12.4%被访者认为亲属之间的关系亲密了，有超过一半的被访者认为亲属关系疏远，其所占比例为55.5%，28.6%的被访者认为亲属关系与以前一样，没有变化。另外还有3.4%的被访者认为亲属之间的关系要看利益情况。

与对亲属关系的评价相似，被访者大部分认为邻里关系在逐渐疏远。只有11.1%的被访者认为邻里之间的关系比以前亲密了，有将近60%的被访者认为邻里之间关系疏远了，其所占比例为58.7%，有27.8%的被访者认为邻里之间关系没有变化，另外有2.4%的被访者认为邻里之间关系要看利益情况。

四 河南省"空心村"公共服务供给状况

（一）农村公共设施落后

农村公共基础设施是为农民提供公共服务产品的各种公共性、服务性设施。它的建设和使用直接影响农村公共服务供给的数量和质量。好的公共基础设施运行机制可以有效改善公共服务供给效率，提高公共服务供给能力。本研究将农村公共设施具体到村里的环境、卫生、绿化、道路、照明等方面。被访者对村里的公共设施总体评价不是很高，在评价农村公共设施相关指标时，认为很好的没有超过10%，而认为较差和很差的占到50%以上。这说明需要政府未来在农村公共基础设施建设方面加大投入。

表4 对村里公共设施的评价

单位：%

公共设施	很好	较好	一般	较差	很差
村里的环境	4.9	3.8	29.7	42.0	19.6
村里的卫生	3.1	3.8	33.9	35.0	24.2
村里的绿化	8.4	5.9	33.9	25.5	26.2
村里的道路	3.2	3.2	35.1	39.6	18.9
村里的照明	4.2	6.6	33.6	36.7	18.9

（二）农村公共服务供给不足

农村公共服务主要是满足农民公共生活需要的服务，目前"空心村"公共服务的基本状况是供给严重不足，远远不能满足农民生产生活需要。本研究将"空心村"公共服务操作化为看病、休闲娱乐、老人照料、小孩上学、交通出行、低保配额、残疾人照顾等方面。上述方面与"空心村"居民的日常生活密切相关，但是存在明显公共服务供给不足的问题。58.2%被访者认为看病不方便、看病贵；分别有65.2%和52.5%的被访者认为没有休闲娱乐场地、空闲时间不知道如何打发；65%的被访者认为村里许多老人无人照顾；52.4%的被访者认为小孩上学不方便；70.6%被访者认为交通出行不方便；77.6%的被访者认为能吃低保的太少；58.4%的被访者认为村里的残疾人没有得到很好的照顾。

表5 对村里公共服务的评价

单位：%

公共服务	存在百分比
村民看病不方便、看病贵	58.2
没有休闲娱乐的场地	65.2
有许多老人无人照顾,儿女们都不管	65.0
小孩上学不方便	52.4
交通不便	70.6
能吃低保的太少	77.6
残疾人没有得到很好的尊重和照顾	58.4
村民空闲时间不知道怎么打发	52.5

由于公共服务供给总量严重不足,城乡差距依然存在,因此农民对公共服务具有较强的需求欲望。文化设施方面,有68.9%的被访者需要村里建设文化广场,71.4%的被访者需要增设健身器材,82.9%的被访者需要在村里建设老年活动中心;医疗养老方面,有63.7%被访者需要建设诊所、卫生室,有76.8%的被访者需要建设养老院;社会治安方面,有63.2%的被访者需要村里建设治安室,67.5%的被访者认为需要建设或改善学校;交通设施方面,有75.1%的被访者需要建设或增设水泥路,75.5%的被访者需要在村周围建设公交车站;环境卫生方面,有78%的被访者需要建设或增设路灯,79%的被访者需要配备垃圾桶或建设垃圾处理站。

表6 农民对公共服务设施的需求

单位:%

公共服务设施	需求度	公共服务设施	需求度
老年活动中心	82.9	健身器材	71.4
垃圾处理设施	79.0	文化广场	68.9
路灯	78.0	学校	67.5
养老院	76.8	诊所、卫生室	63.7
公交车站	75.5	治安室	63.2
水泥路	75.1		

五 河南省"空心村"治理的对策建议

(一)构建多元主体的治理结构

首先,通过劳动力就地转移遏制青壮年劳动力持续减少。尽管实现劳动力就地转移的途径很多,但是我们要根据河南省自身的特点,制定相应策略。一方面,主动承接沿海产业转移,促进农村劳动力区域范围内的自我吸收;另一方面,着眼于中部粮食主产区定位,大力发展农业产业化经营。①

---

① 赵排风:《河南农村劳动力就地转移模式研究》,《河南农业》2011年第22期。

另外，还要加快城镇化促进农村劳动力就地转移；提高农村劳动力素质增强其就业能力；大力发展农村第三产业，吸收农村剩余劳动力的转移。其次，加强大学生村官、专业社工流向农村基层的政策支持。第一，建立科学的管理制度和激励机制，首先确保大学生村官在基层的基本生活需要；第二，还要建立固定的"一对一"帮带对象，帮助大学生尽快完成角色转变，另外还要建立考核激励机制，保证长期稳定地吸引和留住有能力的大学生扎根农村建设；第三，面对"空心村"留守人口的问题，我们还需要在政策上鼓励具有社会工作专业知识的大学生流入农村社会，同时，还要利用本地资源发展社会工作，对村干部、农村教师、乡村医生等进行社会工作培训，从而构建专业和半专业相结合的农村社会工作队伍。最后，发挥留守人口在农村治理中的作用。对于留守妇女，政府要加强对她们的技能培训，建立倾斜妇女的信贷帮扶机制，提高她们参与基层政治活动的能力。从老龄化的积极视角来看，充分重视留守老年人的社会价值、社会化需求及社会参与，充分利用与挖掘留守老人的经验和能力。

（二）激发农村社会组织活力，重构农村互助体系

2015年中央一号文件提出"激发农村社会组织活力，创新和完善乡村治理机制"新要求。这就需要我们优化发展环境，培育社会组织生长土壤；健全体制机制，引导农村社会组织健康发展。当然还要对农村现代社会组织进行分类管理，重点培育和优先发展专业协会类、公益慈善类、社区服务类等社会组织。激发农村社会组织活力的核心是吸纳乡村精英，大力培育新型的高素质农民，提升农村社会组织服务能力。构建以农村留守人口为主体的互助组织，乡村互助是建立在乡土文化传统基础上替对方或协助对方解决困难的行为，目前已经在乡村社会现代化进程中发生了变化，因此我们要重构农村互助体系。比如，可以引导成立发展"留守妇女"互助组织，注重提高"留守妇女"组织化程度，培育一大批女农民经纪人和女农民专业直销大户。引导"留守妇女"创办农产品行业协会和合作社，让留守妇女分享农产品加工和流通领域的收益，使其主动参与到农业产业化经营中。

（三）构建政府、市场、村庄在公共服务供给方面的协调机制

农村公共服务供给主体应该向多元化发展，逐渐形成以政府为主导，社会和市场多主体参与、协同提供农村公共产品和服务的局面。① 另外，村庄，特别是村委会也要积极保证公共服务的提供，形成与政府、市场合作的良性互动关系。乡镇政府的角色也很重要，改革乡镇财政体制，保障镇政府基本公共服务供给所需经费；完善乡镇政府管理体制，提高乡镇政府公共服务供给效率；建立有效的监督机制，保障乡镇政府的基本公共服务供给水平和供给质量。当然在构建公共服务供给多元协调机制中，还需要清晰界定各主体在公共服务中的地位和作用，明确多元主体之间的合作机制和合作动力。② 建立充分体现农民需求的表达机制，在公共服务供给过程中，要提升农民的参与能力和参与机会。因为农民是农村公共服务的最终享用者，所以农村公共服务的提供应该根据农民需求进行调整，要立足于农民日常生活的实践。只有这样，农村公共服务供给才能真正满足农民需要。

（四）加强农村法治建设与发挥乡规民约的积极作用相结合

在治理"空心村"过程中，会面临许多社会问题，但是这些问题中的许多并没有触犯正式的法律条文，因此在处理这些问题时完全依靠法律法规是不适用的。国家法律不可能穷尽社会生活的方方面面，不可能将全部社会关系纳入法治。相比于国家法律，乡规民约优势在于更接地气，在农村有深厚的社会基础。在乡村社会，乡规民约是村民解决生活争端的重要依据。党的十八届四中全会提出，推进多层次依法治理，支持各类社会主体自我约束、自我管理，发挥市民公约、乡规民约、行业规章、团体章程等社会规范在社会治理中的积极作用。一方面要重新认识和定位乡规民约的现代价值，进一步发挥其教化作用。另一方面用国家法制支撑新时期的乡规民约。通过

---

① 巩玉涛、贾海薇：《我国农村公共服务供给现状、问题及其对策分析》，《今日南国（中旬刊）》2008年5月。
② 刘会柏：《美国农村公共服务供给特点、经验与启示》，《人民论坛》2014年第8期。

国家法制对乡规民约进行整合、引导和制约，使乡规民约合理合法，真正发挥乡规民约的社会秩序规范作用。具体实践中，在思想认识上，应该重视乡规民约，把乡规民约纳入基层法治建设中；在地方立法中，地方立法应该给乡规民约留出空间，并注意地方立法与乡规民约的协调和衔接；在纠纷解决中，重视发挥乡规民约调节机制的作用；在法治建设中，将法治宣传与乡规民约建设结合起来。

河南省农村留守群体生存状况调查分析*

蒋美华 孟凡杨 许俊霞**

摘 要： 河南省农村留守群体呈现出留守群体数量庞大、留守儿童所占比重大以及留守家庭结构多样化的特征；作为数量庞大的社会群体，河南省农村留守妇女、留守儿童、留守老人呈现出差异化的困境和问题。农村留守妇女主要面临生活重压、情感心理问题；留守儿童主要面临生活安排、心理健康问题；留守老人主要面临生活压力和精神慰藉问题等。在此基础上，本报告提出了加强河南省农村留守群体服务的对策建议，一是要政府积极作为，推进农村社会工作的发展；二是要社会积极参与，探索多元主体参与的服务供给模式；三是要加强社区服务建设，探索农村社区社会工作介入模式。

关键词： 农村留守群体 留守儿童 留守妇女 留守老人 河南省

随着工业化、城市化的向前发展，农村青壮年劳动力进城打工的数量日益增加，河南省也逐渐发展成为全国第一劳务输出大省。据河南统计网公布

---

* 2012年度河南省高校科技创新人才支持计划项目"转型期河南省女性福利获得的社会空间研究"、河南省教育厅科学技术研究重点项目"河南省新型城镇化背景下文化建设研究"（项目编号 14A630042）的阶段性成果。

** 蒋美华，郑州大学公共管理学院教授，社会治理河南省协同创新中心研究员，研究方向为社会工作与社会治理；孟凡杨，郑州大学公共管理学院2014级社会学研究生；许俊霞，郑州大学公共管理学院2012级社会学研究生。

的数据，2014年河南省85.1%的农村家庭劳动力有转移，户均劳动力转移人数为1.74人。[①] 与此相伴的是河南省农村留守群体的数量也日益增加。作为特殊弱势群体，农村留守妇女、留守儿童、留守老人所面临的问题亟须引起社会的普遍关注。

一 河南省农村留守群体的总体状况

（一）留守群体数量庞大

截至2014年底，河南省农村人口数为5843万人，农村人口有效占比为54.8%，[②] 河南省一半以上是农业人口，是名副其实的农业大省。河南省农村从业人员截至2014年底为4807万人，其中从事农业的有2621万人，[③] 约有2000万人处于外出务工状态。可以推论的是，如此数量庞大的外出务工人员必然带来大量的留守人员。本课题组2015～2016年在河南省的调查数据也说明了同样的问题。在河南省焦作市N村的调查发现，该村一共有不足一百户人家，而一年中有81户为长期留守的家庭。课题组成功调查了其中的79户留守家庭。在这79户留守家庭中，留守妇女、留守儿童、留守老人等类型的留守人员在各个家庭中的分布也不尽相同。73.4%的家庭人口总数为4～6人，这些留守家庭中留守人员的总数在3人及以下。这反映出留守已经成为河南省农村一个非常普遍的现象。

（二）留守儿童所占比重大

在河南省农村留守群体中，留守儿童所占比重很大。据来自全国妇联2015年6月的数据显示，我国农村留守儿童数量已达到6102.55万，其中

---

① 《2014年我省农民外出务工情况调查报告》，河南省统计网，http://www.ha.stats.gov.cn/hntj/tjfw/tjsx/qsfx/ztfx/webinfo/2014/02/1392947219863284.htm。
② 河南省统计局：《河南统计年鉴（2015）》。
③ 河南省统计局：《河南统计年鉴（2015）》。

河南省有 654.8 万,居全国第二。① 本课题组在河南省焦作 N 村的调查显示,79 户留守家庭中 68 户有留守儿童的身影,一半的留守家庭中均有两名或两名以上的留守儿童。在我们的访谈中,许多留守妇女均表示之所以没有陪伴丈夫一同外出务工的原因正是留守儿童。如此庞大数量的留守儿童伴随着同样留守的妇女,已经成为不容忽视的弱势群体,亟须政府和社会的关注。

(三)留守家庭的结构多样化

课题组 2015~2016 年在河南省农村的实地调查显示,河南省农村留守家庭一般由留守儿童、留守妇女以及留守老人组成。但是并不是每个家庭都拥有这三类要素,除了三代型留守家庭,河南农村还有许多的单亲型留守家庭(即只有母亲与孩子留守在家)和隔代型留守家庭(即只有祖辈与孙辈留守在家)。这样残缺的家庭结构使得家庭中子女、妇女、老人原本承担的角色发生改变,留守身份给这些家庭成员带来了严重的生活挑战。留守家庭结构的多样化也进一步增加了对农村留守群体有效开展服务的难度。

二 河南省农村留守群体面临的主要问题

作为数量庞大的社会群体,河南省农村留守群体既面临着留守带来的共性问题,也因为各自的具体身份的不同,面临着差异性问题。一方面,作为拥有同样留守身份的群体,河南省农村留守妇女、留守儿童和留守老人都面临着因家庭中主要男性劳动力外出务工带来的情感缺失、生活重压等身心层面的共同问题;另一方面,河南省农村留守妇女、留守儿童和留守老人因为各自具体的生活处境不同,在留守生涯中也各自有需要应对的问题。

---

① 李宽宗:《河南留守儿童样本调查》,《河南日报》2015 年 7 月 17 日。河南省人民政府门户网站,http://www.henan.gov.cn/jrhn/system/2015/07/17/010570289.shtml。

（一）河南省农村留守妇女面临的主要问题

1. 生活重压问题

农村留守妇女生活的重压主要表现为：一是劳动强度大，使得留守妇女个人很难独力承担。尤其是农忙季节，多数外出打工的丈夫，由于考虑来回交通费用和误工的损失而不能回家，再加上公婆年龄偏大或者有孩子需要照顾，农活就只能主要由留守妇女承担。二是对老人的赡养和孩子的照顾与教育给留守妇女很大压力。部分留守妇女也有曾经外出务工的经历，多是因为结婚、生育、孩子的照顾和教育、照顾老人等原因返乡而成为留守妇女的。留守妇女以三四十岁的中年妇女居多，这个年龄段一般是上有老下有小，尤其是公婆和父母年龄都比较大或者身体不好，或者孩子年龄小时，她们的负担更重。三是日常家务劳作和人际关系处理等事务加重了留守妇女的生活重压感。农村烦琐的日常家务劳作和需要随时应对的家庭关系、邻里关系使得农村往往陷入整日忙忙碌碌的生活节奏中，加重了农村留守妇女的生活重压感。

2. 情感心理问题

丈夫外出打工，农村留守妇女也遭遇着情感心理问题的煎熬，主要表现为：一是生活负担带来的问题。生产和家庭的双重负担给留守妇女的心理健康造成巨大压力，如留守妇女会担心孩子的教育、担心家人生病、担心丈夫不在身边婆媳关系难以处理、担心丈夫不在身边遭遇性骚扰和安全问题等。二是夫妻感情问题。两地分居造成夫妻之间沟通不畅，对夫妻感情产生一定的负面影响。三是个人情绪无处缓解的问题。由于丈夫不在家，这些留守妇女便成为家里的"顶梁柱""主心骨"。留守妇女在公婆、孩子和邻里面前就要表现出坚强、独立、乐观等情绪，长期下来会对个人的精神造成一定的压力，自己的情绪也无处排解。

（二）河南省农村留守儿童面临的主要问题

1. 生活安排问题

有的留守家庭父母都出去务工，家里没有任何的劳动力，孩子由祖辈照顾，许多祖辈没有经济来源或者依靠低保，这就使得这部分留守儿童生活得非常艰辛。焦作市 N 村的调查发现，留守儿童的社会活动娱乐活动单一，有一个女孩喜欢玩的沙包还是由奶奶用自己的破衣服布料缝制的，没有办法买毽子、皮筋之类的娱乐器材；有的留守儿童需要照顾自己的弟弟、妹妹。虽然有时弟弟、妹妹由祖辈照顾，但是祖辈年龄大、身体差，精力有限，所以他们也需要协助照管弟弟、妹妹；还有的留守儿童因为家内劳动力缺乏，也不得不加入劳动者的队伍中，即使他们不去承担那些高强度的农业劳动，也要承担各种家务劳动。除了这些生活压力带来的问题外，农村留守儿童在日常生活方面特别面临着人身安全问题。课题组通过实地调研发现，农村留守儿童的娱乐设施比较少，活动场所普遍存在严重的安全隐患，这对儿童的人身安全构成了很大的影响；有的留守儿童表示自己在闲暇时喜欢骑着自行车在村子里面到处逛，偶尔还和小伙伴一起去村子里比较偏僻的地方、荷塘或废弃的庄子玩耍，存在安全隐患问题。特别对于农村留守女童而言，还面临着性侵等安全问题的困扰。

2. 心理健康问题

在我们的访谈中，大部分留守儿童感觉孤单、缺乏安全感。父母基本常年不在家，回来也是待很短的时间。究其原因有以下几方面：一是由于被祖辈照顾，祖辈出于安全考虑而限制孩子的活动，导致儿童的生活空间比较封闭，性格也比较沉闷，不爱说话。在我们社工介入时，有的儿童与社工一起走路的时候会紧紧地抓住社工的手，这说明了这些儿童是一个缺乏安全感的群体。二是留守家庭的经济条件普遍不好，家庭生活比较艰难，这对孩子的心理也造成了很大的压力，甚至有的在不到十岁的年龄就已经开始担忧自己今后的成长问题了。三是学习方面遇到了困难，而大部分留守家庭对孩子的教育也没有特别重视，学习上的压力也对留守儿童的心理健康产生了影响。

（三）河南省农村留守老人面临的主要问题

1. 养老生活压力问题

作为集"老年人、农村、留守"三种特征于一体的农村留守老人，他们的生活压力主要根源于以下几个方面的问题：一是身体健康不良与生活照料问题。课题组在河南省的实地调研发现，不管是因为老年人常见的慢性疾病或者是一些事故造成的身体不便，大部分留守老人的身体状况是不理想的，甚至影响了他们的日常行动，加重了他们的养老生活压力感。二是养老生活负荷重与经济支持问题。农村留守老人一般家庭经济状况差或者子女工作繁忙，因此老人不得不承担起家庭劳动。在我们对河南省农村留守老人的访谈中发现，有的农村留守老人自己要到集市卖鞋来赚取生活费，有的留守老人要照料自家的养猪场来挣取家用，有的留守老人因为家里的地被征用了，所以偶尔会打些零工挣点钱等。农村留守老人在身体各方面机能日益下降的情况下，依然要承担一部分劳动来扩大经济来源，说明经济支持问题是农村留守老人养老生活面临的重要的生活压力问题。

2. 养老精神慰藉问题

课题组在河南省的实地调研发现，农村家庭养老精神慰藉功能缺失，留守老人孤独感强烈。河南省部分农村留守老人基本是自我养老，个别农村留守老人的子女甚至对老人不闻不问；大部分农村留守老人的子女更多的是给予经济上的支持，偶尔过来陪伴老人，精神照顾不尽如人意。笔者在河南省的实地调研发现，很多留守老人都表示自己是一个人居住。独自居住伴随而来的便是感到孤独和寂寞，而这些老人有的对排解孤单寂寞的要求仅仅是希望找个人说说话、聊聊天，缓解自己一个人的孤单寂寞情绪。留守老人对"儿女环绕，含饴弄孙"这种中国老年人晚年生活的最高理想呈现出更大的向往。另外，有的农村留守老人因为身体健康状况糟糕，行动不便，不方便出门，就不得不长时间在家，不能外出和邻里交往，进一步加剧了农村留守老人的孤独寂寞感。

三 河南省农村留守群体的服务状况

近年来，河南省各地市围绕着农村"三留守"群体问题已经进行了一系列的服务政策设计和服务行动的开展，并且已经取得一定的成效，基本实现了留守儿童幼有所护、学有所教，留守妇女业有所就、心有所依，留守老人老有所养、困有所帮，外出务工人员安心在外务工的目标，为今后留守群体服务体系的运作提供了宝贵的经验，值得其他地方学习和借鉴。

（一）成立了服务农村留守群体的领导协调小组和关爱组织

2015年4月，河南省省委办公厅、河南省省政府办公厅下发《关于进一步做好关爱农村留守儿童、留守妇女、留守老人工作的通知》，要求建立健全农村"三留守"人员关爱服务体系，着力解决农村"三留守"人员的实际问题，通过扎实有效的工作，使留守儿童能够健康成长、快乐成才，使留守妇女能够有效维权、勤劳致富，使留守老人能够老有所养、安度晚年。① 河南省建立了服务农村留守群体的领导协调小组和关爱组织。2015年8月24日，南阳市关爱留守儿童工作推进会在社旗县召开。会上宣读了河南省关爱农村留守儿童工作协调小组机构组成。② 各地市也相应成立了关爱组织，如义马市、湖滨区、灵宝市、渑池县、陕县、卢氏县先后结合自身实际情况，成立关爱组织，建立关爱机制，明确单位成员职责，对"三留守"人员关爱工作进行全面动员部署。③ 其他地市也都积极建立完善服务农村留守群体的领导协调小组和关爱组织。

（二）实施了针对农村留守群体的支持性建设项目

河南省针对农村留守群体实施了一系列支持性建设项目，如"五个一"工程建设、"留守儿童之家"建设等。河南省实施了"五个一"工程建设，即建设一批职业技能培训基地，建设一批公办、民办幼儿园，建设一批农村

---

① 《省委办公厅、省政府办公厅通知要求进一步做好关爱农村"三留守"人员工作》，河南省人民政府门户网站，http：//www.henan.gov.cn/jrhn/system/2015/04/17/010544203.shtml，2015年4月17日。
② 《南阳市关爱农村留守儿童工作推进会在社旗县召开》，中新网河南新闻，http：//www.ha.chinanews.com/lanmu/news/1921/2015-08-26/news-1921-310528.shtml，2015年8月26日。
③ 《三门峡市关爱"三留守"工作成效显著》，河南省人民政府门户网。

寄宿制学校，建设一批农村敬老院，建立一批亲情聊天室等。在村（社区）社会管理服务站建立亲情聊天室和外出务工人员 QQ 群、飞信群、平安微博等，设立家乡热线电话，加强留守群体与在外务工人员的亲情沟通，建立外出务工人员与家乡交流的平台和纽带，及时为他们解答有关政策，提供帮助，解除其后顾之忧。此外，河南省还积极进行"留守儿童之家"的建设。如河南省漯河市关爱留守儿童工作经验引起了全省关注，许多来自各省辖市、直管县的相关部门负责人齐聚漯河市，学习漯河市关爱留守儿童工作的方法。目前，漯河市已建成 191 个"留守儿童之家"，受益儿童由原来的 7000 名增加到 3 万多名。[①]

（三）开展了针对农村留守群体的帮扶和关爱活动

为了更好地解决留守群体的困难，河南省还开展了各种帮扶活动，如就业创业帮扶活动、生产帮扶活动、生活关爱活动等。其一，积极开展就业创业帮扶活动。河南省各市县区分别出台了一批优惠政策，鼓励事业有成的外出务工人员回乡创业，激发了其促进家乡经济建设的积极性。以乡镇（街道）社会管理服务中心为依托，为外出务工人员和农村留守群体提供求职咨询、职业介绍、技术培训、技能鉴定等服务。其二，积极开展生产帮扶活动。比如河南省驻马店市，针对外出务工人员返乡成本大、留守人员生产负担重的问题，积极开展各种帮扶活动，及时解决留守群体在生产中的困难。在 2014 年"三夏"和"三秋"期间，驻马店市就组织干部职工 2 万余人，义务帮扶 8000 多家农户抢收小麦。[②] 其三，积极开展针对留守群体的生活关爱活动。比如河南省妇联积极争取，联合多部门在全省实施了"共享蓝天"——关爱留守儿童大行动，开展了留守儿童关爱工程——"春暖行动"等，为农村留守儿童撑起了一片蓝天。

---

① 《漯河市建成 191 个"留守儿童之家"》，河南省人民政府门户网站，http：//www.henan.gov.cn/zwgk/system/2014/12/05/010511939.shtml，2014 年 12 月 5 日。
② 《我市加强外出务工人员和农村留守群体服务管理工作回眸》，驻马店网，http：//zmdnews.cn/info.aspx?modelid=1&id=523343，2014 年 3 月 6 日。

（四）开展了针对留守群体的政府购买社会工作服务项目

在针对社会问题方面，政府购买社会工作服务项目，加强社会工作专业人才队伍的投入，不仅能够完善公共服务体系，也能创新社会治理方法。河南省于2015年4月启动了"三区"社会工作人才支持计划。在2015年度的"三区"计划实施中，各选派单位人员坚持专业理念，以农村留守儿童、留守老人、留守妇女、困境儿童、受灾人员为主要服务对象，开展服务。各承接单位以农村残障人员、困境儿童、留守老人、留守妇女、受灾人员为重点服务对象，共选派22名社会工作人才进驻受援地开展专业社会工作服务，并为受援县培养10名社会工作人才。截至2015年10月，2015年度的"三区"计划各选派单位项目工作进展顺利，派驻人员在受援地区开展了个案、小组、社区等各项专业服务活动累计164场，服务人数2800余人，10名本土社会工作人才队伍初步建立，孵化培育了一家县级社会工作服务机构，"三区"计划成效明显。各选派单位在项目实施中充分整合社会资源，积极与新闻媒体、爱心企业、社会组织合作，增强了服务效果。比如乐缘社工于项目启动之初，开设"社工走进兰考"专题网站对项目进行宣传和推广，在2015年8~9月，链接唯品会、郑州新动力艺术培训中心、郑州天悦运动健身俱乐部等爱心企业为兰考县留守儿童进行捐款捐物活动，累计捐赠物资30余万元，直接帮扶留守儿童、困境儿童180名。①

四　河南省农村留守群体服务存在的主要问题

有关农村留守群体的政策措施、建设项目、帮扶活动等实施力度不够。河南省现已出台的关爱留守群体的政策措施、实施的支持性建设项目、开展的就业创业帮扶活动和生产帮扶活动等实施力度尚不够，特别是服务体系的运行尚需在顶层设计的科学性和系统性、服务运行的契合性和创新性、整

---

① 河南省民政厅：《2015年河南省"三区"社会工作人才支持计划实施情况调研报告》。

体落实的有效性和长效性等方面下大功夫，这样才能更好地化解农村留守群体在生存和发展中面临的问题。

有关农村留守群体的社会工作人才和服务项目等尚存在较大缺口。农村留守群体关爱服务体系的完善有赖于社会工作的深度介入，包括社会工作人才队伍的建设和社会工作服务项目的拓展。河南省是人口大省，留守区域较大，留守群体不仅数量庞大且分布较散，相比较大量的需要社会工作介入开展服务的留守妇女、儿童和老人群体，目前的社工数量无疑是"杯水车薪"。与此同时，社会工作在农村介入的广度和深度，还有赖于社会工作服务项目在农村的介入程度。在当前形势下，社会工作服务项目的资金来源非常有限，政府购买社会工作服务是稳步推进农村社会工作的重要途径。而河南省目前针对农村地区尤其是针对农村留守群体的社会工作服务项目少之又少，远远不能满足广大农村留守群体对社会工作服务的需求。

五 河南省农村留守群体服务的对策建议

河南省农村留守群体的服务体系需要积极从政府、社会、社区、家庭和个人等多个层面来进行建构，包括政府方面的积极作为、社会方面的积极参与、社区方面的积极建设、家庭和个人方面的积极介入等，这样才能使农村"三留守"群体所面临的问题得到相应的解决，进而更好地提升河南省农村留守群体的生活质量和社会的整体治理水平。

（一）政府积极作为，推进农村社会工作的发展

在构建农村留守群体服务体系的系统工程中，政府起着牵头引领的关键作用。政府除了要不断加大财政投入力度，还应该在以下几方面积极作为：一是进一步完善政府购买社会工作服务的政策体系。各地区应该根据本地区的实际情况，建立一套完善且有效的政府购买社工服务的政策法规。二是积极推进社会工作专业人才队伍建设。加强对社会工作专业高等人才的实践能力培养，提高社工毕业生的薪资待遇以吸引更多的人才投入社工队伍中。三

是大力培育和扶持民办社会工作机构。民办社会工作机构是解决社会问题的一股重要力量，但是其发展离不开政府的培育和扶持，因此政府应该提高对民办社工机构的重视度。在此过程中，整体助推农村社会工作的发展，从而不断提升农村留守群体的生活质量。

（二）社会积极参与，探索多元主体参与的服务供给模式

留守群体的服务供给不能只依靠政府的力量，还应探索并吸收多元主体的力量。虽然目前我国社会力量供给服务还未形成较完善的组织和管理机制，但是我们依然不能忽视这些社会力量。企业的参与可以扩大留守群体服务体系的资金来源渠道，促进资源的合理配置，充分发挥市场的力量；民间组织的参与可以使更多的人参与到服务供给中来，一些具有社会工作专业技术的民间组织可以为留守群体在生理和心理上提供很大的帮助；志愿者参与方面，可以低偿或者无偿招募壮大志愿者队伍，承担一些农村社区照顾的任务。

（三）加强社区服务建设，探索农村社区社会工作介入模式

加强农村社区服务和文化建设。以社区或者村庄为单位，建立综合社区服务中心，并配备专门的社会工作人员进行专业性服务。服务中心可以帮助留守人员了解各种关爱政策和帮扶行动，也能利用地缘优势进行宣传；可以及时建立或者更新留守人员档案，方便上级部门进行动态管理；可以定期走访留守家庭，进行实地考察并提供及时的帮助等。

社会工作在农村留守群体的服务中能够发挥不可代替的积极作用。社会工作者能够通过实证调研，掌握关于农村留守群体现状和需求的第一手资料。针对具体的问题，深入具体村落，充分运用个案工作、小组工作、社区工作等社会工作的专业方法开展具体的社会工作。目前，社会工作介入农村留守群体的相关服务还处于探索阶段，尚缺乏科学的模式加以推广。因此，社会工作人员应注重对社会工作成效进行评估，不断总结工作经验，积极探索有效的社会工作模式，以更好地化解农村留守群体所面临的困境，服务于农村留守群体。

总之，在经济社会发展过程中，农村留守群体是需要政府和社会给予长期关注的弱势群体。伴随着时代的不断向前发展，留守群体所面临的问题和需要也在不断地变化着。为此，我们需要用动态的方式去积极建构农村留守群体的服务体系，并积极开展有效的服务，以此来不断改善农村留守群体的生存境况，进而提升河南省农村留守群体的生活质量和社会的整体治理水平。

河南省网络突发事件及其治理*

李文姣**

摘　要： 本研究基于人民网舆情监测室提供的全国网络舆情分析数据，对河南省2014~2015年网络突发事件进行比较研究，发现河南省的网络突发事件整体数量虽多，但热度基本可控，且2015年网络突发事件的热度较2014年急剧下降。河南省网络突发事件在行政区域分布上，主要集中在县级以上的区域，且郑州、洛阳、周口和信阳四个城市舆情压力较大；在长期趋势上，每年4月、9月和10月是全省网络突发事件高发期；在短时趋势上，新闻媒体会在热点舆情发生后的三天内进行井喷式报道；在类型分布上，吏治反腐、干部作风、司法案件、失职渎职、教育舆情等领域网络突发事件较多；在涉事职能部门分布上，公安、纪检监察、教育、司法部门承担的舆情压力最大。基于此，本文指出治理网络突发事件需要重视网络突发事件热度下降带来的正负面效应；针对不同的事件类型应制定相应的可操作性应对策略；提升主要涉事职能部门的风险管理能力。

关键词： 网络突发事件　网络舆情

---

* 本文为国家社会科学基金项目"重大决策社会稳定风险评估中的第三方介入机制研究"（14CSH011）的阶段性成果，感谢人民网舆情监测室为本研究提供支持。
** 李文姣，博士，中共河南省委党校哲学教研部讲师，研究方向为社会风险与社会矛盾。

互联网、微博、微信和移动客户端作为重要的网络舆论媒体，将网络舆情的线上影响力转化为网络突发事件的线下现实风险。网络舆情引发的现实社会问题和社会矛盾激化会进一步导致网络突发事件的形成，将会产生社会负面效应，破坏政府的形象和公信力，并对社会稳定造成威胁。本研究将网络突发事件定义为"围绕客观存在的某负面性社会事件，通过大规模网民持续的网络互动，迅速传播蔓延而对社会产生广泛负面影响，危害或可能危害社会秩序与公共安全并需要政府应对解决的事件"。① 既包括网民在网络上抨击时政弊端和社会丑恶现象，曝光行业的"黑幕"和"丑闻"，也包括一些不法分子故意通过互联网串联、煽动，危害社会安全和社会秩序。因此，网络突发事件是由现实或网络事件引发，以网络为事件发生和发展的基本途径或场所，有一定数量的网民与公民参与，对网络虚拟世界以至现实世界造成较大负面影响的事件。②

一 2014~2015年河南省网络突发事件的热度比较

据人民网舆情监测室提供的数据，2014年全国网络热点舆情事件共1416起，河南省以67起位列全国第3，仅次于广东（102起）和北京（93起）两省市。2015年全国热点舆情事件共1354起，河南省以92起位居第一，而广东（83起）和北京（74起）分别居河南省之后。网络突发事件与网络舆情的演变轨迹具有一致性，因此根据网络突发事件的定义，本研究将不含有负面影响的网络舆情事件剔除出研究范围（2014年删除"河南村官自掏1.6亿为村民建别墅事件"和"南水北调动迁河南淅川40万人，老者称不能渴北京"；2015年删除"河南女教师'世界那么大我想去看看'辞职信引热议"和"河南老兵自办'家庭博物馆'，一生珍藏千件展品"），最终得到2014年和2015年河南省网络突发事件的数量分别为65件和90件，表1中分别列出的是这两年热度最高的10个事件。

---

① 叶金珠、佘廉：《网络突发事件的风险分析与管理：一个建议性框架》，《软科学》2011年第12期。
② 房正南：《网络突发事件政府应急管理研究》，中国海洋大学硕士学位论文，2013。

表1　2014~2015年河南省网络突发事件热点（TOP10）

单位：条

年份	序号	事件、话题	事件类型	职能部门	网络新闻热度	微博热度	总热度
2014	事件1	老人要求年轻人让座未果扇对方4耳光　争吵后猝死	社会道德	其他	285896	95370	228738.2
	事件2	少林寺与政府部门门票官司引发争议	司法案件	旅游	123537	15829	91224.6
	事件3	河南夫妻半夜被抛墓地　回家房屋成废墟	征地拆迁	拆迁	104644	59328	91049.2
	事件4	洛阳失联副市长孩子出国妻子失踪	吏治反腐	纪检监察	96456	15895	72287.7
	事件5	谷俊山因涉及贪腐问题被抄家	吏治反腐	纪检监察	1990	212984	65288.2
	事件6	小偷盗取县委书记百万　警察改笔录为6040元	吏治反腐	纪检监察	79586	268	55790.6
	事件7	郑州"西瓜办"发博应对网友质疑	其他	其他	641	159990	48445.7
	事件8	河南获嘉官员就警察为其打伞致歉	干部作风	其他	63397	96	44406.7
	事件9	央视曝光河南高考替考事件	教育舆情	教育	5860	120639	40293.7
	事件10	河南部分官员送水抗旱要拍照录像	干部作风	其他	42525	21424	36194.7
2015	事件1	河南鲁山一老年康复中心发生火灾事件	突发事故	消防	8010	8637	8198.1
	事件2	河南商丘"卫生纸男孩"引社会关注	其他	医疗卫生	637	20860	6703.9
	事件3	河南大学生掏鸟16只被判10年半引热议	司法案件	司法	5771	5659	5737.4
	事件4	郑州交警开宝马车撞死婴儿官方否认其醉驾	交通舆情	公安	4660	2439	3993.7
	事件5	少林寺释永信被实名举报事件	宗教舆情	宗教	4270	1108	3321.4
	事件6	河南一科长办事大厅里嗑瓜子　官方回应：他有病	干部作风	纪检监察	2971	2341	2782.0
	事件7	央视实习女主播被害引关注	司法案件	公安	2910	1505	2488.5
	事件8	河南一医院医生集体唱红歌要求院长下台	其他	医疗卫生	3278	210	2357.6

续表

年份	序号	事件、话题	事件类型	职能部门	网络新闻热度	微博热度	总热度
2015	事件9	"最牛零食"辣条生产地环境脏引热议	食药安全	食药质监安监	2350	1321	2041.3
	事件10	大学生为救2名儿童溺亡家长怕担责让小孩撒谎	社会道德	其他	1370	2993	1856.9

注：热度，通过人民在线舆情综合管理系统、百度新闻热搜词和微博热词三个主要途径，人民网舆情监测室对2014年和2015年的全国网络舆情热点进行了初步统计，按照发生时间排序，针对每一个案例，统计其网络新闻和微博的信息量，通过7：3的比例加权累计，进行了热度排行。为保证数据的有效性，数据统计截止日期为2014年12月31日和2015年1月5日。

资料来源：人民网舆情监测室2014~2015年全国舆情分析年报。

虽然河南省网络突发事件的数量连续两年位居全国前三名，但是网络热度并不高，如在全国热度前100的网络突发事件中，2014年河南省仅占4例，且均在30名之后，2015年河南省仅占3例，且均在65名之后。由此可以看出河南省的网络突发事件呈现出数量虽多，但在全国范围的影响不大这一特征。网络新闻与微博属于不同技术形态的互联网媒体，二者共同承担着互联网的互动和传播功能。自2013年以来，网络新闻和微博成为"首曝新闻"媒体的主导，当下我国存在官方与民间两个舆论场，表1中的网络新闻列下的数据代表了官方媒体对突发事件的关注度，而微博列下的数据代表了自媒体对突发事件的关注度，两个舆论场的话语体系表现出显著差异，二者在观点、立场和标准方面存在分歧和不对等。

微博时代"人人是媒体，人人握有麦克风"，在网络突发事件中具有随时随地的速度优势和无处不在的范围优势。但是微博的权威性无法与专业新闻媒体相媲美，不能完全替代网络新闻的作用。与微博相比，网络新闻具有专业性更强、阅读性更完整、事件追踪更翔实等优势，因此可以预期新媒体舆论主阵地将长久地保持网络新闻与微博并存的状态。从表1的数据可以看出，绝大多数的网络突发事件引发的媒体关注度是不均衡的，这与事件起源和事件的性质有关。对于持续时间较长，民众需要详细了解来龙去脉的事件，如"小偷盗取县委书记百万，警察改笔录为6040元"其网络新闻热度就会高于微博,而对于需要通过转发以扩大其影响力被广而告之的事件,如"活在卫生纸里的男孩:想给他个拥抱都好难",其微博热度就会远高于网络新闻。这同样表明网络新闻和微博是相辅相成、不可相互取代的网络媒体。

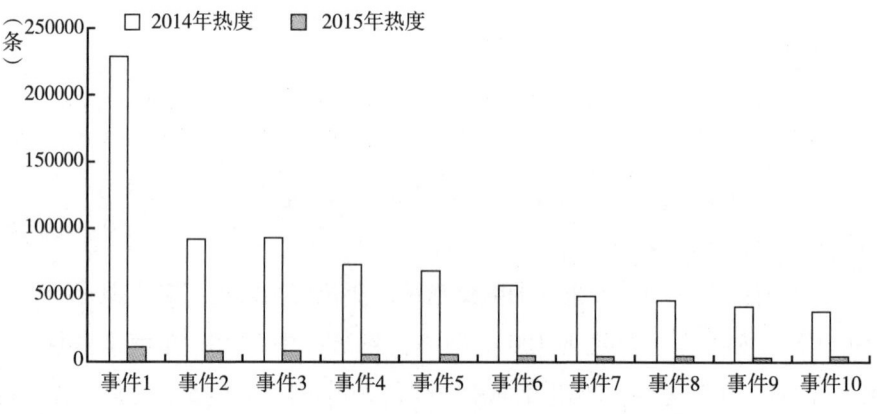

图1 2014~2015年河南省网络突发事件的热度对比

资料来源:人民网舆情监测室2014~2015年全国舆情分析年报。

通过对比2014~2015年各年最受关注的十大网络突发事件的热度可以看出,2015年是网络突发事件热度下降的拐点。随着网络安全监控的加强、网民自律意识的增强,2015年网络突发事件的热度较2014年急剧下降,但社会转型期各种利益诉求并未削减,加强网络突发事件的社会治理出发点是打击网络谣言和净化网络环境,而非以网民不发声为目标来抑制网络活力,对比传统媒体,互联网仍然是河南省社会最大的舆论出口。

二 河南省网络突发事件总体状况分析

(一)河南省网络突发事件的行政区域分析

从河南省网络突发事件的地域分布可以看出,省会郑州在2014年与

2015年持续位居全省网络突发事件的榜首,洛阳、周口和信阳三个城市在这两年之间事件数量突增。受"郑州交警开宝马车撞死婴儿,官方否认其醉驾"、"洛阳市第八人民医院医生护士在医院门口集体唱红歌声讨医院院长下台"、"周口医生护士被逼抱尸示众,遭家属辱骂殴打"和"信阳男童被指在救助站饿死,发现时已成'干尸'"等事件的影响,郑州、洛阳、周口和信阳四个城市2015年的舆情压力指数大幅增加。

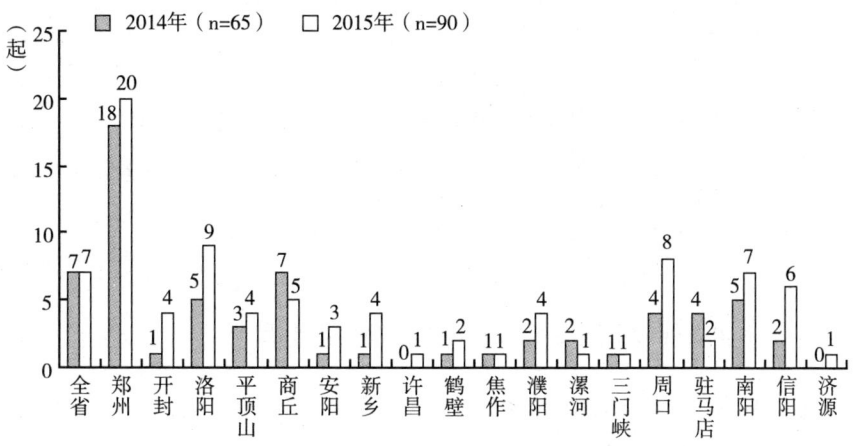

图2 2014~2015年河南省网络突发事件的地域分布

资料来源:人民网舆情监测室2014~2015年全国舆情分析年报。

从行政地域来看,2014~2015年河南省发生在地级市的网络突发事件分别以34和48起占到了当年全省总量的50%以上,其次是县和县级市,约占25%。网络突发事件集中在县级以上的区域,说明网络突发事件的多发高热与经济发展水平息息相关。而农村和乡镇发生网络突发事件的数量虽然相对较少,但这两年与之前相比也大幅增加(2014年发生9件,2015年发生16件),说明河南省舆情矛盾呈现下沉趋势,基层的舆情焦点逐年增多,舆情热度逐年升高。这与基层压力增大和矛盾关系复杂有关,且基层政府对于网络舆论引导重视程度不够、网络舆情应对能力相对匮乏,从而导致网络突发事件多发、易发。

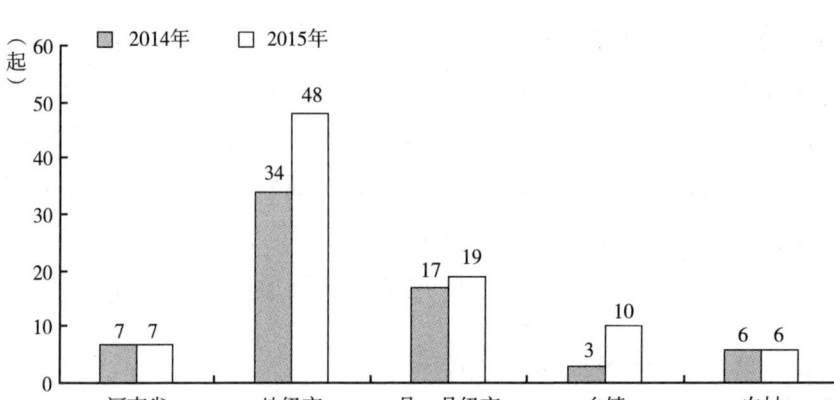

图3　2014~2015年河南省各行政级别网络突发事件数量

注：少数网络突发事件虽发生在地级市或县级市，如"释永信被网络实名举报"，但影响的是河南省的舆论形象，因此按河南省归类。

资料来源：人民网舆情监测室2014~2015年全国舆情分析年报。

（二）河南省网络突发事件的爆发趋势分析

从2014~2015年河南省网络突发事件爆发趋势来看，这两年均呈现"M"形波动，从图4中可以看出，4月、9月和10月全省网络突发事件发生较多，且舆论关注度和舆情热度也较高。

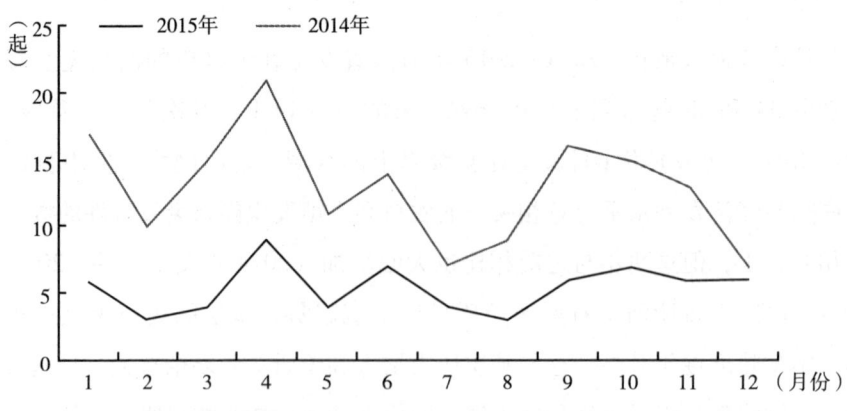

图4　2014~2015年河南省网络突发事件爆发趋势

资料来源：人民网舆情监测室2014~2015年全国舆情分析年报。

新闻媒体会在热点舆情发生后的短时间内扎堆报道,这种"井喷式"报道会扩大网络突发事件的影响力。不仅会使舆论场出现恶意揣测、无端恐慌、网络暴力等乱象,也会给相关职能部门带来应对压力,甚至对地方政府的权威性、公信力和法制建设等带来负面影响。比如2015年4月25日"郑州宝马司机撞死半岁婴儿,车内现警官证"被报道,随后就有一系列新闻相继出现,4月26日"郑州交警开宝马车撞死婴儿,官方否认其醉驾",4月27日"郑州交警开宝马撞死婴儿,目击者称其疑似饮酒"。可以看出,媒体接二连三的报道渲染凸显了该事件的负面信息。

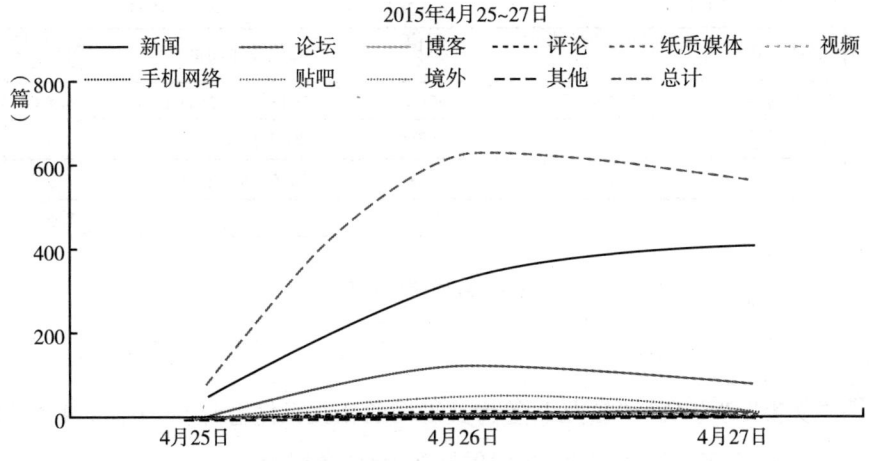

图5 网络新闻报道趋势

资料来源:新华网河南频道。

根据新华网网络舆情监测系统提供的数据,4月25~27日,以"郑州""交警""宝马""婴儿"等为关键词的网络新闻共1270篇,4月26日,舆情曲线达到峰值,当日相关舆论新闻达630篇。4月27日仍保持在600篇左右,未见回落趋势。①

该事件在微博上同样引起广泛的关注,截至2015年4月27日,以"郑

---

① 《郑州交警开宝马撞死婴儿事件,快速舆情回应促使舆论理性化》,新华网河南频道,http://www.ha.xinhuanet.com/hnxw/2015-04/29/c_1115123325_2.htm。

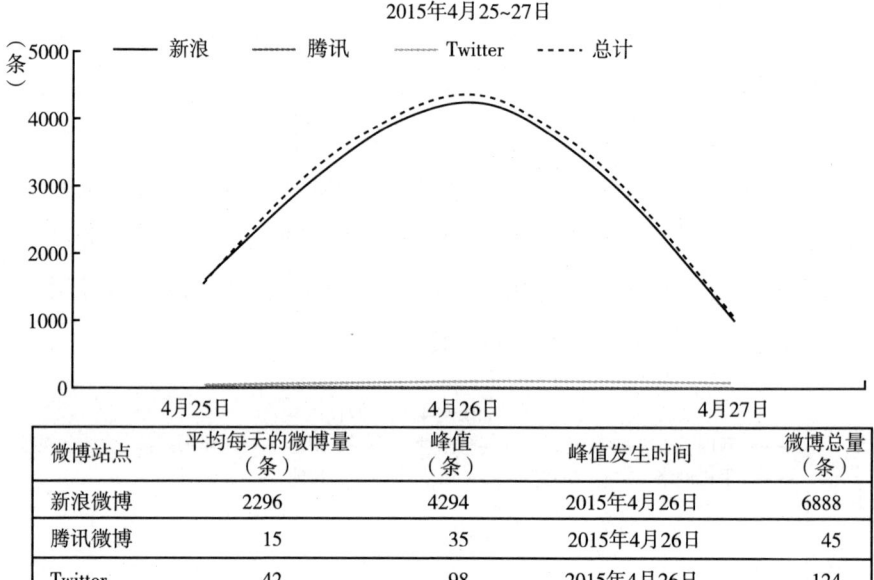

图6 微博转发趋势

资料来源：新华网河南频道。

州""交警""宝马""婴儿"等为关键词的相关微博总计 6888 条，4 月 26 日达到峰值 4427 条，4 月 27 日仍保持在 1000 条以上。[1]

郑州警方对该网络突发事件的应对和处理是比较成功的，在最短的时间内进行全方位通报，及时发布信息，迅速应急反应，并有效引导舆情走向。整个事件的网络舆情呈现三个特点：第一，事件始于微博报道，随即引发诸多媒体关注与竞相报道，自媒体、网络媒体和传统媒体交互传播，导致事件在网络和现实中迅速发酵。第二，媒体报道及转载时，标题突出"交警""宝马""婴儿""酒后"等字眼，引起舆情加剧和情绪传染，导致民众对事件进行标签化解读。第三，在警方的有效引导下，随着事件信息的公开，

---

[1] 《郑州交警开宝马撞死婴儿事件，快速舆情回应促使舆论理性化》，新华网河南频道，http：//www. ha. xinhuanet. com/hnxw/2015 - 04/29/c_ 1115123325_ 2. htm。

舆论并未出现"一边倒"谴责交警，理性和建设性舆论逐渐增多。总之，涉事职能部门加强网络舆情应对能力，及时公开事件信息，将事实和证据公布于众，将有助于网络突发事件的处理。

（三）河南省网络突发事件的类型分析

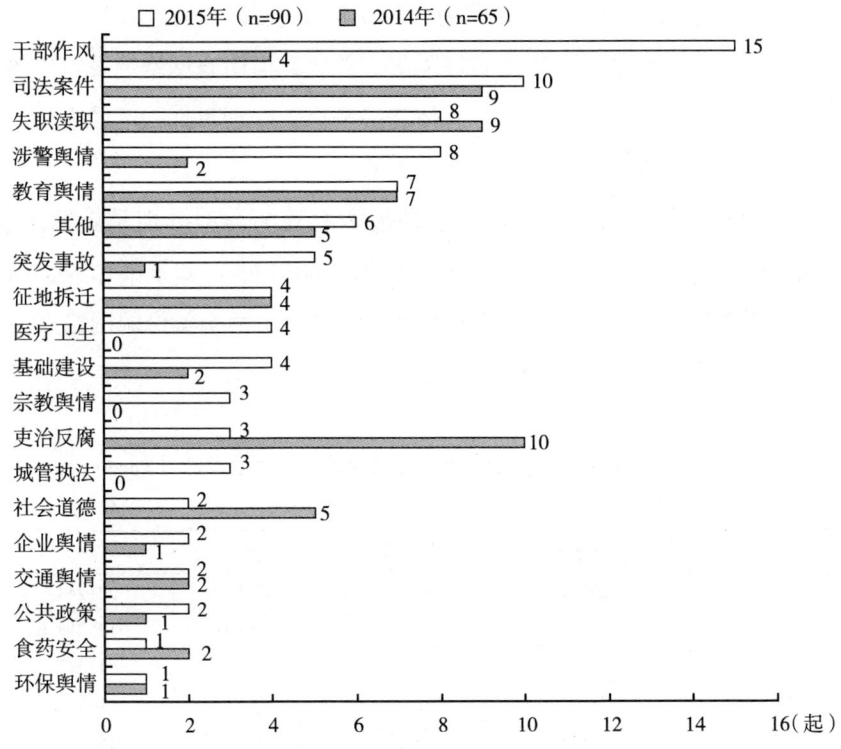

图7　2014~2015年河南省网络突发事件类型分析

资料来源：人民网舆情监测室2014~2015年全国舆情分析年报。

从网络突发事件的类型来看，2014年网络突发事件集中于吏治反腐（10件），约占全年总量的15.4%，如"谷俊山贪腐案""洛阳副市长失联""驻马店市委书记被调查""'皇家一号'娱乐会所被查处"等事件使吏治反腐议题热度居高不下。2014年河南省吏治反腐在横向和纵向上呈现不同的特点：在横向上，反腐舆情涉事官员级别较大、舆论持续时间较长；在纵向上，从全国范围来看，受周永康、徐才厚、令计划等高官落马的影响，2014年河南省反腐舆情引发了强度较大的舆论热潮。

2015年的网络突发事件集中于干部作风问题，约占全年总量的16.7%，如"郑州市物价局副局长称'涨价是政府职能'"和"河南洛阳某城管局局长殴打记者"等网络突发事件。这些事件表明，公众人物所具有的符号象征性会导致"个人信任危机"转化为"组织信任危机"，公职人员的个人问题变成政府的整体问题，加剧了官民隔阂。总之，河南省网络突发事件的特征与全国舆论环境密切相关，呈现总体态势平稳，个别事件强度较大的舆论态势，绝大多数的舆情危机隐含着社会矛盾。

2014~2015年河南省网络突发事件最多的五个类型分别是吏治反腐、司法案件、失职渎职、教育舆情、社会道德（2014年）和干部作风，司法案件、失职渎职、涉警舆情、教育舆情（2015年），两个年份的网络新闻和微博的影响力及事件热度分别统计如下。

表2　2014~2015年河南省网络突发事件类型的热度统计（Top5）

单位：条

序号		事件类型	网络新闻	微博	热度
2014年	1	吏治反腐	189776	296332	221743
	2	司法案件	175331.0	41625.0	135218.6
	3	失职渎职	9587	135255	47287
	4	教育舆情	13534	216142	74316.4
	5	社会道德	287335	186925	257213
2015年	1	干部作风	9599	8504	9270.5
	2	司法案件	12264	9245	11358
	3	失职渎职	2263	5644	3277
	4	涉警舆情	6599	4955	6106
	5	教育舆情	4009	3763	3935.2

资料来源：人民网舆情监测室2014~2015年全国舆情分析年报。

吏治反腐、干部作风、司法案件、失职渎职、教育舆情、涉警舆情、社会道德、医患矛盾等领域网络舆情极易在网络空间引起舆论关注，进而在全国形成影响范围广、传播速度快、网友参与度高的网络突发事件。对涉事部门来说，如果引导不当就会引发严重的舆情危机，引发民众对安全隐患排查的担忧，对政府相关职能部门和管理部门造成严重的应对压力。2015年河南省网络突发事件数量居全国首位，且个别事件在网络传播引发了全国范围的关注，这对河南省的网络安全监管敲响了警钟。

（四）河南省网络突发事件的涉事职能部门分析

从涉事职能部门来看，2014～2015年公安、纪检监察、教育、司法等部门成为网络突发事件涉事较多的职能部门，这与全国的趋势基本保持一致。当前政府职能部门越来越多地处于网络舆情的中心，各种网络突发事件必将对河南省的社会稳定和经济发展造成负面影响，冲击和挑战政府公信力与社会正常秩序。

公安是涉及网络突发事件最多的职能部门，一些广受争议的事件在网络发酵进而影响公安形象，如"河南漯河政协原常委雇凶烧死仇家，警方曾称系自燃"，"河南四农民工赠公安局'最不作为'锦旗被拘"，"河南洛阳一男子持刀袭警一死三伤"等。从事件发展来看，相关部门舆情应对能力欠佳是网络突发事件成为舆情热点的重要原因。因此，面对日益复杂的涉警舆情，在加强管理警察队伍的同时，需要加强网络宣传力度，提高涉警舆情应对能力。

对于纪检监察部门，网络舆情对纪检监察工作的影响力持续加大，网络舆情具有快速、便捷、隐秘、互动性强、影响深远等优点，它是纪检监察机关深入开展党风廉政建设和反腐败斗争的一柄利器，在一定意义上推动着党风廉政建设的进程。比如"国土官员非法采矿被举报，国土部门欲'赠矿'摆平"，"河南濮阳吃零食骂百姓女警被停职，纪委介入调查"等网络突发事件说明"网络监督"作为重要的社会监督手段之一，具有反应快、影响大、参与面广等优势，对基层组织的公共权力，特别是对基层服务窗口、社会关注度较高的领导干部等起到了很好的监督作用，是纪检监察机关强化监督职能不可缺少的重要组成部分。

在教育部门方面，网络突发事件主要涉及校园暴力和未成年人的权益保护两类，如"河南信阳中学男老师和女生课堂互殴被暂时停课""河南一幼儿园男童被集体拍裸照，老师称没恶意"等。另外，高考和招生也是舆情高发热点，"央视曝光河南高考替考事件""河南替考案75人被党政纪处理"等事件引发了全国关注，如何采取有力的举措将师德建设纳入考核标准将成为未来河南省教育事业改革的重心。

网络对司法部门产生的影响是一柄双刃剑，正义的网络舆论能够促进司法公正的实现，"河南周口'被精神病'农妇诉警方行政违法，终审胜诉"说明网络舆论合理合法地介入司法审查过程，可以为司法弱势的一方提供支持，促进司法对客观事实的取证，维护社会公平正义。"河南省交通厅原副厅长等23人被重新收监"事件体现出网络舆论对司法过程的监督，减少司法腐败。但是在网络高速裂变的当下，司法独立性也遭到了前所未有的考验。

表3 2014~2015年河南省网络突发事件涉事职能部门热度分析（Top3）

单位：条

序号		涉事职能部门	网络新闻	微博	热度
2014年	1	公安	89798	279220	146843
	2	纪检监察	180718	267000	206603
	3	司法	4431	80819	28088
2015年	1	公安	21231	19719	20777.4
	2	纪检监察	10228	11081	10484
	3	教育	4009	3763	3935.2

资料来源：人民网舆情监测室2014~2015年全国舆情分析年报。

三 对策与建议

在"互联网+"的时代，网络舆情成为反映社情民意的舆论风向标，网络突发事件并非网络媒介与突发事件的混合体，其具备深刻的社会背景，社会矛盾的积累引发社会风险，导致突发事件发生的概率增大，在其偶发性的表面下蕴含着社会属性。网络突发事件虽然发生在网络空间，但是现实问题的深刻反映，在互联网上形成舆论焦点并产生负面社会影响。总之，社会矛盾的凸显是其形成的主要因素，网络的聚集性和扩散性是助力，分析网络突发事件的发生和发展规律，并提出相应的社会治理对策，是防范与化解网络时代社会矛盾和社会风险的重要课题。

（一）重视网络突发事件热度下降的正负间效应

2015年河南省具有全国影响力的网络突发事件在数量上比2014年有所增加，但热度较2014年急剧下降。2013年5月，政府加强了对网络舆论环境的约束力，通过加大打击网络谣言的力度，利用互联网造谣和故意传播谣言的态势得到遏制，网络推手的恶意造势炒作行为有所收敛，但与此同时，也在一定程度上影响了网民参与网络公共事务的讨论和研判的积极性。对2014~2015年的网络突发事件进行观察可以发现"新常态"：网络大V和意见领袖等公众人物的网络舆论引导力在弱化，传统的媒体议程设置能力下降；网络社群趋于活跃，随着舆论场中社群利益冲突凸显，突发事件中舆论指向逐渐明确，网络议题不再盲目扩散；网民关注网络突发事件的阈值在提高，非直接利益群体加入网络声援行为的参与意愿降低，导致网络活力下降。网络突发事件热度下降是一柄双刃剑，从积极方面看，与政府相关责任部分及时处理问题和妥善应对网络舆情有关，从消极方面看，民众对公共事务的参与热情降低。因此，应重视网络突发事件热度急剧下降所带来的正负面效应，在网络突发事件的萌芽期和聚集期，政府需要打造一支反应速度快、机制灵活又有较高公信力和影响力的网络队伍，着力构建主动应急机制，扩大网络话语权，防止社会矛盾和风险恶性循环。

（二）建构针对事件类型的可操作性策略

2014~2015年河南省网络突发事件集中于吏治反腐、干部作风、司法案件、失职渎职、教育舆情、涉警舆情、社会道德几大类型，其中绝大多数与官员腐败、滥用公权、不作为或乱作为紧密相关。因此，在依法治国的框架下依法行政是建立应对网络突发事件可操作性策略的政治前提。规范政府公职人员的言行,通过还原真相、辨清是非、厘定责任,澄清事件的前因后果是消除官民隔阂、化解警民冲突、提升政府公信力的第一步。网络突发事件是风险的集中点,也是风险的减压阀,规正舆情是防范化解风险的重要路径,但是在现实中应对失当仍然是一个较为普遍的现象。要想让社情民意回归理性、事态回归正常的轨道,需要让每一个具体事件彰显公平正义,重新构建政府公信力。此外,网络突发事件的治理不是官对民的管制,而是民众在网络上表达合理诉求的官民协同治理。大力推进舆情监测、信息发布、应急反应等方面的制度机制建设,应成为党和政府执政能力建设的重点,这也是新舆论环境的时代要求。网络突发事件反映出民众对社会正义和社会稳定发展的期待,更考验有关部门的应急处置能力和舆论引导能力,以实现多元互动和社会共治。

(三)提升涉事职能部门的风险管理能力

2014~2015年,网络突发事件涉事较多的职能部门是公安、纪检监察、教育和司法。虽然涉事职能部门在应对网络突发事件时"掩、堵、捂"的状况较之前已经有了显著减少,但仍需提升风险管理能力。首先,需要建立网络舆情预警系统,该系统包括舆情监测、舆情预控、舆情预警和舆情处理。通过监测网络舆情的动向,构建科学、高效的网络突发事件应急预警机制,进一步制定有针对性的应对预案。其次,涉事职能部门需要区分网络突发事件的性质,制定相应的应急预案,网络舆情预警与网络突发事件应急管理之间是相辅相成的,需要把建立完备的应急预案和发挥媒体的正面引导作用相结合。当遇到重大网络突发事件时,能够提前预警并制定处理策略,高效、正确和有组织地处理相关事宜,建立完善的应急预警机制对化解网络突发事件起着决定性作用。最后,涉事职能部门应根据各类舆情的特征及影响,分级、分类建立从网络监测到事后修复的整体预案,健全各部门之间协同处置的联动机制,建立舆情发展过程中将会出现的问题研判机制,及时切断负面信息源头,这样才能使突发舆情处置工作有条不紊地开展。

总之，网络突发事件治理是"治于理"，而不是"以管为理"，网络舆情压力的情绪化释放并非官民对峙、警民为敌。虽然防范与化解网络突发事件亟须加强互联网安全监管，但这并不意味着要严格压缩互联网的公共空间和开放的舆论平台。网络突发事件的疏导与治理，不是简单的技术问题，而是政府职能部门需要在确保民意畅通表达的基础上使网络的风险因素和网络舆论活力二者之间保持动态的平衡。我国当下处在社会矛盾凸显期，网络突发事件是社会风险的特殊表现，如果处置失当会形成恶性循环，加剧系统风险。人为的网络舆情平静是脱离现实的，应充分发挥网络的社会减压阀的功能，建立高效的治理体系，积极化解矛盾风险，在复杂的社会矛盾中均衡多元利益主体，尊重不同社会阶层成员的利益表达，因势利导，保障民众的社会安全感，维护民众的社会归属感，求同存异凝聚社会合力。

河南省基督教发展状况调查*

韩恒 袁璟 牛林溪**

摘 要: 基于对河南省 174 所基督教教堂的调查,本文分析了当前河南省基督教的发展状况,调查发现,第一,20 世纪 80 年代、90 年代新增教堂数量较多,但 2010 年之后县城及市区的教堂增加最快;第二,信徒数量的变化趋势总体上是增加的,在年龄结构上,城市基督徒并未显现出"年轻化"的趋势;第三,30 岁以下乡村教堂的教务人员和神职人员比例要高于县城及市区,这说明乡村教堂传道人有"年轻化"的趋势;第四,县城及市区教堂的聚会更加频繁,而且市区教会的事工活动比乡村和乡镇更为丰富。在未来的发展中,河南政府要充分发挥基督教的积极功能,预防和避免潜在风险;倡导信徒继承发扬基督教的公益传统,更多地参与公益慈善,满足信徒日益增长的社会需求和精神文化需求;与中国传统文化融合,发展出具有中国特色的神学理论。

关键词: 基督教 教堂 宗教活动场所

---

* 本文是国家社科基金项目"农村基督教的皈信机制及管理策略研究"(13CSH009)成果之一,本项研究受到河南省高校科技创新人才支持计划(人文社科类)、郑州大学优秀青年教师发展基金的资助。

** 韩恒,郑州大学公共管理学院教授、副院长,郑州大学社会调查与数据分析中心副主任,社会治理河南省协同创新中心研究员,研究方向为非营利组织、宗教社会学;袁璟,郑州大学公共管理学院 2013 级硕士研究生;牛林溪,郑州大学公共管理学院 2014 级硕士研究生。

引 言

在基督教快速发展并引起广泛关注的背景下,遍布于城乡之间的教堂成为透视基督教发展的一个重要窗口。本文尝试通过对河南省174所教堂的调查,透视当前河南省基督教的发展状况。为了了解教堂的基本状况,2015年春节期间,笔者利用神学院学生回家过年的机会,① 组织了对基督教教堂的问卷调查。调查对象为学生老家当地的教堂,调查内容包括教堂的硬件设施、聚会活动、开展事工、信徒情况、堂务人员和神职人员、外部关系、财务状况等。此次调查采取自愿报名的方式,共有32名神学院学生参与,回收调查问卷174份,调查的教堂分布在南阳、三门峡、漯河、周口、许昌、开封市、商丘市、镇平县、卢氏县、光山县、社旗县、汝州市、伊川县、宜阳县、渑池县、新安县、泌阳县、新郑市、长葛市、鄢陵县等河南省12个地市16个县。从教堂所处的地理位置来看,河南省基督教教堂总体可以分为三类:乡村教堂、乡镇教堂和县城及市区教堂。在174个教堂中,乡村教堂占65.1%,乡镇教堂占23.8%,城区教堂占11.1%。总体看来,目前全省的基督教教堂主要集中分布在农村地区,城镇地区的基督教教堂相对较少。

一 乡村教堂在1990~1999年增速最快,1999年之后县城及市区教堂增速高于乡村

为了全面把握不同地区之间基督教发展状况之差异,我们分别对乡村教堂、乡镇教堂、县城及市区教堂的登记时间进行了对比分析。对比发现,在乡村教堂中,1990~1999年登记的占46.1%,接近一半,是登记教堂最多的时间;在乡镇教堂中,有44.4%的教堂是在1989年及以前登记的;县城

---

① 笔者曾在河南省基督教神学院开设文化课,神学院的学生都是基层教会的传道人。

及市区的教堂中,分别有33.3%的教堂是在1989年及以前和1990~1999年登记的(见图1)。

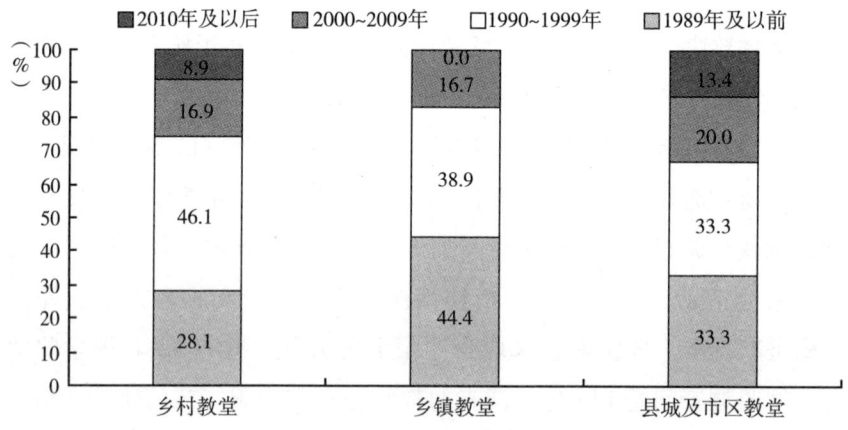

图1 教堂登记时间的城乡对比(N=140)

上述对比分析表明,乡村教堂在1990~1999年这十年增速最快,之后增速逐渐下降。乡镇教堂在1989年及之前快速增加,之后增加数量也逐步减少,2010年之后再没有新增的教堂,而且未来增加的可能性也不大,这说明乡镇的教堂已经达到饱和状态。就县城及市区的教堂来看,1999年之前的增速都比较稳定,一直是持续快速增加的趋势,但在1999年之后,增加速度开始放慢。与乡村和乡镇教堂相比,县城及市区的教堂在1999年以前的增加速度是低于前两者的,但在1999年之后的增速却是高于前两者的,说明未来新增的教堂很可能主要集中在县城及市区。

二 信徒的性别呈现出女性多、男性少的状况

教会人员主要包括信徒、教务人员和神职人员,信徒是教堂活动的主要参与者;教务人员主要负责教堂的日常管理;神职人员负责教会的牧养工作,主要有牧师、长老和传道员。在调查中,我们收集到了670份教务人员的信息,330份神职人员的信息,相关信息的数据分析结果显示如下。

笔者让被访者估计礼拜天参加聚会的大致人数和不同性别的信徒比例，再根据不同性别的信徒比例以及礼拜天参加聚会的人数，计算出该教堂不同性别信徒的大致数量。笔者统计了信徒的性别结构，分析表明，男性信徒占22.7%，女性信徒占77.3%，信徒的性别呈现出女性多男性少的状况。教务人员中男性占36.4%，女性占63.6%，依然遵循"女性多，男性少"的规律，但教务人员中男性所占比例要高于普通信徒中男性的比例。神职人员中男性占39.7%，女性占60.3%（见图2），但与普通信徒、教务人员的性别结构相比，男性所占比例有所增加。

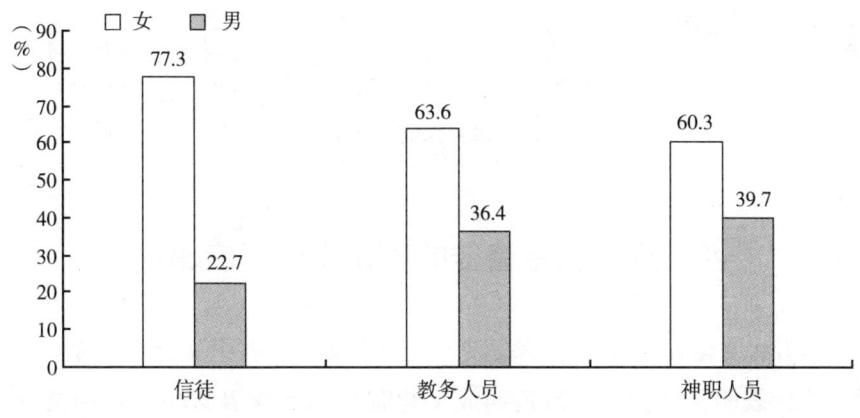

图2　教会人员性别结构

三　普通信徒的年龄主要在30～60岁

笔者将信徒的年龄分为五个阶段：30岁以下、31～50岁、51～60岁、61～70岁和70岁以上。与性别结构的计算方法一样，根据教堂每个年龄阶段信徒的数量，笔者大致可以计算出各个年龄阶段信徒的总体比例。计算结果表明，在所有教堂中，30岁以下的信徒占12.9%，30～50岁的信徒占29.5%，51～60岁的信徒占28.1%，61～70岁的信徒占18.4%，70岁以上的信徒占11.1%。总体来看，信徒中60岁以上的比例将近三成，超过

70.0%的信徒年龄处于60岁以下，信徒中"老人多"的特征并不是那么明显。

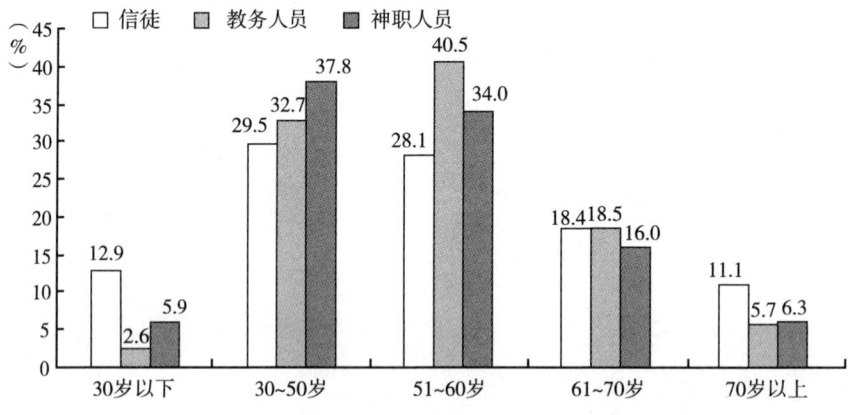

图3 教会人员年龄结构

四 河南省基督徒的整体文化程度偏低

笔者将文化程度分为小学及以下、初中文化、高中文化和大专以上文化。分析表明，信徒中，有近四成文化程度为小学及以下，初中文化为36.7%，高中文化占18.1%，而大专及以上文化程度的信徒仅占5.6%。总体而言，河南省基督徒的整体文化程度主要集中在初中及以下水平，信徒的文化程度偏低。在教务人员中，小学文化程度的教务人员占16.8%，初中文化的为60.8%，高中文化的为20.4%，大专及以上文化程度的仅占2%。教务人员中有77.6%的人员是初中及以下文化程度，可以看出，河南省基督教会管理人员的文化素质普遍不高。在神职人员中，文化程度为小学的神职人员占11.6%；超过半数的神职人员的文化程度是初中水平；高中文化水平的神职人员不足1/3；大专及以上文化程度的仅占3.1%（见图4）。由此可以看出，河南省基督教神职人员中，八成以上的人员是初高中文化水平。与普通信徒相比，神职人员的文化水平有所提升，但总体而言，基督教神职人员的文化程度依然不高。

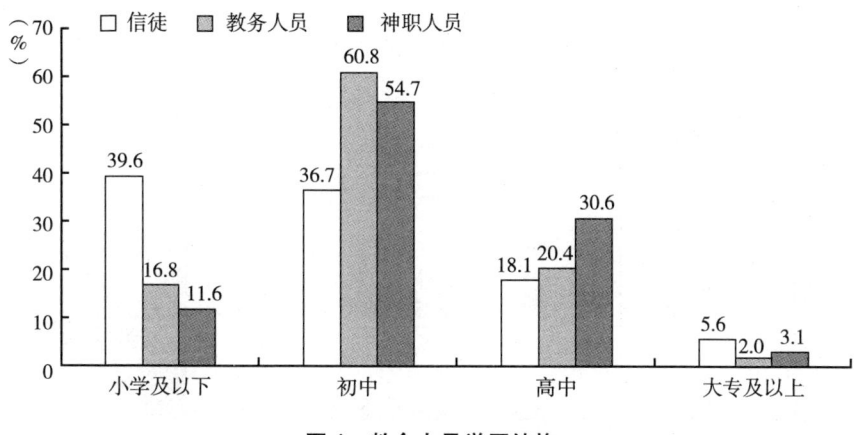

图 4 教会人员学历结构

五 乡村教堂的教务人员和神职人员"年轻化"比例高于县城及市区

（1）教务人员。教务人员所担任的圣职有牧师、长老和普通传道员。其中，牧师占1%，长老占4.2%，普通传道员占60.7%，而没有担任圣职的占34.1%。可以看出，教务人员大多是普通传道员，而牧师和长老所占比例非常的小。

笔者通过对比城乡教务人员的圣职状况发现：在乡村教堂中，没有牧师，担任长老的教务人员仅占2.5%，普通传道员占61.8%，没有担任圣职的教务人员占35.7%；乡镇教堂中也没有牧师，担任长老一职的教务人员仅占5.4%，普通传道员占58.9%，没有担任圣职的占35.7%；在县城及市区的教堂中，教务人员担任牧师的占15%，担任长老的占17.5%，普通传道员占45%，没有担任圣职的为22.5%（见图5）。对比分析表明，县城及市区教堂中圣职为长老和牧师的教务人员比例要远高于乡村和乡镇教堂，基督教的牧师和长老主要集中在县城和市区教堂。同时，城镇教堂的教务人员中77.5%的人员担任有圣职，而乡村和乡镇教堂中担任圣职的教务人员均不足2/3，由此可以看出，基督教的神职人员主要集中在城市。

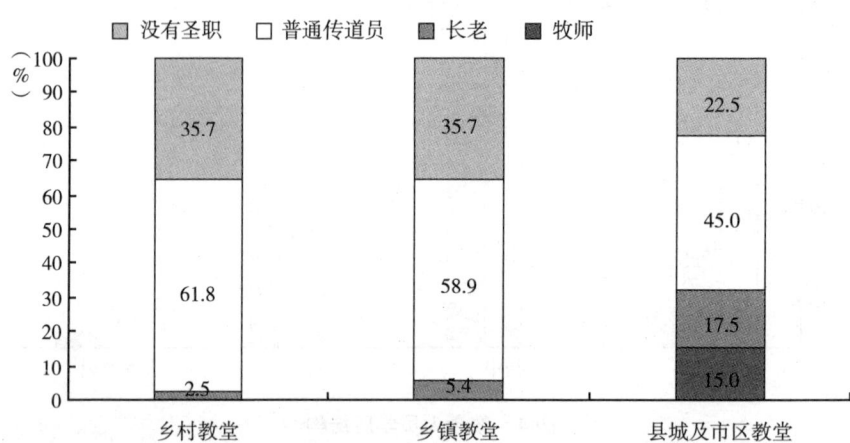

图 5 教务人员圣职结构的城乡之别

(2) 神职人员。神职人员担任的圣职包括牧师、长老、普通传道员。调查表明：神职人员中牧师占 4.0%，长老占 12.1%，普通传道员占 83.9%。由此可见，全省基督教神职人员中，牧师和长老人员稀缺，绝大多数是普通传道员。

牧师和长老在城乡之间的分布也存在较大差异。城乡对比表明，在乡村教堂中，神职人员担任牧师一职的仅占 0.6%，担任长老一职的占 7.6%，九成以上的是普通传道员；在乡镇教堂中，担任长老一职的占 7.4%，普通传道员占 92.6%；在县城及市区的教堂中，神职人员担任牧师一职的占 29.0%，担任长老一职的占 44.7%，普通传道员仅占 26.3%。由此可知，河南省基督教神职人员分布不均，牧师和长老主要集中在县城和市区教堂，而乡村和乡镇教堂几乎没有牧师，只有极少数的长老，而绝大多数是普通传道员。

在教务人员中，30 岁以下的教务人员占 2.8%，31~50 岁的占 32.7%，51~60 岁的占 40.5%，61~70 岁的占 17.5%，70 岁以上的占 5.7%。总体来看，超过七成的教务人员年龄是在 30~60 岁，与普通信徒相比，教务人员的年龄偏大。在神职人员中，30 岁以下所占比例最低，仅 5.9%；31~50 岁人员占 37.8%；51~60 岁人员占 34.0%；61~70 岁的占 16.0%；70 岁以上人员占 6.3%。不难看出，河南省基督教会神职人员的年龄段集中分布在 30～60 岁之间。与普通信徒和教务人员相比，神职人员在 31～50 岁所占比例最高。

六　信徒数量总体上呈现增加的趋势

调查中笔者询问了教堂过去五年信徒的变化情况以及未来五年可能会出现的变化趋势。调查表明，76.6% 的教堂在过去五年信徒是增加的，15.8% 的教堂在过去五年信徒数量基本持平，还有 7.6% 的教堂过去五年信徒是减少的。在过去五年信徒减少的教堂（共计 13 所教堂）中，其中 12 所教堂位于乡村，1 所教堂位于乡镇，县城和市区教堂在过去五年中没有一所教堂信徒减少。由此可以看出，伴随着城镇化的进程以及农村人口的流动转移，部分乡村教堂已经开始出现信徒减少的发展趋势。对于未来五年基督教的变化，调查结果显示，绝大多数基督教教堂在未来五年有信徒增加的可能，9.7% 的教堂认为在未来五年信徒数量有可能持平，还有 4.8% 的教堂认为信徒在未来有可能减少。在未来五年信徒可能减少的教堂（共计 8 所教堂）中，有 7 所分布在乡村，有 1 所位于乡镇。因此，从基督徒未来的数量变化趋势来看，部分乡村教堂可能面临衰落的境况，而城镇教堂将会成为未来基督教发展的重要地区。

七　县城及市区教堂的聚会更加频繁

（1）聚会活动。礼拜天聚会是基督教最常见的聚会活动，调查表明，八成的教堂在礼拜天会安排一场聚会活动，安排有两场及以上聚会的教堂占 19.6%。对比分析表明，在乡村教堂中，83.2% 的教堂礼拜天有一场聚会活动，16.8% 的教堂有两场及以上的聚会；在乡镇教堂中，90.2% 的教堂有一场聚会活动，9.8% 的教堂举行两场及以上聚会活动；而在县城及市区教堂中，超过一半的教堂在礼拜天安排了两场及以上的聚会活动。由此可见，乡村和乡镇的绝大多数教堂在礼拜天中仅有一场聚会活动，而县城及市区的教堂则主要是两场及以上的聚会。

教堂除了在礼拜天举行聚会活动外，平时也会有聚会活动。调查发现，98.2%的教堂在礼拜天之外都有聚会活动。其中，周一有聚会的教堂占27.1%；周二有聚会的教堂占36.0%；超过八成的教堂在周三安排有聚会；周四有聚会的教堂占37.6%；周五有聚会的教堂占76.2%；周六有聚会的教堂占51.2%。很显然，全省除礼拜天之外基督教聚会主要集中在周三和周五，其次是周六。

（2）开展事工。事工活动是教会的一项重要活动内容，事工活动开办得成功与否也是衡量教会兴旺程度的一个重要指标。调查发现，诗班和探访活动是教会中最普遍的事工，所占比例均超过九成，其次是祷告会和主日学，77%的教堂有祷告会，69.5%的教堂有主日学，超过半数的教堂办有赞美会，41.4%的教堂有查经班，31.6%的教堂有乐队，29.9%的教堂有见证会，14.4%的教堂有青年团契，9.8%的教堂有慕道班，2.3%的教堂有夫妻团契，2.3%的教堂开展有婚姻辅导，1.7%的教堂有工商团契（见图6）。分析表明，河南省基督教的事工活动内容多样化，针对不同的事工内容和不同的信教群体，分门别类开展多种聚会活动，丰富了教会的事工活动。

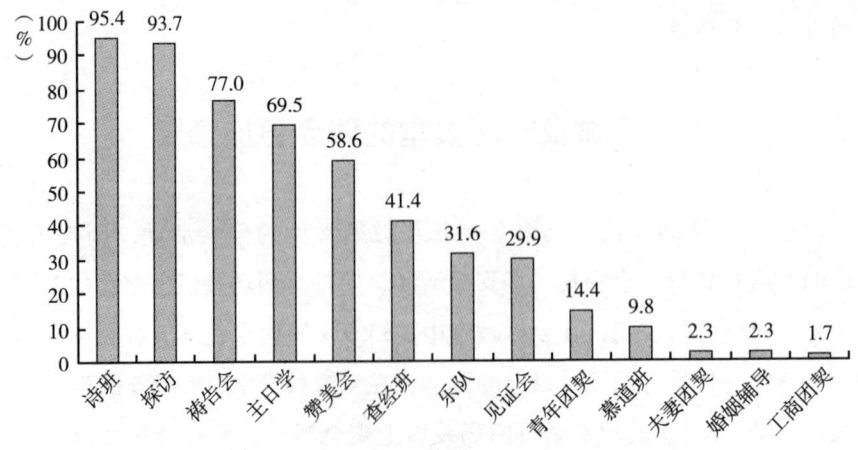

图6　教会开展的事工活动

八 结论与探讨

本文通过对河南省174所教堂的实地调查,从硬件设施、聚会活动、信徒情况、教务人员和神职人员、外部关系、经费财务等方面对城乡之间的教堂做了对比分析,从中我们可以得出以下结论。

第一,对教堂登记时间和聚会时间的分析表明,20世纪80年代、90年代新增教堂数量较多,但2010年之后县城及市区的教堂增加最快,估计未来一段时间内新增教堂会主要集中在县城及市区。乡村和乡镇有超过一半的教堂是先聚会后登记,而县城及市区教堂有近七成是先登记后聚会。这说明相对于乡村教堂而言,政府对县城及市区教堂的管理更为规范。

第二,普通信徒的年龄主要是在30~60岁,近60%的信徒年龄处于30~60岁,信徒中超过60岁的比例不到30%,信徒中的"老人"并不是特别多。在年龄结构上,与乡村教堂相比,城市基督徒并未显现出"年轻化"的趋势。信徒数量的变化趋势总体上是增加的,但少数乡村教堂预期未来信徒有可能减少。这说明,伴随着城镇化的进程以及农村人口的流动转移,部分乡村教堂可能会萎缩。30岁以下乡村教堂的教务人员和神职人员比例要高于县城及市区,这说明乡村教堂传道人有"年轻化"的趋势。

第三,不论是礼拜天聚会还是周内聚会,县城及市区教堂的聚会场次都要多于乡村和乡镇,县城及市区教堂的聚会更加频繁,而且市区教会的事工活动比乡村和乡镇更为丰富。绝大多数的教堂在礼拜天之外会有聚会活动,且聚会活动以周三和周五居多。在一定程度上,教堂的聚会活动满足了信徒交流交往、归属认同的需求,发挥着一定的社会保障功能。特别是在广大的农村地区,教堂开展的活动是政府公共服务"供给不足"的有益补充。

总之,改革开放以来,基督教获得了快速发展,已经成为参与人数最多、凝聚力最强、认同性最高的社会组织。特别是在广大农村地区,基督教频繁制度化地举办聚会活动,发展尤为迅速。2012年中央六部委联合印发文件,鼓励支持宗教界从事公益慈善活动。2016年全国宗教会议明确了宗教今后的发展方向，要求宗教坚持中国化的发展方向，深入挖掘教义教规中有利于社会和谐、时代进步、健康文明的内容，对教规教义做出符合当代中国发展进步要求、符合中华优秀传统文化的阐释。基督教在历史上有深厚的公益传统，在未来的发展中，如何充分发挥基督教的积极功能，预防和避免潜在风险；如何继承发扬基督教的公益传统，更多地参与公益慈善，满足信徒日益增长的社会需求和精神文化需求；如何与中国传统文化融合，发展出具有中国特色的神学理论，都是今后基督教领域社会治理的重要内容。

河南省政府购买农业公益性服务发展建议*

李有学**

摘 要： 本文通过实地调查的方式对河南省政府购买农业公益性服务的整体发展进行探索研究，发现河南省政府购买农业公益性服务的理念已得到普遍赞同，购买方式促进角色转换和购买服务促进效益优化。尽管取得上述成效，但仍存在不足，主要表现在主体结构失衡消解购买本质、服务标准缺失弱化购买质量与契约管理不足混淆契约边界等；河南省政府购买农业公益性服务在主体能力、购买资源与行政体制等方面面临诸多制约。基于此，本文指出可以从主体组织化、服务标准化与管理规范化等方面加强建设以促进政府购买农业公益性服务的发展。

关键词： 政府购买 农业公益性服务 公共服务

2015年12月31日中央一号文件《中共中央国务院关于落实发展新理念加快农业现代化实现全面小康目标的若干意见》明确提出"实施农业社会化服务支撑工程，扩大政府购买农业公益性服务机制创新试点"。2016年

---

* 河南省软科学研究计划项目"河南省新型城镇化发展中基本公共服务均等化评价研究"阶段性成果。
** 李有学，博士，河南大学哲学与公共管理学院讲师，社会治理河南省协同创新中心研究员；研究方向为地方政府与社会治理。

中共河南省委、河南省人民政府出台《关于落实发展新理念加快农业现代化实现全面小康目标的实施意见》，文件从"加快农业现代化发展"的高度要求"创新扩大政府购买农业公益性服务机制"。同时，河南省人民政府发出《关于印发河南省加快转变农业发展方式实施方案的通知》，从"转变农业发展方式"的角度要求省内各地"研究制定政府购买农业公益性服务的指导性目录，开展政府购买农业公益性服务试点，制定完善购买服务的标准合同、规范程序和监督机制，鼓励向经营性服务组织购买易监管、可量化的公益性服务。"在此背景下，本报告选取河南省南部、中部与北部三个县为主要研究对象。通过实地调查发现河南省政府购买农业公益性服务的具体状况、基本成效和主要问题并提出相应对策。

一 河南省政府购买农业公益性服务的初步发展

从广义上讲，与农业生产有关的一切公共服务都可以称为农村生产性公共服务。从狭义上分析，农村生产性公共服务主要指围绕农业生产的产前、产中和产后各个环节的基础设施、生产技术、设施设备、信息咨询和政策配套等方面的公共服务，以及面向新型经营模式与新型经营主体而提供的各类公共服务，如新兴农业技术推广、农业生态修复服务、土壤平整与修复、小型农田水利基础设施建设及管护服务、现代农业生产技能培训、农业信息服务、畜牧兽医服务、农产品无公害处理服务等。农业公益性服务有利于提高农业综合生产能力。实现农民的增收减支，促进农民经济能力的提升和经济收入的提高。从对河南省三个县的实地调查以及与其他地区的比较综合来看，河南省政府购买农业公益性服务与其他地区一样，正处于购买公共服务的初始与摸索阶段，不过从已有的地方实践可以发现，河南省的政府购买农业公益性服务已经产生初步成效和多重积极效应。

（一）购买理念得到普遍赞同

绝大多数接受访谈的县乡干部对于政府购买的理念表示出高度一致的赞

同，觉得政府购买公共服务是一种必然的趋势和很好的方向，既是涉农服务机制的转换，也是服务供给体系的变革。如果注意加以规范管理，会对农业生产发展产生巨大的正面作用，发展空间非常大。这种赞同主要来自其自身的工作经验。县乡干部直接面临农业生产第一线，承接了所有的涉农项目、资金与服务，河南省本身是农业大省，这方面的任务更多、要求更严、责任更重，很多干部表示，在涉农公共服务方面，县乡政府依然是"全能政府、无限责任"。"无论该管不该管的都要管，无论做得好的还是做不好的都要做"，"做好了是职责所在，做不好是责任所在"。一位县政府官员指出："政府购买公共服务在实际上能够达到小政府、大服务的效果。"即通过购买减少政府直接供给，缩减政府供给职能，同时通过购买使公共服务供给更加丰富、高效。

（二）购买方式促进角色转换

农业公益性服务供给具有明显的行政主导色彩，主要是县乡政府直接供给，另外，市场化的供给体系也发挥着相应的作用，但是行政主导的服务供给无法摆脱低效的困扰，市场主导的服务供给又缺乏公益的特质，从而导致混乱。政府购买农业公益性服务通过契约化的方式实现了行政与市场"两种机制"的有机连接，实现了公益性与高效化的兼容，从而在事实上促进了政府角色与功能的转变。

在实际调查中，县乡政府购买农业公益性服务表现出"一次服务、两种合同、三次签字"的整体特点。一次服务强调的是服务流程的完整性。两种合同指两种契约关系，一种是政府与承接组织的服务合同，表明购买的项目、内容、标准、权责等；另一种是承接组织与服务对象之间的服务合同，表明服务的内容、标准、权力与责任等。三次签字是政府（或委托主体）、承接主体与服务主体的签字确认。政府最终以这两种合同的实际履行情况决定财政资金的给付。这种契约化的购买方式实现了各个主体之间的角色与分工，政府从全能角色转变为代理购买者、规范者与监管者，不再直接提供服务，而是专注于管理职能；承接组织成为专业化的生产者与供给者，专注于服务职能；服务对象依然是最终受益者，但是其主体性角色开始受到重视，又成为考评者、参与者，承担着评判职能。这表明，契约化的政府购买农业公益性服务兼具"服务"与"治理"的双重功效，一方面实现了公益性服务的供给，满足了农业生产的需求；另一方面实现了利益相关方的关系重构与功能重塑，促进了新的治理机制与治理主体关系的形塑。

（三）购买服务促进效益优化

从现有的实际调查来看，河南省政府购买农业公益性服务主要采用招标、询价、委托、谈判补助等形式进行。无论何种形式的政府购买都在不同程度实现了降低成本、提高效益的目标。例如，中部某县连续三年进行农业生产全程社会化服务项目。该县根据河南省的总体要求，立足自身实际情况，确定以玉米秸秆还田、机械深耕两项服务为重点内容开展全程社会化服务项目，通过公开招标选取六家专业农机合作社进行服务项目实施。2014年项目整体服务面积11万亩，财政投入资金750万元，两个环节中标财政资金为678.28万元，节省71.72万元，资金节约率为9.56%。具体而言，秸秆还田每亩66元，财政补助45.7%（30.16元/亩），机械深耕每亩70元，财政补助45%（31.5元/亩），经过初步测算，农民每亩地节约成本60元左右，每亩节本增收在110元左右，项目区总节本增收1210万元。同时秋收腾茬的进度加快，达到一播全苗，并从根本上解决了焚烧秸秆问题，而且秸秆还田，增加了土壤肥力，改善了当地的农业生态环境。此外，这一项目还产生了良好的社会效应，受益农民开始主动购置农业机械，成立农机合作社。可见，政府购买农业公益性服务产生了经济效益、生态效益、社会效益等多种效益。

二 河南省政府购买农业公益性服务存在的主要问题

上述发展成效表明，政府购买农业公益性服务具有一定的地方实践经验，但是对于县乡基层政府而言，政府购买农业公益性服务是服务供给机制的新变革，总体上处于初始状态，因此存在各种各样的不足与问题，具有现实必然性。以下从主体、标准与流程管理三个核心方面总结河南省现阶段政府购买农业公益性服务存在的现实问题。

（一）主体结构失衡消解购买本质

在政府购买农业公益性服务的利益相关者中，政府是购买主体，市场组织或社会组织是服务主体，农民或新型经营者是受益主体，三者共同形成结构化的购买关联，但是这种购买结构表现出明显的主体间关系失衡的状态。

政府作为购买主体占据明显的主导地位，行政主导着购买的绝大多数内容，如购买内容、购买方式、合同标的、服务价格与服务标准等，很多地方干脆直接进行内部购买，将购买项目直接交予自己的二级机构，依然扮演着运动员与裁判员的双重角色，这显然不符合竞争化服务供给的政策取向。行政主导之利在于能够确立政府的主导地位，之失在于极有可能取代或遮蔽政府购买的本质价值，因此其关键在于规范行政主导的边界。

承接单位作为服务主体基本上处于弱度竞争甚至零竞争的状态。政府购买公共服务以充分的市场竞争为前提假设，但是实质上，这种假设通常不具有现实可行性。在所调查的县域，尽管涉农的各类组织都有不同程度的发展，但是专业服务类的组织非常缺乏。2015年，河南中部一个县创建各类农民专业合作社达到2234家，其中种植类1407家、养殖业522家、服务类171家、其他类134家，服务类组织仅占全部合作社总数的7.3%。更令人担心的是，据该县主管部门领导坦言，这些合作社中不乏空壳社、形式社，很多都是挂挂牌子，并没有真正开展业务活动。因此，抛开服务质量不谈，单从数量而言，就无法形成具有竞争力的市场，结果造成开展一项农业生产服务只能面向仅有的几家，甚至仅有一家展开购买，这种弱度竞争显然在事实上解构了政府购买的理论预设，其主要目的也极有可能无法实现。

服务对象在政府购买农业公益性服务中只是扮演了"被服务者"的角色，没有或者很少能够成为真正的权利主体。理论上而言，农民作为需求者、受益者、监督者应该深度参与政府购买的整个流程，但是在实际调查中，几乎看不到农民的话语、参与和行动，农民的需求由上级政府"理性的建构"获取，农民的话语由政府"善意的代理"，农民的评价由少数乡村"好说话的人"替代执行"签字的功能"。总体而言，购买什么、如何购买，农民均不知情；服务效果如何、服务态度如何，农民均不评判。因此在政府购买农业公益性服务的整个流程中，受益者的边缘化色彩非常浓重，农民的主体地位与参与角色处于整体性隐匿的状态。这让政府购买的回应性与农民实际需求之间在很大程度上处于无交叉的平行状态，无形中也消解了政府购买的初衷。

（二）服务标准缺失弱化购买质量

标准是政府购买的重要前提，明确的标准设定可以有效指引政府购买流程的顺利进行。政府购买主要包括工程、货物与服务。但是相对而言，工程与货物能够形成比较明确的操作化标准，而服务的标准则比较难以界定。这种情况在政府购买农业公益性服务的活动中表现得尤为明显。

为了保证农业公益性服务的质量，需要可操作性较强的服务标准，但是调查发现，这种服务标准的制定存在极大的困难。首先，组织标准设定存在两难困境。地方县级政府通常会设定服务主体的组织标准，以此形成可供优选的筛选机制，例如依法登记、农机设备数量、经营范围、无重大事故问题等。但是如此一来就形成两难困境，标准从严则没有服务组织，购买无法实现，标准从宽则无法实现筛选，质量无法保证。其次，服务标准依靠经验设定。农业公益性购买通常是在上级政策指引下完成的，但是上级政策主要是原则性规定，不可能有统一的具体的服务标准，具体到地方实践中，对于服务标准的设定则普遍性缺少，通常只有地方政府的"土政策、土标准"，如土地深松项目中，南部一个县要求农机深耕不得少于10厘米，而北部另一个县则要求至少20厘米。另外，农业公益性服务存在明显的过程性特征，很多服务都是在服务过程中实现的，如深耕、收割等项目，因此服务质量难有客观标准。这就有可能造成服务组织利用服务标准设定弱的空隙，降低服务质量而不被发觉。这些因素导致地方没有或者仅仅依靠经验来制定服务标准，而服务标准的缺失与弱化导致监督与考核的无力，进而影响购买的最终效果。

（三）契约管理不足混淆契约边界

政府购买公共服务是利用市场机制转变公共服务供给方式，这种契约化服务供给需要政府对购买合同进行全程化管理，尤其在监管、考核、责任等方面需要政府具有很强的购买合同管理能力，但是被调查对象在购买合同管理方面都不是"精明的买家"，在服务合同的全程管理方面存在诸多需要改进与提升的地方。

第一，监管无心无力。繁重的行政工作致使基层政府官员无心监管服务质量，服务效果也主要基于对各种汇报材料的"阅读性监管"。官员本身具有专业局限性，致使其对农业服务无力监管。乡镇干部对专业化的农业服务如土壤保持、农机服务等方面不懂、不会，最终只是现场参观与签字，并最终承担责任。因此很多被调查者明确表示，政府购买农业公益性服务必须购买"第三方监管"服务，不过，在事实上可能造成购买"购买公共服务"的服务，导致花费更多、收益降低的窘境。第二，责任难以追究。调查发现，即使实行政府购买的新机制，政府的责任边界依然不清晰，导致责任难以追究。多数农业公益性服务如技术培训、土壤修复等因其无形性、过程性导致效果无法衡量评估，通常只要"不出事"，县乡政府就认为服务"合格过关"并签字付款。同时，即使是具有比较明确的标准与要求的工程型服务，一旦工程完成，政府签字后，承接组织通常就不再承担责任，而政府则要承担所有责任。在南部某县的小型农田水利工程建设完成后不久，水泵、电缆等很多物品就被盗窃丢失，多家媒体就此事做出的相关报道将责任直接指向当地政府，而相应的社会组织则在责任链中隐匿。尽管责任不在政府，但是面对社会指责，当地政府也"无可奈何"，只得承认工作失误，因此很多受访基层干部明确要求，应该建立终身责任追究机制，以此明确相关利益方的责任界限。

三 河南省政府购买农业公益性服务的主要制约因素

（一）能力制约

主体能力欠缺是河南省政府购买农业公益性服务扩容发展的首要制约因素。主体能力欠缺主要表现在政府管理能力不足、社会组织服务能力不足与受益对象参与能力不足三个方面。首先，政府管理能力不足。政府管理能力不足一方面因为已经习惯于直接供给与行政主导的传统方式，面临政府购买的新议题及其产生的新问题，经验不足导致其能力不够；另一方面因为科层组织的体制性要求，限制了基层政府的创新与适应能力，基层政府往往基于"不出事"逻辑的安全考虑，在政府购买公益性服务方面表现得异常谨慎，不敢也不愿有任何的创造性改变，结果导致在政府购买的有限服务项目实施过程中，不知如何管理合同与回应需求，直接导致政策期望与政策执行之间存在差距。其次，社会组织服务能力不足。被调查县域范围内的社会组织普遍存在数量少、规模小、专业能力低的问题。涉农社会服务组织的从业人员年龄偏大，便基本上没有农业院校的大学生，聘请的技术专家都是依靠经验进行农业技术服务的"土专家"。很多合作社仅仅具有形式合理性，但基本上不从事农业生产服务，一些服务类合作社成立时间短、经营资源短缺，甚至有一些合作社的成立就是以承接政府项目为主要目的，通过招标获得政府项目后，却没有足够的资源完成项目，如农机合作社没有足够的农业作业机械，而是通过租借整合形成的"临时"生产队完成项目任务。同时绝大多数类型的农业合作社面临融资难的问题，银行普遍不愿贷款导致合作社自身发展建设受到制约，其专业服务能力自然无法提升。最后，受益对象的参与能力不足。受益对象尤其是农民主要是"沉默的受益者"，对政府与社会组织提供的服务基本上是无参与、无话语、无意见。当然参与能力不足一方面源于农民自身的主体意识缺乏，更多源自缺乏一种制度性激励措施导致农民参与不参与都一样，导致受益最大者却最不关心农业公益性服务的成效与发展。

（二）资源制约

资源要素缺乏是制约基层政府购买农业公益性服务发展的重要因素。资源要素不足表现在两个层面，一是资源总量不足，二是资源配置失衡。两者在不同程度上限制了政府购买农业公益性服务的能力、意愿与实际效果。第一，资源总量不足制约服务的购买。河南是欠发达的农业大省，县域经济普遍处于欠发达状态，正如地方官员所言，作为直接面向农业生产的基层政府，县级财政已经摆脱"吃饭财政"的窘境，但也仅仅处于"稀饭财政"的状态，不可能像发达地区那样从自有财政中拿出很多公共资金进行农业公益性服务的购买。被调查对象中的各类农业服务资金主要来源于上级的财政转移支付或者项目本身。而且对于要求有配套资金的项目，地方政府通常是能避就避、能躲就躲。中部某县财政局一位科长表示，该县农业全程社会化服务项目已经实施三年，如果不是上级硬性要求，县里也想退出这一项目，因为尽管不需要配套资金，但是专项资金不能提取行政经费，需要县财政提供，这对该县是一个不小的负担。第二，资源配置失衡制约服务的展开。配置失衡主要表现为资源分散配置与过度配置。涉农各类资金项目主要分散在各个对口职能部门，某县2013年、2014年两年内各类涉农项目都有近百项，2013年96项、2014年106项，每年项目资金都接近16亿，主要分散在农机局、农业局、畜牧局、水利局、农综开发办、财政局、国土局、发改委、林业局等近25个机构执行，这种资源分散可能造成一个项目资金多得花不完，就乱花，而另一个急需财政资金的项目却因为资金不够无法开展。为了避免有限资源因为体制性分散而造成资源浪费，县级政府通常需要进行资源整合集中使用。资源集中使用的地方化策略就是集中资源，选择性建设若干典型试点。既发挥有限资源的集束效用，又能够完成上级的项目要求。这种典型试点的做法却意味着资源配置的不平衡，项目试点区的乡镇，能够持续获得各种项目服务资源，不管其需要不需要；非项目试点区的乡镇，则无法获得服务资源，不管其急切不急切。其结果是农业区域之间资源配置不均，进而在实质上影响了政府购买农业公益性服务的有效性。

（三）体制制约

县乡政府购买农业公益性服务具有明显的"项目制"特征，项目制是上级政府主导设置的、由县乡政府执行的一种控制性行政体制，这种体制适应中央集权的要求，却在事实上形成对政府购买农业公益性服务的限制。表面上，县乡政府主导了政府购买农业公益性服务的各个方面，事实上，基层政府的主体地位却并没有得到确认，很大程度上县乡政府只是涉农项目的"代理执行者"，其主体性功能并没有被充分认可与发挥。而常识上，县乡政府处于农业生产的第一线，最明白农业生产发展需要哪类公益性服务，明白哪里最需要花钱，但是项目制的服务内容主要由上级政府决定，购买什么、如何购买基本上按照上级文件政策要求进行。县乡政府主要负责执行，处于"有限权力、无限责任"的境地，因此在某种程度上而言，政府购买农业公益性服务可能造成大政府不相信小政府的感知错觉。

县乡政府主体性地位无法得到体制性确认，从而在事实上造成政府购买农业公益性服务的体制制约，其直接导致项目购买与地方需求之间的不匹配。基于政绩考核，县乡政府采取"眼睛向上"的策略，围着项目转，既无法获知农民的实际需求，也无法有效传递地方的真正需要，导致下达的服务项目地方不需要，地方需要的服务又没钱购买。

四 河南省政府购买农业公益性服务的发展建议

（一）加强主体组织化建设

所谓加强组织化建设主要包括政府、社会服务组织、受益者自组织等三方面的建设，其根本目的在于形成基于政府购买的农业公益性服务的供给结构，建构一种新型的农业服务机制与治理结构关系。一是确认县乡政府的主体性地位与功能，让基层政府真正成为政府购买农业公益性服务的购买主体。由县乡政府决定购买内容、服务质量与购买流程能够使服务项目更加符合地方农业发展的实际需要,因此在很大程度上能够避免政策统一性的任性及其与地方复杂性之间的错位。但是科层制与项目机制既有的体制惯性意味着基层政府的主体地位只能依靠上级政府的"放权"而不是"分权",这种行政监控思维可能是县乡基层政府主体性功能发挥的最大障碍,而且不易改变。二是强化发展涉农社会服务组织,建构充分的竞争市场。这方面至少需要注重两种机制的建设,即服务主体孵化机制与专业能力培养机制,其中服务主体孵化机制可以借鉴企业孵化的经验,强调激励发展与制度规范并重,从政策激励与资金支持两方面入手,重点发展基础类服务组织如农机合作社、农技合作社;专业能力培养机制的关键在于形成政府、社会组织与专业科研机构的协同培养机制,或者以省级政策的形式激励专业科研机构直接成立农业服务组织。三是注重受益者自组织发展。其目的是让受益对象真正成为政府购买结构化关联中的主体之一,具有表达、监督与参与能力。可直接效仿我国台湾地区和日本的农业服务模式,成立如"农民协作联合会"等形式的组织,一来可替农民代言,二来可直接承担政府购买的服务项目。

(二)推进购买服务标准化建设

推进政府购买服务的标准化建设是指政府购买服务的具体内容与标准的明确化过程,以此作为政府购买流程其他环节的主要依据。这方面主要包括两个基本内容,一是建立需求回应机制,二是制定服务标准。从实际调查看,可以根据"上级设规范、基层定内容"的基本原则建立需求回应机制,即宏观的方向性原则由上级负责,微观的具体性购买服务的标准由县乡政府根据地方实际需要确定,并由上级监管。根据"上级定目录、下级设标准"的基本原则制定政府购买的服务标准,即整体购买范围由上级圈定,具体购买的服务标准由县乡政府制定。服务标准化建设取决于县乡政府购买农业公益性服务的自主性权力的制度空间。

(三)加强购买流程管理规范化建设

加强购买流程管理规范化建设是指针对政府购买服务进行的顶层设计,

以此形成制度化规范与引导，规避购买风险，保证政府购买服务活动处于有据可依、有章可循的规范化状态。政府购买农业公益性服务可以以《政府采购法》为主要法律依据。除此之外，可以从五个方面，即监管机制、第三方评估机制、责任追究终身机制、管护机制与信息平台机制着手重点建设。监管机制建设意在防控服务过程中可能存在的减少服务内容、降低服务质量等服务风险；第三方评估机制建设目的在于避免政府考核的随意性，提高服务评估的专业化水准；责任追究终身机制建设可以形成对服务主体的制度性压力，促使其更加注重公共服务质量；管护机制建设目的在于保证农业公益性服务效果的持续性发挥，避免"一次购买、一次服务"的资源浪费，可考虑选择建立"县购买、乡管护、村使用"或"谁使用、谁管护"的管护机制；信息平台机制建设目的在于促进政府购买农业公益性服务的程序透明、过程开放、参与广泛。可以依托政府采购平台或者公共资源交易平台，建立独立的农业公益性服务购买平台板块，公布相应的购买服务目录、服务标准、购买流程等相关信息，保证政府购买农业公益性服务信息的及时传达与有效监督。

社会治理评价篇

Evaluation of Social Governance

河南省2015年度社会治理状况调查分析*

梁思源　张玉娇　王艺　王高松**

摘　要： 通过2016年河南省社会治理综合调查发现，在公共服务方面，河南省居民最希望政府提供医疗保健类养老服务；对教育救助、社区治安服务的满意度较高，对就业救助、居民自治的满意度较低。在社会治理透明化、法治化方面，河南省政府网站和依法行政状况有待改善。在社会参与方面，河南省居民对健身团体的了解度最高，对民间调解组织的参与度最低；群众性自治组织在河南省居民政治参与中发挥重要作用；但利益诉求的表达渠道和方式不够完备。从社会和谐方面来看，贪污腐败问题仍是当前社会最突出的社会问题；居

---

* 本研究是国家社科基金（项目编号13BZZ030）阶段性研究成果。
** 梁思源，郑州大学公共管理学院讲师，社会治理河南省协同创新中心研究员，研究方向为社会治理与社会发展、土地资源管理；张玉娇，郑州大学公共管理学院2014级行政管理专业硕士研究生；王艺，郑州大学公共管理学院2015级行政管理专业硕士研究生；王高松，郑州大学公共管理学院2015级政治学理论专业硕士研究生。

民在实际生活中却更倾向于自行解决矛盾纠纷；村民对基层政府的信任缺失。在下一步工作中，建议加大河南省就业扶持力度，强化与创新居民自治的现实路径；进一步巩固河南省法治化建设，加强河南省反腐倡廉工作，推进政府依法行政；加强政府网站建设，畅通居民反映社会问题、维护自身权益的渠道；重构基层政府信任；创新化解农村社会冲突方式、方法。

关键词： 社会治理　社会参与　公共服务　法治化　社会和谐

引　言

为了全面了解河南省社会治理和社会发展的实践状况，更好地反映河南省社会建设与治理的发展水平，社会治理河南省协同创新中心于2016年春对全省居民开展"河南省社会治理综合问卷"调查。调查围绕居民对社会治理的矛盾冲突化解、社会服务、法治建设等方面开展，调查范围涵盖了河南省的18个市，涉及河南省99个县区、258个乡镇街道，采用滚雪球的调查方式，共计发放问卷1300份，回收有效问卷1065份，有效问卷回收率为81.9%。

在调查样本中，男性523人占49.1%，女性542人占50.9%；在文化程度上，小学及以下116人，初中230人，高中或中专227人，大专171人，本科271人，硕士及以上50人，分别占样本总量的10.9%、21.6%、21.3%、16.1%、25.4%、4.7%；在年龄阶段上，30岁以下372人，30~45岁349人，45岁以上340人，分别占总样本量的35.1%、32.9%、32.0%；在职业分布上，党政机关、企业、事业单位管理人员194人，专业技术人员119人，办事人员66人，商业、服务业人员190人，农、林、牧、渔、水利从业人员39人，生产、运输设备操作人员92人，其他（如学生、打工者等)74人,分别占总样本量的18.2%、11.2%、6.2%、17.8%、3.7%、8.6%、7.0%(见表1)。

表1 样本分析

变量	指标	人数	比例(%)	变量	指标	人数	比例(%)
性别	男	523	49.1	年龄	30岁以下	372	35.1
	女	542	50.9		30~45岁	349	32.9
文化程度	小学及以下	116	10.9		45岁以上	340	32.0
	初中	230	21.6	工作状况	党政机关、企业、事业单位管理人员	194	25.0
	高中或中专	227	21.3		商业、服务业人员	190	24.5
	大专	171	16.1		专业技术人员	119	15.4
	本科	271	25.4		生产、运输设备操作人员	92	11.9
	硕士及以上	50	4.7		办事人员	66	8.5
					农、林、牧、渔、水利从业人员	39	5.0
					其他(如学生、打工者等)	74	9.6

注:性别变量的有效样本数为1065,文化程度变量的有效样本数为1065,年龄变量的有效样本数为1061,工作状况变量的有效样本数为774。

二 河南省社会治理状况的描述分析

(一)公共服务整体满意度一般,基本服务未满足居民需求

公共服务是指为实现公共利益和普遍福利目的,政府运用公共权力或者政府以外的其他主体运用公共资源为不特定个体或组织提供的服务,如教育、医疗保健、社会保障以及生态环境保护等。河南省社会治理综合调查从养老服务、社会救助、社区服务状况这三个方面来评价公共服务情况。其中养老服务指的是居民对政府提供养老服务的现状评价和需求表达,社会救助

反映了居民对河南省社会救助的满意度，社区服务状况则评价了社区各项服务的居民满意度。

1. 河南省居民享受最多的养老福利是老人津贴，最希望政府提供医疗保健类养老服务

在"您家中的老人受到过哪些来自于政府的福利服务"一题中，调查结果显示，选择"老人津贴"和"免费体检"的受访者比重较高，分别为45.5%和37.8%；而选择"出行交通补贴"和"粮油等生活用品"的受访者分别只有22.3%和17.3%（见图1）。说明我国居民在养老方面享受到最多的是老人津贴与免费体检，但出行交通补贴与生活用品等福利相对较少。

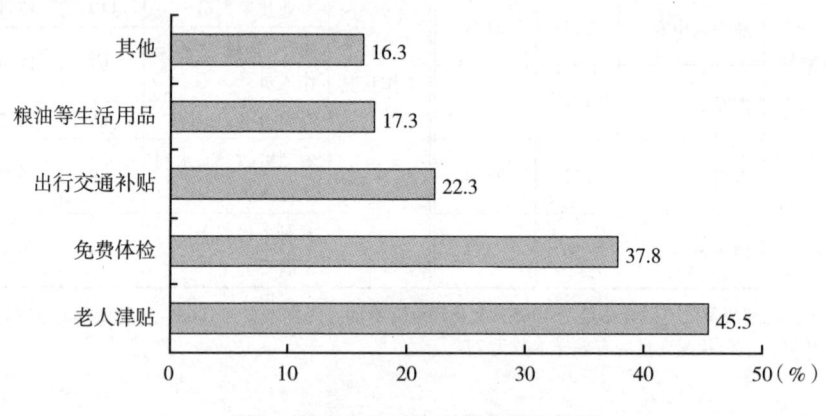

图1　河南省居民享受养老服务情况

在"您希望政府提供哪些养老服务项目"一题中，居民最希望得到的养老服务是"医疗保健"，其占受访者总人数的83.2%，其次为"紧急救助"和"生活照料"，分别为53.1%和45.2%，最希望得到"业余活动"养老服务的居民较少，为39.4%（见图2）。由此可见，相比于休闲娱乐上的养老服务，居民更注重政府提供在医疗、生活等基本需求上的养老服务。

2. 教育救助居民满意度最高

在问及"您对下列事项的满意度如何"时，调查结果显示，居民对"教育救助"和"医疗救助"的满意度较高，分别为32.1%和31.0%；其次是"最低生活保障""受灾人员救助""特困人员供养""住房救助"，分

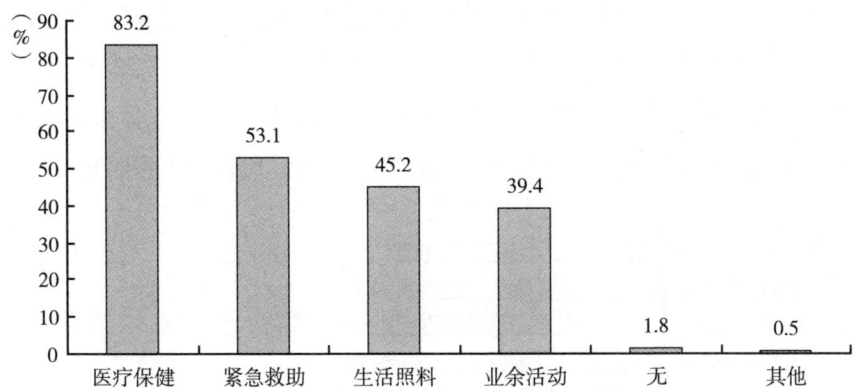

图2 河南省居民对政府提供养老服务的意愿

别为29.9%、21.2%、19.6%、18.3%；"就业救助"的满意度最低，为15.3%（见图3）。可以看出，河南省的就业救助未达到居民期望，应加大就业方面的救助力度。

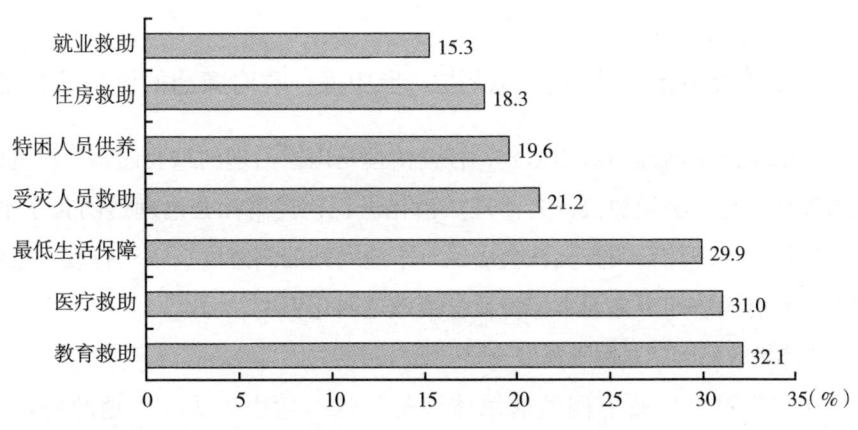

图3 河南省居民社会救助满意度

3. 社区服务总体满意度较低

调查结果显示，在"对于社区治理以下方面，您的满意度评价情况"一题中，居民对社区治理满意度最高的是"社区治安服务"，为39.0%；其次为"社区医疗保健服务""社区环境卫生""社区垃圾处理"，分别为34.4%、

33.2%、32.8%；再次为"社区文体娱乐服务""社区养老服务""村（居）务公开""社区矛盾调解"，分别为29.8%、27.3%、23.9%、22.5%；满意度最低的是"村（居）民自治"，为18.9%（见图4）。但是总体来看社区各项服务的满意度都不高，社区应更加注重对村（居）民自治工作的开展。

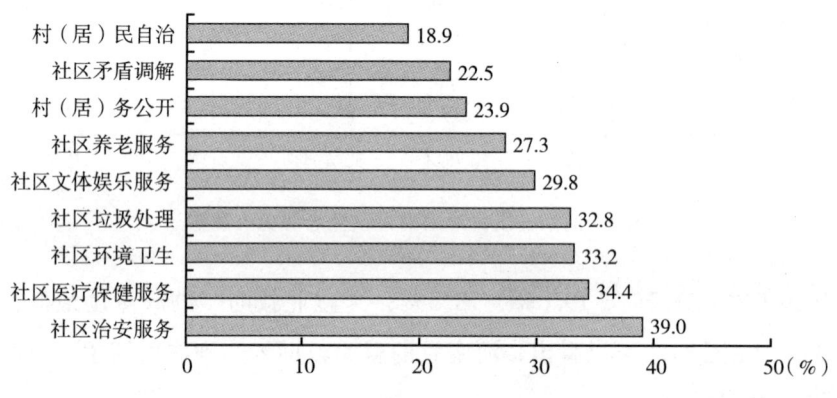

图4　河南省居民社区服务满意度

（二）社会治理透明化有待进一步加强，政府廉洁的满意度最低

法治是国家治理的基本形式，社会治理是国家治理的重要内容。推进国家治理现代化，必须加快社会治理法治化进程，提高社会治理透明化水平。河南省社会治理综合调查从社会居民对本地网站的满意度、依法行政、法治意识、政府廉洁四个方面来评价社会治理透明化程度。

1. 本地政府网站居民满意度一般

在"您对本地政府网站的总体评价"这一题中，认为本地政府网站"非常好"和"比较好"的居民占受访者总人数的41.2%，有48.2%的受访者选择评价"一般"，接近受访者总人数的一半。可以看出，居民对本地政府网站的评价比较好，满意度较高，也表明政府网站的工作做得比较到位，能够使得大部分群众满意。

2. 河南省居民对依法行政状况满意度一般

在问及"您认为当地政府在处理社会纠纷时严格遵守法律的情况如何"

时，认为"非常好"和"比较好"的受访者占受访总人数的36.3%；有47.2%的居民认为"一般"。可见，居民认为政府在处理矛盾纠纷严格遵守法律的情况上满意度一般，政府依法行政的状况一般。

3. 河南省居民法治意识较高

在问及"您认为通过法律途径解决反映的问题的可能性如何"时，有58.4%的居民选择了"非常大"和"比较大"，占受访总人数的一半以上，只有12.5%的居民认为通过法律途径解决反映的问题的可能性"比较小"和"没有"，可以看出，河南省居民认为通过法律途径反映和解决的问题的可能性比较大，河南省居民的法治化意识较高。

4. 河南省居民对政府廉洁满意度不高

在问及"您对当地政府廉洁状况的总体评价如何"时，有24.9%的居民认为本地政府廉洁状况"非常好"和"比较好"，低于认为本地政府廉洁状况"不太好"和"非常差"（25.1%）居民的比例，可见，政府廉洁状况的居民满意度不高，应加强廉洁政府建设。

（三）居民通过居委会的社会参与较多，社会组织参与较低

社会参与是指公民在政治运行过程中表达自己的思想、意图和利益以影响国家政治决策和国家行为的活动。河南省社会治理综合调查从民间组织发展、社会组织参与、政治参与、利益诉求表达这四个方面来评价社会参与程度。其中，民间组织发展反映了各种民间组织在当地的普遍程度和发展现况，社会组织参与是指居民对各种民间组织团体的参与程度，政治参与体现了居民在社区（村民）自治中的参与积极性，利益诉求则是对居民利益表达渠道是否完备畅通的反映。

1. 居民对公益志愿类组织参与度较高，但了解程度一般

河南省居民对健身团体（广场舞）的了解程度最高，对志愿服务组织的了解程度最低。调查结果显示，在"您对当地下列组织或团体的了解情况"这一题中，有"了解"和"不了解"两个选项，过半的居民对"健身团体（广场舞）"和"治安组织"有了解，分别为71.2%和52.5%；其他

依次为是"宗教组织""社区兴趣组织""公益组织""民间调解组织""业主委员会",分别为49.1%、47.9%、41.3%、40.8%、40.5%;"志愿服务组织"的了解程度最低,为38.9%(见图5)。可以看出,居民对自身兴趣爱好类组织的了解程度较高,而志愿服务组织的了解程度低。

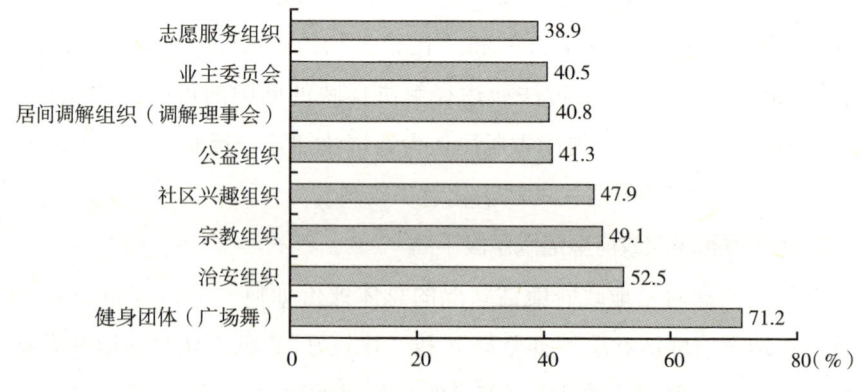

图 5　河南省民间组织发展了解情况

参加过公益组织的居民占比最高,民间调解组织占比最低。调查结果显示,在"您对当地下列组织或团体的参加情况"这一题中,有"参与"和"没有参与"两个选项,其中参与过"公益组织"的占比最高,为58.0%,而且远远高于其他组织团体。社区参与相对偏低,社区兴趣组织、业主委员会、治安组织及民间调解组织的度都在10.2%及以下(见图6)。由此说明,河南省居民对社区组织的参与积极性不高,相对而言,参与公益组织活动较多。

对比分析发现,居民对社区组织、兴趣组织了解程度远高于参与程度。居民对治安组织、宗教组织、社区兴趣组织、民间调解组织、业主委员会的了解程度在40.0%以上,而参与过这些组织的居民比例特别低,都在20.0%以下。参与过公益志愿类组织的占比最高,但了解程度相对较低。居民参与过公益组织的比例较高,为58.0%,同时,居民也确实了解过一些公益活动,但公益组织和志愿服务组织自身宣传不到位,居民认知欠缺,参与渠道比较少(见图7)。

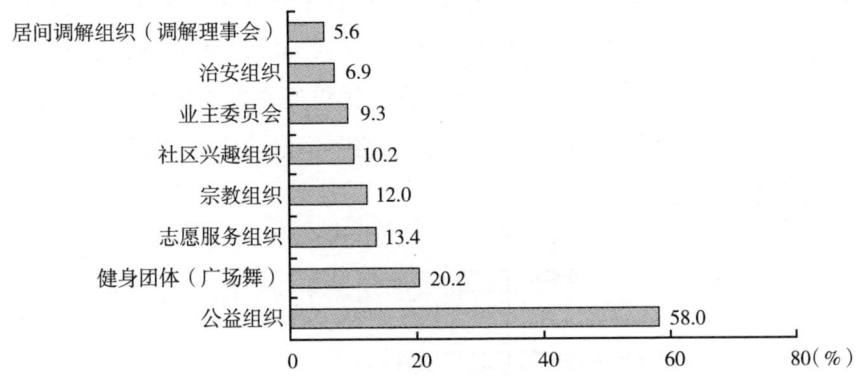

图6 河南省居民社会组织参与情况

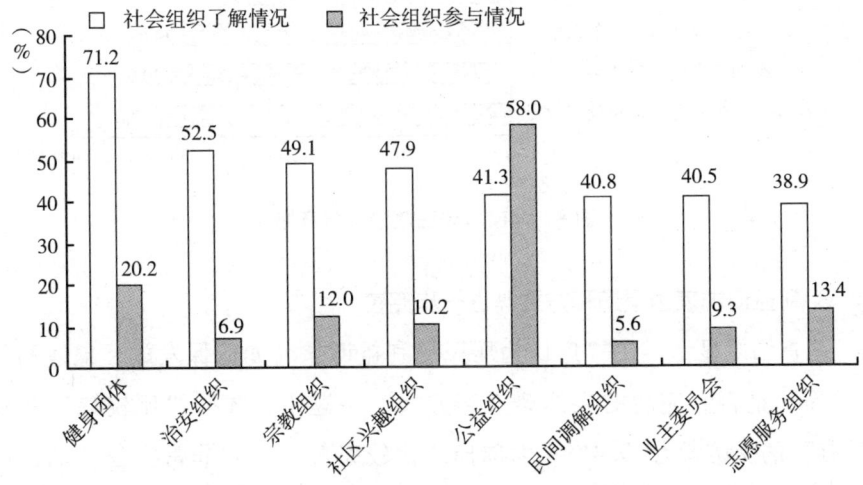

图7 河南省居民社会组织了解与参与情况

2. 基层群众性自治组织在河南省居民政治参与中发挥重要作用

调查结果显示，在"在过去三年中，您是否参加过以下活动"一题中，居民参加过活动的前4位分别是"向居委会（村委会）提建议或意见"、"参加居委会（村委会）选举"、"参加社区举办的公共服务、公益活动"、"参加社区举办的庆典活动"，分别占总选项的32.0%、30.9%、29.8%、27.1%；其他依次为"向相关政府部门反映问题"、"参加居委会（村委会）

管理、决策"、"向新闻媒体反映问题",分别为 14.8%、12.5%、10.1%;居民最不经常参加的活动为"上访"和"写联名信",分别占受访者总人数的 5.2% 和 4.5%(见图 8)。可见河南省居民更经常参与居委会(村委会)和社区的政治活动,所以基层群众性自治组织和社区社会组织在我省居民政治参与中发挥了重要作用。

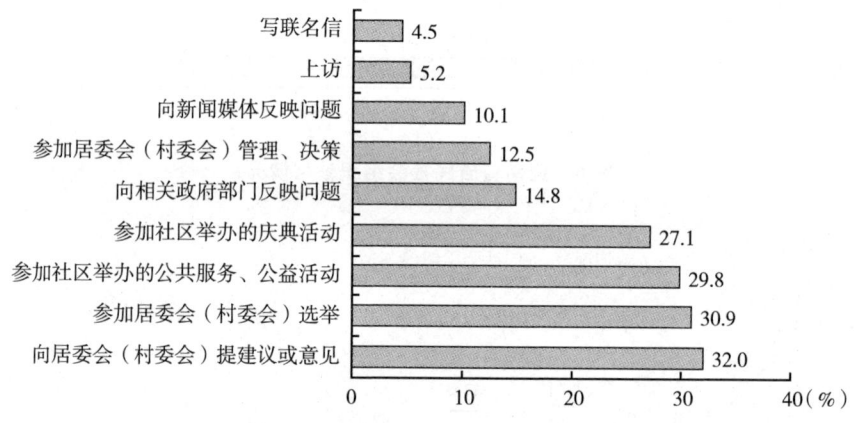

图 8　河南省居民政治参与意愿

3. 利益诉求表达渠道和方式需进一步完善

调查结果显示,在"您认为居民的利益诉求(如低保发放、集体利益分配等)是否有完备的表达渠道和方式"一题中,选择"比较缺乏"和"没有"的受访者为 39.4%;而选择"比较完备"和"非常完备"的仅占 19.8%。由此可见,河南省居民认为利益诉求的表达方式不够完备,还有待进一步完善。

(四)行政调解依然是化解矛盾的主要手段,居民对矛盾化解效果的满意度不高,但河南省总体社会和谐状况评价较好

社会和谐是社会各方面的利益关系得到妥善协调,人民内部矛盾和其他社会矛盾得到正确处理的结果。河南省社会治理综合调查通过社会最突出的社会问题、矛盾化解方式、矛盾化解状况、政府信任、社会和谐总体评价、法治化程度六个方面来评价社会和谐程度。

1. 贪污腐败、环境污染问题最受关注，征地拆迁移民补偿最有可能引起社会冲突

贪污腐败问题最受居民关注。调查结果显示，在问及"您认为当前最突出的社会问题"时，居民认为最突出社会问题是"贪污腐败问题"和"环境污染问题"，分别占受访者总人数的50.9%、43.7%；其他依次为"贫富差距、社会不公问题""征地拆迁补偿问题""食品安全问题""社会治安问题""土地权属问题"，分别为41.6%、35.3%、35.3%、25.6%、23.3%；排名最后的为"社会保障问题"和"司法不公问题"，分别为19.8%和14.7%（见图9）。可见，居民认为河南省的贪污腐败现象和环境污染现象仍比较严重，是河南省亟须解决的社会问题。

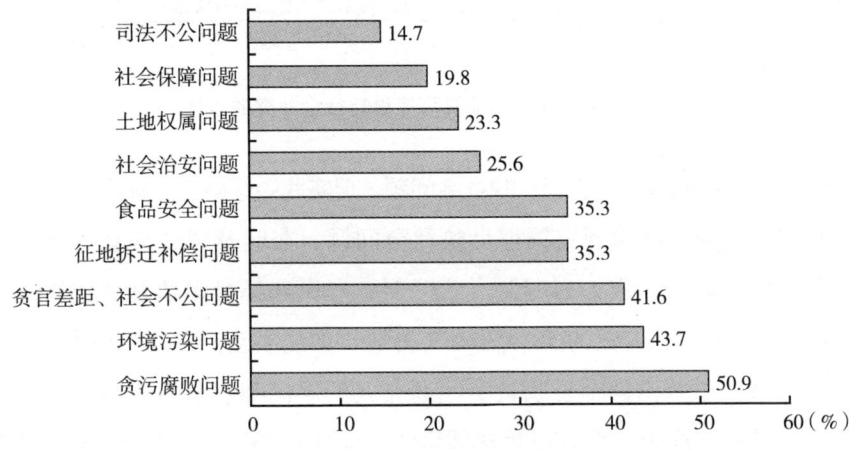

图9　居民认为当前最突出的社会问题

征地拆迁移民补偿引起社会冲突的可能性较大。调查结果显示，在"您觉得下列哪些事件最可能会引起社会冲突"这一题中，居民选择的最能引起社会冲突的事件前3名依次是"征地拆迁移民补偿""医疗纠纷""土地征用"，分别占总选项的52.0%、49.5%、38.6%；其他依次为"食品安全问题""宅基地纠纷""环境污染问题""低保发放不公""社会保障纠

纷""教育不公问题",分别为30.3%、29.9%、26.2%、23.3%、22.2%、22.0%;最不易引起社会冲突的是"土地权属边界纠纷",是居民选择最少的,为20.7%(见图10)。可见,征地拆迁移民补偿的问题如果得不到妥善的解决,极易引起社会冲突。

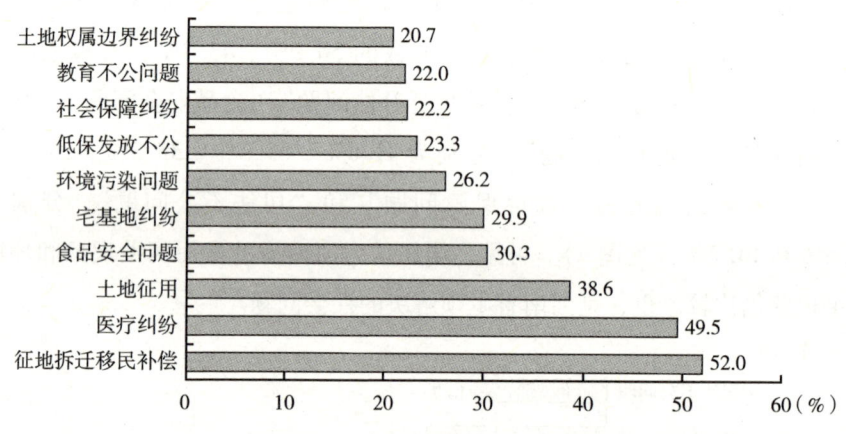

图10　居民认为当前最可能引起社会冲突的事件

2. 居民希望通过正规途径反映社会问题,但实践中倾向自行解决

居民希望通过法律规定渠道反映社会问题。在问及"如果您想反映社会问题,您倾向于采取下列哪些方式"时,居民选择最多的是"向当地政府反映",占受访总人数的58.4%,其次是"向居委会反映",占受访总人数的51.0%,选择这两个反映社会问题方式的居民都占受访者总人数的一半以上;其他依次为"拨打民生热线""向媒体反映""互联网发帖",分别占受访者总人数的39.5%、36.2%、35.6%,选择"向当地人大代表反映"和"上访"的居民较少,分别为17.2%和13.9%(见图11),由此可以看出,河南省居民还是比较倾向于通过行政部门反映社会问题,采用法律规定的方式维护自己的权益;随着新媒体的兴起,居民选择新媒体平台反映社会问题也逐渐普遍。

但是在实践过程中,居民遇到矛盾纠纷时更倾向于自行解决。在问及"过去四年中,您或您周围的人遇到矛盾纠纷时,首先选择了哪种解决方

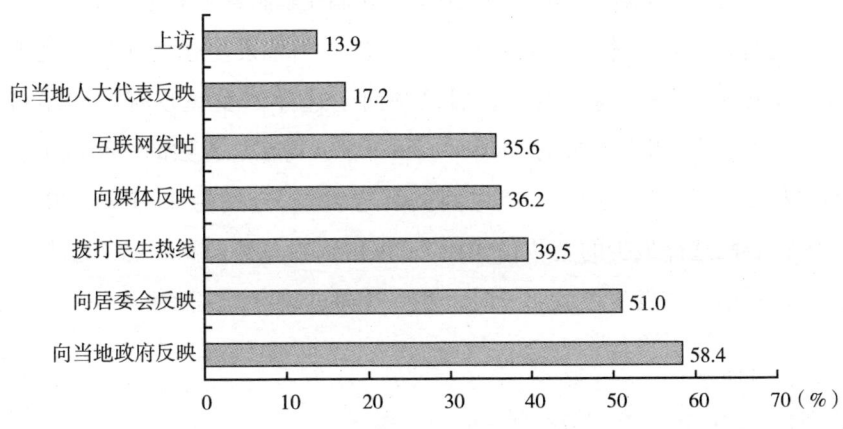

图11 居民倾向选择的反映社会问题方式

式"时，有43.6%的受访者表示他们选择了"自行解决"，主要是找媒体投诉、武力解决、自己协调解决等方式；其他依次为"民间调解""打官司""找政府或上级领导"，分别占受访者总人数的22.1%、13.1%、10.3%；还有10.0%的受访者选择了"忍了算了"（见图12）。可以看出，在居民真正遇到矛盾纠纷时，更倾向于自行解决，这也说明了居民反映问题的正规渠道不够畅通。

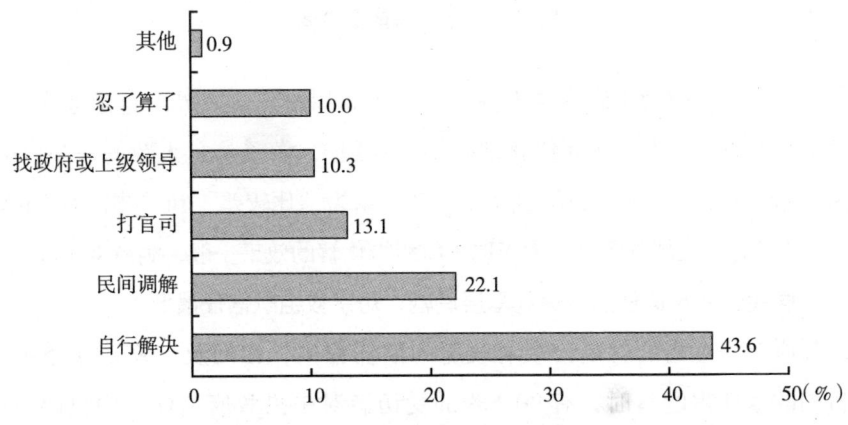

图12 居民倾向选择的矛盾纠纷解决方式

3. 政府机关是矛盾纠纷的调解主体，但矛盾化解满意度不高

矛盾纠纷调解主体主要是政府机关。在"当地发生矛盾纠纷时主要有哪几个主体来解决"这一题中，居民倾向于选择"乡镇政府"和"村委会"，分别占受访者总人数的74.6%、56.9%，均在总人数的一半以上；其次为"权威人士""法院""民间调解组织"，分别为45.1%、40.6%、31.9%；居民选择最少的是"信访局"，仅占选项总数的9.8%（见图13）。由此可以看出，在发生矛盾纠纷时，主要是通过政府机关解决。

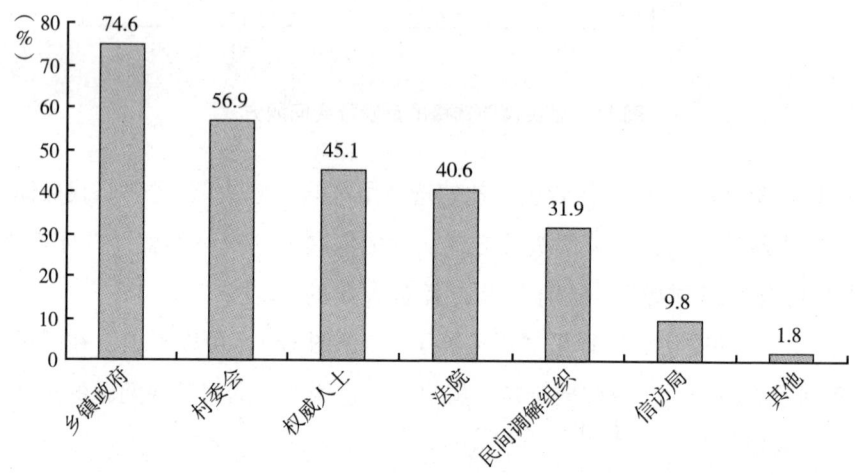

图13 矛盾纠纷解决主体

矛盾纠纷化解效果满意度不高。在"矛盾纠纷化解效果"这道题中，有60.3%的受访者认为矛盾纠纷化解效果"一般"，占受访总人数的一半以上；认为"非常好"和"比较好"的为27.7%；认为"比较差"和"非常差"的为12.0%，可见，大部分居民认为当地矛盾纠纷化解的效果一般，满意度不高。

4. 居民的社会信任从中央到基层递减，对宗教组织信任最低

政府信任度指的就是公众对政府的信任程度，在问及"您对于下面这些机构的信任程度"时，有90.8%的受访者对中央政府信任，中央政府的信任度最高；其次是省级政府、法院及司法系统、县（市/区）政府、乡（镇/街道）政府、居委会，分别84.7、81.1%、62.0%、50.3%、48.8%；

排在最后两位的是公益组织以及基督教会,分别是30.9%、23.5%(见图14)。可见,随着行政级别的降低,村民对各级政府的信任度逐渐降低,但总体对法院及司法系统的信任度相对较高。

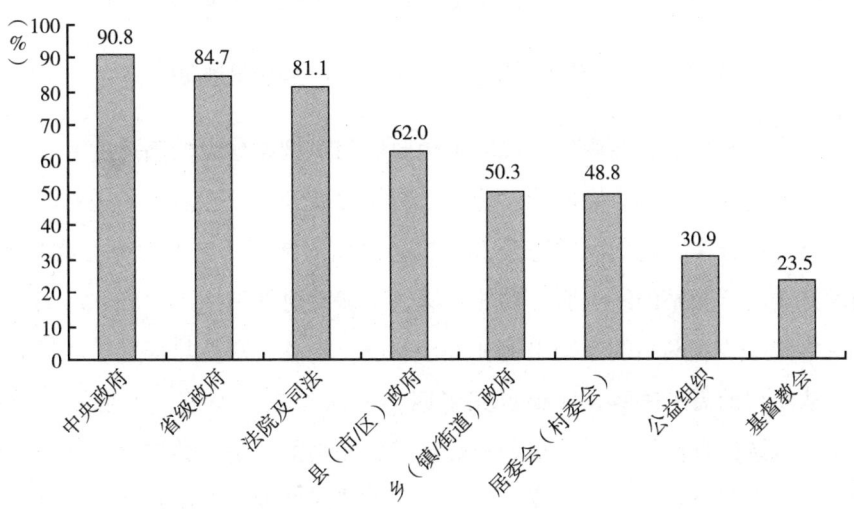

图14 居民对机构的信任度

5. 河南省社会和谐总体评价较好

在问及"您对社会和谐总体评价如何"时,认为社会"非常和谐"与"比较和谐"的居民占受访者总人数的60.5%;而选择"不太和谐"和"很不和谐"的只占受访总人数的4.7%,可见,大多数居民认为当地社会比较和谐,社会和谐居民满意度较高。

三 对策建议

(一)加强河南省反腐倡廉工作,推进政府依法行政

通过对调查数据分析可以发现,河南省居民普遍认为当前社会最突出的社会问题是贪污腐败问题,最有可能引起社会冲突的事情是征地拆迁移民补

偿问题。说明河南省仍需加强反腐倡廉工作，发挥法律和制度对公共权力的规范和制约作用，形成权力相互协调、相互制约、相互监督的运行机制，逐步铲除腐败现象产生的土壤，实现用制度办事、靠制度管人、按制度行使权力。加强政府依法行政建设，以保证人民赋予的权力用来为人民谋利益。

（二）加强对政府网站的建设，推进社会治理透明化

调查数据显示，河南省居民对本地政府门户网站建设的满意度一般，因此我们要进一步完善政府的网站建设，具体要做到以下几点：一是对政府信息进行整理分类，将信息规范公开；二是将政府网站的公共服务分类梳理，全面充实政府网站的线上服务功能，深入了解政府网站用户的服务需求；三是建立健全政府网站的互动渠道和处理制度，提高公众参与程度。就目前而言，从用户的需求来看，应重点完善四类公众参与的渠道：一是信箱类渠道、二是访谈直播渠道、三是调查类渠道、四是留言论坛类渠道。与渠道建设相比，完善公众意见、建议、留言、调查等的处理与反馈制度更为重要。

（三）畅通居民利益诉求表达渠道，创新村（居）民自治的实现路径

通过调查可以发现，居民希望通过正规途径，例如向当地政府反映、向居委会反映等方式来反映社会问题，但在实际生活中更倾向于自行解决矛盾纠纷。这说明，河南省居民反映社会问题、维护自身权益的渠道还不够畅通。为了加强国家与民众之间的沟通，通畅群众反映问题的渠道和保障解决问题的途径，应该加强基层政府机构工作人员的职业道德教育，提高他们为人民服务的精神；加大基层政府解决群众问题的力度，本应由基层政府解决而没有解决的问题，造成群众越级上访，应追究基层政府领导者的责任；完善司法体制，使各级司法机构独立办案可以真正落实；完善对基层政府机构的监督体系，在法律上赋予群众监督政府的更大的权利；建立健全群众的利益表达渠道，在人大代表和基层干部的选举制度上要逐步完善。

强化与创新村（居）民自治的实现路径。通过对调查数据分析可以发

现,河南省居民对村(居)民自治的满意度最低。随着我国社会形势的不断发展,村(居)民自治会出现新情况、新问题,只有不断强化与创新村(居)民自治的现实路径,才能提高河南省居民对村(居)民自治的满意度。首先,村(居)民委员会要去行政化,明确村(居)民的职能,强调村(居)民委员会的组织独立性和自我决定权;其次,不断落实村(居)民委员会政务公开、财务公开、接受工作成效评议等具体的义务和责任;探索与完善村(居)民自治的监督体系。

(四)创新化解基层社会冲突方式、方法,重构基层政府信任

通过对调查数据分析可以发现,河南省矛盾纠纷调解主体主要是乡镇政府、村委会等政府机关,但是在矛盾纠纷化解效果方面,居民满意度不高。表明许多基层政府农村社会管理理念跟不上时代发展,停滞在以前的框架下认识社会矛盾和冲突,习惯于以行政手段把一切不稳定的东西消灭在萌芽状态,对下施压,对上欺瞒,导致矛盾和冲突激化。对此,我们要通过法制建设规范农民的公共参与行为。增强司法解决社会纠纷的能力,改革信访制度,把社会矛盾的解决引导到正规的司法渠道,逐步减少信访以及伴随信访的非制度化的公共参与行动,保证农民政治参与的制度化和法治化是实现农村稳定的必由之路。

通过对调查数据分析可以发现,随着行政级别的降低,村民对各级政府的信任度逐渐降低,但总体对法院及司法系统的信任度相对较高。表明河南省居民对基层政府的信任缺失,这些与政府绩效、政府工作人员的能力与作风、政府制度的建构与执行是息息相关的,因此,我们要提高公民人际信任和参与意识水平,从提高政府绩效、增强工作人员的能力和提高道德水平、进行完整的制度建构三方面着力打造和提升基层政府公信力,建立政府权威,获得民众的认可;完善科学的政策决策、激励约束机制、政府诚信的法律机制,规范政策执行的监督机制;完善公民参与机制、利益协调机制,建立健全行政问责制度;营造一种参与型的政治文化,积极发挥媒体的宣传作用,增强公民的政府信任水平。

河南省经济发展环境调查分析*

樊红敏　刘晓凤　王高松　周勇振**

摘　要： 基于社会治理河南省协同创新中心的"2015年河南省经济发展环境满意度调查"数据，本文从行政环境、法治环境、社会环境、金融环境四个维度，分析了河南省经济发展环境状况。调查发现，河南省经济发展环境总体状况评价一般，居民对河南省金融环境评价最低，居民对金融服务、借贷成本居高不下的满意度低，企业经营管理人员和私营企业主对金融环境最不满意；农民或农民工群体对经济发展环境最不满意，其中对就业环境最不满意；居民对公共服务评价最高，但公共服务评价的绝对值居中；河南省物流服务发展较快，居民评价最高，商户经营过程中水、电、气保障状况次之，经济发展环境的配套设施评价最低。调查结果表明，河南省经济发展环境还有待进一步改善和优化，亟须从优化企业经营环境的角度对金融环境加以改善，需进一步加强基础设施建设，有待于从基础和配套设施建设入手改善经济发展环境。农民及农民工群体就业形势严峻，解决农民工就业问题具有现实紧迫性。

---

* 河南省哲学社会科学规划项目"县域维稳制度化及动态稳定机制构建研究"（2013BZZ006），2014年河南省高等学校哲学社会科学研究"三重"重大项目"治理视角下河南省化解基层社会矛盾的路径及机制创新研究"（2014 – SZZD – 08）阶段性成果。
** 樊红敏，郑州大学公共管理学院副院长、教授，博士生导师；刘晓凤，郑州大学公共管理学院2015级公共管理专业博士研究生；王高松，郑州大学公共管理学院2015级政治学理论专业硕士研究生；周勇振，郑州大学公共管理学院2014级行政管理专业硕士研究生。

关键词： 经济发展环境　评价　河南省及18个地市

习近平总书记以"经济新常态"高度概括了当前经济发展的新特征、新趋势。在经济新常态下，河南省的投资力度和要素驱动力有所减弱、结构优化升级更加紧迫、资源环境约束加剧、各类潜在风险累积叠加，但产业梯度转移蕴藏的投资需求潜力不断释放，区位交通、人力资源、产业集群、载体平台等综合优势日益凸显。2016年河南省政府提出了促进中部地区崛起十年规划，要求提高供给体系的质量和效率，为经济发展环境优化指明了方向。行政环境、金融环境、社会环境等作为经济发展供给体系的一部分，对促进中部崛起、确保河南"十三五"良好开局具有重要意义。为此，2015年12月，社会治理河南省协同创新中心启动了"2015年河南省经济发展环境满意度调查"。调查结束后，对问卷进行信度测量，克隆巴赫信度系数为0.939，显示为"非常可信"。

一 经济发展环境评价指标体系的构建

由于经济活动本身所涉及的范围非常广泛，关于经济发展环境的定义各有侧重。有的学者从宏观上的角度来界定经济发展环境，认为其主要包括与经济发展相关的社会环境和各种支持环境。[1] 还有的学者聚焦于影响经济发展的关键要素，认为经济发展环境是一个地方所拥有的经济和社会资源的总和。[2] 可见，经济发展环境是一个地方经济发展的物质和非物质基础，而环境状况直接影响和制约着地区的经济规模和发展速度。

---

[1] 宋贤卓：《中国经济发展软环境理论研究》，中国社会科学出版社，2016。
[2] 徐康宁、施海洋、臧新：《国内中心城市经济发展环境与竞争力》，《比较研究·科技与经济》2001年第5期。

有的学者从系统论的角度出发，把经济发展环境视作一个系统，分别从经济子系统、社会子系统、生态子系统三个维度构建指标评价体系。① 而有的学者把经济发展环境分为硬环境和软环境，并从这两个维度建立了评价指标体系。② 还有的学者从企业经营环境的角度建立评价指标体系，通过企业经营环境指数来反映经济发展环境质量，构建了政府行政管理环境、企业经营的法制环境、企业的税费负担、金融服务、人力资源供应、基础设施条件、中介组织和技术服务、企业经营的社会环境共8个方面的评价指标体系。③

以上研究为本报告指标体系的构建提供了参考和启示。经济发展环境是包涵经济发展所依赖的相关的各个外部环境的总称。本文从行政环境、法治环境、社会环境、金融环境四个维度定量评价河南省18个城市的经济发展环境状况；其中行政环境选取服务效率、服务态度、干部作风、公共服务四个三级指标；法治环境选取依法行政、司法公正、群众权益维护、居民守法状况四个三级指标；社会环境评价选取社会诚信、人力资源环境、治安环境、就业环境四个三级指标；金融环境选取资金状况、银行服务、借贷成本三个三级指标，河南省经济发展环境评价指标体系具体如下（见表1）。

表1　河南省经济发展环境指标体系

一级指标	二级指标	三级指标
经济发展环境	行政环境	服务效率
		服务态度
		干部作风
		公共服务

---

① 曹洪军、牛盼强、安玉莲：《山东各地市经济发展环境评价研究》，《中国人口资源与环境》2005年第3期。
② 付宜强：《威海市经济发展环境评价研究》，《城市问题》2007年第4期。
③ 王小鲁、余静文、樊刚：《中国分省企业经营环境指数2013年报告》，中信出版社，2013。

续表

一级指标	二级指标	三级指标
经济发展环境	法治环境	依法行政
		司法公正
		群众权益维护
		居民守法状况
	金融环境	资金状况
		银行服务
		借贷成本
	社会环境	社会诚信
		人力资源环境
		治安环境
		就业环境

本文的数据支撑是社会治理河南省协同创新中心于2015年12月17～22日开展了"河南省居民幸福感调查"数据，调查的具体情况与样本分析在前文《河南省城市居民幸福感调查分析》已有详尽描述，在此不再赘述。本次调查通过了解全省居民在政府服务质量、社会法治状况、融资难易、基础设施等15个方面的感知度来判定河南省及18个城市的经济发展环境状况。把河南省及18个城市的行政环境、法治环境、金融环境、社会环境等经济发展环境评价按照5分量表进行统计分析，分别对应"非常满意、比较满意、一般、比较不满意、非常不满意"5个等级按照5分量表的形式进行赋值，1.00分表示"非常不满意"，5.00分表示"非常满意"，分数越高意味着满意度越高。依此得出河南省及18个城市的各三级指标指数，通过加权计算，得出二级指标行政环境指数、法治环境指数、金融环境指数、社会环境指数及最终的经济发展环境指数。经济发展环境各指数的评定标准为：1.00～2.00分为"低"，2.01～3.00分为"比较低"，3.01～3.50分为"中"，3.51～4.00分为"比较高"；4.01～5.00分为"高"。

二 河南省及18个城市行政环境评价

行政环境是指政府行政运行和行政活动所形成的影响，主要包括服务效率、服务态度、公共服务和干部作风等。行政环境从行政服务效率、行政服务态度、干部作风、政府公共服务四个维度来评价，分别选取"当地政府有关部门的行政服务中心（大厅）办事效率和服务态度如何""当地政府有关部门办事是否存在门难进、脸难看、话难听、事难办的情况""当地的干部作风如何""当地商户经营过程中水、电、气的保障情况"这四个三级指标来分析河南省经济发展环境中行政环境指数；河南省及18个城市的行政环境指数如下（见表2）。

表2 河南省及其18个城市的行政环境指数

单位：分

序号	城市	公共服务	服务效率	服务态度	干部作风	行政环境
1	许昌	3.88	3.96	3.68	3.6	3.78
2	漯河	3.76	3.67	3.40	3.40	3.56
3	新乡	3.54	3.59	3.49	3.48	3.53
4	平顶山	3.55	3.65	3.37	3.40	3.49
5	济源	3.58	3.59	3.41	3.25	3.46
6	鹤壁	3.42	3.55	3.43	3.31	3.43
7	焦作	3.47	3.54	3.36	3.14	3.38
8	三门峡	3.73	3.27	3.33	3.02	3.34
9	南阳	3.81	3.29	3.09	3.08	3.32
10	郑州	3.45	3.30	3.04	3.19	3.25
11	开封	3.46	3.17	3.13	3.21	3.24
12	安阳	3.35	3.43	3.06	3.09	3.23
13	信阳	3.30	3.42	2.99	3.04	3.19
14	洛阳	3.49	3.23	2.96	3.05	3.18
15	周口	3.25	3.20	3.14	3.12	3.18
16	濮阳	3.29	3.31	2.95	3.06	3.15
17	驻马店	3.02	3.38	3.00	2.92	3.08
18	商丘	2.96	2.87	2.92	3.06	2.95
	全省平均	3.46	3.39	3.19	3.18	3.31

（一）行政环境评价指数为"中"

河南省政府整体行政环境质量得分为3.31分，评分为"中"，说明河南省全省行政环境质量一般，行政环境质量尚需进一步改善，政府行政效率与服务水平有待加强。

（二）公共服务评价最高，干部作风评价最低

由上表可知，公共服务评分最高，为3.46分，得分为"中"，表明近年来河南省在加强公共服务基础设施建设方面力度很大，取得了显著的成效，获得了居民的认可。其他依次为服务效率、服务态度，干部作风得分最低，为3.18分，表明居民对干部作风问题仍不满意，有待于进一步加强干部作风建设。

（三）许昌、漯河、新乡行政环境评价较高

在18个城市中，许昌、漯河、新乡3个城市的行政环境得分在3.51~4.00分，行政环境评分为"比较高"；而平顶山、三门峡、驻马店等14个城市的行政环境得分在3.01~3.50分，行政环境满意度为"中"。其中相比较而言，许昌行政环境评分最高，为3.78分，政府行政环境质量最好。商丘行政环境评分最低，分别为2.95分，政府行政环境评分为"比较低"。

（四）农民工群体对行政环境评价最低

从不同职业群体来看，机关事业单位人员对行政环境评分最高，得分为3.40分；其他依次为个体工商户、专业技术工人或高级管理人员、私营企业主、普通工人；农民工或农民群体对行政环境评分最低，得分为3.18分（见表3），表明河南省应针对农民群体改善行政服务。

表3　不同职业群体对行政环境的评价

单位：分

职业群体	服务效率	服务态度	干部作风	公共服务	行政环境
机关事业单位人员	3.52	3.30	3.30	3.50	3.40
个体工商户	3.40	3.17	3.14	3.52	3.31
专业技术工人或高级管理人员	3.40	3.20	3.19	3.47	3.31

续表

职业群体	服务效率	服务态度	干部作风	公共服务	行政环境
私营企业主	3.40	3.15	3.12	3.40	3.27
普通工人	3.27	3.11	3.07	3.49	3.24
农民工或农民	3.26	3.09	3.04	3.31	3.18

三 河南省及18个城市法治环境评价

法治环境是指全社会主张法律主治、依法而治的状况，法治环境包括政府依法行政、法院司法公正以及居民守法等方面。本文从依法行政、群众权益维护、居民守法状况以及司法公正四个维度评价法治环境，分别选取了"当地政府部门是否存在乱收费、乱罚款、乱摊派、乱检查的情况""当地政府部门维护群众权益的情况""当地居民严格遵守法律的情况""在诉诸法院的纠纷处理过程中，得到公正解决的情况"四个三级指标分析法治环境指数；河南省及其18个城市的法治环境指数如下（见表4）。

表4 河南省及其18个城市的法治环境指数

单位：分

序号	城市	依法行政	群众权益维护	居民守法状况	司法公正	法治环境
1	许昌	3.98	3.65	3.54	3.66	3.71
2	新乡	3.65	3.61	3.40	3.69	3.59
3	漯河	3.68	3.39	3.46	3.35	3.47
4	济源	3.61	3.28	3.62	3.28	3.45
5	平顶山	3.47	3.51	3.36	3.38	3.43
6	鹤壁	3.50	3.46	3.45	3.30	3.43
7	南阳	3.42	3.32	3.54	3.25	3.38
8	焦作	3.44	3.34	3.37	3.31	3.37
9	三门峡	3.59	3.11	3.49	3.22	3.35
10	郑州	3.30	3.33	3.23	3.32	3.30
11	开封	3.16	3.36	3.32	3.30	3.29
12	周口	3.08	3.60	3.16	3.10	3.24

续表

序号	城市	依法行政	群众权益维护	居民守法状况	司法公正	法治环境
13	信阳	3.37	3.22	3.03	3.20	3.21
14	洛阳	3.20	3.12	3.25	3.19	3.19
15	商丘	2.86	3.40	3.28	3.05	3.15
16	濮阳	3.13	3.27	3.07	3.10	3.14
17	安阳	3.34	3.05	3.02	3.09	3.13
18	驻马店	2.97	2.89	3.02	3.18	3.01
全省平均		3.36	3.33	3.30	3.28	3.32

（一）法治环境评价指数为"中"

由表5可知，全省政府法治环境质量指数为3.32分，得分为"中"，表明群众对政府法治环境的满意度不高，还没达到期望的水平，政府法治环境质量一般。法治环境三级指标评价差异不明显，其中依法行政的评分最高，为3.36分；依次为群众权益维护、居民守法状况；司法公正的评分最低，为3.28分，表明河南省在依法行政、居民守法和司法公正方面群众满意度普遍不高，行政、司法规范化、法治化有待进一步加强。

（二）许昌、新乡两市政府法治环境质量较高

许昌、新乡两市政府法治环境指数为"比较高"，分别为3.71分、3.59分；漯河、济源等16个市得分在3.01~3.50分，政府质量为"中"；安阳和驻马店得分分别为3.13分和3.01分，排名后两位。

（三）农民工或农民对法治环境评价最低

从表6可以看出，不同的职业群体对法治环境的评价也不同，机关事业单位人员评价最高，得分为3.41分；其他依次为个体工商户、普通工人、私营企业主等，农民工或农民群体评价最低，得分为3.17分。从三级指标群体评价得分来看，机关事业单位人员对依法行政的评价最高，得分为3.47分；农民工或农民群体对司法公正评价最低，得分为3.12

分（见表5），表明应该针对农民工或农民群体，加强法律援助和权益维护。

表5 不同职业群体对依法行政的评价

单位：分

职业群体	依法行政	群众权益维护	居民守法状况	司法公正	法治环境
机关事业单位人员	3.47	3.46	3.37	3.35	3.41
个体工商户	3.35	3.28	3.36	3.27	3.32
普通工人	3.38	3.30	3.32	3.24	3.31
私营企业主	3.28	3.36	3.29	3.18	3.28
专业技术或高级管理人员	3.28	3.25	3.29	3.24	3.26
农民工或农民	3.20	3.17	3.19	3.12	3.17

（四）依法行政的满意度与不满意度均为最高

通过对法治环境的三级指标满意度的对比发现，47.4%的被访者对当地政府依法行政表示"非常满意"或"比较满意"，满意度相对最高；对于本地司法是否公正的调查，只有39.4%的被访者对当地政府司法公正表示"非常满意"或"比较满意"，满意度相对最低。需要指出的是，调查表明，有19.7%的受访群众对当地政府依法行政表示"不满意"或"非常不满意"（见表6），说明依法行政是居民关注的焦点。

表6 河南省法治环境三级指标的满意度

单位：%

三级指标	指标内容	非常满意和比较满意	不满意和非常不满意
法治环境	依法行政	47.4	19.7
	居民守法情况	43.7	16.7
	权益维护	41.7	13.1
	司法公正	39.4	15.8

四 河南省及18个城市金融环境评价

金融环境是指在一定的金融体制和制度下，金融活动影响市场主体和经济运行的各要素的集合，金融环境包括金融服务、借贷成本、企业与银行之间关系等多方面综合因素。本文从银行服务、借贷成本、企业资金状况三个维度来评价金融环境，分别选取了"您认为目前当地企业在经营中获得银行贷款的情况""您认为当地的借贷成本如何""您所在企业在经营的过程中资金短缺情况"三个三级指标分析金融环境指数；河南省及18个城市的金融环境指数如下（见表7）。

表7 河南省及其18个城市的金融环境指数

单位：分

序号	城市	资金状况	银行服务	借贷成本	金融环境
1	漯河	3.49	3.36	2.67	3.17
2	平顶山	3.41	3.15	2.73	3.10
3	驻马店	3.00	3.33	2.78	3.04
4	新乡	3.26	3.27	2.55	3.03
5	焦作	3.35	3.09	2.60	3.01
6	三门峡	3.09	3.20	2.57	2.95
7	周口	2.97	3.08	2.75	2.93
8	商丘	2.93	2.90	2.92	2.92
9	鹤壁	3.05	3.08	2.56	2.90
10	济源	3.06	3.11	2.52	2.90
11	开封	3.03	3.09	2.58	2.90
12	南阳	3.24	2.91	2.56	2.90
13	郑州	3.17	3.01	2.53	2.90
14	许昌	3.19	2.93	2.49	2.87
15	洛阳	3.02	2.83	2.51	2.79
16	安阳	2.91	2.81	2.37	2.70
17	信阳	2.94	2.77	2.39	2.70
18	濮阳	2.82	2.78	2.42	2.67
全省平均		3.11	3.03	2.58	2.91

（一）金融环境评价指数为"比较低"

由表8可知，河南省金融环境得分为2.91分，金融环境指数为"比较低"，说明居民对河南省经济发展环境中的金融环境满意度较低。

(二)借贷成本居民评价最低

从银行服务、借贷成本、资金状况三个指标的对比情况来看,资金状况和银行服务得分分别为3.11分和3.03分,满意度指数为"中";借贷成本得分仅为2.58分,在三个指标中得分最低,满意度为"比较低"。

(三)18个城市中有12个得分为"比较低"

从18个城市比较来看,漯河、平顶山、驻马店等5个城市的金融环境得分在3.00~3.20分,其中漯河金融环境满意度最高,得分为3.17分,金融环境满意度指数为"中"。而三门峡、周口、商丘等13市的金融环境得分均在3.00分以下,超过河南省地级市总数的2/3,其中濮阳为2.67分,排名最末,金融环境满意度均为"比较低",由此可见河南省金融环境质量有待大幅度提高。

(四)专业技术或高级管理人员对金融环境最不满意

不同职业群体评价比较,对金融环境评分最低的是"专业技术或高级管理人员",仅为2.84分。对资金状况指标评分最低的是"农民工或农民",为2.94分,说明农民工或农民对自身收入最不满意;对银行服务指标和借贷成本指标评分最低的均是"专业技术或高级管理人员",分别为2.89分和2.48分,说明专业技术或高级管理人员对银行服务和借贷成本最不满意。从总体来看,金融环境满意度评分最低的依然是"专业技术或高级管理人员",为2.84分,金融环境满意度指数为"比较低"(见表8)。

表8 不同职业群体对金融环境的评价

职业	资金状况	银行服务	借贷成本	金融环境
普通工人	3.14	3.09	2.62	2.95
个体工商户	3.14	3.01	2.55	2.90
机关事业单位人员	3.10	3.05	2.55	2.90
农民工或农民	2.94	2.96	2.74	2.88
私营企业主	2.99	3.00	2.58	2.86
专业技术或高级管理人员	3.14	2.89	2.48	2.84

五 河南省及18个城市社会环境评价

广义的社会环境是指居民生存及活动范围内物质及精神条件的总和,狭义的社会环境是指居民生活的直接环境,如社会安全、社会网络、社会规范等。本文从社会诚信、社会治安、人力资源环境、就业环境四个维度来评价,分别选取了"您认为,当地的社会诚信状况如何""您认为,当地商户受到周边社会势力干扰的情况""您认为当地招工难易程度为""您认为当地就业的形势"四个三级指标分析社会环境指数;河南省及其18个城市的社会环境指数如下(见表9)。

表9 河南省及其18个城市的社会环境指数

单位:分

序号	城 市	社会诚信	社会治安	人力资源环境	就业环境	社会环境
1	平顶山	3.55	3.61	3.23	3.28	3.42
2	济 源	3.54	3.55	3.29	3.16	3.39
3	漯 河	3.48	3.3	3.35	3.34	3.37
4	许 昌	3.51	3.6	3.18	3.18	3.37
5	新 乡	3.51	3.42	3.39	3.14	3.37
6	周 口	3.37	3.23	3.35	3.34	3.32
7	鹤 壁	3.38	3.24	3.36	3.18	3.29
8	南 阳	3.28	3.41	3.26	3.19	3.29
9	开 封	3.48	3.29	3.23	3.12	3.28
10	商 丘	3.48	3.26	3.05	3.12	3.23
11	郑 州	3.3	3.18	3.21	3.11	3.20
12	焦 作	3.28	3.45	3.04	3.02	3.20
13	三门峡	3.19	3.66	3.07	2.86	3.20
14	洛 阳	3.3	3.24	3.07	2.94	3.14
15	信 阳	3.15	3.27	3.04	3.09	3.14
16	驻马店	3.12	3.2	3.09	3.13	3.14
17	濮 阳	3.19	3.31	3.03	2.79	3.08
18	安 阳	3.09	3.11	2.86	2.67	2.93
全省平均		3.46	3.41	3.29	3.21	3.34

（一）社会环境评价指数为"中"

由表9可知，河南省社会环境指数为3.34分，评价指数为"中"，表明居民对社会环境满意度不高。在四个三级指标中，河南省社会治安指数与社会诚信分别为3.41分和3.46分，相对得分最高，人力资源环境指数为3.29分，就业环境指数得分最低，为3.21分，表明居民对就业最不满意。

（二）18个城市的社会环境指数差异较小，整体得分不高

对18个城市的社会环境指数进行比较可知，平顶山得分最高，仅为3.42分；安阳得分最低，为2.93分，社会环境指数"比较低"，其他地市得分在3.01~3.50分，得分均为"中"，整体得分不高。

（三）人力资源环境和就业环境评价不高，用工荒与就业难并存

在社会环境的四个三级指标中，人力资源环境指数和就业环境指数评分都不高，分别为3.29分和3.21分，低于社会诚信和社会治安3.46分和3.41分。人力资源环境指数得分低说明河南省存在"用工荒"问题，而就业环境指数得分低则反映出河南省存在"就业难"问题。

（四）农民工就业环境评价最低

从群体评价来看，不同的职业群体对社会环境的评价总体差异不大，机关事业单位人员评价最高，得分仅为3.30分；其他依次为个体工商户、私营企业主、普通工人等，农民工或农民群体评价最低，得分为3.16分。从三级指标群体评价得分来看，机关事业单位人员对社会治安的评价最高，为3.44分；农民工或农民群体对就业环境评价最低，得分为3.01分（见表10），表明应该针对农民工及农民群体，加强就业指导和技能培训。

表 10 不同职业群体对社会环境的评价

单位：分

职业	社会诚信	就业环境	人力资源环境	社会治安	社会环境
机关事业单位人员	3.40	3.13	3.23	3.44	3.30
个体工商户	3.31	3.13	3.18	3.39	3.25
私营企业主	3.26	3.19	3.18	3.26	3.22
普通工人	3.36	3.07	3.14	3.31	3.22
专业技术或高级管理人员	3.31	3.04	3.11	3.30	3.19
农民工或农民	3.29	3.01	3.08	3.24	3.16

（五）居民年龄越大对社会环境越不满意

调查表明，河南省居民对社会环境的满意度随年龄增加而降低，具体来说，不同年龄组居民对社会环境的评分分别是，30岁以下的是3.25分，30~45岁的是3.23分，45岁以上的是3.22分（见表11）。其中对就业环境评价最低，表明45岁以上中年群体就业形势更加严峻，要出台倾斜政策缓解中年群体就业压力。

表 11 河南省不同年龄组居民社会环境评价得分

单位：分

年龄	社会环境三级指标				社会环境
	社会诚信	人力资源环境	治安环境	就业环境	
30岁以下	3.34	3.23	3.35	3.08	3.25
30~45岁	3.34	3.14	3.35	3.10	3.23
45岁以上	3.35	3.16	3.31	3.08	3.22
平均值	3.34	3.18	3.34	3.09	3.24

六 河南省经济发展环境总体评价

（一）河南省经济发展环境总体评价为"中"

通过对行政环境、法治环境、社会环境、金融环境这四个二级指标进行加权计算，得出河南省及18个城市的经济发展环境指数，具体如下表所示（见表12）。河南省经济发展环境质量得分为3.22分，经济发展环境指数为"中"；从地市比较来看，经济发展环境得分最高的是许昌和漯河，分别仅为3.43分和3.39分，得分为"中"，得分最低的为濮阳和安阳，得分分别为3.01分和3.00分。河南省社会环境、法治环境、行政环境得分分别为3.34分、3.32分和3.31分，评价指数均为"中"；金融环境得分最低，得分为2.91分，评价指数为"比较低"。表明河南省经济发展环境居民满意度一般，还有待于进一步改善和优化。

表12 河南省及18个城市经济发展环境指数

单位：分

序号	城市	二级指标				经济发展环境得分
		社会环境	法治环境	行政环境	金融环境	
1	许昌	3.37	3.71	3.78	2.87	3.43
2	漯河	3.37	3.47	3.56	3.17	3.39
3	新乡	3.37	3.59	3.53	3.03	3.38
4	平顶山	3.42	3.43	3.49	3.10	3.36
5	济源	3.39	3.45	3.46	2.90	3.30
6	鹤壁	3.29	3.43	3.43	2.90	3.26
7	焦作	3.20	3.37	3.38	3.01	3.24
8	南阳	3.29	3.38	3.32	2.90	3.22
9	三门峡	3.20	3.35	3.34	2.95	3.21
10	开封	3.28	3.29	3.24	2.90	3.18
11	周口	3.32	3.24	3.18	2.93	3.17
12	郑州	3.20	3.30	3.25	2.90	3.16
13	洛阳	3.14	3.19	3.18	2.79	3.08
14	驻马店	3.14	3.01	3.08	3.04	3.07
15	商丘	3.23	3.15	2.95	2.92	3.06
16	信阳	3.14	3.21	3.19	2.70	3.06
17	濮阳	3.08	3.14	3.15	2.67	3.01
18	安阳	2.93	3.13	3.23	2.70	3.00
	全省平均	3.34	3.32	3.31	2.91	3.22

（二）公共服务评价得分最高

公共服务、社会治安、司法公正、社会诚信、借贷成本等15个三级指标比较发现，14个三级指标得分在3.01~3.50分，公共服务得分最高，为3.46分；表明河南省近几年来大力加强基础设施建设，得到公众认可，但公共服务评价的绝对值居中，表明仍有很大的提升空间（见表13）。

表13 三级指标全省平均得分

单位：分

三级指标	全省平均	三级指标	全省平均
公共服务	3.46	司法公正	3.28
社会诚信	3.46	就业环境	3.21
社会治安	3.41	服务态度	3.19
服务效率	3.39	干部作风	3.18
依法行政	3.36	银行服务	3.08
群众权益维护	3.33	资金状况	3.05
居民守法状况	3.30	借贷成本	2.56
人力资源环境	3.29		

进一步对比河南省"物流服务"、"当地水、电、气保障状况"以及"经济发展配套环境状况"可以发现，物流服务评价得分最高，为3.61分；水、电、气保障状况和配套环境评价得分分别为3.46分和3.28分；表明河南省物流服务发展较快，居民相对最满意；经济发展配套环境中相关的交通运输、信息服务等基础设施建设与居民的要求差距较大，有待于从基础和配套设施建设入手改善经济发展环境。

（三）民众对金融环境评价最低

四个二级指标比较发现，金融环境得分最低。进一步分析发现，民众对借贷成本评价最低，与其他指标相比差异显著，说明居民对融资成本居高不下非常不满意。群体比较发现，企业经营管理人员和私营企业主对金融环境最不满意。金融环境是促进经济平稳运行和结构调整的有力支撑和保障，是经济发展环境的核心指标和直接体现，调查表明，河南省金融环境相对落后，服务质量不高，居民满意度也最低，亟须加以改善。河南省应从改善金融服务，降低资金成本着手优化金融环境。

（四）民间借贷活跃程度与金融环境满意度呈负相关

河南省民间借贷活跃程度一般。调查表明，河南省民间借贷活跃度评价得分为3.12分，属于"中"，民间借贷最活跃的是濮阳，洛阳、安阳次之（见图1）；民间借贷最不活跃的是三门峡和济源，表明河南省近几年民间借贷市场整治取得了一定成效，但仍需在规范中改善民间借贷服务。

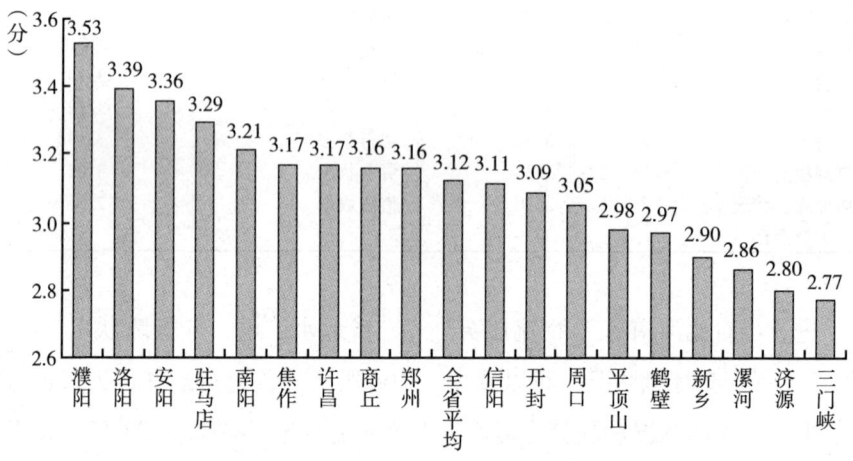

图1　河南省及18个地市民间借贷普遍状况

认为民间借贷普遍程度越高的居民，对金融环境满意度越低。为了了解民间借贷普遍程度和金融环境满意度之间的相关性，课题组调查了当地民间借贷的活跃程度和金融环境的总体满意度。民间借贷普遍程度评价包括"非常普遍""比较普遍""一般""比较少""没有"5种，对民间借贷持"非常普遍"观点的群体，金融环境评价得分为2.71分；对民间借贷持"比较普遍"观点的群体，金融环境评价得分为2.98分；对民间借贷持"一般"观点的群体，金融环境评价得分为3.24分；对民间借贷持"比较少"观点的群体，金融环境评价得分为3.43分；对民间借贷持"没有"观点的群体，金融环境评价得分为3.76分（见图2）。可以看出，认为民间借贷普遍程度越高的居民，对当地金融环境总体满意度越低，认为民间借贷普遍程度越低的居民，对当地金融环境总体满意度越高；这表明河南省民间借贷非常不规范，民间借贷越活跃，群众对金融环境越不满意，有必要尽快采取相关举措，大力整治和规范民间借贷行为，使民间借贷服务成为金融服务的有机组成部分。

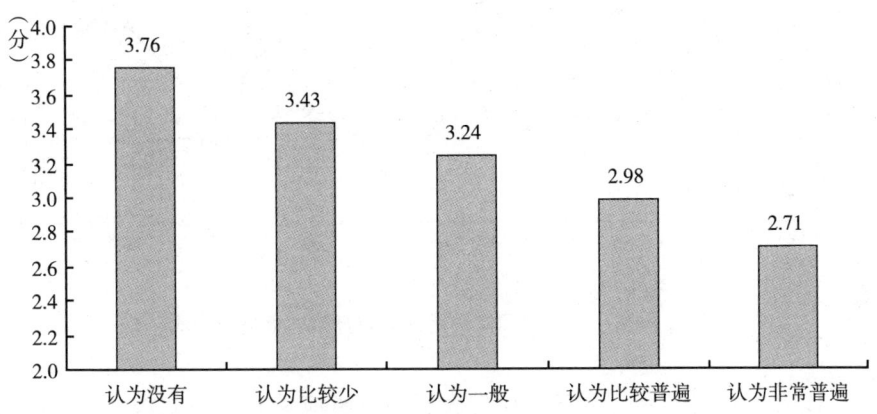

图2　民间借贷评价群体的金融环境评价

对18个城市进行比较发现，民间借贷活跃度得分最高的是濮阳市，为3.53分，而其金融环境得分居倒数第一位，具体为2.67分；洛阳民间借贷活跃指数排名第二，得分为3.39，而金融环境质量指数为倒数第四，得分为2.79；三门峡的民间借贷活跃指数排名倒数第一，得分为2.77；金融环境质量指数排名第六，得分为2.95；济源的民间借贷活跃指数排名倒数第二，得分为2.80，金融环境质量指数排名第十，得分为2.90；；从区域比较来看，民间居民认为民间借贷普遍程度越高的地市，呈现出金融环境指数越低的趋势。（见图3）借贷活跃度越高，金融环境指数呈现降低的趋势。

（五）农民或农民工群体对经济发展环境最不满意

对群体进行比较发现，农民或农民工对经济发展环境最不满意。其中机关事业单位人员对经济发展环境满意度最高，得分为3.33分；其后依次为个体工商户、私营企业主、工人、专业技术或高级管理人员，得分分别为3.25分、3.24分、3.23分、3.22分；农民工或农民群体对经济发展的评分

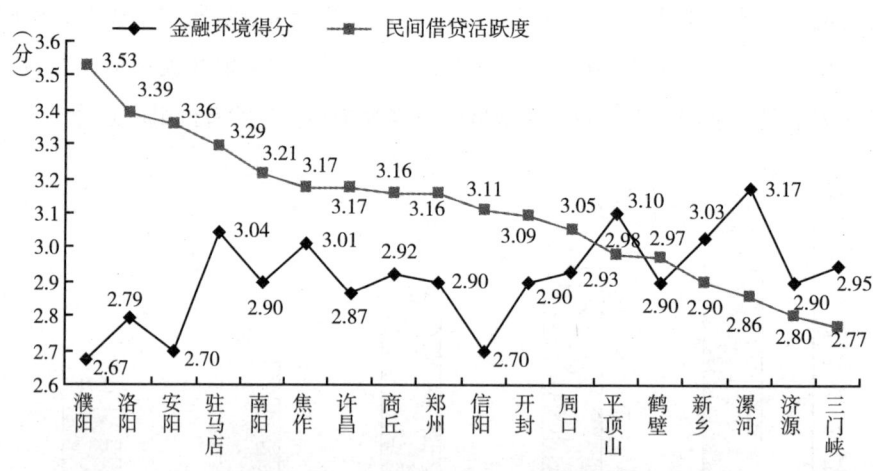

图3 18个城市民间借贷活跃度与金融环境指数对比

为3.19分,得分最低(见表14)。表明河南省应从农民或农民工这一群体需要出发,有针对性地出台相关政策措施改善经济发展环境。进一步分析发现,在经济发展环境二级指标中,农民工或农民群体对社会环境最不满意;从社会环境的三级指标对比来看,农民工或农民对就业环境的评价最低,表明应该针对农民工及农民群体,加强就业指导和技能培训。

表14 不同职业群体对经济发展环境的评价

单位:分

职业群体	行政环境	法治环境	金融环境	社会环境	经济发展环境
机关事业单位人员	3.41	3.41	3.18	3.30	3.33
个体工商户	3.3	3.32	3.14	3.25	3.25
私营企业主	3.27	3.28	3.20	3.22	3.24
普通工人	3.24	3.27	3.21	3.19	3.23
专业技术或高级管理人员	3.31	3.31	3.05	3.22	3.22
农民工或农民	3.18	3.17	3.23	3.16	3.19

七 对策建议

河南省经济发展环境总体评价不高,评价指数仅为"中",说明河南省经济发展环境仍有很大的提升空间。基于以上调查发现宜从以下几个方面入手。

（一）加强干部作风建设，改善行政环境

行政环境是经济有效运行的保障。调查表明，全省行政环境总体评价为"中"，虽然公共服务评价最高，但尚未达到"比较好"，全省公共服务基础设施仍有很大改善空间。居民对干部作风评价最低，说明优化行政环境需要从加强干部作风建设做起。从制度、观念和职业道德方面统筹推进，改善行政环境。农民或农民工群体对行政环境满意度最低，表明改善行政环境要加强行政服务的针对性，要针对农民和农民工群体加强行政服务，在解决事关农民或农民工切身利益的问题上出台具体的政策或办法，如落实劳动合同、解决农民工欠薪问题、对农民和农民工提供法律援助、实施社会救助等。

（二）大力推进依法行政，改善法治环境

法治环境是经济有序运行的基础。调查表明，全省政府法治环境指数为"中"，表明群众对政府法治环境的满意度不高，还没达到期望的水平，行政和司法规范化、法治化有待进一步加强。居民对于依法行政的满意度和不满意度均为最高，说明依法行政是居民关注的焦点，要强化行政过程中的法治思维和法治地位，运用法治方式解决问题。从提高行政人员依法行政的水平、规范行政执法、强化行政监督着手推进依法行政。调查表明，居民对司法公正的评价最低，说明居民对司法公正最不满意，要进一步加强司法机关的权威性，规范法院、检察院等司法机关的行为，在居民权利维护、司法救助、纠纷解决等方面，深化司法改革，确保司法公正。

（三）多措并举，改善金融环境

金融环境是经济平稳运行的支撑。调查表明，金融环境评价指数最低，说明居民对金融环境最不满意，要多措并举，从改善银行服务、降低融资成本、规范民间借贷行为等方面着力，大力改善金融环境。企业经营管理人员

和私营企业主对金融环境最不满意,说明金融环境对企业运行的影响最直接,本次调查的主要对象是个体工商户和私营企业经营管理者,要针对私营企业和个体工商户中小微企业,采取有针对性的措施提高金融服务质量,如畅通中小微企业和银行之间的融资渠道、政府加快建设中小微企业诚信体系和信用担保体系、提高中小微企业金融服务水平等举措优化中小微企业融资环境。调查表明,借贷成本是金融环境三级指标中得分最低的。这表明在企业经营过程中,金融成本过高,居民最不满意。要通过降低金融成本来改善金融环境,如通过金融信息化降低金融信息成本、完善居民和企业信用担保体系、丰富贷款产品类型等举措降低借贷成本。调查表明,民间借贷活跃程度与居民金融满意度呈负相关。说明河南省民间借贷亟须规范。应尽快出台相关政策法规,明确民间借贷在合法地位、利率、合同、组织活动、业务范围、监督管理等方面的相关规定和操作规范;加强对民间借贷市场的监管,对非法集资行为及高利贷组织进行坚决的打击、取缔,促进民间融资健康有序发展,使民间借贷服务成为金融服务的有机组成部分。

(四)精准施策,缓解就业压力

社会环境是经济持续发展的动力。调查表明,全省社会环境评价指数为"中",说明居民对社会环境的满意度不高,要精准施策,从增加居民就业机会、满足企业招工需求、优化就业环境等方面,改善社会环境。调查表明,就业环境和人力资源环境的评价得分最低,说明当前河南省"就业难"和"用工荒"问题并存。"就业难"和"用工荒"现象并存说明产业升级和结构调整对人才需求增强以及对劳动者专业和素质的要求发生变化,造成就业市场结构性失衡。在解决"就业难"方面,要通过人才培养结构和办学模式调整、统筹学历教育和职业教育、改善政府就业服务、校企合作等方面采取措施,促进就业。在解决"用工荒"方面,要通过引进人才政策、培训升级、人才升级以及人力资源环境的改善,吸引人才,培养人才,优化人力资源环境。调查表明,居民年龄越大对社会环境越不满意,从就业环境来看,要重点对30岁以下青年人和45岁以上中年人的就业给予关注。30

岁以下青年人以教育培训为主，45岁以上中年群体就业形势更加严峻，要出台倾斜政策缓解中年群体就业压力，发展中年人职业教育和技能培训，提高中年人的职业技能和自身能力；结合中年人的自身优势，发展养老产业，在解决老龄化问题的同时解决中年群体就业难的问题。农民或农民工对就业环境满意度最低，说明农民及农民工群体就业形势严峻，解决农民工就业问题具有现实紧迫性。在产业结构升级的背景下，要通过为农民工提供定期的职业技能培训，促进农民工自身发展；鼓励农民工创业，为其提供创业指导和政策咨询服务；建立信息共享平台，促进农民工有序流动，优化农民工就业环境。

河南省直管县改革绩效评价[*]

马 琳 何 水[**]

摘　要： 本报告从行政效能、经济绩效和社会绩效方面分析了河南省直管县体制改革的成效。在行政效能方面，改革提高了行政效率、提升了服务能力、降低了交易成本、优化了决策环境、增强了地方自主性；在经济绩效方面，省直管县经济增长速度优势显现、经济规模排名前移、产业结构不断优化，且改革完善了河南省经济发展点轴系统；在社会绩效方面，省直管县居民生活水平显著改善、县域公共服务供给水平显著提升、城乡收入差距增幅有所放缓、产城融合明显加速。在此基础上，提出了完善现行直管体制、加强直管县政府建设、有序扩大改革试点等对策建议。

关键词： 省直管县改革　绩效评价　河南省

2011年6月，在中央批准的全国34个试点县中，河南占了10个。河南省试行省直管县体制改革以来，省直管、权力下放为省直管县提供了增活力、抓机遇、抢先机和促发展的广阔舞台，并且在短短几年的时间里取得了令人鼓舞的成效。根据中央和河南省委、省政府为直管县体制改革确定的基

---

[*] 河南省高等学校重点科研项目"河南省直管县体制改革效果评估与推进路径研究"（15A630045）阶段性成果。

[**] 马琳，管理学博士，郑州大学公共管理学院讲师，社会治理河南省协同创新中心研究员；何水，郑州大学公共管理学院副教授、公共管理博士后，社会治理河南省协同创新中心研究员。

本目标——"破除县域经济社会发展的体制障碍,推动试点县成为新的经济增长极和区域性中心,引领县域整体加快发展",研究从行政效能、经济绩效和社会绩效三个方面对河南省直管县体制改革取得的总体成效进行分析和评价。

一 行政效能评价

在评价市管县体制调整为省直管县体制所体现的改革成效时,扁平化,即通过减少管理层次,相应地增加管理幅度,以提高效率、取得更好的效果和效益,是最基本的命题之一。省政府取代地级市政府对省直管县进行直接管理后,扁平化管理带来的积极成效日渐凸显,主要体现在以下五个方面。

(一)行政效率提高

直管后,省政府的决策部署直接到县,县里相关事务的审批、核准和备案等直接上报省级主管部门。中间环节的减少,优化了管理流程,促进了省县之间信息的通畅。2011年6月,河南省政府各职能部门向10个省直管县下放603项经济和社会管理权限后,进一步提高了行政效率。例如,长垣县发改委项目备案初审复核三天内即可办结,比直管前缩短了四个工作日,在重大招商引资项目材料齐全的情况下能够随到随办;县环保局的环评审批手续由直管前的15个工作日缩短为7个工作日;县编办制定的空缺编制用编计划,在直管前要纳入所在市的通盘考虑,有时几个月批不下来,直管后,符合规定的,5个工作日内就能得到答复;民政工作中的低保金、优抚金、五保金等救助资金的审批发放,在减少了地市级的"中转"环节后,仅审批一项就减少了20个工作日,方便了困难居民,使国家的惠民政策更快捷地惠及人民。[①]

[①] 数字案例源于实地调研时长垣县相关部门提供的材料。

（二）服务能力提升

随着省直管县体制改革的系统推进，省直管县运用政策资源的能力和提供服务的水平进一步提高。第一，省直管县获得比直管前更多的政策和资金支持，为服务水平的提高奠定了更为扎实的资源基础。在项目和资金支持方面，2014年县级医院临床重点专科建设，全省108个县共30个项目中直管县有6项，占总项目的20%。这些项目直接促进了省直管县医疗卫生服务供给能力的提升。2013年长垣县获得各类上级政策资金19.5亿元，较2011年增加9.7亿元；2014年上半年争取到上级资金17.2亿元，比上年同期增加了7.1亿元。第二，县省对接提升了县级政府及其工作人员的对话平台，开阔了视野，省直管县得到了省级主管部门的直接指导和帮助，尤其是省级各有关部门对县级政府人员的培训，提高了省直管县工作人员能力和素质，促进了服务能力不断提高。第三，省直管县管理和服务水平不断提高。例如，在管理和服务水平方面，长垣县住建局在省厅的技术指导和帮助下，积极提升管理服务水平，推动建筑和防腐"两业"的劳务输出队伍不断壮大，年均输出施工队伍2230个，完成产值95亿元，实现农民劳务收入11.2亿元。①

（三）交易成本降低

省直管县后，经济管理权力直接下放到县，消除了"市卡县""市刮县"的现象，缩小了寻租设租的空间，降低了县级政府的管理服务成本，节约了协调成本；同时，管理层级减少，避免了信息失真，节约了信息成本。例如，在缩小寻租空间减少腐败方面，直管前，省级财政拨款通常需要经过省辖市才能发放到县级政府手中，而省辖市的主管部门经常以各种各样的理由拖延或者分期支付，有时甚至克扣县里应该得到的资金。这样做的结果是，县里的相关部门及主管人员必须花费大量的时间、精力和财力，想尽一切办法以求得到上级政府的拨款。直管县体制改革从根本上改变了这种状

---

① 数字源于实地调研时长垣县相关部门汇报的材料。

况，直管县的相关部门及人员可以更集中地考虑如何有效利用从省里获得的各种资金。

（四）决策环境优化

首先，县级决策受到外部关系网络的牵制相应减少。直管后，县与省直接对接，减少了原市管县体制下地级市政府及其部门、同一管辖区域中其他各县对县级政府管理和决策的影响，有助于直管县集中精力谋发展。其次，省县两级政府决策所要获取的信息的准确度和快捷度进一步提高。直管前，省厅直接到直管县检查指导工作的比较少，即便是到县里检查工作，也多由省辖市统一安排，挑选县里最光鲜亮丽的一面展现出来。直管后，省厅局直接到省直管县检查工作，开展调研，获取第一手材料，有助于更全面地了解掌握直管县的真实情况，最大限度地减少虚假信息，避免决策失误；而且，直管县可以直接向省直部门反映问题，避免了层级过多而带来的信息过滤，有助于向省级部门提供更准确的信息，使省级决策更接"地气"、更科学。此外，省直管县体制优化了省级决策等贯彻到县级政府的流程，进一步增强了县对省级政策的准确理解，有助于提高县域决策的有效性。

（五）地方自主性增强

省直管体制改变了省辖市对县的发展制约，破除了县对省辖市原有的依附关系，为其能力增强和活力释放提供了可能。

（1）增强了主动性。省直管县在招商引资、县域规划、产业布局、社会治理等方面的积极性和主动性得到释放。例如，长垣县充分利用直管体制改革赋予的宽松优越政策环境，促使大批项目迅速落实，及时把政策机遇转化为现实生产力。这些项目包括投资30亿元的卫特起重机、投资30亿元的永和置业国际万商城、投资20亿元的驼人健康科技产业园、投资15亿元的中国防腐材料博览城和投资11.9亿元的中原新发地大型农副产品批发市场等。此外，长垣县还在产城融合新型城镇化方面探索出了长垣模式，在城市治理方面积极引入公众参与。巩义市以商招商解决产能过剩问题，促进产业结构转型升级。①

（2）促进了潜在优势的发挥。省直管后，县的自主性增强，主动谋发展挖潜力，促进了省直管县在区位、劳动力资源、自然资源等方面潜在优势的发挥，并且显现了初步效应。例如，省直管后，滑县作为农业和产粮大县，积极发展农产品深加工业；长垣县充分利用黄河滩地，建成了国家绿色农业示范区；人口大县新蔡充分利用其劳动力资源优势和"黄金十字架"的区位优势，大力发展纺织品加工、机械电子加工等产业，成为承接沿海地区产业转移的"桥头堡"。

（3）挖掘了创新潜能。省直管县从"等靠要"转向"谋找创"。以前，很多县自主性较少，积极性不够，创新意识严重不足；直管后，体制优势促进了直管县转变观念，积极谋发展、找机会、创条件（即"谋找创"），为发展争取主动权。例如，巩义市围绕现代产业体系，制定了推进现代产业体系建设的一系列措施，绘制了工业产业链图谱，加快了产业转型升级，激发了企业创新潜能；2014 年 8 月建立了重大招商引资项目日志制度，旨在为企业提供更为高效优质的服务。②

二 经济绩效评价

分权、制度与经济增长的关系是制度经济学的重要命题。通过分权改革和制度创新实现县域经济增长、做大经济规模、提高经济质量、提高居民福

---

① 案例源于实地调研时长垣县、巩义市相关部门汇报的材料。
② 该制度的主要内容为"重点记录固定资产投资 1 亿元以上（其中外来投资比例 30% 以上、每公顷投资强度在 3000 万元以上、产业聚集区内每公顷投资强度在 3500 万元以上）的签约且新建招商引资项目，在办理备案、建设用地预审、报建、施工、竣工验收等环节的进展情况，项目报批、在建过程中遇到的困难和问题，企业的意见和建议，职能部门的服务意识、服务水平、服务规范等；实行专人负责制，做到一个项目建立一个台账、一个档案、一本日志；对遇到的困难问题及时转交相关部门协调解决并列为重要督办事项，对涉及重大问题和难以协调解决的报市委常委会研究解决；对职能部门工作人员推诿扯皮、故意拖延、效率低下、吃拿卡要、态度恶劣等行为，由市纪委立案查处。"材料来源：河南省机构编制委员会网站，http：//www.hnsbb.gov.cn/info/news/info/6193.htm。

利水平等也是省直管县改革的主要目标。研究从经济增长速度、发展规模、产业结构三个维度评价河南省直管县体制改革取得的经济绩效。主要评价指标包括：①速度指标，包括 GDP 增速、人均 GDP 增速、公共财政收入增速、规模以上工业增加值增速、全社会固定资产投资增速；②规模指标，包括 GDP 占比、公共财政收入占比和全社会固定资产投资占比；③产业结构指标，包括第一产业、第二产业和第三产业占 GDP 的比重。在时间上，以直管县改革试点实行的 2011 年为界，选取 2007~2014 年的数据，所有数据均来自 2008~2015 年的《河南省统计年鉴》。此外，还对河南省经济发展点轴系统的目标构想进行了专门评价，从经济发展的战略布局中观察直管县改革的总体绩效。

（一）经济增长速度优势显现

（1）GDP 增速优势显现。2011 年试点前，10 个直管县的 GDP 增长速度都低于市管县平均水平。直管后，随着直管政策红利释放和直管县经济发展主动性增强，经济发展潜力逐渐显现。从图 1 可以看出，2011 年直管后，在经济发展逐渐进入新常态的大背景下，省直管县与市管县的 GDP 增长均由高速调整为中低速。在此过程中，由于直管政策的作用，相对于市管县，省直管县的增速下降较为平缓，因此省直管县与市管县的增速逐渐接近。2014 年，10 个直管县 GDP 平均增长速度为 8.14%，略低于市管县的平均增速（8.52%），两者差距进一步缩小。

（2）人均 GDP 增速相对较快。直管前，省直管县人均 GDP 增速一直小于市管县增速。直管后，由于政策红利的释放，省直管县人均 GDP 增速优势显现出来，2014 年省直管县人均 GDP 平均增速为 7.68%，与市管县 7.78% 的增速基本持平（见图 2）。

（3）公共财政预算收入增速优势明显。直管前省直管县公共财政预算收入平均增速一直高于市管县平均增速，直管后省直管县增速优势更加明显，与市管县增速差距呈逐渐扩大趋势，表现为省直管县公共预算收入增速趋势线与市管县收入增速趋势线的间距比直管前明显加大（见图 3）。

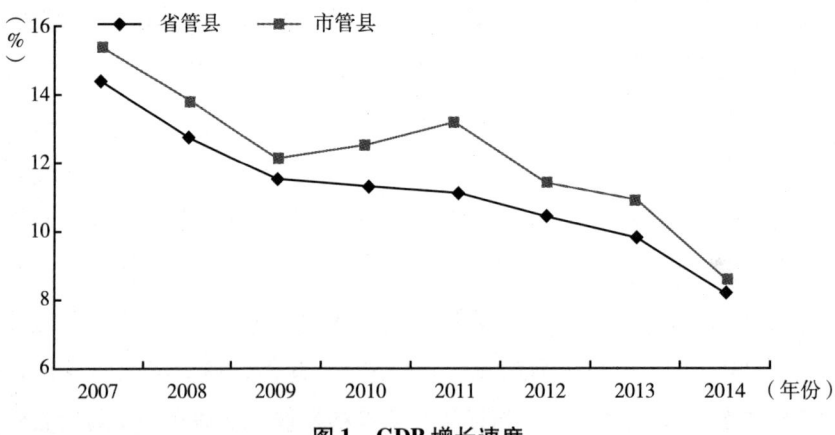

图 1　GDP 增长速度

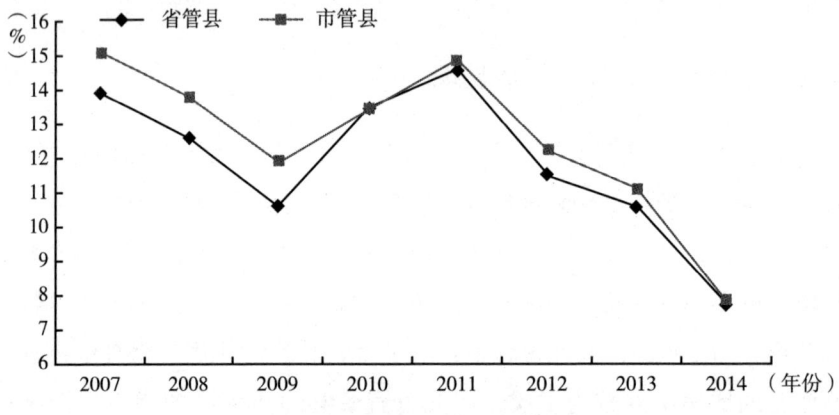

图 2　人均 GDP 增长速度

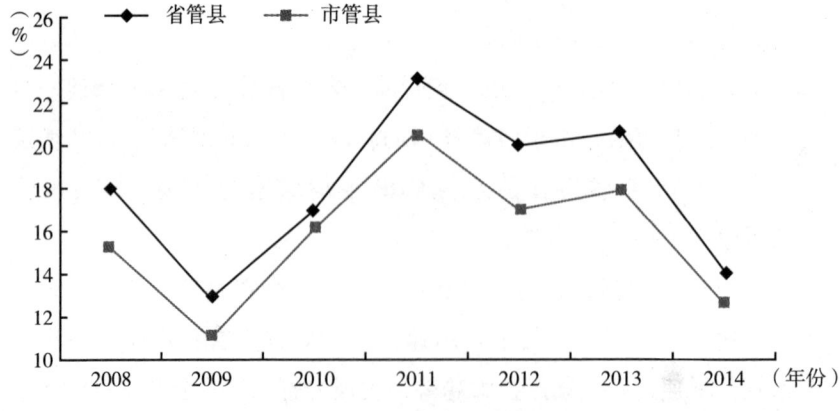

图 3　公共财政收入增长速度

(4)全社会固定资产投资增速平稳。2011年前，省直管县全社会固定资产投资增长速度低于市管县平均增速，但自2012年起省直管县全社会资产投资增速超过市管县平均增速（见图4）。从图4中可以看出，在全社会固定资产投资增速普遍下降的背景下，省直管县基本上保持一个平稳的增速，这说明省直管县体制改革对于促进省直管县的固定资产投资有着积极作用。

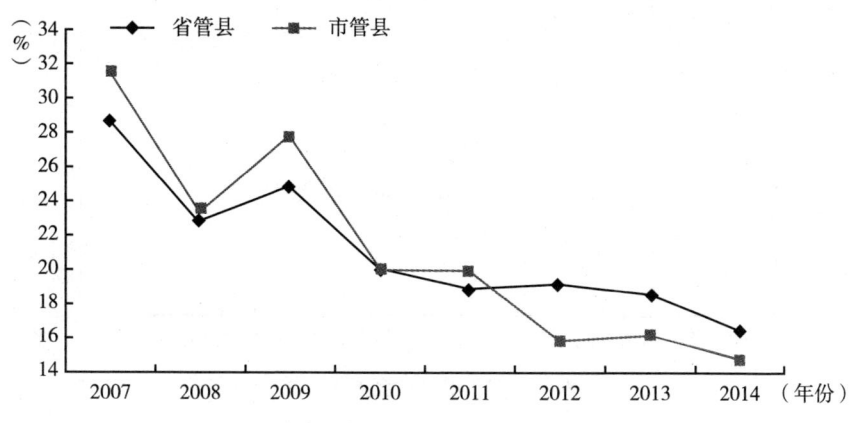

图4　全社会固定资产投资增长速度

10个省直管县中，除巩义和汝州外，其他8个均处在河南省与相邻省份的结合部，兰考、滑县、固始和新蔡还是国定贫困县，经济发展基础较弱。但上述分析表明，在我国经济处于"新常态"、经济增速普遍放缓的大背景下，一系列促进经济增长的政策措施正逐渐发挥作用，省直管县经济发展平均增速相对于市管县经济发展平均增速优势明显，并呈现很好的发展势头，省直管县作为新的经济增长极（点）正逐渐形成。

（二）经济规模占比扩大

壮大县域经济是省直管县改革的题中之意。从省直管县的GDP占全省的比重、全社会固定资产投资占全省的比重和公共财政收入占全省的比重来分析省直管县改革后经济规模的变化。

（1）经济总量保持稳定。2011年10个省直管县的GDP之和占全省的比重为8.66%，2014年10个省直管县的GDP之和占全省的比重为8.61%，10个省直管县的GDP总量占全省的比重基本保持稳定。2011年98个市管县的GDP之和占全省的比重为61.48%，2014年占全省的61.38%，也基本保持稳定（见图5）。

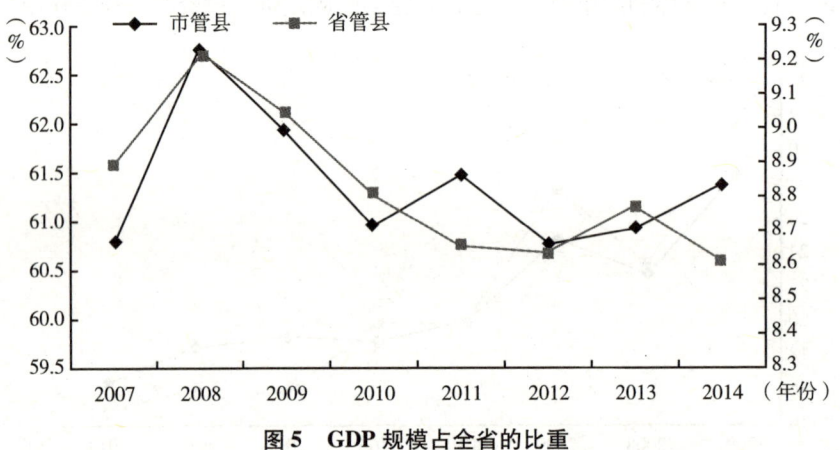

图5　GDP规模占全省的比重

（2）全社会固定资产投资规模稳步上升。从2011年到2014年，10个省直管县的固定资产投资占全省的比重稳步提升，从2011年的6.95%逐步增长到2014年的7.26%。而98个市管县的固定资产投资占全省的比重逐步减少，从2011年的62.93%逐步减少到2014年的60.31%（见图6）。

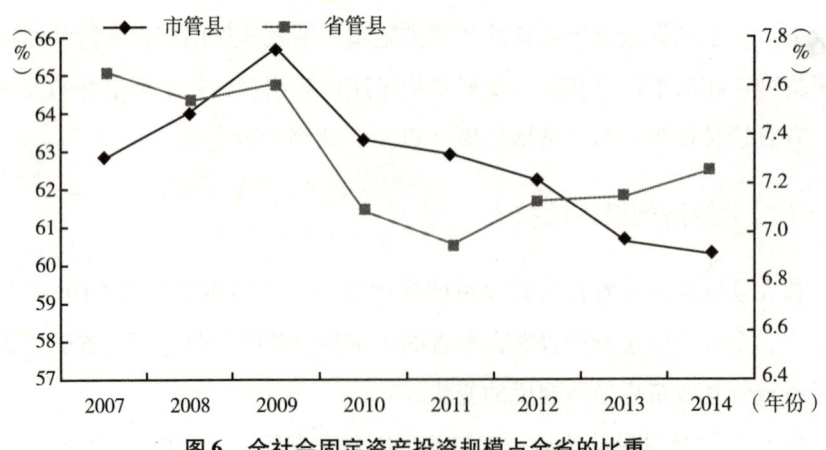

图6　全社会固定资产投资规模占全省的比重

（3）公共财政预算收入稳步上升。从2011年到2014年，10个省直管县的公共财政预算收入之和占全省的比重稳步上升，从2011年的5.06%逐步增长到2014年的5.51%。而98个市管县的公共财政预算收入之和占全省的比重基本保持不变，从2011年的32.74%略微上升到2014年的33.70%（见图7）。

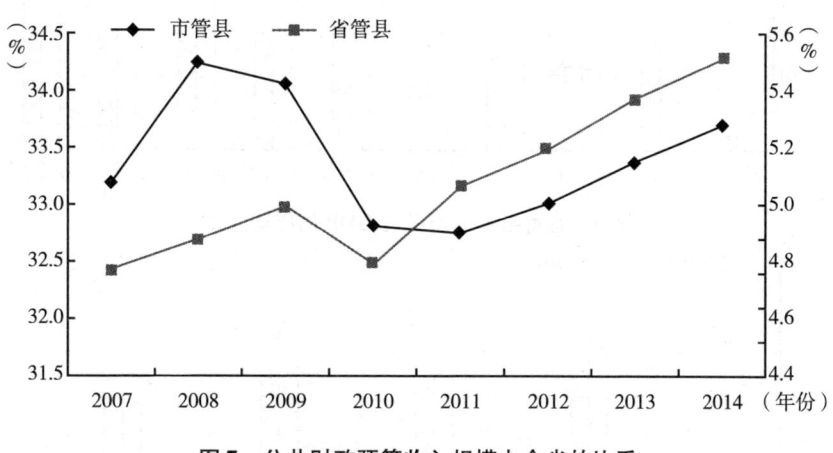

图7 公共财政预算收入规模占全省的比重

（三）产业结构不断优化

经济发展与产业结构是相互依赖、相互促进的，产业结构是经济发展的结果，同时也是经济发展的动力。

总体而言，10个直管县的产业结构呈现优化趋势，表现为第一产业和第二产业比重下降、第三产业比重上升，符合调结构、转方式下经济发展的基本规律。除了巩义市以外，其余9个省直管县第一产业占GDP的比重出现了不同程度的下降（见图8）。

从2010年到2014年，巩义市、汝州市、滑县、长垣县、邓州市、永城市、固始县的第二产业占GDP的比重出现了不同程度的下降，而兰考县、鹿邑县、新蔡县的第二产业占GDP的比重出现了不同程度的上升（见图9）。

如图10所示，从2010年到2014年，10个省直管县第三产业占GDP的

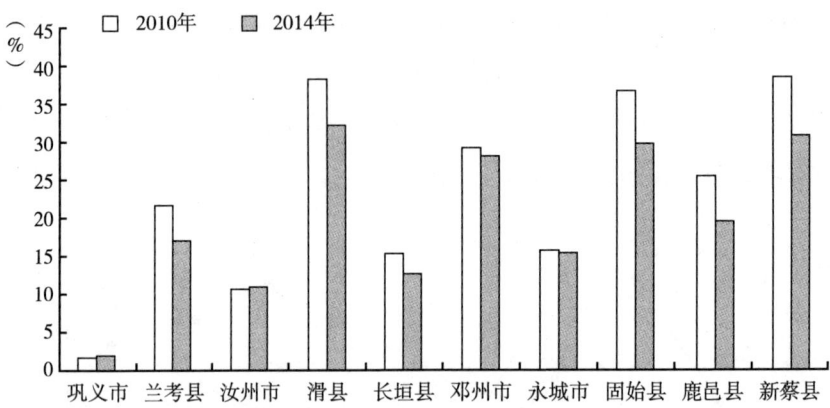

图8　直管县第一产业占GDP的比重变化

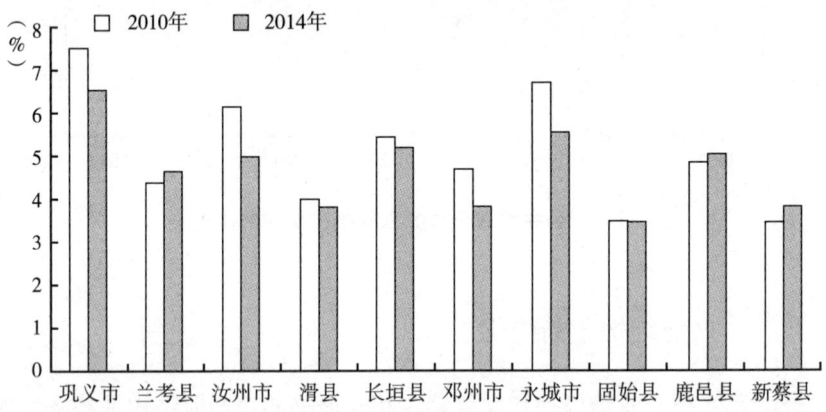

图9　直管县第二产业占GDP的比重变化

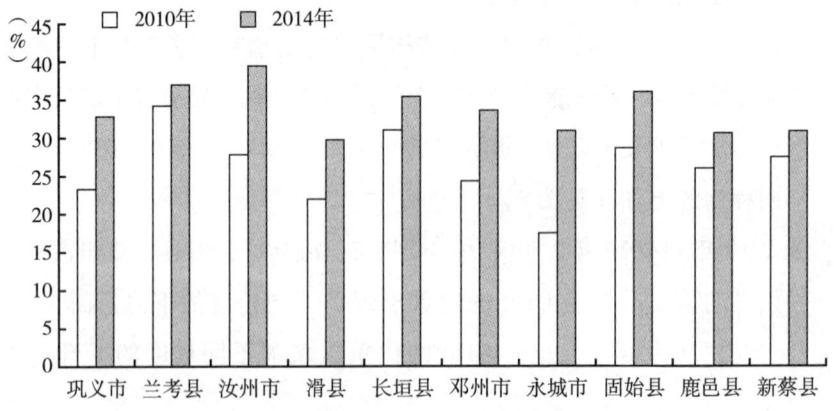

图10　直管县第三产业占GDP的比重变化

比重出现了不同程度的上升。

由于10个直管县的经济基础不同,三次产业比重变化有所差异。巩义毗邻郑州,直管前产业基础比较好,第一产业所占比重多年来都低于2%,因此直管后呈现第二产业比重下降、第三产业比重上升的变化;产业基础较好、第一产业比例相对较低的永城和汝州也呈现相似变化趋势;滑县、邓州、固始、鹿邑、新蔡这五个典型的农业大县和经济基础不太好的县,直管前第一产业所占比重基本上在25%以上,直管后呈现第一产业比重下降、第二产业和第三产业比重同时上升的趋势。

总之,对于经济基础比较好、农业所占比重低的省直管县而言,产业结构优化突出表现为第二产业比重下降,第三产业比重上升;对于农业比重依然比较高的省直管县而言,产业结构优化则表现为第一产业比重明显下降,第二产业和第三产业或者其中之一的比重明显上升。

由上可见,省直管县在经济增长速度、发展规模、产业结构优化和居民福利改善方面效果明显,这表明省直管县体制改革在促进县域经济增长、调整产业结构、提高人民生活水平、改善民生等方面发挥着积极作用,改革所激发的洼地效应正在显现。①

三 社会绩效评价

促进县域经济发展,打造新的经济增长极,是省直管县体制改革的基本追求。推动县域社会发展,提升居民生活水平,提高县域公共服务供给水平,实现城乡统筹发展,促进产城融合,也是省直管县体制改革的核心要旨。结合有关数据分析表明,当前省直管县体制改革已经取得较为显著的成效。

(一)居民生活水平显著改善

(1)城镇居民人均可支配收入持续增长。2011年以前,省直管县和市管县

---

① 经济发展过程中,人们把"水往低处流"这种自然现象引申为一个新的经济概念,称之为"洼地效应"。

的城镇居民人均可支配收入基本持平，但是，2012年、2013年和2014年，省直管县的城镇居民人均可支配收入要大于市管县，分别高出了581.7元、1121.7元和277.6元。省直管县改革显著地提高了城镇居民的生活水平（见图11）。

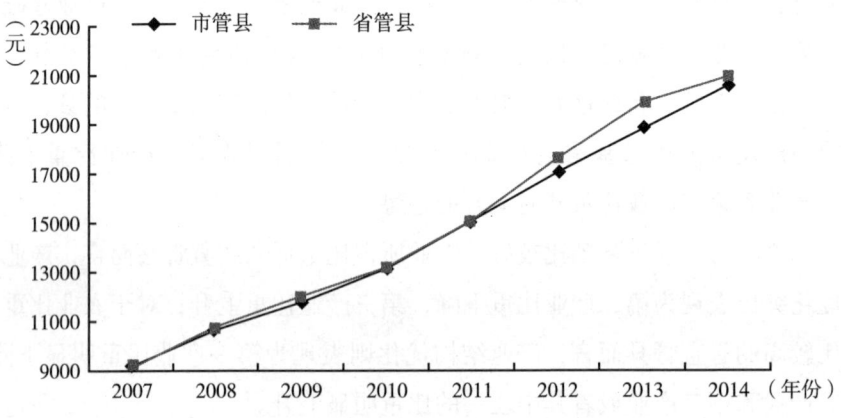

图11　市管县与省直管县城镇居民人均可支配收入比较

资料来源：2008~2014年《河南省统计年鉴》。

（2）农村人均纯收入显著增加。2011年前，省直管县和市管县的农村人均纯收入基本持平，但是，2012年、2013年和2014年，省直管县的农村人均纯收入要大于市管县，分别高出了500.6元、498.0元和245.7元。省直管县体制改革显著提高了农村居民的生活水平（见图12）。

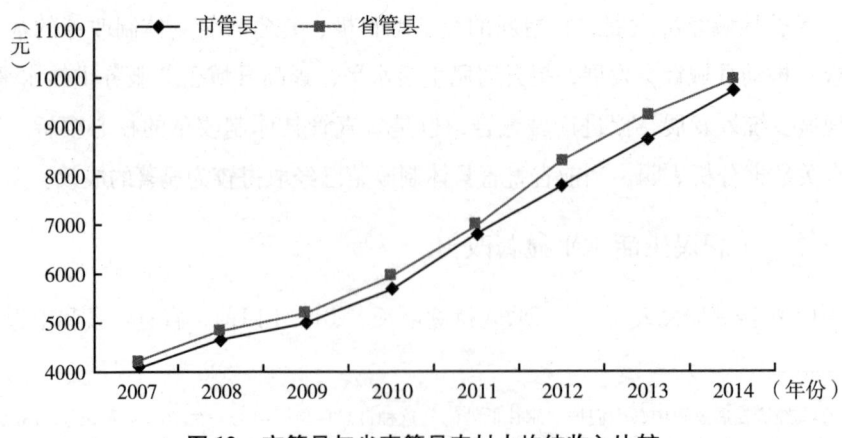

图12　市管县与省直管县农村人均纯收入比较

（二）县域公共服务供给水平显著提升

直管后，省直管县政府有更多地发展经济和支配资源的权力，有更大的财力投入到县域公共服务供给，从而提高了县域公共服务的供给能力。

（1）教育支出显著增加。一是省直管县教育支出增速显著高于市管县。2011年，省直管县的教育支出增速低于市管县。但是，2012年和2013年，省直管县的教育支出增速要高于市管县和全省。2012年省直管县的教育支出增速为35.2%，高于市管县10.2个百分点；2013年，省直管县的教育支出增速为10.1%，高于市管县1.4个百分点；2014年，省直管县的教育支出增速与市管县基本持平（见图13）。

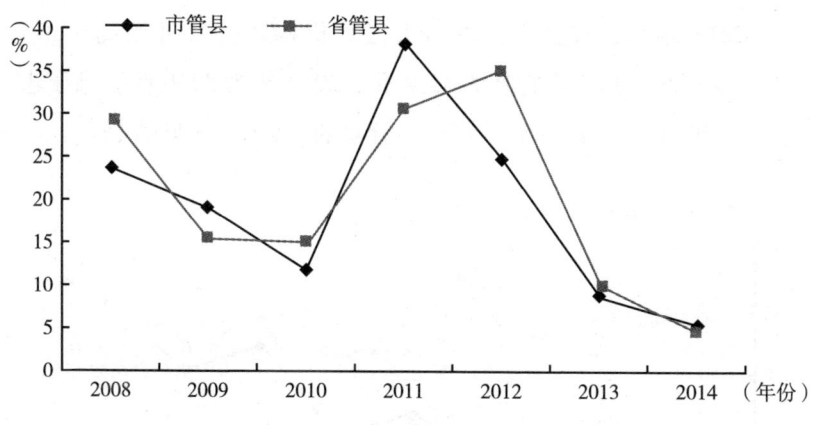

图13　市管县与省直管县教育支出增速比较

二是省直管县教育支出占比增大。2008年、2009年和2010年，省直管县教育支出占财政一般预算支出比重显著小于市管县。但是，2011年、2012年、2013年和2014年省直管县教育支出占比与市管县基本持平，仅分别低0.2个百分点、0.3个百分点、0.3个百分点和0.3个百分点（见图14）。这表明省直管县教育服务供给能力有所提升。

（2）医疗卫生供给能力显著增强。一是省直管县的万人医疗机构床位数超过市管县。2011年以前，省直管县的万人医疗机构床位数一直小于市

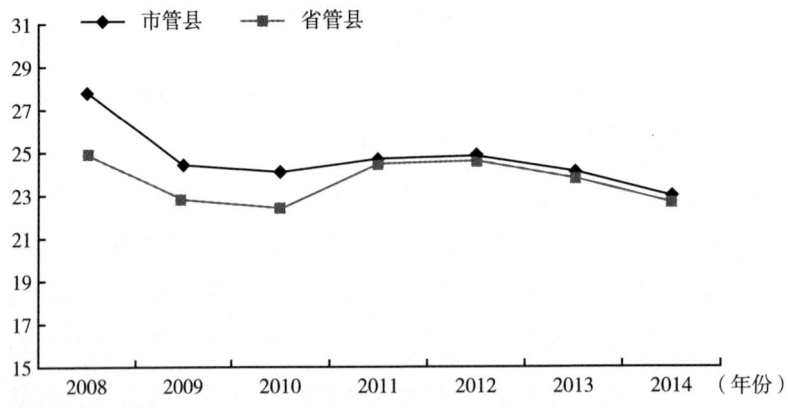

图 14　市管县与省直管县财政一般预算支出教育支出占比比较

管县，从 2012 年起，省直管县的万人医疗机构床位数开始高于市管县，2012 年为 34.9 张，高于市管县的 32.4 张，2013 年为 32.0 张，高于市管县的 30.4 张，2014 年为 42.8 张，高于市管县的 35.9 张（见图 15）。

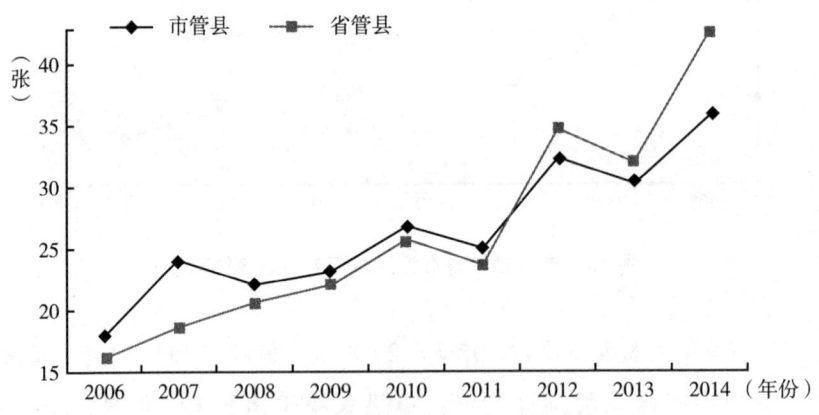

图 15　市管县与省直管县的万人医疗机构床位数比较

二是省直管县的万人卫生技术人员数超越市管县。2011 年以前，省直管县的万人卫生技术人员数一直小于市管县，从 2012 年起，省直管县的万人卫生技术人员数开始高于市管县，2012 年为 37.3 人，高于市管县的 35.2

人，2013年为34.2人，高于市管县的32.7人，2014年为43.6人，高于市管县的37.6人（见图16）。这表明省直管县医疗卫生服务供给能力有所提升。

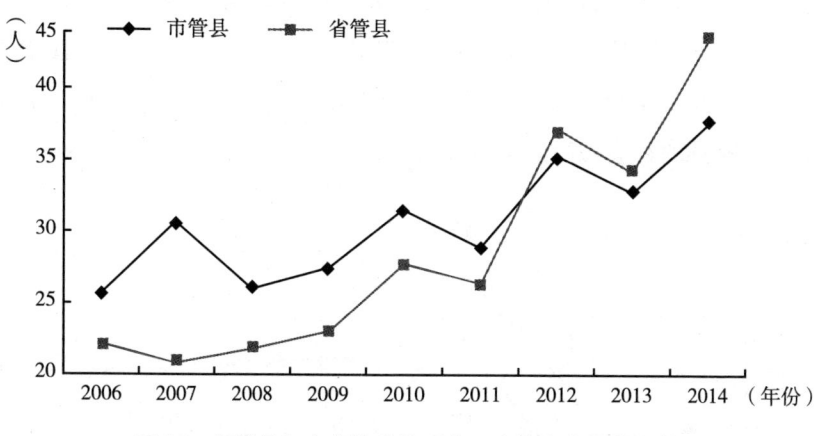

图16　市管县与省直管县的万人卫生技术人员数比较

（3）社会保障覆盖面显著扩大。一是省直管县参加城镇养老保险人数的增速超越市管县。2011年以前，省直管县参加城镇养老保险人数的增速与市管县基本持平，2009年和2011年小于市管县。从2012年起，省直管县参加城镇养老保险人数的增速开始显著高于市管县，2012年为146.9%，高于市管县121.4个百分点；2013年为82.6%，高于市管县48.4个百分点；2014年为38.78%，高于市管县11.3个百分点（见图17）。

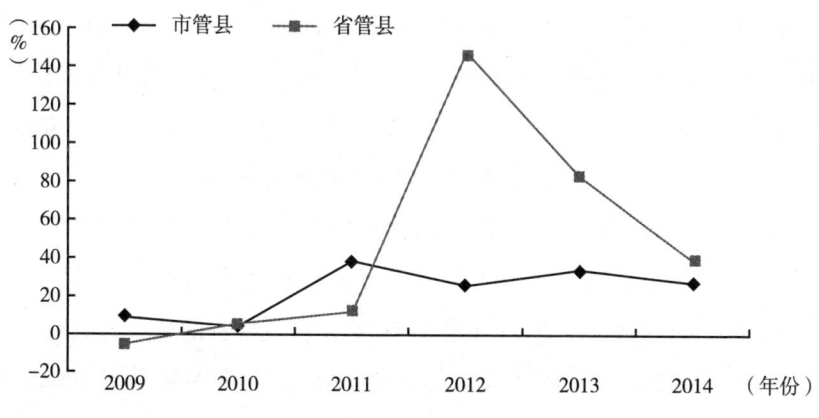

图17　市管县与省直管县参加城镇养老保险人数的增速比较

二是省直管县参加城镇医疗保险人数的增速超越市管县。2011年以前,省直管县参加城镇医疗保险人数的增速与市管县相差不大。从2012年起,省直管县参加城镇医疗保险人数的增速开始显著高于市管县,2012年为44.4%,高于市管县31.0个百分点;2013年为43.8%,高于市管县25.4个百分点;2014年为20.1%高于市管县9.1个百分点(见图18)。这表明10个省直管县的社会保障的覆盖面有所扩大。

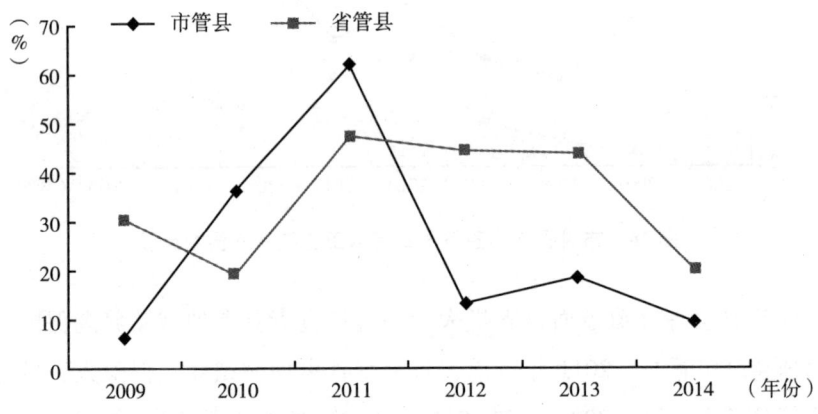

图18 市管县与省直管县参加城镇医疗保险人数的增速比较

(三)城乡收入差距扩大有所放缓

省直管县体制改革有助于推动城乡统筹发展和城乡一体化发展。在市管县的情况下,很多经济要素被吸引到市的层面,对市区的建设投入比较多,对农村的投入相对较少,拉大了城乡差距。与此不同,省直管县在考虑县城的建设的同时,必须考虑乡和镇的发展,坚持城乡统筹。

从城乡居民收入的绝对差距(城镇居民人均可支配收入与农村居民纯收入的差值)来看,2007~2011年,市管县与省直管县的城乡居民收入差距相似,但是,2012年、2013年和2014年,省直管县的城乡居民收入差距为9012元、9452元和10587元,显著小于市管县的9430元、10027元和10855元。

从城乡居民收入的相对差距（城镇居民人均可支配收入与农村居民纯收入的比值）来看，省直管县试点以来，特别是2012年、2013年和2014年，省直管县的城乡居民收入比值为2.21、2.13和2.08，显著小于市管县2.31、2.32和2.19（见图19）。

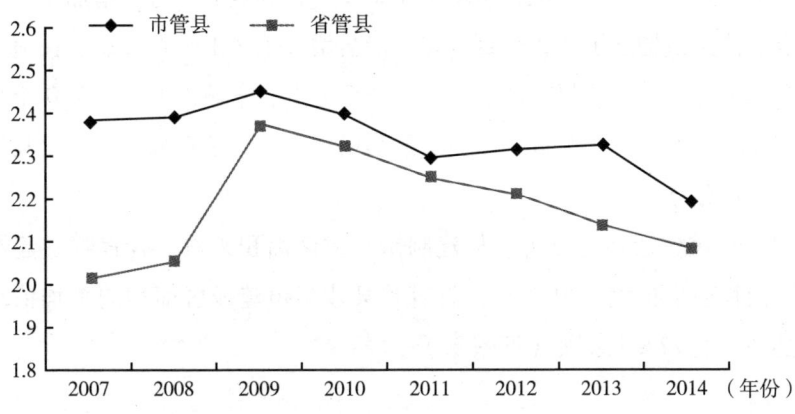

图19　市管县与省直管县城乡居民收入相对差距比较

（四）产城融合明显加速

省直管县体制改革增大了县级政府的自主权，省直管县政府能够更加自主的进行经济社会建设。通过以产带城、以城促产、产城融合的发展方式提高了县域经济的承载能力，推进了新型城镇化健康发展。一般来讲，第二、第三产业发展状况，城镇化发展水平和城市居民生活环境是衡量一个地区产城融合发展状况的主要指标。

(1) 第二、第三产业发展态势良好。直管后，10个省直管县的第二、第三产业稳步发展。2010~2014年，从第二产业增加值来看，巩义市增加了29.3%、兰考县增加了79.6%、汝州市增加了9.2%、滑县增加了39.0%、长垣县增加了69.3%、邓州市增加了14.7%、永城市增加了17.7%、固始县增加了43.7%、鹿邑县增加了61.2%、新蔡县增加了71.1%；从第三产业增加值来看，巩义市增加了103.8%、兰考县增加了

84.3%、汝州市增加了 90.2%、滑县增加了 96.1%、长垣县增加了 102.7%、邓州市增加了 94.9%、永城市增加了 151.8%、固始县增加了 82.3%、鹿邑县增加了 84.4%、新蔡县增加了 74.4%。

（2）城镇化水平稳步提升。2010～2013 年，10 个省直管县的城镇化水平均有显著提升。其中，巩义市增加了 5.2 个百分点、兰考县增加了 7.0 个百分点、汝州市增加了 7.2 个百分点、滑县增加了 7.1 个百分点、长垣县增加了 8.0 个百分点、邓州市增加了 6.3 个百分点、永城市增加了 7.0 个百分点、固始县增加了 6.8 个百分点、鹿邑县增加了 6.7 个百分点、新蔡县增加了 6.5 个百分点。

（3）居民生活环境改善。从建制镇建成区面积来看，省直管县建制镇建成区面积稳步扩大。2013 年，省直管县建制镇建成区面积的平均值高出全省县平均值 727.7 公顷（见图 20）。

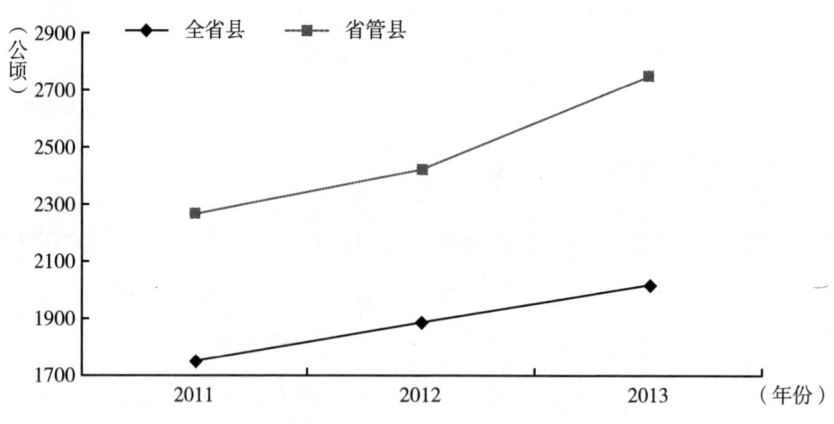

图 20　省直管县与全省县建制镇建成区面积均值比较

从建制镇供水普及率来看，省直管县建制镇供水普及率有所提升。2012 年比 2011 年增长 2.1 个百分点；2013 年比 2012 年增长 2.2 个百分点（见图 21）。

从年生活垃圾清运量来看，省直管县年生活垃圾清运量稳步提高。2012 年省直管县均值比 2011 年增长 0.008 万吨；2013 年省直管县均值比 2012 年

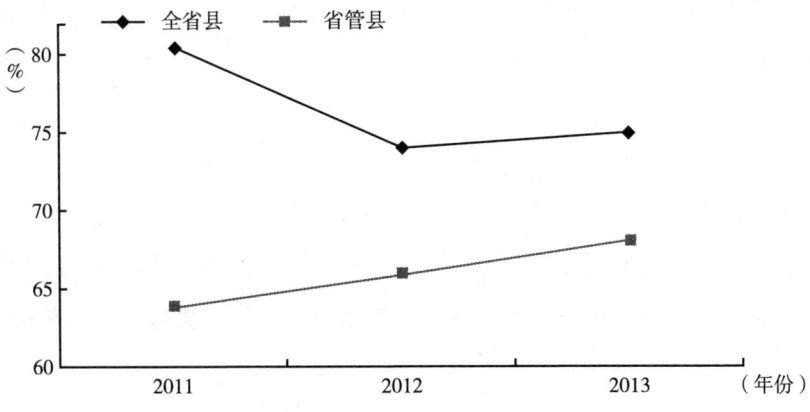

图21　省直管县与全省县建制镇供水普及率比较

增长0.286万吨（见图22）。

从公用设施建设投资来看，省直管县的公用设施建设投资显著提升。2012年比2011年增长482.3万元；2013年比2012年增长597.7万元。

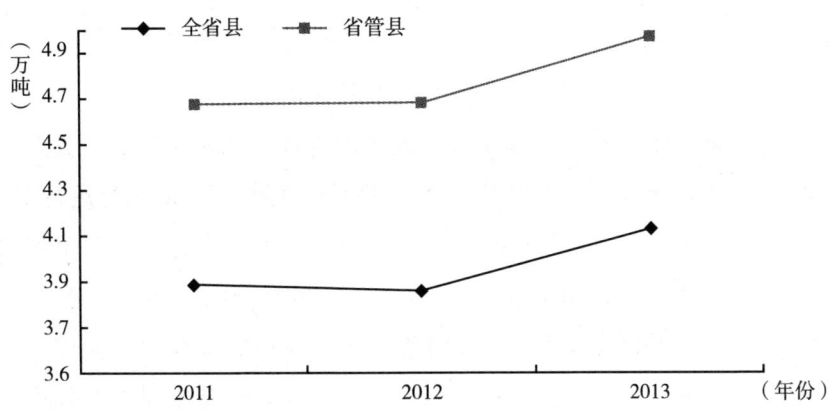

图22　省直管县与全省县年生活垃圾清运量均值比较

四　对策建议

省直管县体制改革，顺应我国地方政府层级演变的历史机理，符合市场经济和社会发展的内在要求，契合政府层级扁平化和城乡分治的国际趋势，是我国地方政府治理体系的重要制度创新。河南省深化省直管县体制改革，乃势之所趋、时之所至。在当前改革成效渐显的情况下，河南省应当进一步坚定改革信心，紧紧围绕贯彻落实党的十八届三中全会、四中全会精神和习近平总书记系列重要讲话精神，以完善现行省直管县体制、加强直管县政府建设、有序扩大改革试点为重点，切实采取针对性措施破解上述制约因素，大力推动省直管县体制改革走向深入，释放改革红利，更好发挥改革示范作用。

（一）完善现行直管体制

省直管县体制改革是一项复杂的系统工程。尽管在省委、省政府的正确领导和大力推动下，河南省已经初步建立了全面直管体制，取得了较为显著的改革成效，但前期改革运行中出现的种种问题也从一个侧面表明现行直管体制还有待进一步完善。一是理顺省市县关系，"全面直管"后，省与直管县（市）由原来的"间接"上下级关系转变为"直接"上下级关系，地级市与直管县（市）则由原先管理与被管理的上下级关系转变为一种平等的竞合关系。而"省"作为上级，既是理顺省与直管县（市）关系的关键，也是协调好地级市与直管县（市）关系的关键。二是优化运行机制，省直管县体制改革是一场管理技术的变革，应通过技术化、信息化和精细化管理，实现省、县之间顺畅高效治理。三是健全财政体制，省直管县后，省应做好省县收支范围划分、转移支付及专项资金补助的拨付、资金调度及财政结算、工作部署和检查等工作；直管县应充分利用省财政政策和资金上的支持，激发县乡经济活力，促进县域经济发展，提高公共服务水平。

（二）加强直管县政府建设

直管后，县必须练好"内功"，切实加强自身建设，着力做好转变政府职能、推进机构改革、提升干部能力、强化权力监督四项工作，提高政府治理能力。一是转变政府职能，科学界定县级政府职能，深化行政审批制度改革，加强行政服务中心建设，探索公共服务购买。二是推进机构改革，根据直管带来的职能调整和权责变化，借势新一轮地方行政体制改革，密切耦合人大政府换届的时间周期，合理调整县机构设置、人员配置和编制配备，加快县机构改革的步伐。三是提升干部能力，干部能力是影响省直管县改革成效的核心要素。在尊重干部成长规律的前提下，要着力采取有效措施，切实提升干部能力。四是强化权力监督，针对"上级监督太远、同级监督太弱、下级监督太难"问题，必须构建"不能"滥用权力的风险防范机制、"不敢"滥用权力的外部惩治机制和"不愿"滥用权力的自我约束机制，切实做到有权必有责，用权受监督，失职要问责，违法要追究。

（三）有序扩大改革试点

理论研究表明，影响省直管县体制改革的因素众多，包括地理特征和辖区面积、辖区人口规模、管理层级与管理幅度、所处增长阶段、经济社会发展水平、财政收入状况、办公现代化水平、文化传统、民族与宗教、公务员能力等。[①] 河南省人口众多，地域广阔，各地经济发展差异较大，对所有县（市）实行省直管既不科学也不现实。加之实践证明，市管县体制下一些较大的市在带动县域经济社会发展过程中确实起到了很大作用。[②] 因此，在当前全面深化改革、推进新型城镇化的现实背景下，应立足河南实际，着眼于发挥省直管县体制和市管县体制各自优势，按照党的十八届三中全会"优化行政区划设置，有条件的地方探索推进省直接管理县（市）"的精神，着力围绕以下四个方面有序扩大改革试点，逐步建立市县并立、三级四级并行的地方行政管理架构。即：区域缺乏经济发达中心城市，或者存

---

① 潘小娟：《关于推行"省直管县"改革的调查和思考》，《政治学研究》2012年第1期。
② 市管县体制能否有效发挥作用，关键在于对所在城市的选择。城市经济实力强，对周边县域辐射能力强，就可能带动周边地区的发展；城市经济实力不强，对周边县域辐射能力不强，就难以对周边地区发展起到明显带动作用。

在地级市但其经济实力和城市规模较小,"小马拉大车",无力带动周边县市的,适时实行省直管县体制,形成省—县(市)—乡(镇)三级地方行政管理架构;区域内有一定辐射带动功能中心城市的,继续实行市管县体制,形成省—省辖市—县(市、区)—乡(镇)四级地方行政管理架构。

河南省地方政府门户网站评估[*]

马 闯 李晨煜 张玉娇[**]

摘　要： 本报告采用问卷调查的方式，从信息开放、感知质量、公众期望、互动参与、公众满意、公众忠诚、政府形象等七个方面考察河南省地方政府门户网站。总体来看，政府门户网站的信息开放质量不高，公众对信息内容更新的满意度最低；政府网站的的生活服务功能获得认可，但获取信息便利程度、网上办事功能满意度不高；互动参与满意度不高，市长信箱参与度最低；公众总体满意度不高，实际感受低于预期；政府门户网站缺乏吸引力，公众忠诚亟须维护；网站设计有待改进，互动反馈评价不高。分析表明，政府网站信息资源价值亟待深度开发利用，O2O"一条龙服务"功能最受期待，政民网上互动参与热情正在反常态消退，政府网络形象与公众忠诚呈社交性断网。今后应加强政府门户网站的顶层设计、开放政府门户网站平台第三方应用和树立政府网络公关形象。

关键词： 地方政府门户网站　公众满意度　河南省

---

[*] 河南省高等学校重点科研项目计划"河南省地方政府门户网站评价研究"（16B630010）阶段性成果。

[**] 马闯，博士，郑州大学公共管理学院讲师，社会治理河南省协同创新中心研究员，研究方向为地方治理；李晨煜，郑州大学公共管理学院行政管理专业硕士研究生；张玉娇，郑州大学公共管理学院行政管理专业硕士研究生。

随着"互联网+"时代的到来，电子政务加速政府再造，河南省各地政府门户网站也迎来新一轮的更新升级。从政府实践来看，电子政务评估目前大多是政府自评或是外包信息技术公司进行技术评估，从学术研究来看，电子政务评估大多侧重于客观计量指标体系的构建，而从用户体验的角度对电子政务发展水平进行评估的研究较少。对于直接面向公众提供公共服务的地方政府门户网站来说，公众满意度即用户体验，实际上应作为最重要的评价维度。本文在2015年构建的"河南省地方政府门户网站发展评价指标体系"的基础上，着重从公众满意度的角度对河南省地市级政府门户网站运行情况进行分析和评价。

一 调查实施

2010年，河南省人民政府办公厅出台了《河南省政府系统门户网站评估指标体系》，按照主体行政职能的不同分为省辖市政府网站评估指标体系和省政府部门网站评估指标体系两类，每类指标分为四级，并逐级进行细化。一级指标包括网站内容、网站建设及安全、内容保障等三项内容；二级指标包括政府信息公开、公共服务、交流互动、网站建设、网站安全、内容保障等六项内容；三级、四级指标是一级、二级指标的细化和解释。其中，政府信息公开指标主要是按照《中华人民共和国政府信息公开条例》的规定内容制定，主要评估政府网站公开政府信息的规范性、内容丰富程度等内容。公共服务指标主要评估政府网站提供公共服务和在线办事的水平。交流互动指标主要评估政府网站与公众互动交流的能力。网站建设、网站安全指标综合评估政府网站的设计、安全、导航等内容。内容保障指标评估各单位对省政府门户网站的内容保障工作情况。从上述可以看出：第一，河南省仅对政府门户网站的基础建设情况进行评价，而没有从政府门户网站的影响层面进行测评，即考虑政府门户网站的责任性、回应性和代表性；第二，整个评估指标体系都是由客观技术指标构成的，没有体现以用户体验为本的主观指标。

(一) 本文评价方法

本文的公众满意度调查借鉴了顾客满意度的有关测评和方法，如美国顾客满意度指数模型（ACSI），① 由感知质量、顾客期望、感知价值、顾客满意、顾客抱怨、顾客忠诚 6 个变量构成（见图 1）。

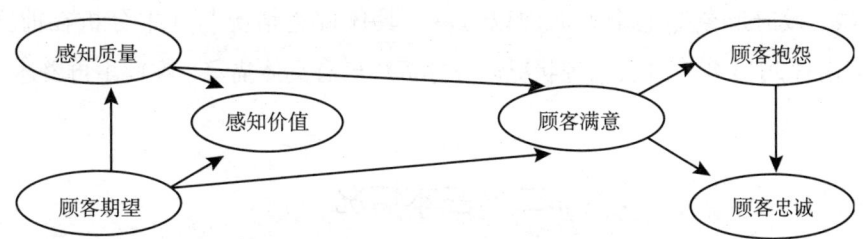

图 1　美国顾客满意度指数模型

作为一种成熟科学的测量顾客满意度的方法，稍加修改就可以有效应用于测评公众对政府门户网站的满意程度以及期望，以改善政府治理水平。据此，河南省地方政府门户网站的公众满意度评价指标包括公众期望、感知质量、信息开放、互动参与等为潜在变量，而公众满意、政府形象、公众忠诚为可测变量（见图 2）。

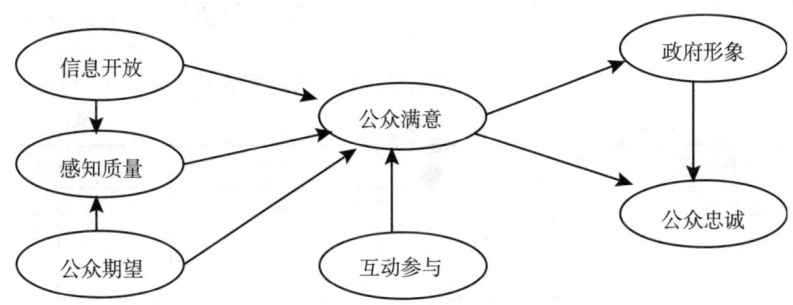

图 2　政府门户网站公众满意度模型

---

① 郭政、陈征洪：《美国顾客满意度指数在政府部门的实践与启示》，《标准科学》2015 年第 5 期。

（二）调查数据来源

本文以社会治理河南省协同创新中心于2016年春年对全省居民开展"河南省社会治理综合问卷"调查为数据支撑，调查问卷主要参照上述模型进行设计，从感知质量、公众期望、信息开放、互动参与、公众满意、公众忠诚、政府形象等七个方面加以考察。具体调查情况与样本分析在前文《河南省2015年度社会治理状况调查分析》已有具体描写，在此不再赘述。

二 基本情况

（一）信息开放质量不高，信息内容更新最不满意

在问及受访者"您对政府网站上公开的信息充分、有用、信息更新及时的满意度如何"时，只有35%的被调查者对"公开的信息充分"表示满意；42%对"公开的信息有用"表示满意；37%对"信息更新及时"表示满意（见表1）。可以看出，只有四成左右的居民对于政府门户网站信息公开满意，说明政府门户网站信息公开满意度不高。

表1 政府门户网站信息公开满意度情况

单位：%

信息公开	满意	一般	不满意
公开的信息有用	42	45	13
信息更新及时	37	42	21
公开的信息充分	35	51	14

（二）政府网站的的生活服务功能获得认可，但获取信息便利程度、网上办事功能满意度不高

在问及"您对政府门户网站的网上办事功能、生活服务功能、网站获

取信息便利程度、网站访问速度及链接情况是否满意"时,有31%的被调查者对"网上办事功能"表示满意;66%的被调查者对"生活服务功能"表示满意,认为政府网站应该增添水电气、交通、景点等生活服务;37%的被调查者对"网站获取信息便利程度"表示满意,认为能很方便地从网站查找到自己所需的信息;23%的被调查者对"网站访问速度及链接情况"表示满意(见表2)。可以看出,居民非常愿意政府门户网站能够增添有用的生活服务信息,但是政府网站的获取信息便利程度、网上办事功能满意度不高,网站访问速度及链接情况有待提高,政府门户网站无法发挥应有的功能。

表2 公众对政府门户网站感知质量满意度评价

单位:%

感知质量	满意	一般	不满意
生活服务功能	66	21	13
网站获取信息便利程度	37	42	21
网上办事功能	31	43	26
网站访问速度及链接情况	23	55	22

(三)互动参与满意度不高,市长信箱参与度最低。

在"您对政府网站的民意调查、市长信箱、网上咨询、政务微博或政务微信是否满意"时,有30%的被调查者对"政务微博或政务微信"表示满意;26%对"网上咨询"表示满意;25%对"民意调查"表示满意;仅有17%"市长信箱"表示满意(见表3)。此外,在问及"您第一次访问政府门户网站之前的期待如何"时,有70%的被调查者表示期待在线办事和实时在线咨询。总体来看,政府门户网站的居民与政府互动参与满意度不高,公众期望政府门户网站务实高效,居民对市长信箱的不满意度最高,政府应加强对网站的居民参与建设。

表3　公众对政府门户网站互动参与满意度评价

单位：%

互动参与	满意	一般	不满意
政务微博或政务微信	30	37	33
网上咨询	26	36	38
民意调查	25	41	34
市长信箱	17	38	45

（四）公众总体满意度不高，实际感受低于预期

在问及"您使用政府门户网站后，对其评价如何"时，41%的被调查者表示满意；在问及"您对政府门户网站的实际感受与您的预期相比如何"时，32%的被调查者表示满意（见表4）。可以看出，对于政府门户网站，居民的总体满意度不高。

表4　公众对政府门户网站的总体满意度评价

单位：%

公众满意	满意	一般	不满意
使用后,总体评价	41	57	2
与预期相比,总体评价	32	61	7

（五）政府门户网站缺乏吸引力，公众忠诚亟须维护

在问及"你会不会经常访问政府门户网站"时，有91%的被调查者表示"不会"。当问及"你会不会推荐他人来使用政府门户网站的电子政务"有94%的被调查者表示不会（见表5）。可见，由于政府门户网站居民互动参与度不高、信息公开程度较低，居民对网站的忠诚度相应较低，政府亟须提升自身的服务，以提高公众忠诚度。

表5　公众对政府门户网站的忠诚程度评价

单位：%

公众忠诚	会	不会
经常访问政府门户网站	9	91
推荐他人使用政府门户网站的电子政务	6	94

（六）网站设计有待改进，互动反馈评价不高

在问及"您对政府门户网站的主页设计满意度如何"时，33%的被调查者表示满意；在问及"您对网上投诉、监督或举报的反馈和受理满意度如何"时，仅16%的被调查者表示满意（见表6）。可见，居民对政府网站的主页设计满意度不高，对网上投诉、监督或举报的反馈和受理满意度较低，政府需要对门户网站进行进一步的完善，重塑政府形象。

表6 公众对政府门户网站政府形象的满意度评价

单位：%

政府形象	满意	一般	不满意
网站的主页设计	33	61	6
网上投诉、监督或举报的反馈和受理	16	52	32

三 分析评估

（一）政府信息资源价值亟待深度开发利用

河南省各地方政府门户网站依据《中华人民共和国政府信息公开条例》，都设置了信息公开的专栏，主要包括政府信息公开目录、依申请公开、信息公开指南、信息公开工作年度报告、机构信息、政务动态、法规公文、政府公报、规划计划、人事任免、财政预决算、政府采购、收费管理、行政许可、统计信息、重大建设项目、重点领域、监督检查等方面。表面上看，公开的信息内容丰富、种类多样，但是78%被调查者表示"垃圾信息、低质重复、庞杂无序、数据打架、格式混乱、不知所云"。这是条块管理体制、部门既得利益设租和信息资源组织不科学等，造成了公众查阅困难，难以获取有效信息并加以利用。

（二）O2O "一条龙服务"功能最受公众期待

中央多次提出要"让信息多跑路、群众少跑腿"、"打通政务服务最后

一公里",河南省地方政府门户网站大多开设了类似"政务超市"的在线服务功能专栏,其中覆盖了生育收养、文化教育、考试就业、住房、交通、户籍身份、婚姻家庭、医疗卫生、租房住房、城乡低保、社会保障、纳税服务、兵役服务、消费维权、出境入境、护照驾照、法律援助、离休退休、殡葬服务等个人事项和法人服务事项。公众期望通过政府门户网站直接获得的政务服务集中在生育婚姻、医疗保障、拆迁供水、驾照护照、就学就业、创业扶持等这些日常事项上。但是,绝大多数政府门户网站仅能提供表格下载、预约排号、办事须知、联系地址等,还无法提供线上线下一条龙政务服务,更何况实时在线咨询服务。这是因为这需要用大数据和云计算技术再造整个政务流程,横向跨部门协同、纵向跨层级协同。

(三)政民网上互动参与热情正在反常态消退

CNNIC调查显示,有43.8%的网民表示喜欢在互联网上发表评论,其中非常喜欢的占6.7%,比较喜欢的占37.1%。网络空间已经成为人们发表言论的重要场所。特别是微信、微博异军突起,2015年9月,微信的日均登录用户达到5.7亿个;2015年微博的月活跃量用户突破2.12亿个,微博每天产生10万篇文章,视频上万条,照片2100万张。政府门户网站是现实政府在网络空间中的重要旗帜,地方政府门户网站是地方政府部门搜集社情民意,接受公众监督,扩大公众参与渠道,实现政府与公众协同治理地方的互联网前沿阵地。但是,河南省地方政务微博和地方政务微信的"荒漠化"现象正呈扩大化趋势,地方政府门户网站上的"网上调查"栏目徒有其表,"电子信箱"栏目官腔回复,"在线访谈"栏目陈旧简陋,"网上举报"石沉大海。这不断增强公众对政府门户网站的不满感受,各种有关评论地方、反映民生、建言献策、参政议政的网络舆情正在网络空间无序扩散,无疑加大了地方政府网络治理的难度。

(四)政府网络形象与公众忠诚呈社交性断网

地方政府门户网站是地方政府在互联网世界里的"地标性建筑物",关乎政府形象的塑造。政府门户网站的用户体验将直接影响公众对网站和政府本身整体印象的判断。与一些著名商业网站相比，地方政府门户网站规划设计上存在网址不清晰、布局不合理、访问速度慢、阅读功能差、上手使用难、没有吸引力等问题是影响公众满意度提升的主要原因。值得注意的是，在那些对政府门户网站表示满意的被调查者中，绝大多数都在"公众忠诚"内容上选择了"否"，即尽管对所访问的政府门户网站比较满意，但是也不会"经常访问"或是"推荐他人访问"。随着六度空间理论在互联网领域的应用，社交功能也展现了一个网络平台的影响力。一般而言，网络形象越好，公众忠诚度越高，网络社交分享的意愿越强烈，公众满意度也越高。但是，地方政府门户网站背离了这一常识，公众极不愿意通过地方政府门户网站来建立人与人之间的社会网络或社会关系的链接，这将使得地方政府门户网站悬浮于网络世界之外，呈现断网孤岛的状态。

四 结论与建议

综上所述，河南省地方政府门户网站公众满意度整体偏低，"不知道、找不到、用处少、用不了"的现象还比较普遍。今后，应利用大数据和云计算等信息技术打造"互联网+政务"，建立统一的政务网络，打通各个政府部门的信息孤岛，实现数据实时交换与开放共享，形成"以公众为中心、以需求为导向、以服务为基础"的地方政府门户网站，以推进地方政府治理能力现代化。具体建议从以下方面入手。

第一，加强省政府 EA 的规划设计。构建省内统一的信息架构，确定技术标准等，将信息技术与政府业务有机融合起来，通过结构化的方式统一政府部门的业务目标，提高跨部门工作的互操作性，提高政府信息资源管理、资金规划和投资控制的效率，降低政府运作成本，从而实现政府部门之间的协同办公和资源共享，并最终为公众提供无缝服务。

第二，开放政府门户网站平台第三方应用。提高政府信息资源供给的质量，向社会开放，充分利用通过公共资金制作或获取的各类信息资源，并鼓励各类社会主体进行增值开发利用,促进信息服务产业转型发展和信息消费,提高社会效益和经济效益,提升政府公共服务水平,支撑面向未来的智慧城市建设。

  第三,塑造政府网络公关形象。要树立互联网思维开展政府危机公关,加强政府门户网站平台的建设和维护,运用网络沟通和传播手段发布信息,收集网络舆情,影响网络舆论,争取公众信任和支持,引导形成和谐有序的互联网环境。

2015年河南省城市居民获得感调查分析*

樊红敏　王艺　李岚春　李晨煜**

摘　要： 基于社会治理河南省协同创新中心的"2015河南省居民幸福感追踪调查"数据，本文从居民需求的角度出发，从安全感与尊严感两个维度来测量居民获得感，调查发现，河南省居民获得感评价居中，仍有很大的提升空间；居民尊严感高于安全感，表明政府应更加关注居民的基本生活需求，提升安全保障满意度；居民对个人收入最不满意，生活质量指数比上年有所下降，说明当前不容乐观的经济形势已经影响了居民的个人收入；群体比较发现，居民获得感与收入水平呈正相关，收入水平越高，获得感越高；30岁以下青年群体获得感最低，要重视青年群体的生活和精神需要；农民及农民工获得感指数最低，亟须采取有针对性的措施，缩小城乡差距，提高农民及农民工群体的获得感。通过进一步对比发现，河南省居民社会参与意愿高，但实际参与主动性低，应进一步采取积极措施，调动居民参与的积极性；河南省居民对未来比较乐观，但信心感比去年有所下降；居民对居住城市的喜爱度普遍较高，许昌、洛阳、南阳最受居民喜爱，相关性分

---

* 河南省哲学社会科学规划项目"县域维稳制度化及动态稳定机制构建研究"（2013BZZ006），2014年河南省高等学校哲学社会科学研究"三重"重大项目"治理视角下河南省化解基层社会矛盾的路径及机制创新研究"（2014 – SZZD – 08）阶段性成果。

** 樊红敏，郑州大学公共管理学院副院长、教授，博士生导师；王艺，郑州大学公共管理学院2015级行政管理专业硕士研究生；李岚春，郑州大学公共管理学院2014级政治学理论专业硕士研究生；李晨煜，郑州大学公共管理学院2015级行政管理专业硕士研究生。

析表明，应从法治城市、平安城市、生态城市建设入手，增强城市对居民的吸引力和提高居民的喜爱度。

关键词： 居民获得感　安全感　尊严感

2015年2月，习近平同志在中央全面深化改革领导小组第十次会议上首次提出让人民群众有更多"获得感"，"获得感"迅速成为凝聚社会共识、深化改革开放的年度热词。有别于幸福感的主观性，获得感的提出使人民福祉的增益有了进行指标衡量的可能，社会治理河南省协同创新中心于2014年12月展开了首次针对河南省18地市的"河南省居民幸福感调查"，并在此次调查的基础上，探索构建了河南省居民获得感的评价指标体系，对河南省各地市居民获得感情况做出了初步研判和分析。依据2015"河南省居民幸福感追踪调查"数据，进一步完善了评价指标体系，全面了解河南省及18市居民获得感状况。

一　获得感评价指标体系

目前，学界关于获得感测量的专门研究尚未出现。有学者认为获得感反映了人们在改革与发展中的受益情况，因而主张通过对居民生活改善情况的测量，分析其获得感的高低；[1] 更多的学者则是通过测量居民的主观幸福感，来衡量国民福利水准的高低，并以此评判个人的生活满足感；[2] 但是，显而易见，居民的主观幸福感并不能简单地等同于国民的福利获得，而居民的获得感与居民的福利获得直接相关。在某种程度上，居民获得感反映了人们对所获取和占有社会资源的认同状况。对于居民获得感的研究，能更清晰

---

[1] 孙远太：《城市居民社会地位对其获得感的影响分析》，《调研世界》2015年第9期。
[2] Frey and Stutzer："Happiness, economy and institutions", *Economic Journal* 2004, 110 (10).

的分析出民众在改革开放进程中是否真正分享改革红利，居民的福祉是否得到确实的保障和增益。

马斯洛将人的需求分为生理需求、安全需求、爱和归属感、尊重和自我实现五类，并强调尊重和自我实现作为较高层次的需求。[①] 温家宝总理在2010年政府工作报告中也着重指出让人民过上更幸福，更有尊严的生活。基于以上理解，本文认为，"获得感"是指在经济社会发展过程中，居民在环境安全、人身安全、经济安全、法治环境、社会公平、权利保护以及社会参与等方面，通过实实在在的"得到"，而产生的安全感与尊严感。从本质上来看，获得感应该主要包含两个层次：第一个层次，居民收入增加，医疗、教育、养老有保障，具有安全保障；第二个层次，居民个人权利得到有效保护，能够享受到政府提供的基本公共服务，并能通过多渠道社会参与体验社会公平，过上体面、有尊严的生活。

参考2015年度居民获得感评价指标体系，本文从居民需求的角度对指标体系进行了修订，获得感评价指标体系由居民安全感与尊严感两个二级指标构成，在安全感方面，选取了社会治安、经济安全、社会保障安全和环境安全四个指标评价；尊严感方面，选取了社会参与、就业服务、社会公平、司法公正四个指标评价（见表1）。

表1 居民获得感评价指标体系

一级指标	二级指标	三级指标
获得感	安全感	社会治安
		经济安全
		社会保障安全
		环境安全
	尊严感	社会参与
		就业服务
		司法公正
		社会公平

---

① 亚伯拉罕·马斯洛：《动机与人格》，中国人民大学出版社，2007。

二 数据选取与评价方法

（一）数据选取

本报告以社会治理河南省协同创新中心于2015年12月17～22日开展的"河南省居民幸福感追踪调查"为数据支撑。此次调查累计发放问卷4000份，为了更准确了解居民收入状况，本文剔除了学生受访者问卷，剔除学生受访者后问卷有效问卷为3367份。

在调查样本中，男女比例分布较为均衡，分别占样本总量的50.40%和49.60%；在文化程度方面，初中及以下、高中或中专、大专、本科及以上分别占样本总量的14.85%、29.05%、26.61%、29.49%；在年龄方面，分为30岁以下、30～45岁、45岁以上三个阶段，分别占样本总量的28.08%、46.45%、25.47%；在职业分布方面，根据工作性质的不同，分为专业技术或高级管理人员、私营企业主、机关事业单位人员、个体工商户、普通工人、农民工或农民以及其他（如打工者等）类等7种，分别占总样本量的11.00%、8.91%、17.38%、17.08%、25.73%、8.26%、11.65%。具体见表2。

表2 调查样本描述分析

变量	指标	人数	比例(%)	变量	指标	人数	比例(%)
性别	男	1697	50.40	年龄	30岁以下	934	28.08
	女	1670	49.60		30～45岁	1545	46.45
工作状况	专业技术或高级管理人员	370	11.00		45岁以上	847	25.47
	私营企业主	300	8.91	文化程度	初中及以下	500	14.85
	机关事业单位人员	585	17.38		高中或中专	978	29.05
	个体工商户	575	17.08				
	普通工人	866	25.73		大专	896	26.61
	农民工或农民	278	8.26				
	其他（如打工者等）	392	11.65		本科及以上	993	29.49

注：工作状况变量中有效样本数为3366份，年龄变量中有效样本数为3326份。

（二）评价方法

本报告把全省及18个地市安全感指数、尊严感指数按5分量表进行分类，划分为"非常满意、比较满意、一般、比较不满意、非常不满意"5个等级。获得感感知度按照5分量表的形式进行赋值，1.00分表明非常不满意，5.00分表明非常满意，分数越高意味着满意度越高。依此得出全省及18个地市的各项三级指标得分，通过加权计算，得出二级指标安全感指数、尊严感指数及一级指标获得感指数。居民安全感指数、尊严感指数、获得感指数评定标准为：1.00~2.00分为"低"，2.01~3.00分为"比较低"，3.01~3.50分为"中"，3.51~4.00分为"比较高"；4.01~5.00分为"高"。

三 河南省居民获得感状况分析

（一）河南省居民获得感仍处于中等水平

通过对全省安全感指数及尊严感指数加权计算，全省获得感指数得分为3.26分，仍处于中等水平，居民获得感指数不高。在18个地市中，漯河、许昌、济源得分最高，分别为3.49分、3.45分、3.45分，濮阳、安阳2个地市得分在3.00分以下，都为2.95分，居民获得感指数为"比较低"，其余的14个地市得分在3.04~3.44分，获得感指数为"中"（见表3）。可见，河南省居民的获得感指数不高。

表3 河南省及其18个地市的居民获得感指数

单位：分

序号	城市	获得感二级指标									尊严感指数	获得感指数
		安全感三级指标				安全感指数	尊严感三级指标					
		社会治安	经济安全	社会保障安全	环境安全		社会参与	就业服务	司法公正	社会公平		
1	漯河	3.54	3.40	3.52	3.64	3.53	3.47	3.40	3.40	3.52	3.45	3.49
2	许昌	3.77	2.73	3.25	3.93	3.42	3.44	3.38	3.64	3.47	3.48	3.45
3	济源	3.49	3.10	3.45	3.67	3.43	3.63	3.37	3.5	3.37	3.47	3.45

续表

序号	城市	安全感三级指标				安全感指数	尊严感三级指标				尊严感指数	获得感指数
		社会治安	经济安全	社会保障安全	环境安全		社会参与	就业服务	司法公正	社会公平		
4	平顶山	3.51	3.19	3.38	3.35	3.36	3.49	3.49	3.58	3.51	3.52	3.44
5	新乡	3.68	3.15	3.41	3.33	3.40	3.36	3.28	3.63	3.46	3.43	3.42
6	鹤壁	3.39	3.15	3.27	3.53	3.33	3.54	3.32	3.52	3.36	3.44	3.39
7	开封	3.38	3.09	3.29	3.26	3.26	3.40	3.36	3.53	3.33	3.40	3.33
8	南阳	3.38	3.27	3.17	3.38	3.30	3.59	3.21	3.50	3.09	3.35	3.33
9	焦作	3.48	3.18	3.15	3.05	3.22	3.49	3.22	3.45	3.25	3.35	3.29
10	全省平均	3.42	3.00	3.19	3.29	3.23	3.35	3.22	3.38	3.21	3.29	3.26
11	三门峡	3.65	2.73	3.21	3.61	3.30	3.21	3.20	3.24	2.99	3.16	3.23
12	洛阳	3.44	3.01	3.24	3.34	3.26	3.42	3.05	3.30	3.04	3.20	3.23
13	周口	3.23	3.05	3.16	3.18	3.15	3.54	3.13	3.30	3.18	3.29	3.22
14	郑州	3.30	3.11	3.17	2.95	3.13	3.34	3.23	3.46	3.16	3.3	3.22
15	商丘	3.18	2.99	3.03	3.03	3.06	3.35	2.99	3.35	3.15	3.21	3.14
16	信阳	3.27	2.78	2.91	3.44	3.10	3.06	3.11	3.36	3.00	3.13	3.12
17	驻马店	3.23	2.91	3.10	3.05	3.07	2.81	3.39	2.82	3.03	3.01	3.04
18	濮阳	3.24	2.48	2.86	2.80	2.84	3.03	2.98	3.18	3.04	3.06	2.95
19	安阳	3.35	2.69	2.94	2.69	2.92	3.05	2.84	3.13	2.91	2.98	2.95

（二）居民尊严感高于安全感

安全感指数是通过对社会治安、经济安全、社会保障安全、环境安全这4项指标加权得出的，反映的是居民日常生活的基本需求。调查数据显示，河南省居民安全感指数得分为3.23分，尊严感指数由社会参与、就业服务、司法公正、社会公平四个三级指标构成，加权计算河南省居民尊严感指数得分为3.29分，尊严感指数略高于安全感指数。这表明，安全保障的实现情况低于人们的期望，说明居民最关注自身的生活保障，对尊严感的关注度居于次要地位，因此，政府应更加关注居民的基本生活需求，提升安全保障满意度。

（三）居民对个人收入最不满意，生活质量和上年相比有所下降

居民对个人收入的评价最低。通过对河南省获得感的所有三级指标对比

发现，得分最低的是经济安全指标，在经济安全评价方面，我们选取了"您对自己收入的满意度如何"这道题来测量，个人收入评价得分仅为3.00分（见图1），说明居民对自己的收入状况最不满意，在获得感指数的三级指标里，经济安全指标远低于其他三级指标，拉低了河南省居民的获得感指数，显然，政府要从提高居民的个人收入着手，增强河南省居民的获得感。

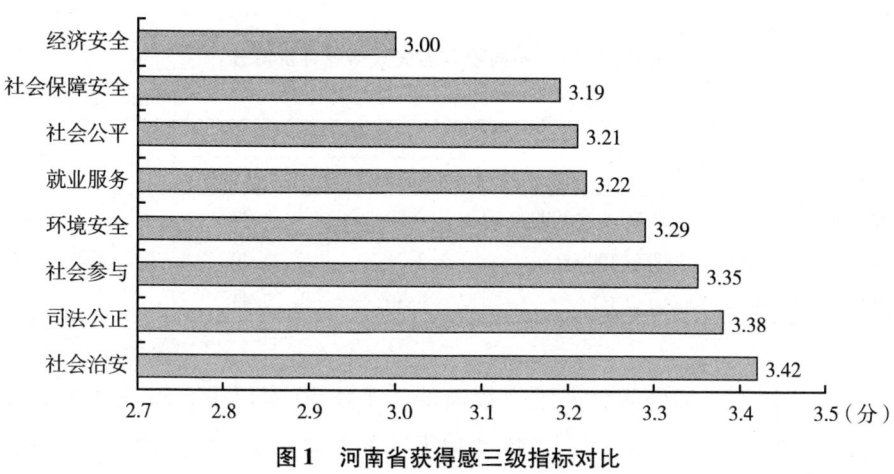

图1　河南省获得感三级指标对比

进一步分析发现，居民生活质量指数相比上年有所下降。生活质量以生活水平为基础，是指居民基本生活得到满足的程度。通过对生活质量满意度调查数据测量，2014年河南省居民的生活质量指数得分为3.26分，2015年的生活质量指数得分为3.18分，与上年相比有所下降，居民对自身的生活水平满意度降低，说明当前不容乐观的经济形势已经影响到了居民的个人收入。

另外，就业服务评价不高，说明应该从改善就业服务着手提高获得感。就业与收入高度相关，在就业服务指数方面，我们选取了"您对本地就业服务的满意度如何"来测量，河南省就业服务指数得分为3.22分，指数为"中"，可以看出，政府的就业服务现状与居民的期望相比还有很大差距，有必要从改善就业服务来提高居民的获得感。

（四）获得感与收入水平呈正相关，30岁以下青年获得感最低

调查表明，收入水平越高，获得感越高。结合河南省实际，本报告将个

人年收入3万元以下界定为低收入群体,3万~10万元为中等收入群体,10万元以上为高收入群体。调查数据显示,低收入群体获得感指数为3.23分;中等收入群体获得感指数为3.27分;高收入群体获得感指数为3.37分(见表4);获得感指数随着收入的增加有显著提升,居民获得感与收入水平呈正相关关系。

表4 河南省不同收入居民获得感评价得分

单位:元,分

收入群体	二级指标		获得感指数
	安全感指数	尊严感指数	
低收入群体(年收入0~30000,不含30000)	3.17	3.29	3.23
中等收入群体(年收入30000~100000)	3.24	3.30	3.27
高收入群体(年收入100000以上)	3.30	3.43	3.37

30岁以下青年群体获得感指数最低。比较30岁以下、30~45岁、45岁以上这三个年龄群体发现,"45岁以上"的群体在安全感指数、尊严感指数两个二级指标的得分均为最高,分别为3.31分和3.32分;"30岁以下"的群体在安全感指数的得分最低,为3.15分;而"30~45岁"的群体尊严感指数得分最低,为3.23分。从总体来看,年龄越小获得感指数越低,30岁以下青年人获得感指数最低(见表5)。可见,河南省30岁以下的青年群体对个人收入、社会保障等满意度较低,其自身的获得感也弱,应大力提高青年人工资水平,以提高其获得感。

表5 河南省不同年龄组居民获得感评价得分

单位:岁,分

年龄群体	二级指标		获得感指数
	安全感指数	尊严感指数	
30以下	3.15	3.27	3.21
45以上	3.31	3.32	3.31
30~45	3.22	3.23	3.23

(五)河南省居民社会参与意愿高,但实际主动性低

调查数据显示,河南省居民参与公益事务的意愿最高。在问及居民"是否愿意参与本地慈善或志愿活动"时,有45.00%的受访者"比较愿意"参与,接近受访者总数的一半,有20.10%的受访者"非常愿意","非常愿意"和"比较愿意"参与公益事务的共占受访者的65.10%。居民政治参与意愿较高,位居第二。在问及居民"是否愿意参与本地基层公共事务(社区或所在单位)"时,有43.00%的受访者"比较愿意"参与,有14.40%的受访者表示"非常愿意"参与,"非常愿意"和"比较愿意"参与政治事务共占受访者的57.40%。河南省居民的参与渠道较好,但居民评价有所下降。在"您认为本地民间组织(社区舞蹈队、志愿服务队等)发展情况如何"时,有39.20%的受访者认为"比较好",认为"非常好"的受访者比例为13.50%,"非常好"和"比较好"的百分比为52.70%。民间组织的发展状况体现了居民的参与渠道状况,河南省居民的参与渠道相对畅通,但与上年社会组织发展状况满意度59.05%相比,居民评价有所下降。河南省居民实际参与本地事务的可能性较低。在问及"如果发生危害公共利益(如环境污染等)的情况,您认为本地居民主动反映问题(投诉、举报、向媒体反映等)的可能性"时,有35.90%的受访者认为"比较大",认为"非常大"的受访者为10.30%,即有46.20%的居民认为本地居民会主动参与本地事务。

通过对比发现,河南省居民的参与意愿较高,但实际主动性相对较低。可以看出,居民社会参与意愿最高,政治参与意愿次之,但在居民实际参与主动性上,低于居民社会和政治参与意愿,居民参与渠道有所改善,组织化参与渠道比预期要好,近年来,社区组织发展状况也较好(见图2)。

(六)河南省居民对未来比较乐观,但信心感比上年有所下降

居民的信心感反映了居民对未来的态度,在信心感方面,我们选取了"您对未来的信心如何"来测量,河南省居民信心感指数得分为3.69分,指数为"比较高",通过对18个城市的信心感指数得分进行比较发现,南阳

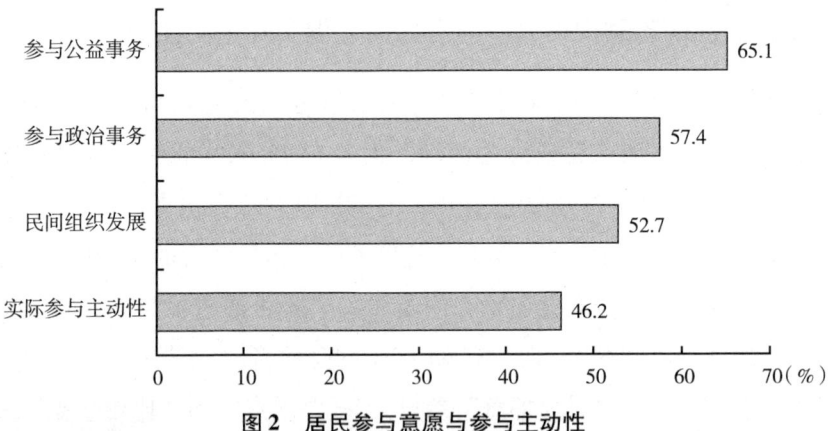

图2 居民参与意愿与参与主动性

最高，为4.20分，得分为"高"，新乡、许昌等14个市得分在3.51~4.00分，得分为"比较高"，周口、驻马店、商丘得分在3.01~3.50分，得分为"中"，表明河南省居民对未来比较乐观。与2015年信心感指数与上年相比，2014年信心感指数为3.97分，说明河南省居民对未来的信心感有所下降。居民信心感与居民的经济安全、社会保障安全等息息相关，可见，居民的收入和社会保障等安全感对信心感有直接影响，导致居民信心感下降。

（七）公职人员获得感指数最高，农民及农民工获得感指数最低

按照受访者职业的不同，将社会群体划分为机关事业单位人员、个体工商户、私营企业主、专业技术或高级管理人员、普通工人、农民或农民工6类。通过对群体进行比较发现，机关事业单位人员获得感指数最高，为3.35分；其他依次为个体工商户、私营企业主、普通工人、专业技术或高级管理人员；农民或农民工群体获得感指数最低，为3.15分。可见，经济新常态背景下在产业转型升级与结构调整中，农民及农民工需要得到更多的关注与支持。通过对群体二级指标进行对比发现，机关事业单位人员尊严感最高，为3.39分，说明公职人员仍然是社会优势阶层，反映了其社会地位仍处于较高层次；农民或农民工群体安全感指数和尊严感指数都最低，分别为3.11分和3.18分，说明亟须提高农民及农民工群体安全感和尊严感，缩小城乡差距（见表6）。

表6 河南省不同职业群体对获得感的评价

单位：分

职业	二级指标		获得感指数
	安全感指数	尊严感指数	
机关事业单位人员	3.32	3.39	3.35
个体工商户	3.24	3.32	3.28
私营企业主	3.27	3.28	3.28
专业技术或高级管理人员	3.21	3.25	3.23
普通工人	3.19	3.26	3.23
农民或农民工	3.11	3.18	3.15

（八）居民对居住城市的喜爱度普遍较高，许昌、洛阳最受喜爱

在居民对居住城市喜爱度方面，我们选取了"您对您所在的城市喜爱度如何"来测量。河南省居民城市喜爱度指数得分为3.58分，指数为"比较高"，表明河南省居民对自身所在城市普遍比较喜爱。对18个城市居民城市喜爱度进行比较，许昌、洛阳最受喜爱，得分分别为4.15分、3.95分；南阳、鹤壁等10个市得分在3.51~4.00分，得分为"比较高"；濮阳、安阳等5个市得分在3.01~3.50分，得分为"中"；仅有驻马店一个市得分在3.00分以下，得分为"比较低"（见图3）。由此可以看出，河南省居民对自身所在城市的喜爱度差异较大。

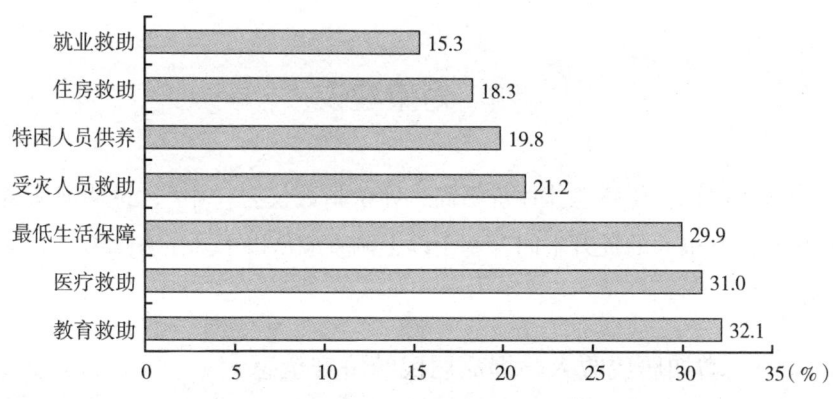

图3 18个城市居民城市喜爱度得分

分析居民城市喜爱度的影响因素，对获得感的各个三级指标与城市喜爱度指标进行相关性分析。根据correl函数计算结果，相关系数$R \geq 0.6$时为高度相关，当$0.4 \leq R < 0.6$时为显著相关，当$R < 0.4$时为弱相关。可以看出司法公正、社会治安、环境安全因素与城市喜爱度呈高度相关，社会参与与城市喜爱度呈显著相关；社会公平、社会保障安全、就业服务、经济安全与城市喜爱度相关程度较弱（见表7），说明城市的法治环境、社会治安环境与生态环境最受居民的关注，是居民是否喜爱一个城市的重要指标，河南省各地市应从法治城市、平安城市、生态城市建设入手，增强城市对居民的吸引力和居民对城市的喜爱度。

表7 各个指标与城市喜爱度的相关性

三级指标	问题	R值	相关性
司法公正	您认为本地法院判决的公正程度如何？	0.71	高度相关
社会治安	您对本地治安状况的总体评价如何？	0.65	高度相关
环境安全	您对当地城市的生态环境满意度如何？	0.61	高度相关
社会参与	如果发生危害公共利益的情况，您认为本地居民主动反映问题的可能性如何？	0.59	显著相关
社会公平	您认为本地的社会公平状况如何？	0.36	弱相关
社会保障安全	您对本地医疗服务的满意度如何？	0.36	弱相关
就业服务	您对本地就业服务的满意度如何？	0.15	弱相关
经济安全	您对自己收入的满意度如何？	0.13	弱相关

四 对策建议

河南省居民获得感总体评价不高，评价指数仅为"中"，说明河南省居民获得感仍有很大的提升空间。基于以上调查应从以下几个方面着力，提升居民获得感。

（一）增加居民收入，提高居民经济安全感

经济安全感是居民最基本需求，也是影响居民获得感的基础性因素。调

查发现，全省居民对收入最不满意，经济安全指标是所有三级指标中得分最低的，并且收入水平与获得感呈正相关，说明居民的收入水平直接拉低了居民的获得感，要提高河南省居民的获得感，关键要从增加居民收入着手，通过扩大就业率等提高居民工资性收入和水平；通过提供创业政策和税收支持，提高居民财产性收入；通过改革收入分配制度，缩小收入差距等举措，确保居民收入稳定增长，提高居民经济安全感。调查发现，30岁以下青年群体获得感指数最低，说明青年群体生活压力相对较大，要特别重视青年群体的生活需求和精神需要，在统筹学历教育和职业教育、改善政府就业服务、增加就业培训、共享就业信息、提高基础工资等方面采取措施，增加30岁以下青年群体的工资收入，进而提高青年群体的获得感。

（二）提高农民及农民工群体获得感

避免"短板"现象是整体提高居民获得感的关键环节。调查表明，农民及农民工群体对获得感的满意度最低，对安全感和尊严感的满意度也是最低，说明农民及农民工群体的安全保障需要和尊严需要均未得到有效满足，需要采取有针对性的措施，提高农民及农民工群体的获得感。在安全感方面，通过为农民及农民工提供职业技能培训、给予创业指导和政策咨询服务等措施优化农民工就业环境，提高农民及农民工群体的收入；针对农民工群体流动性的特征，切实推进医保异地报销和结算，为农民工群体享受医疗服务提供便利。在尊严感方面，对农民及农民工群体权益的维护要给予重视，通过法律援助、社会救助、帮助农民工融入城市等措施，让农民及农民工群体过上有尊严的生活。

（三）多措并举，调动居民参与主动性

居民积极主动参与公共事务和社会事务是提高居民尊严感的有效方式。调查表明，河南省居民参与意愿比较高，组织化参与渠道有改善，但实际参与主动性低于参与意愿。这表明河南省居民参与主动性还有待增强，应进一步采取积极措施，拓宽居民参与渠道，调动居民参与主动性。具体来说，要

加强教育宣传，培养公民意识；进一步拓宽居民参与渠道，发挥民间组织的作用，推动居民参与制度化；充分发挥传播媒介特别是互联网的作用，运用灵活多样的方式调动居民参与主动性；强化居委会或村委会的职责，切实表达和维护居民的权益，调动居民参与的积极性。

（四）强化社会公平，提高居民尊严感

尊严感是居民的高层次需求，也是影响居民获得感的重要因素。调查发现，全省尊严感指数为"中"，表明全省居民对尊严感满意度不高，应从改善就业服务、强化社会公平、提供就业培训、创业指导、缩小差距等方面，进一步提高居民尊严感。调查表明，社会公平在尊严感三级指标中得分最低，说明在经济社会发展过程中，社会不公平现象比较突出，居民对社会公平的满意度最低。应通过加大收入分配调节力度，缩小行业和社会阶层间的收入差距；通过推动基本服务均等化、合理配置公共服务资源，推进区域公平；通过实施教育资源配置均等化促进教育公平，打破阶层固化的现状，推进阶层和代际公平，从而提高居民的尊严感。

案例篇
Case Reports

豫北古庙会及其对乡村治理的启示

韩万渠 杨晓洁*

摘　要： 乡村治理的复杂性和独特性源于宗族势力、民间信仰、基层政治、市场经济等多重因素的糅合。"会"作为一个乡村居民日常生活中聚会的场所，既包括农忙时节前后的市场交易，也含有民间信仰发起的庙会。在现有研究中，民俗学、人类学、社会学界的学者，往往只关注前者的经济层面的市场交换功能和后者的文化层面的信仰功能。事实上，"会"不仅承担了乡村地区市场交换的功能，传递了民间的信仰，更是在其组织过程中蕴含了值得考察的社会动员功能。本文拟通过对豫北古庙会基本情况的介绍，了解豫北地区古庙会的运作模式，最终查探出基层社会社会动员的基础，以求挖掘出

---

* 韩万渠：博士，河南师范大学政治与公共管理学院讲师；杨晓洁，河南师范大学政治与公共管理学院硕士研究生。

社会动员的潜力。

关键词： 豫北古庙会　乡村治理　社会动员

一　豫北浚县、滑县古庙会基本情况

庙会起源于古代的祭祀活动。论及豫北地区的古庙会，就不能不提及素有"华北第一古庙会"之称的浚县正月古庙会。浚县正月古庙会起源于后赵皇帝石勒开凿伾山大佛时期，至今已有1600年历史。在生产力低下靠天吃饭的时代，村民们把家中生存的希望寄托于神灵，祈祷一年的丰收，以缓解生存压力。随着浚县两山寺庙的扩建，香客也由最初的农民扩展到各行各业的人士。浚县正月古庙会以其民俗文化流传的典型性被确定为"中国民族民间文化保护工程试点项目""河南民俗经典"，成为历史文化与群众生活发展交融的典型。并与山东泰山庙会、山西白云庙会、北京妙峰山庙会并称华北地区四大庙会，是中原民俗文化的活化石，原生态文化的缩影。加拿大著名的民俗学者安德里先生就曾评价浚县庙会为"中国老百姓的狂欢节"。

浚县正月古庙会会期从农历正月初一到二月初二长达一个月，会期长，规模大，保持着明清特色。庙会期间有三个高潮，一是大年初一，百姓常结伴登山祈福。第二是正月初九，在浚县，传说这天是玉皇大帝的生日，百姓和社会团体要到大伾山拜山。正月十六是庙会最高潮，吸引着晋冀鲁鄂皖周边20个省市以及海内外的数百万香客游人。每天从周边各地来这里观光游览者多达几万人，高峰期每天有30多万人。据碧霞宫所存清顺治、康熙年间碑刻记载，当时民间已有到此朝圣进香的组织，大会首20余名，会众640人，并有碑载明连续进香10余载。各地香客"赶会"通常相约而来，由会首带领，自备粮菜，一般住三天两夜。会首由村民选举轮流担任。赶会的花销由各家分摊，即份子钱。

豫北地区古庙会的另一个典型就是滑县道口镇的火神庙会。滑县火神庙会的会期是从农历正月二十七到正月二十九。因此，滑县的火神庙会也被称为华北地区"正月最后的狂欢"。[①] 据传，农历正月二十九是火神的生日。春季天干物燥容易起风着火，正月家家户户又放鞭炮，为了祈求平安、避免火灾，故而供奉火神。同时，也有愿火神保佑来年有个好年景，期盼一年红红火火的意思。明代初始时，一些商贾民众便已开始组织表演；"破四旧"时，火神庙会曾有过短暂的停止，但改革开放后，村民们便又自发地组织起来，最后逐渐盛大，吸引了大量省内外人士参加。

在火神生日前即农历正月二十七时，各街民众及商贾自发组织人员，备置香烛，敲锣打鼓，载歌载舞，进行祭祀、庆典活动。村民都以能够参与火神庙会为荣，不仅自发的捐钱，招待远道而来的亲戚客人，也不忘进行排练表演以参与盛会。道口镇共有"三关六铺"九大会社，分文会、武会两种，每年的火神庙会期间，各个会社都要操起锣鼓家什，主要的表演项目有踩高跷、舞狮子、跑旱船、背阁、抬阁、扭秧歌、武术等。在庙会期间，一些表演性的组织会张贴入会名单。白天入会只是展示自己的民俗文化，直到晚上七八点才开始真正的表演，一直持续到深夜一两点。道口镇到处人山人海，除了外地观众都是演员，男女老少齐上阵，载歌载舞庆盛世。

二 豫北浚县、滑县古庙会的组织运行模式——会首制

豫北古庙会的民间信仰活动呈现典型的组织化运作特点，即两地庙会均采用"会首制"，组织村民进行集体上山祭拜活动，以及火神庙会的集体文体演出活动。本部分以滑县L村集体上山参与大伾山庙会为例，分析庙会的"会首制"组织模式。

---

① 《正月最后的狂欢——滑县道口镇火神庙会》，http：//blog.sina.com.cn/s/blog_ 3cad5e3b0100xwgo.html。

（一）滑县 L 村基本情况

L 村位于豫北平原河南省滑县东北部留固镇，距滑县县城 20 公里，距留固镇 3 公里，土地面积约 1 平方公里，包括 2 个自然村，共 223 户约 1900 人。L 村主要以种植业为主，农作物为夏秋两熟，主要农作物为小麦、花生、玉米、棉花及其他经济作物。村里有面粉厂一家，超市四家。村里 60 岁以下劳动力大部分外出打工，2012 年人均纯收入约 5000 元，属于典型的以农业生产为主的传统村落。

L 村为河南、河北一带传闻中"山西洪洞大槐树迁至此地"的移民村，一直保持着多姓混杂、分片居住的格局。L 村中原有建于 1984 年的小学一座，该小学由村民集资兴建；村中小学的规模和设施与周边村落相比较好。1985 年，L 村修建深水井，以压力罐的形式供应自来水，整个设备及管线为集资兴建，是周边村落最早用上自来水的村庄。该村自西向东有主干道三条，中间主街于 2002 年采取"以工代赈"形式修建，剩余两条于 2010 年自行集资修建。村中有庙宇三座，分别为老奶庙、关公庙、观音庙；村北约 1 里地有明嘉靖年间兴元寺遗址及释迦牟尼石佛一尊，当地俗称"寺上老佛爷"。庙宇的存在及数量，反映了 L 村民间信仰的风气较盛。通过笔者亲历和访谈发现，不同于其他村落村民的个别信仰行为，L 村的民间信仰活动呈现组织化动作的特点，且逐渐形成了以"会首制"为运作机制的民间香会活动。

（二）L 村会首制的运行模式

尽管 L 村每年的香会活动只有两次，而且都为临时性的民间非正式组织，但是因其长期的传承延续，已经形成了成熟的"会首制"运作模式，对 L 村重大公共事务及日常事务的自组织管理产生重要影响。"会首制"的主要运作模式是：首先协商推选出大会首，再由大会首选出 6~10 名小会首。一般来说，大会首一般处于整个活动的核心地位；而小会首则分布在村中各姓氏中，表现了一种均衡状态，以保证在每个姓氏进行集资的过程中，能够有本姓氏的成员出面协调，具有承上启下的中间协调和部分执行功能；

普通老百姓则在大会首和小会首的安排下，参与各种香会活动。这是一种以大会首为塔尖、小会首居中、大多数老百姓为基础的金字塔式组织架构。当然，即使大小会首具有较优的资本优势，他们仍保持着谦逊的人格魅力，以能够组织本村香会活动为荣，表现了一定程度上的"人性管理"涵意。

在香会的整个组织活动中，大会首主要负责采购庙会的用品、组织小会首全村集资、预订上山的客车、租房等诸多琐碎工作有序开展。大小会首承担香会活动的主要支出，普通村民参与仅需缴纳10~15元，形成"大会首+小会首"出大头，村民集资出小头的支出结构。当然，大小会首更多的会通过募捐工作促进香会活动的开展。如若筹集的资金较多，一方面可以请水平较高、有名角的戏班子唱戏，向邻村展示本村的发展；另一方面可以向本村村民显示自己作为会首的组织能力。大会首的号召力通常通过外出"化缘"体现，也正是通过"化缘"及随后的"赶会"，实现了这一组织形式对社会资本的重构。大会首并非一定是村中的首富，但必须是在各个姓氏家族中均能够有"人缘"的倡导者。外出化缘的对象是本村外出经商、做官、做医生、教师等当地俗称的"公家人"。但凡在外有体面工作的家庭，大会首和小会首会督促其父母联系孩子主动交会费；不主动上缴，大会首和小会首甚至会亲自到近处城市登门"化缘"。对于主动交会费的原因，除了来自家庭内部的压力，更多的是村中民众对张榜公布账单的议论，而这些议论无疑也会与家庭给予其的压力紧密相连。大会首和小会首会在村里大街上的公告栏张贴募捐"排行榜"，以显示某某家对香会的贡献，还会在村里喇叭中予以广播，并在社戏开始前给予登台发言祝词的机会。具有仪式感的公开表扬及荣耀机会，成为乡村及周边村庄乐于称道的现象。

经过长期的传承，会首制的运转分工合理，运转高效。在会首制的运行逻辑下，能做大会首、能争取过来外出公家人和生意人的大额赞助，都可以视为"有能力"的象征；能出大会首或外出的精英的家庭也被视为"家庭教育有方"。这些被视为有能力的人无疑在村里具有强于其他人的权威，并不断在各姓氏精英圈层中得以固化，形成目前乡村以精英能人为主体、以会首制为纽带的社会资本结构。如在对滑县一村庄某包工头李某的访谈中，李某说:"除非工程忙得实在脱不开身,我都回去赶会。跟我干活的都是咱村还有三里五庄的,都知道咱村有会,到那几天都想回去,俺这没啥国家规定的假期,这也算找个机会放放假。多热闹呀,俺爹也做过大会首,那一年不用小会首出啥,老百姓也不收,就是谁还愿意谁出点,这都不是个事,你不想想咱街里这路我出多少钱,你有钱了混好了,就得给老少爷们做点好事,应该的。咱村叫顶上(政府)最省心,修路、自来水挖沟埋管、地里埋管、以前建学校,哪像某某村,因为这还吵架打架……"从其话语中也可以大体了解到香会活动对其的动员效应,也延伸到村中公共品供给中的社会动员。"有钱了就要给老少爷们办点好事"的话语,透射出香会活动给予社会精英的荣耀感,已经自然转化为乡村公共品供给中主动奉献的责任感。这就是公共活动能够产生社会动员能力的根源所在。

(三)集体参与庙会的公共活动属性

农村的公共活动是村民社会生活中重要的一部分,离不开广大村民的参与。

一般来说,农村的公共活动大致分为三种,一种是乡村政治社会的公共活动,即政治性的村民自治组织的村委会;一种是经济性的公共活动,即专业合作社,合作发展特色农产品种植等;最后一种则是文化性的公共活动,即民间信仰、广场舞之类的文娱性的公共活动。而文化性的公共活动,则是最开放也是最难把握的一种活动形式。它不是政策直接下达后的产物,而是历史遗留或者新时代下衍生的事物。这种类型的公共活动,直接嵌入人们的日常生活中,对人们的影响更为深刻。滑县 L 村的农历正月二十二上山会展露了文化性公共活动对该村村民公共事务的影响。

L 村的正月二十二上山会的活动场所主要在豫北很有影响力的浚县大伾山,香会活动主要为了膜拜大伾山上的"弥勒石佛"和浮丘山上的"老奶庙"。正月二十一全天,村民要到大会首家中参拜老奶神像,并兑现上一年在山上许愿的承诺,并以货币或实物的形式还愿。正月二十二早上四五点钟,村里就会敲锣打鼓集合一起乘车去大伾山,每年的规模都在 150 人左右，最多时达到200人（基本上是每户1人）。村民们白天上山礼拜，晚上在只有草席铺就的地铺上休息。休息其实只是象征性的，整个晚上成为村民的集体活动时间，唱戏、唱歌、讲故事、讲笑话各种形式层出不穷。大会首和小会首们和其他善男信女排班给老奶神像上香。这期间要选出新的会首并推荐或自荐小会首，正月二十四早上回村，并将"老奶像"传至新会首家中，接受上山者和没上山者的参拜，尤其是年龄大、因身体原因不能上山的老人，一定会早早地到村口迎接"老奶"归来争相上香。

三 豫北古庙会公共活动组织的经验

会首制组织下的民间香会活动包含着社会资本的形成与重构，表现了以会首为"积极分子"的动员过程。社会资本理论强调"信任、互惠规范和关系网络"，将信任视为与互惠规范、关系网络等同的概念范畴。笔者将社会资本重构中的社会动员生成归结为信任，也就是说信任是社会资本形塑社会动员的核心变量。很难想象缺乏信任的情景下，人们是如何在"积极分子"的动员下加入集体行动。而庙会活动中乡村以会首制组织活动及其世代传承的恰恰是基于活动组织、参与过程中的信任和集体意识。

（一）信任的产生源于共同的信仰基础

这里并非强调对庙会活动的参与是带有迷信性质的民间信仰活动，而是突出村落共同体大多数认知"认同"践行的逻辑是信任产生的理念层面的基础。民间香会活动以"善恶报应"为逻辑，现代制度权威以制度"法律以及政策的公正"平等为逻辑。只要共同体认同并能够约束共同体内部行动者的行为，使之符合组织活动的互惠规范，均可视为共同的信仰基础。这一概念类似于倡议联盟框架中的"信念体系"。历史传承下来的以会首制为主体的香会活动，造就了普通村民和以会首为主体的精英团体之间的信任关系，这种信任关系不同于基于法理权威的合法性信任，也不同于迫于武力动粗的强制力屈从，而是基于民间信仰指引下香会组织中各个参与主体互动中形成的权威！民间信仰强调的"善恶因应"制约着精英和普通群众的行为选择，尽管每个个体在参与香会活动中的动机不同，但大家共同的诉求都是"向善"，通过对此信念的膜拜式的信奉，满足行动者向善求好的心理诉求。缺乏这一信念基础，难免如金融互助的"合会"一样，出现贪污、挪用等破坏信任基础的行为。

（二）信任的产生源于互惠规范下的组织有效运行

互惠是会首制此类民间非正式组织活动能够动员起村民参与的利益基础，每一个参与者在民间信仰的信念基础上实现着不同的诉求。在香会组织过程中，大会首和小会首承担了香会活动的大部分支出，参与的普通村民仅仅承担少量的支出就可以分享会首支出的"外部效应"，这个过程使得普通村民"搭便车"的道德风险正常化，实质上在村民的观念中，这些理所当然、约定俗成的规则根本谈不上道德风险。大会首在此过程付出较多，收获的是荣耀感和威望提升。普通群众付出较少，但可以实现香会活动中的诸多诉求。会首精英和动员起来的民众各取所需，构成了两个群体信任关系的"共同利益"基础，尽管这个"共同利益"通过迷信方式诉求看似不是理性之举，但在村落共同体的理性计算中，是特定场域下的自然选择。

会首团队分工合作表现的高效率符合公共活动组织的效率原则。尽管这一高效主要是因为事务相对简单并有章可循，但组织活动的有效运行给予民众参与的便利和具有机会成本优势，一个低效拖沓的集体行动很难具有持久性，自然也难以通过集体记忆传承下去，参与者更愿意相信高效的组织者而做出追随的意愿，并参与集体行动。另外，组织过程的财务公开有利于会首制关系网络信任关系的形成。无论是张榜公布香会组织活动收支情况，还是公开推举下届大会首的公开"协商议事"规则，都给这一组织活动长期传承奠定基础，信任感也在代际传递中逐渐加强。

从沟通理性的维度考察这一活动，庙会形式上好似信众借助祭拜活动和"神灵"进行交流，实际上却是一次沟通"劝慰"交流的机会。参与民众围绕一些共同的生活问题展开讨论，既是在寻求诉说中的共同疏解，也是在交流中凝聚智慧和共识，寻找解决办法。春节期间的上山会活动中，更是增加了民众间交流的时间和空间。多种多样的娱乐活动为村民的聚会联欢提供了敞开心扉的难得机会，进一步增进了村民间及其与乡村精英间的互信，促使集体意识产生。

（三）信任的传承源于关系网络的资源吸附能力及其持续性

公共活动的开展是社会资本孕育的场域。香会活动作为乡村重要的公共活动，在世代相传中延续着会首制的生命力和动员能力。公共交往活动的开展离不开资源的支撑，以"会首制"为组织形式的香会活动建构起村落内部及其与外界的关系网络。这一关系网络承担着公共交往活动所需资源的获取功能。大会首和小会首组成的精英团队本身主动被关系网络吸附，是香会活动的资源供给主体，承担了公共交往活动约1/3的支出。另外一部分来自会首们的外出"化缘"能力。会首对在外工作的"公家人"的资源获取模式，在中国的乡村中带有普遍性的"衣锦还乡"的社会心理深刻于中国人心中，自然也由香会活动的资源获取，并延伸至村中其他公共事务的资源筹集行动中。通过调研，我们可以发现集资修路、建小学、农田水利改造等公共项目的资源筹集结构，和会首制组织下的香会活动资源筹集结构具有相似性，体现了以会首制为依托的社会动员生成机理在其他公共事务领域的延展和适用。

会首制组织下形成的关系网络及其资源获取模式和结构，和现代公共财政强调的"税收能力支付原则"具有相通性，"相通性"的背后是一般组织活动内在规律性，和组织活动的信念基础和文化背景并无太大关系，这是本文研究的一个初步探索，即被视为非理性的民间信仰活动组织过程中蕴含着与现代组织理性相通的合理性，甚至可以说现代组织运转的合理性事实上沿袭于传统组织运转的经验，现代组织理论的合理性一定程度上是基于对过往经验的现代话语阐释！循着这一思路推理，民间信仰活动在乡村得以传承的持久性，来自于其组织活动规则的适应性和普遍性。无论本部分强调的公共活动中资源获取的"能力支付"原则，还是前述活动中的财务公开、协商议事原则,部分解释了"社会资本生成的社会动员对于正式制度和非正式规则互恰的催化作用机理"。

综合以上分析,乡村社会中以会首制为依托的集体参与庙会的公共活动,以民间信仰为共同信念基础,以各取所需的互惠规范为利益基础,以高效、公开、协商为组织运转原则,形成具有持久性的资源获取关系网络,形塑了会首精英和民众间的信任关系,与之伴随的集体活动和交流互动增进了村落共同体的集体意识,解释了社会动员的生成。

四 启示:挖掘农村公共活动的社会动员潜能

作为一个一直被关注却一直未被解决的公共领域,农村的公共活动开展实施一直困扰着基层治理中的政治执行群体。这一群体既要遵从政府间逐级下沉的正式制度压力,又因为嵌入乡村社会深层而无法回避一些非正式规则的约束。他们生活在上级和村民的夹层中。会首制的施行一定程度上缓冲了他们面对正式和非正式制度相交而产生的身份困境。但他们仍然是农村发展好与坏的责任主体,是农村的公共活动发展的主导者,能够主导群众公共性活动的方向。

毋庸置疑,这些农村的公共活动的组织化运作亟待加强。政府应该引导开展自组织意义上的公共活动,而不能小心翼翼地将管制的触角渗透至村落的每一个角落,固化人们的行为。这样不仅会压缩乡村社会自组织公共活动的活力和空间,使村落难以组织起来,而且在一定程度上还会促使乡村成为国家治理的累赘。农村公共活动的社会动员仍有很大的潜力。乡村要想更有效的实现公共活动的社会动员,不仅要依靠村民的自发组织发展,更需要政府的组织和影响。

郑州市金水区"三社联动"社区治理创新探索与启示[*]

吴 俊[**]

摘 要: "三社联动"是在政府的主导下,以社区为平台,以社会组织为载体,以社会工作专业人才队伍为支撑,通过构建"优势互补、资源整合、良性互动"的新型合作伙伴关系,促进社区居民充分参与、社区资源整合、社会组织和社工根据需求提供公共服务的一种新型基层社会治理模式。郑州市金水区作为首批全国和谐社区建设示范区,率先尝试在辖区内探索建立"三社联动"的社区治理创新模式,并形成了有效的举措:完善政策体系,引领社区建设;深化体制改革,推动机制创新;坚持需求驱动,探索实践路径;健全政府购买,促进长效发展;强化活动支撑,践行联动理念。金水区"三社联动"的实践经验为进一步拓展和深化"三社联动"、创新基层社会治理提供了有益的启示和借鉴。

关键词: 三社联动 基层社会治理 社区建设

社区不仅成为城市最重要的社会组织方式,而且也是实现基层公共服务

---

[*] 2016河南省科技厅软科学项目(162400410161),2015郑州市科技局软科学项目(153PRXF245)阶段性成果。
[**] 吴俊,博士,河南财经政法大学社会学系讲师,研究方向为社会工作与社会政策。

和社会治理的重要平台。在这一社会转型的背景之下，传统的以行政化、救济式、单一性的外生型社会服务模式已经难以满足社区居民多元化、个性化、发展性的服务需求。对此，"三社联动"作为一种新型基层社会治理模式，旨在探索一条多元主体共同参与、共同建设、可持续性发展的内生型基层社会治理之路。金水区是河南省会郑州市的中心城区，也是首批全国和谐社区建设示范区。自2014年以来，该区尝试建立社区、社会组织和社工"三社联动"的基层社会治理机制，在推进多元主体参与、创新社区治理体制方面进行了积极探索，取得了较好成效，积累了关于城市社区建设的切实有效经验，在推动社区发展、服务社区居民、提升居民幸福感、促进和谐社会建设等方面发挥了重要作用。

一　郑州市金水区"三社联动"的基本情况

伴随改革的不断深化和城市化进程的加速推进，社区越来越成为城市人口的聚集地，社区的规模普遍扩大，社区容量持续增加，各种利益关系和社会矛盾集中在社区，广大居民对社区治理水平的要求越来越高，对社区服务的需求越来越多，社区日益成为加强和创新社会治理的重心、保障和改善民生的依托、提供公共服务的平台、维护社会稳定的基石，创新基层社会治理机制成为当前加强城市社区建设过程中亟待解决的重点和难点问题。2014年，河南省政府发布了《关于加强新形势下城市社区建设的意见》，明确提出"在全面深化改革、全面推进依法治国、创新社会治理和打造'四个河南'、推进'两项建设'的新形势下，城市社区建设的地位更加重要，任务更为繁重"。

作为河南省政治、经济、文化、金融、信息的中心城区，金水区辖区总面积135.3平方公里，其中城区面积70.65平方公里，辖区下设17个街道，常住人口140.2万，拥有得天独厚的区位优势和较为优质的资源禀赋，是全省经济最发达的城区之一。[①] 截至2014年底，金水区共有城市社区158个、

---

① 《金水简介》，http://www.jinshui.gov.cn/jswwzz/zjjs/jsjj/A360701index_1.htm。

各类社会组织370家、专业社会工作服务机构21家,各类社区社会组织和群众组织1000余个,各类志愿者组织300余个,各类志愿者近10万人。①为了推进社区治理模式的转型,2014年,郑州市金水区通过政府购买公共服务项目的方式,投入150万元在6个社区设立了综合社区服务中心,旨在从社区层面探索社会组织、专业社工共同参与社区服务、支持社区建设、创新社区治理的新模式,标志着金水区"三社联动"服务机制的初步形成。

2015年,为了进一步巩固"三社联动"社区服务成效,深化和创新基层社会治理格局,金水区政府继续加大投入力度,出资400万元购买"三社联动"公益服务项目,旨在通过引入竞争机制,将社区公共服务全面外包,交由有资质的社会组织承接,在着力厘清社区、社会组织、社工三社之间的角色定位和权责关系的基础上,积极构建"多元主体、各司其职、资源整合、优势互补、良性互动"的"三社联动"社区治理模式。在社会治理现代化、公共服务社会化和均等化、社区居民需求多元化的转型背景下,金水区坚持在社区建设中探索和开展"三社联动"实践,对于提升基层社会治理能力,构建和谐社会发挥了积极作用。

二 郑州市金水区"三社联动"的实践举措和现实成效

(一)完善政策体系,引领"三社联动"逐步深化

创新城市社会治理的前提和基础在于政府向社会放权,通过权力下移,将大量的管理职能从政府下放给社区,使原本属于社会的权力最终回归社会,落实到社区,从而最大限度地激发社会活力,促进政社互动。然而,在"三社联动"的起步阶段,由于社会组织发展、社工专业人才队伍建设的相关法律法规尚未健全,特别需要发挥政府的统领职能和民政部门的主导作

---

① 张建伟、刘旭娜:《郑州市金水区:试水政府购买"三社联动"公益服务项目》,《中国社会组织》2014年第24期。

用。对此，郑州市金水区委、区政府高度重视"三社联动"的创设氛围，鼓励和支持先行先试，并以政策创新推动"三社联动"的深化发展。金水区先后制定并出台了《金水区社会工作发展五年规划（2011~2015）》《关于进一步加强社会工作人才队伍建设推进社会工作发展的意见》《与高校共建专业社会工作综合实践基地的意见》《优秀社会工作人才评选管理办法》《金水区政府购买社会工作服务实施办法》等一系列政策文件，为激发社会组织参与社区治理、规范社区基础平台建设、推动社会工作职业化发展奠定了坚实的制度基础。

（二）深化体制改革，推动"三社联动"机制创新

一是促进"三社联动"与"政社互动"相结合，厘清政府与社区的权责关系。金水区按照转变政府职能、简政放权的要求，为"三社联动"提供发展空间，通过政策引导和资金支持，探索以政府购买的方式将公共服务职责委托给专业社工机构，将社区服务和管理职能交还社会，落实到社区。一方面，政府放权增效，引导社会工作机构和各类社会组织平等独立参与社区管理，承接社区公共服务，推动了政府与社区、社会组织和社会工作更高水平、更高质量的互动；另一方面，鼓励社区居民、社会组织、高校、企事业单位、志愿者等多方力量共同参与社区治理，以专业化、社会化的方式提供公共服务，有效弥补了政府在社会管理和公共服务方面单一化和行政化的局限。

二是加大社会工作人才队伍建设，提升社区公共服务专业化。2011年，金水区被授予"全国社会工作人才队伍建设试点示范区"。近年来，在社工人才队伍建设方面，金水区积累了一系列有效经验，取得了良好的实践成效。首先，金水区积极开展了以"定向实践、项目实践、创业实践"为主要内容的"三项实践"工作模式，实施了社会工作"六一"工程[①]建设，

[①] "六一"工程具体是指"设置一批岗位、打造一支队伍、培育一批机构、开发一批项目、建立一套机制、形成一个体系"。

有力推动了社会工作的专业化和职业化发展。其次，突出专业引导，加强包括专业社工知识、技能、方法在内的各类业务培训，对取得社会工作师和助理社会工作师资格证书的社区专职工作人员分别实行每人每月200元、100元的职称补贴奖励措施。最后，金水区还着力发展面向社区的社工人才队伍和社工机构，探索"义工社工化"、"社工－义工"两工联动机制，推行"社工进社区"等项目，旨在促进民政工作者、社区工作者、社会志愿者、民间社会组织实现四个"社工化"发展。

三是加强"三社联动"载体平台建设，积极培育社区服务类社会组织。社区服务类社会组织是以直接服务社区成员、参与社区治理为主要业务的社会组织，不仅包括社区社会组织，如，社区业主组织、基层社会团体等，而且包括以直接服务社区、建设社区为主的其他社会组织，即虽不是由社区成员组成，却常年"扎根于社区"的"嵌入式"社区服务类社会组织。金水区于2014年成立了社会组织孵化基地，通过引入"入孵－培育－评估－出壳－反哺"的工作模式，为辖区筹建期或初创期的各类社会组织尤其是公益性社会组织提供场地设备、能力建设、注册指导、人才培养、发展指导、推广宣传等一系列支持和服务，旨在引导社会组织健康、规范、持续发展，形成具有"金水特色"的社会组织管理方式，促使社会组织专业服务与社区居民需求及时有效对接，激发社会组织活力，为"三社联动"提供更大的社会力量支持。

（三）坚持需求驱动，探索"三社联动"实践路径

金水区紧紧围绕社会发展需要和社区居民需求，引导社会组织走入社区，引导社工开展专业服务，将"问需于民、问计于民、问效于民"的工作理念贯穿于基层社区建设的始终，尝试建立政府、社会组织、社区、居民协同共治，服务社区、解决社区问题的工作模式，通过明确社区、社会组织、社工"三社"各自职责分工，深化"三社"之间横向合作机制。金水区根据社区居民的多元化和多层次的需求，逐步探索出以社区为平台的"三社联动"工作路径：社区服务中心、社会组织与社工共同承担原有社区

居委会的公共服务功能；社会组织和社工机构承担社区内困难群体和特殊群体的特殊服务，如为老服务、低保服务等；社工在社区与社会组织中充分运用自身的专业知识、技能和方法，承担专业化服务的职能；社区的个性化服务通过"一刻钟便民服务圈"的商业组织来提供；在社区实践中自发形成的"草根组织"和社区骨干分子作为自治社会力量，也积极参与社区的多元化服务与网格化管理。通过全方位的政社互动和三社联动，构建全面覆盖、无缝对接的基层社会治理格局，把社区打造为管理有序、服务完善、文明祥和的社会生活共同体，不仅受到了社区居民的广泛认可和好评，而且切实满足辖区居民的民生需求，激发了社会活力。

（四）健全政府购买，促进"三社联动"长效发展

作为公共服务供给的一种创新模式，政府购买服务对于加快政府职能转变、增进社会公共福利、提高社会治理能力、提升公共服务效率、满足人民群众日益增长的公共服务需求，具有十分重要的意义。近年来，金水区立足实际，在"三社联动"的实践中积极探索政府向社会购买服务的具体做法，逐步形成了"政府出资、资源下沉、跨界合作、优势互补、高效联动"的工作模式，购买社工服务契约化管理、项目化运作的工作机制，推进了"三社联动"的有效运作。2014年，郑州市金水区首次通过政府购买公共服务项目的方式，投入150万元在国泰花园、四月天等6个社区设立了综合社区服务中心，旨在以社区为平台，鼓励和引导社会组织、专业社工主动围绕社区需求设计服务项目，通过发挥社会组织和社工的专业优势，为居民提供优质的公共服务，重点解决居民群众关注的热点问题。

2015年，金水区政府出资400万元购买"三社联动"公益服务项目，进一步巩固和深化"三社联动"的实践成果，创新以"三社联动"为抓手的基层社区治理与服务工作机制，最大限度地调动和整合"三社"资源，服务于辖区居民群众。"三社联动"公益服务项目通过建立社区居民议事堂、民事协解室等，深化居民自治；通过帮扶"三无"、空巢、孤寡、失独、失能老人、困难家庭、流动儿童等弱势群体，提高其社会适应能力；通

过整合和引导文艺类、手工类、体育类等各类社会组织，为社会组织和社区居民搭建共同娱乐、自我展示、寓教于乐的平台，形成良好的社区氛围，同时，吸引和吸纳广大社区居民积极加入社区公益组织、参与社区公益事务、参与社区自治，形成有序管理，增强社区的凝聚力、软实力，为建立健全居民自治体系、深化居民自治打下基础。①

金水区在政府购买服务项目的具体实践中逐步建立了四项机制：一是坚持需求导向机制。金水区政府和主管民政部门多渠道、多层次地向社会公众、专家学者、社会工作者、基层部门工作人员征询意见，全面了解社会诉求，尤其是特殊群体的特定诉求，在参照辖区发展规划和财政计划的基础上，制定出向社会购买的服务项目、服务质量和数量，并制定相应的公共财政预算。二是引入项目竞争机制。金水区通过政府招标采购网发布政府社会服务需求的相关信息，面向社会组织公开招标，并秉承公开、公正、平等的原则，由政府采购评审专家小组严格考核竞标机构的资质和综合服务能力，从中选择最优项目方案，最后由政府部门与中标机构签订购买合同。三是加强督导管理机制。在项目实施过程中，金水区通过引入督导管理的方式来确保项目的有效实施，进而促进社会组织或社工机构能够真正为社区居民提供优质服务。一方面，区政府出资邀请深圳慈善会福德督导师，针对项目的社工招募和选择、工作计划和分配、服务使用情况、工作协调与沟通、总结与评估等方面提供专业性咨询和指导；另一方面，鼓励高校专家、教授参与社工实践，担任督导和顾问工作。四是完善绩效评价机制。当购买合同约定的服务期限到期或项目方案和服务内容全部完成时，金水区政府出资邀请第三方，如，专家学者、专业评估机构对政府购买服务项目进行评估，并结合评估结果制订后续跟进计划，从而实现以评促建、以评促改，不断改进和提升"三社联动"工作绩效。

---

① 张建伟、刘旭娜：《郑州市金水区：试水政府购买"三社联动"公益服务项目》，《中国社会组织》2014年第24期。

（五）强化活动支撑，践行"三社联动"价值理念

金水区在积极推进"三社联动"、创新基层社会治理的实践探索中，十分重视通过开展形式多样、丰富多彩的社区活动，为社区、社会组织、社工"三社"联动搭建资源链接、良性互动的平台和桥梁，吸引和鼓励社区居民积极参与社区公益组织和志愿者组织，发挥居民自治的作用，共同打造社区生活共同体，推进和谐社区建设。

金水区"金百合"社区邻里和谐工程通过开展各类睦邻文化活动，丰富社区居民的文化生活，增进社区与居民、居民与居民之间的沟通与交流，增强居民对社区的认同感和归属感，努力营造"出入相友、守望相助、贫困相扶"的和谐社区环境，促进"以邻为伴、与邻为善、助邻为乐、睦邻为德"新型邻里关系的形成。"金阳光"社区志愿服务工程通过开展各类志愿服务活动，弘扬"奉献、友爱、互助、进步"的志愿者精神，坚持组织化和社会化动员相结合，在全区各社区积极组建志愿者帮扶队伍，针对社区内需要帮助的特殊群体和困难群体，如，贫困家庭、老年人、青少年、残疾人等，提供志愿者服务。2014年，金水区共开展各类活动1034场次，参与活动近10万人次，累计受益群众20余万人次，深受社会各界的广泛好评。[①] 2015年11月，在金水区民政局的倡导和支持下，丰庆路街道办事处联合四月天社区与同行社会工作服务中心、河南省书画协会、"金阳光"志愿者协会等多个社会组织共同举办了以"'三社联动'响金水、笔墨挥毫较仲伯"为主题的"金百合"杯才艺大赛与书画类比赛活动，旨在整合"三社"资源，以社区居民喜闻乐见的文娱活动形式，营造和谐社区氛围，及时回应社区居民的服务需求，促进社区可持续发展。

在社区各类活动的开展之初，社会组织和社工作为支持性的力量要发挥专业功能，着力在社区内部培育和发展各类社区社会组织，如，志愿者组

[①] 张建伟、刘旭娜：《郑州市金水区：试水政府购买"三社联动"公益服务项目》，《中国社会组织》2014年第24期。

织、居民自治组织等。伴随社区内在自治力量的发育壮大，社工逐渐从前期的推动者和建设者的主体角色转变为引导者和支持者的辅助角色，发挥赋权增能的专业优势，致力于激活社区参与动力，推进社区居民自治，并最终促使"三社联动"转化成为社区内在的可持续发展机制。

三 郑州市金水区"三社联动"创新基层社会治理的经验启示

（一）有效增强社区支撑"三社联动"的基础平台功能

在"三社联动"的新型基层社会治理模式中，社区作为社工人才、社工机构和社会组织开展社会服务、参与基层社会治理的主战场、主阵地，具有基础地位和平台作用。一方面，"三社联动"的基础是政社分开、政社互动。通过明确政府与社区的权责边界和功能，加快政府职能转变，使政府作为政策推动者和资源保障者，发挥强有力的组织保障、政策保障、资金保障体系的支持作用，出台一系列的激励政策和公共财政安排，为社区减负放权，拓展社区居民自治空间，将建设的空间转给社区部门和社会组织，将原本分散的社会力量和社会资源加以整合，形成发展的合力，推动"三社联动"在社区层面落地，促进社区实现多元共治。另一方面，加快建设和改善社区办公服务环境和公益性服务设施，加大社区服务信息化网络建设力度，发挥社区的载体功能，为社工机构等社会组织和专业社工进入社区、参与社区服务、参与社区治理提供良好的社区平台。

（二）积极培育发展社区社会组织拓展社区自治空间

社区社会组织是参与社区建设的主要力量，也是"三社联动"的关键主体。对此，进一步鼓励扶持社区社会组织的成长，是推进"三社联动"落地到社区的重要任务。立足于社区实际，从社区居民的多元化需求出发，积极培育和发展各类社区社会组织，如，社区托儿所、托老所、社区服务中心等福利组织，社区老年大学、文艺表演队等文化组织，法律援助中心、妇女儿童保护协会等维权组织，志愿者与义工队等志愿活动组织，残疾人服务中心、便民服务中心、社区卫生中心等服务组织；借助各类社区社会组织载体，整合和动员社区居民，增加居民的社区参与，最大限度地增强社会的凝聚力与活力，推进社区社会组织在与社区部门、社工机构和社会工作者联动实践中，不断加强自身的能力建设，提升自身的专业性、参与性和自主性，使之能够真正作为社区发展的主体，参与社区管理，参与社区建设，发展社区服务，逐步实现社区自治。

（三）着力推进面向社区的社工人才队伍和社工机构建设

推进"三社联动"、创新基层社会治理的核心和关键，在于大力发展面向社区的社工人才队伍和社工机构，这不仅是"三社联动"的应有之义，而且是加快社工人才队伍建设、推动社工参与社区治理的重要途径。基于此，首先，要进一步加大政府对社区社会工作的重视和投入，加强政府对社工人才队伍和社工机构建设的政策扶持力度，推动社会工作专业在社区建设中的制度性嵌入。其次，依托社会组织孵化基地和社会工作行业组织的力量，切实发挥社会组织孵化基地在社工机构、社会组织培育和发展方面的辐射和带动作用，发挥社会工作行业组织在社工培养和管理领域的引导和支持作用。最后，加快推进社区专职工作者"社工化"和基层社会组织专职人员"社工化"发展进程，积极探索培育民办社工机构和民间社会组织的现实可行路径，以及构建"社工带义工"的联动工作机制。

（四）整合"三社"优势构建社区内化的可持续联动机制

从实践理念层面，"三社联动"模式是基于优势视角的理念，即相信社区、社会组织和社工都有独特的功能和价值，能够通过构建"优势互补、资源整合、良性互动"的新型合作伙伴关系，共同致力于完善社区服务和推动社区建设。首先，社区作为社工与社会组织的支持者、保障者和推动者，在"三社联动"中发挥资源配置平台的基础作用；其次，社工作为专业支持者，其作用在于宣传普及社会工作政策，传播社会工作知识和理念，引导社区社会组织参与社会建设，用优势视角挖掘社区社会组织潜能，促使其在工作方法上进行转变，规范社区服务活动，形成专业社工协同社区社会组织引领志愿者参与的社区服务体系；再次，社区社会组织作为组织载体，在"三社联动"中发挥着动员社区参与的作用：通过反映社区诉求，与社工协作设计、实施相关服务活动，发现和培育社区居民骨干，加强居民的自我服务和参与能力，鼓励居民参与社区建设，参与社区社会组织管理，拓展社区自治空间；最后，外来的社工机构作为专业引领者和支持者，不仅要在社区中通过个案和小组等专业方法开展直接的微观服务，而且还要在社区层面发挥推动资源整合和促进社区参与的专业功能，因地制宜设计建设路线，协调专业资源，通过培训、督导、评估、服务示范和技术支援等一系列手段，培育社区社会组织，推动社会工作专业人才队伍建设，指导构建"三社联动"服务体系和支持体系，不断提升"三社"之间的专业协作能力。[①] 在"三社联动"的实践探索中，只有将社会组织、社工的专业支持与社区本土资源有机整合，充分发挥"三社"优势，促进功能互补，协作共治，才能真正在社区层面形成内化的可持续联动机制。

---

① 李涛：《"赋权"社区：本体情景下"三社联动"建设路径思考》，《社会与公益》2015年第10期。

S市乡村学校"空壳化"及其治理

陈文新　刘步升　代　昭*

摘　要： 乡村学校"空壳化"是农村"空心化"的集中体现。"空壳化"的学校是即将走向消亡的学校，它在一定程度上是当前农村教育凋敝状况的真实反映，也是当前农村社会治理的一个关键，必须引起人们的重视和警惕。城镇化以及由此引发的宏观农村社会变迁，是乡村学校"空壳化"的真正推手。乡村学校"空壳化"的治理，未来农村学校教育格局的谋划，也应该从城镇化这一大背景、大前提出发，去探索切实可行的治理之策。

关键词： 乡村学校　空壳化　农村社会发展

农村"空心化"是指在我国城镇化进程中，在城市产业集聚效应的影响下农村人口大量外流并伴随农村社会整体衰退的一种现象。农村的"空壳化""空心化"是国家不断推行城市化和城镇化进程的必然产物。[①] 农村"空心化"带来了资本和人口的双重流失，土地闲置、"留守老人"、"留守儿童"等问题突出。可以说，农村"空心化"问题已经涉及教育、社保、

---

* 陈文新，博士，郑州大学公共管理学院教授，社会治理河南省协同创新中心研究员，研究方向为政治社会学；刘步升，郑州大学公共管理学院政治学理论硕士生；代昭，郑州大学公共管理学院中外政治制度专业硕士生。

① 何卫平：《空壳化背景下农村公共产品的供给困境及出路》，《西华大学学报》（哲学社会科学版）2013年第4期。

文化、道德等多个方面，整个农村社会呈现"内卷化"态势，即一种停滞不前的状态，其中，许多乡村学校出现了生源流失、生源不足等现象，昔日师资雄厚、班级健全的学校如今只剩下数十人甚至没有生源而陷入荒废的状态，这就是乡村学校的"空壳化"现象。本文以河南省 S 市黄村小学为例，分析学校的"空壳化"问题及提出治理对策。

一 S市黄村小学的"空壳化"分析

（一）S市黄村小学的现状

S 市黄村小学创建于 20 世纪 80 年代，位于距 S 市较远的 L 县偏远乡村。豫南地区地形复杂，交通不便，自然村落分布较为分散，但相较 L 县其他几个分散的村落，黄村是一个较大的行政村。改革开放初期，黄村小学构建了较为完善的小学班级体制，最多时有学生近 400 人，[①] 学校因为较好的教学质量吸引和接纳了本村和附近几个村绝大多数的学生。20 世纪 90 年代，农村经济条件的改善，黄村小学的教学条件也相应得到了极大的提升，学校的发展到了一个顶峰。2006 年随着《义务教育法》的颁布实施，L 县政府先后拨出专项财政资金对全县的农村学校进行翻修和改造，黄村小学得到了很多补助，增设了幼儿园、微机室、体育器材室等，以及新建了教室、操场等教学设施。然而，本该在政策激励下越办越好的黄村小学却陷入了困境。自 2008 年起黄村小学就取消了幼儿园与学前班，学校生源不断减少，学生流失严重，如今的全校学生仅有 49 人，教师只剩下 5 人，是一个典型的"空壳化"乡村小学（见图1）。

（二）S市黄村小学"空壳化"的表现

（1）在校学生急剧减少，生源严重不足。根据现行义务教育法的相关

---

① 本文相关数据均来自于作者对黄村小学的访谈和调查，以下同。

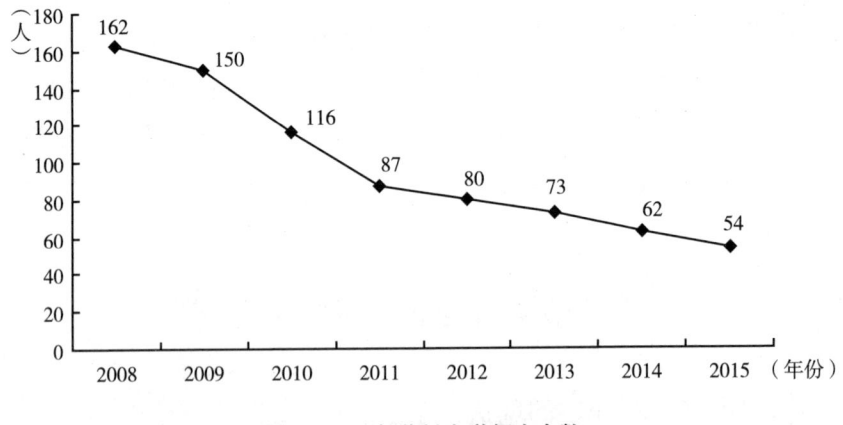

图1　近八年黄村小学师生人数

规定：义务教育阶段的适龄儿童必须接受九年制义务教育。黄村虽然是一个较大的行政村，但计划生育政策的实施、乡村的"空心化"自然影响到学校的适龄儿童的教育。客观上，黄村新生儿逐年减少，仅2014年新生儿数就比上年同比减少了8%。同时，在校就读的学生流失较为严重。据学校张校长提供的信息，仅2012年，本校就有22名学生相继转往L县县城小学就读，去往S市的也有7名，还有部分学生随父母到江南务工的城市就读。由于黄村位置偏僻、交通不便，本地村民主要以外出从事建筑行业作为生计。所以，学生往往到了四五年级就转往外地，或干脆退学进城务工，留下的孩子多半是"留守儿童"。以六年级为例，自2010年以来，学生人数不断减少，从2010年的28人减少至2013年的9人（见图2）。虽然，自2013年9月起，国家要求各地教育部门建立统一规范的学籍信息管理制度，但黄村村民通过找熟人把学籍转向外地，黄村小学学生流失的趋势仍然没有得到有效遏制。

（2）教师资源流失严重。从20世纪80年代至今，黄村小学的教师人数也逐渐减少。从1982年起，河南省开始对农村中小学教师进行全面考核整顿，通过"招、转、辞、退"等方式，重建农村中小学教师队伍。在这个过程中，黄村小学教师队伍出现分化，相当一部分民办教师通过

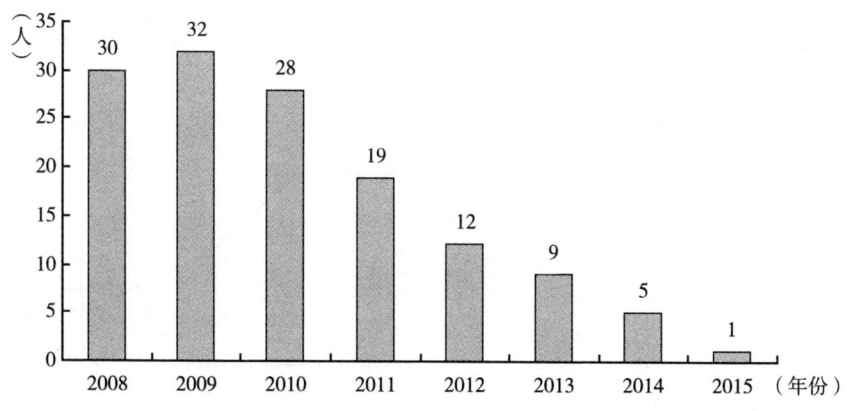

图 2　近八年黄村小学六年级人数

考试进入公办教师队伍，一部分教师改行转向其他行业，如原来学校里任教的王老师没有通过新的考核干脆在县里做起了烟酒生意，还有的部分年龄较大的教师自动辞职外出务工。20 世纪 90 年代后，L 县相继采取措施充实乡村教师队伍，但年轻有能力的老师不愿意留在乡村小学。黄村也有不少师范类学校毕业的大学生，但无一例外不愿意选择村校就业，2013 年县里派下来两名青年教师，仅仅不到六个月两人就选择离去。"空壳"学校招不到老师，也留不住人。图 3 是 2008 年至今的黄村小学在校教师人数，2008 年算上代课老师尚有 22 人，到了 2012 年减少了 8 人，到 2015 年底仅剩下 5 名老师，仅剩的 5 名老师的年龄分别是 56 岁、54 岁、57 岁、48 岁、42 岁，基本到了或接近退休年龄，教师队伍面临后继无人的现状。

（3）班级建制名存实亡。虽然学校的班级建制基本还在，但由于学生流失严重，每个年级也只剩一个班，六年级已经成为"摆设"，只有一名学生在坚持上课。从图 4 各个班级人数分布来看，现有的每个班学生人数很少，达不到教育部门规定的开班要求。由于人数较少，多数情况下都是几个年级合并上课，上课时学生也是处在"放羊"状态。

（4）学校硬件设施空置。黄村小学的"空壳化"还体现在学校硬件设

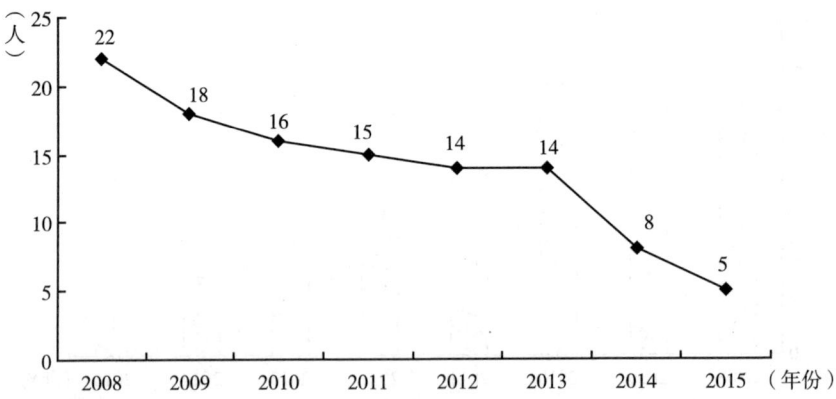

图3 近八年黄村小学在校教师人数

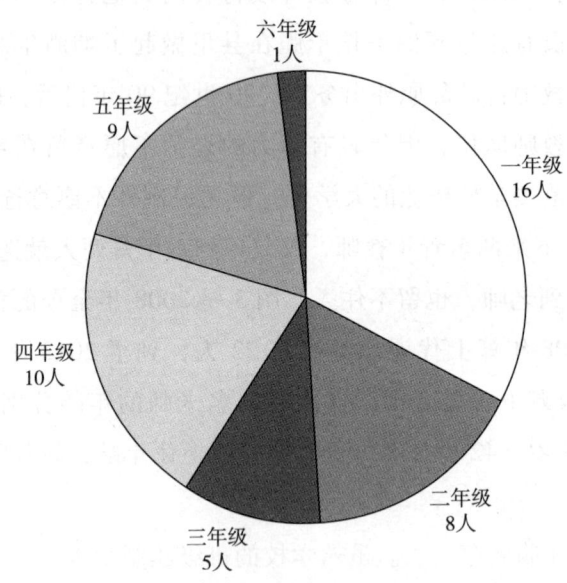

图4 2015年黄村小学各班级人数分布

施的空置上。学校许多教学设备无人使用,教室空置,十间课室仅有四间在使用。

二 乡村学校"空壳化"的成因分析

20世纪80年代,中国乡村曾经出现"村村办小学""乡乡办初中"的教育布局,而如今,乡村学校"空壳化"甚至"村无小学","乡无初中"却成为中国乡村教育的基本形态。之所以出现如此大的反差,应该说,城市化,以及因城市化潮引发的农村社会变迁,是主要推手。

(一)城镇化导致青壮年农民工进城,农村生源减少

位于豫南的L县是一个传统的农业大县,也是国家级贫困县,L县始终是一个劳务输出大县,打工经济是L县经济的重要组成部分。在如今城镇化的大力推进下,L县大量青壮年农村劳动力主要到浙江、江苏等地务工,一部分农民工子女跟随父母成为随迁儿童,使得乡村义务教育适龄儿童数量出现了减少。同时,2001年国务院出台《关于基础教育改革与发展的决定》,明确解决流动人口适龄儿童教育问题"以流入地政府为主"、"以全日制公办小学为主"的"两为主"原则;加上近年来农民工进城多项权利保障政策的全面落实和农民工子女入学体制机制的完善,都为农民工子女在城市接受教育提供了一定便利的条件。在城市教育资源明显优于乡村的现实情况下,城镇化导致的社会流动自然引起大量农村生源涌入城市和城镇,农村生源由此减少。

(二)城镇化导致农民群体分化,子女教育观出现差异

快速的城镇化导致中国社会各个社会群体出现一定的。改革开放以来,农民群体的分化是最早也是最大的。中国社会阶层的分化最早从农民开始,随着城市化进程的加快、多种所有制经济的发展,农村剩余劳动力开始向第二、第三产业转移,传统意义上的农民队伍出现一定的分化,这种分化首先体现在经济实力的差别上。那些通过改革开放富起来的农民,由于拥有较好的经济基础,开始在县城购买商品房,逐渐适应了城市生活,同时,他们自

身的农民经历、多年城市生活的"打拼"使他们意识到教育在改变人生中的重要价值，因而他们非常重视子女的教育，希望通过创造良好的教育条件为子女提供良好的成长环境。而一些仅能维持生计的农民工等农村弱势群体，由于无力承担日益增加的教育成本，同时受社会上"读书无用论"的影响，认为"大学毕业即失业"，他们倾向于不让子女接受完义务教育就外出务工，认为他们"能识字，会算数"就已经足够了。还有部分家长看到本地的乡村学校已经没落，而又无力供养孩子在城镇读书，干脆让孩子放弃学业。

（三）城镇化进程中城乡教育资源配置的失衡

无须讳言，城市一直是我国政治、经济、社会各项生活的中心和重心，在现有分配政策的制定和牵引下，城市在各种资源配置中都有着主导优势，乡村则由于边缘化地位在公共服务的数量和质量方面都与城市存在较大差距。尤其是在教育资源的配置上，乡村学校教育有着诸多短板：乡村小学在引进教师过程中，普遍处于吸引力较弱，引入难以留住的尴尬境地。同时，乡村学校生源减少导致国家补贴不足，乡村学校在财力上无法得到有力支持，乡村小学教育设施不完善，教育场所和器材多已老旧。更令人担忧的是，乡村教育资源的缺失越来越影响教育的质量。乡村教师往往一人承担了多门课程的教学任务，对于学生的管理普遍较松，降低了乡村学校教育的效度。因此，乡村教育资源的供给不足不仅从教育的内容、方式上影响了教育质量，更从心理层次带来了乡村教育从业者和受教育儿童的认同缺失，二者对乡村学校均可能丧失信心和热情，从而形成了乡村学校教师和学生大量流失、学校空壳的现象。

三 乡村学校"空壳化"的后果分析

黄村小学正是中西部中国许多"空壳化"乡村学校的一个缩影，但是它反映的问题具有普遍性，因而不容忽视。在相当长一段时间内，人们曾经以为，乡村学校"空壳化"问题主要集中在西部贫困山区。但现在看来，实际上，类似的问题，在中国的中部、东部农村也普遍存在，只是程度不同罢了。乡村学校"空壳化"引发了一系列社会问题和社会影响。

第一，农村教育资源的严重浪费。乡村学校"空壳化"的一个直接后果就是农村教育资源的严重浪费。许多"空壳化"学校教学设施齐全，大多还经过援建和现代化改造，而今却陷入荒芜，成为仓库或干脆闲置，这在一定程度上是资源的极大浪费。

第二，义务教育阶段存在严重的辍学问题。乡村学校"空壳化"不仅仅导致教育资源的闲置和浪费，而且进一步助长了义务教育阶段严重的辍学问题。"空壳化"学校的学生普遍厌学、弃学。在对黄村小学的学生调查中，87％的四、五年级学生对学习不感兴趣，大多数学生毕业后愿意立即到城市打工。在以往流失的学生中，有的学生不到五年级就放弃学业随父母进城务工。国家规定的义务教育也流于形式。严重的辍学问题是学校生源减少的重要原因，反过来，学校的逐渐"空壳化"又助长了辍学之风，二者形成恶性循环。同时，许多辍学儿童既缺乏校园教育又缺乏家庭教育，陡然进入大城市，面临严苛的务工环境，会产生许多不安定因素。

第三，对城镇教育造成了很多压力。一方面是乡村学校的"空壳化"，另一方面是城镇学校的超负荷运转。近年来，在新型城市化进程中 L 县县城面积扩大到原来的 2 倍，县城新建了 3 所小学，县教育局每年都大规模招聘教师，现有的很多学校被迫扩招，校舍一再扩建但仍然满足不了大量农村义务教育阶段子女入城就读的需求。这样，城区教育资源的紧缺与农村教育资源的闲置，构成此消彼长、互为因果的矛盾关系。① 地方教育行政部门承受着前所未有的压力。

第四，进城读书子女的身心健康问题。农村子女随父母在县城或城市读书，或是自己住校租房，陌生的环境、人际关系、生活的脱节，都会给这些

---

① 胡俊生、李期：《空心村·空壳校·城镇化潮——农村教育的困境与出路》，《甘肃社会科学》2014 年第 5 期。

学生的身心健康带来一定的危害。同样，留守乡村的儿童，缺少父母的陪伴，老师的督导，也会出现各种各样的问题。

第五，教育腐败问题。"空壳"学校吃空额的现象屡见不鲜，许多"空壳"学校沦为部分官员的"聚宝盆"，他们虚报教师编制和学生人数，套取国家教育补贴。而在城市，进城读书需要缴纳巨额的借读费与择校费，同时还需要教育主管部门审批，这些都也为许多主管教育的官员、学校提供了敛财的机会，滋生腐败，败坏社会风气。

四 乡村学校"空壳化"治理的对策建议

河南省是人口教育大省，同时也是新型城镇化进程较快的一个省份。新型城镇化是影响乡村学校的"空壳化"的客观因素。因此，乡村学校"空壳化"的治理，未来农村学校教育格局的谋划，都应该从新型城镇化这一大背景、大前提出发，去探索切实可行的治理之策。

（一）空壳学校是留还是撤要因地制宜

对于当前普遍存在的"空壳化"的乡村学校，教育工作者和学界曾经开展了"撤留之辩"。主张"撤校"的教育工作者和学者认为，农村受教育群体的主体已经发生了由乡到城的区位空间上的转移。不管这些"教育移民"的身份是否为城镇学校所认同，他们事实上已经进入城镇教育行列，成为城镇学校里的一员，并且，这种转移就读还在继续，势头有增无减。[1] 为此，应该承认这种客观事实，推行"农村教育城镇化"。而主张留住乡村学校的观点认为，"农村中小学不能都搬到城镇来办，必须有相当数量的学校扎根农村，要充分考虑其多种功能和综合效益。"[2] 同时，在实践中，有些地方教育部门推行的学校撤并运动不仅未能真正整合和优化乡村教育布

---

[1] 胡俊生、李期：《空心村·空壳校·城镇化潮——农村教育的困境与出路》，《甘肃社会科学》2014年第5期。
[2] 韩清林：《农村中小学布局调整的误区》，《中国教育报》2011年9月29日。

局，反而带来了农村学生上学不便、辍学等问题，加剧了乡村教育治理的难度。我们以为，"空壳化"的乡村学校是留还是撤不宜一刀切，应量力而行，尊重实际情况具体对待。对于那些自然条件十分艰苦，集中办学难度过大的偏远山区，短期内还是要保留学校。"农村教育城镇化"能否全面推行，还有待根据城镇化的实际进程来决定。

（二）加强对空壳学校的动态管理

对于仍然保留下来的空壳学校，教育主管部门应纳入动态管理之中。在新型城镇化过程中，河南如何把人口压力转换为人才优势，基础教育非常关键。当前，中央提出精准扶贫，教育扶贫对于河南更为关键，农村教育应成为河南教育扶贫的重点。因此，河南省各级教育主管部门应对当前的农村学校情况进行精准摸排，对"空壳化"的学校进行跟踪观察，每年对"空壳化"农村学校进行相关数据统计，一方面通过动态观察和管理遏制进一步的空壳化现象，另一方面建立空壳学校的相关档案，对防止其他农村学校的空壳化提供预警。

（三）构建留守儿童的教育保障机制

基于"空壳化"学校中的农村留守儿童，政府应着力构建留守儿童群体的教育保障机制。在学习和生活上给予留守儿童群体更多关注，及时跟进了解留守儿童个体家庭情况，适度为个别特困家庭提供财政补贴，保证留守儿童不因贫穷辍学。政府尤其是教育主管部门，要充分发挥好协调作用，搭建良好平台，做好衔接工作，调动各方社会力量的积极性，吸收公民、大学生群体、慈善组织和社会其他团体等主体发挥各自优势，形成合力，共同参与留守儿童教育保障工作，促进留守儿童一系列教育及衍生问题的圆满解决，避免乡村教育的衰落。

（四）推进城乡教育一体化

从长远来看，城乡教育一体化才是解决乡村学校空壳化的根本之道。对于河南这一人口大省来讲，城镇化的目的并不是完全消灭农村，而是为了促进城乡协调发展，缩小城乡差距，促进公共服务均等化。因此，针对城乡教育资源配置失衡的现象，应把城乡教育一体化作为改变教育资源在城乡的不均衡配置的主要目标。也就是说，要让农村的学校和城里的学校一样，充满吸引力，让农村的孩子对城里的学校不再羡慕，真正解决"好上学"与"上好学"的矛盾关系，实现既"好上学"又能"上好学"。为此，必须立足于农村教育的主阵地，加大乡村教育事业的扶持力度，积极建立乡村教育人才培养机制，推动从业新教师优先分配给乡村学校，规定合理的服务年限，适度提高乡村学校从业者的薪酬待遇以增强其工作积极性，使乡村小学不仅引得来优秀教师，还要留得下他们，为乡村教育注入活力。更要从财政上做好支持工作，对于国家向乡村小学发放的教育补贴严格禁止另作他用，完善乡村学校教学器材和基础设施，为乡村教育事业发展提供人力和物力保障。同时，可以积极探索城市学校对于乡村学校的帮扶机制，通过以城促乡、城市优秀教师定期轮岗执教乡村学校的工作，提升乡村学校的教学质量，以实现城乡教育资源的均衡流动，促进城乡教育事业的共同发展。

郑州市供水价格改革听证会的实践及启示[*]

霍海燕 曾迎霄 霍乃可[**]

摘　要： 价格听证会是民主决策的一种形式，是我国决策部门吸纳公众参与公共决策和社会治理的一项制度安排。城市集中供水价格改革关系城市居民生活、企业生产经营活动和社会各方面的切身利益。2015年8月郑州市政府召开了"市区城市集中供水价格改革听证会"，广大市民积极参与，提出各种意见和建议，为完善水价改革方案做出了贡献。郑州市水价听证会中的社会参与也为完善我国听证会制度和提高政府决策质量留下了诸多启示。

关键词： 郑州市　水价听证会　社会参与　启示

近年来，由于城市的快速发展、气候环境的不断变化、水资源的过度开采等，我国许多城市已经成为典型的资源型缺水城市。大力推进水资源节约、改善水环境、保障水安全是城市可持续发展所面临的一项艰巨而紧迫的任务，更是改善民生、提高居民生活质量的必然要求。2015年8月7日，

---

[*] 国家社会科学基金项目"公共政策制定过程中公民参与的有效性研究"（12BZZ009）的阶段性成果。

[**] 霍海燕，郑州大学公共管理学院教授，博士生导师，社会治理河南省协同创新中心研究员，研究方向为公共政策与社会保障；曾迎霄，郑州大学公共管理学院2015级博士研究生；霍乃可，河南牧业经济学院教师。

郑州市物价局根据《中华人民共和国价格法》、《政府制定价格听证办法》和《河南省政府制定价格听证办法实施细则》等有关规定，本着广泛听取社会各界意见，提高政府价格决策的民主性、科学性和透明度的原则，召开了"郑州市市区城市集中供水价格改革听证会"。本文以郑州市市区城市集中供水价格改革听证会为例，探讨听证会中的社会参与机制，以及该机制对提高政府决策质量的诸多启示。

一 召开城市集中供水价格改革听证会的背景

郑州市之所以在2015年8月召开城市集中供水价格改革听证会有诸多原因。

一是郑州市城市供水价格偏低。郑州现行城市供水价格于2005年4月制定，从当年4月1日起，郑州市居民用水水价从1.8元/立方米涨至2.25元/立方米。2005年10月为筹集南水北调基金，城市居民生活用水每立方米又增加了0.15元，达到2.4元/立方米，在全国36个大中城市中列第32位；在全省17个地市中列第14位，供水价格在全国及全省处于较低水平（见表1）。

表1 河南生活用水价格排名（实施时间为现行水价实施日期）

单位：元

序号	省辖市	价格	实施时间
1	许昌	3.30	2013年7月10日
2	三门峡	2.88	2008年9月11日
3	开封	2.65	2010年1月18日
4	安阳	2.65	2010年7月1日
5	商丘	2.65	2010年7月
6	濮阳	2.60	2010年1月25日
7	信阳	2.60	2010年8月1日
8	新乡	2.60	2012年6月11日
9	平顶山	2.55	2009年11月
10	洛阳	2.55	2010年1月1日
11	鹤壁	2.55	2010年9月
12	漯河	2.50	2006年3月2日
13	南阳	2.50	2012年8月

续表

序号	省辖市	价格	实施时间
14	郑 州	2.40	2005年4月1日
15	周 口	2.40	2009年5月1日
16	焦 作	2.40	2014年4月1日
17	济 源	2.15	2010年8月

资料来源：《河南18地市水价大排名，看看你所在的市县排第几》，大河网，http://news.dahe.cn/2015/11-09/105955866.html。

二是郑州市自来水企业供水成本增加。十年来，供水企业成本一直在增加。为提升水质标准，保障供水安全，按国家要求，供水企业将原有的水厂全部进行了深处理改造，这在一定程度上增加了成本。加上近年来，动力费、净水原材料等价格上涨，以及必要的供水设施建设、管网改造和服务投入加大，致使供水成本与价格倒挂。根据市物价局价格成本监测所对郑州自来水投资控股有限公司2012~2014年度供水成本的监审结果，三年来自来水公司每年亏损一亿多元。

特别是随着南水北调中线工程通水，郑州市区原有的黄河水水源已经替换为南水北调水源。2015年5月，河南省发展和改革委员会、河南省南水北调办公室等4部门联合下发通知，明确郑州南水北调中线工程水源供水价格为0.74元/立方米。南水北调水源的引入，极大地提高了郑州居民用水水质和用水安全，但同时也在很大程度上增加了供水成本。根据成本监审结果，2015年南水北调水源引入后新增成本为0.55元/立方米（见表2）。

表2 2012~2014年郑州市自来水供水成本

单位：元/立方米

年份名称	2012	2013	2014
单位供水定价成本	2.21	2.20	2.22
南水北调水源置换	—	—	0.48
已完工未结转项目	—	—	0.55
单位定价成本	—	—	3.24
含税成本	2.28	2.28	3.34

资料来源：根据《郑州自来水投资控股有限公司供水定价成本监审报告》整理，郑州市物价局网站，http://www.zzpn.gov.cn/wjjcms/wjj/html/2015-07-23/9d32cc457b7ab225179234.html。

三是运用价格杠杆引导消费,加强水资源的可持续利用。郑州市地处中原,水资源十分匮乏。河南省年人均水资源量不足400立方米,为全国平均水平的1/5,属于严重缺水省份。目前,郑州市人均水资源占有量为178立方米,约是全省人均水资源占有量的1/2,全国人均水资源占有量的1/10,是全国严重缺水城市之一。运用价格杠杆引导需求,适当提高用水价格,提高城市居民的节水意识,增强水资源的循环利用,促进城市水资源的可持续发展是郑州市召开市区城市集中供水价格听证会的目的之一。

二 价格听证会过程及效果

(一)听证会前的准备工作

2014年10月,郑州自来水投资控股有限公司根据水源置换的实际情况,结合企业经营情况提出了调整自来水价格的申请。2014年11月12日,郑州市政府第16次常务会议研究通过了启动城市水价改革调整程序,市物价局开始着手水价改革调整的相关工作。根据国家发展和改革委员会印发《关于做好城市供水价格调整成本公开试点工作的指导意见》和《城市供水定价成本监审办法(试行)的通知》有关规定,2015年3月7日,郑州自来水投资控股有限公司在《郑州日报》刊登了公告,并在本单位的网站上公开了近三年的供水成本。2014年12月,郑州市物价局委托郑州大学和河南工业大学对郑州市2000户居民家庭自来水消费等情况进行了入户抽样调查,为科学、合理制定阶梯价格提供了参考依据。

郑州市物价局官方网站于2015年7月8日发布了《郑州市市区城市集中供水价格改革听证会公告(一)》(以下简称《公告(一)》)。《公告(一)》中发布了关于听证会参加人名额分配、听证会参加人产生方式、听证会参加人条件以及报名办法等信息。

2015年7月23日郑州市物价局官方网站又公布了《郑州市市区城市集中供水价格改革听证会公告(二)》(以下简称《公告(二)》)。《公告

（二）》公布了水价听证会举行的时间、地点、听证会参加人和听证人的名单、《郑州自来水投资控股有限公司供水定价成本监审报告》、《郑州市市区城市集中供水价格改革听证方案》。此次水价调整方案共分为两个。

方案一：第一阶梯年用水量144立方米以内（含），到户价格每立方米3.90元（其中基本水价3.1元、污水处理费0.65元、水资源费0.15元）；第二阶梯年用水量144~240立方米，到户价格每立方米5.45元；第三阶梯用水量240立方米以上，到户价格每立方米10.10元。

方案二：第一阶梯年用水量180立方米以内（含），到户价格每立方米4.0元（其中基本水价3.20元、污水处理费0.65元、水资源费0.15元）；第二阶梯年用水量180~300立方米，到户价格每立方米5.60元；第三阶梯年用水量300立方米以上，到户价格每立方米10.40元。

（二）听证会参加人的确定

根据《公告（一）》提出的听证会参加人产生方式，消费者按照《河南省政府制定价格听证办法实施细则》的相关规定产生。经营者、其他利益相关方委托郑州市城市管理局推荐产生；市人大代表和市政协委员请市人大和市政协推荐产生；专家、学者由市物价局聘请。其他听证会参加人分别由所在单位推荐产生。旁听人员、新闻媒体按照报名顺序选取。

从7月8日发布一号公告开始到7月14日截止，共有97名消费者报名要求参加听证会。7月21日下午，郑州市物价局在嵩阳饭店12楼会议室现场抽取听证会消费者参加人名单，《郑州日报》、《郑州晚报》、郑州电视台3家媒体全程监督。现场3名记者和1名消费者进行抽签，从报名的97名消费者中随机抽取产生了8名听证会消费者参加人。为确保抽签过程公开、透明，郑州市黄河公证处对抽取消费者参加人的过程进行了公证。

此外，还有1名市人大代表、1名市政协委员、2名专家学者、1名经营者、1名其他利益相关方、4名政府有关部门人员、1名社会组织成员。

此次价格听证会共有听证代表19名组成，名单见表3。

表3　郑州市城市市区集中供水价格听证会代表名单

序号	类别	姓名	性别	年龄	工作单位（职业）
1	消费者代表	吴瑞杰	男	38	教师
2	消费者代表	孟龙	男	51	工人
3	消费者代表	徐巧利	女	42	企业员工
4	消费者代表	常春	男	43	企业员工
5	消费者代表	殷歌	女	30	教师
6	消费者代表	牛超君	男	34	企业管理人员
7	消费者代表	赵海杰	男	40	企业管理人员
8	消费者代表	崔建州	男	57	无业
9	市人大代表	胡爱丽	女	—	国机精工有限公司
10	市政协委员	郑高飞	男	—	九三学社郑州市委员会
11	专家学者	崔留欣	男	—	郑州大学公共卫生学院教授
12	专家学者	李凯	男	—	河南财经政法大学会计学院副教授
13	经营者	赵春英	女	—	郑州自来水投资控股有限公司副总经理
14	利益相关方	李大鹏	男	—	郑州中法原水有限公司总经理
15	政府相关部门	李清长	男	—	郑州市财政局
16	政府相关部门	黄群辉	男	—	郑州市城市管理局
17	政府相关部门	郑勇	男	—	郑州市审计局
18	政府相关部门	邴复合	男	—	郑州市民政局
19	社会组织	杜海宽	男	—	河南省城镇供水协会

（三）听证会过程

2015年8月7日上午9时郑州市物价局在生茂饭店举行"市区城市集中供水价格听证会"，19名听证代表均准时出席会议，同时还有5名听证会听证人、5名旁听人员以及《大河报》、《郑州日报》、《河南日报》、《郑州晚报》、郑州电视台、郑州人民广播电台、中原网、《东方今报》、《河南商报》、河南电视台民生频道10家省市媒体。《河南日报》、《大河报》、河南电视台、《郑州日报》、郑州电视台等新闻媒体对听证会全程进行了摄录、报道。另外，新乡、洛阳、许昌、济源、三门峡、开封、鹤壁、焦作、平顶山等城市价格主管部门与会观摩。

在听证会上，各位代表均积极履行其应有的权利和义务，对此次水价上调方案各抒己见。比如,消费者代表崔建州表示:"我是同意涨价,但是我对两种方案都是抱有反对的态度的,首先支持水价改革,支持阶梯价,但是不能太高。高的太多了,我觉得第一阶梯价是 3.2 元以下比较好。"① 消费者代表常春也表示此次供水价格调整过高。他认为水价改革应该多调整非居民用水价格,而不应该在居民用水价格上下功夫。总体来看,消费者参加人关注水价上调的合理性及上调的幅度,主张水价调整幅度应缓步进行,特别是水价上调要考虑消费者的承受能力,尤其是低收入人群的承受能力。在上调水价的同时,应加大对非居民用水价格的调整力度。专家学者和企业经营者关注供水企业管理体制改革和政府监督职能的强化,主张供水企业应加强内部管理,降低供水成本,提高服务质量,政府应该加强对供水工作的监督。郑州市物价局副局长朱孝忠也与听证会代表进行了沟通,他表示:"作为老百姓来说肯定都不愿意涨价,为什么他自己多掏钱呀,但是自来水公司要发展,要给老百姓送安全的水,不涨价怎么去运营。"②

会议持续了两个多小时,最终表决结果为:与会的 19 名代表中支持方案一的有 3 人,支持方案二的有 10 人,希望对两个方案进行优化的有 4 人,提出其他意见的有 2 人。19 名听证会代表的意见是总体上支持水价上涨,但是应控制在一个合理的范围内。

(四)听证会效果

听证会结束后,郑州市政府有关部门认真总结了各听证参加人的意见,2015 年 11 月 12 日经市政府第 35 次常务会议研究通过,决定对郑州市城市集中供水价格进行改革。11 月 20 日郑州市物价局在其网站上刊登了《郑州市市区城市集中供水价格改革听证会听证报告》,对参加人提出

---

① 《郑州水价听证会安保将记者拒之门外 称按规则办事》,中国青年网,http://news.youth.cn/gn/201508/t20150809_6979316_1.htm。
② 《郑州水价听证会安保将记者拒之门外 称按规则办事》,中国青年网,http://news.youth.cn/gn/201508/t20150809_6979316_1.htm。

的11条意见和建议，逐条做出了回应。其中决定采纳的有6条；部分采纳的有1条；不采纳的有1条；予以考虑的有2条；做出情况说明的有1条。

郑州市物价局根据水价听证会各方的意见，对提交听证会的两个方案进行了优化，决定实施阶梯水价。最终的方案为：在阶梯价格上采用第一方案；在阶梯水量规模上采用第二方案。阶梯水价实施范围为市区实施一户一表抄表到户的居民用户。原则上以住宅为单位，一个房产证明对应的住宅为一户，没有房产证明的，以供水企业安装的水表为单位。阶梯水量以年度为计量周期，每户按4口人计（含4人），每增加1人，年用水量基数增加36立方米。凡持有《城市居民最低生活保障金领取证》的居民家庭，生活用水继续给予水价补贴。补贴标准由现行每户每月减免3立方米水费提高到减免5立方米水费。对执行居民用水价格的非居民生活用水户，不实行阶梯式水价，供水价格在第一阶梯到户水价基础上，每立方米提高0.10元（见表4）。

表4 郑州市市区城市集中供水价格

单位：元/立方米，立方米

序号	用水性质分类	基本水价	综合水价（含随水价征收费用）	阶梯水量（以年度为计算周期）	随水价征收费用	
					污水处理费	水资源费
1	居民生活用水（阶梯式水价）	3.10（第一阶梯）	3.90	180	0.65	0.15
		4.65（第二阶梯）	5.45	181~300		
		9.30（第三阶梯）	10.10	300以上		
	居民生活用水（非阶梯式水价）	3.20	4.00	无		
2	非居民生活用水	4.15	5.20	无	0.80	0.25
3	特种用水	14.75	16.00	无	1.00	0.25

从最终方案可以看出，郑州市政府回应和采纳了社会各界的意见，听证会取得了较好的效果。

三 社会各界对价格听证会的关注及参与

郑州市水价调整方案取得较好效果是与社会各界的积极参与分不开的。居民用水价格改革关系市民的切实利益,广大市民给予了高度关注。

(一)市民报名参加听证会

2015年7月8日,郑州市物价局在政府网站和媒体上发布了《郑州市市区城市集中供水价格改革听证会公告(一)》,提出根据《中华人民共和国价格法》、《政府制定价格听证办法》和《河南省政府制定价格听证办法实施细则》等有关规定,准备在2015年8月上旬召开"市区城市集中供水价格改革听证会",公开听取市民意见,欢迎广大市民积极参与。从7月8日发布一号公告开始到7月14日截止,共有97名消费者参加了报名。虽然相比较郑州市919.1万人,报名者仅占郑州市人口的0.001%左右。但是,与2013年9月郑州市召开"地铁票价听证会"时的报名人数相比已经有了一定的提升(当时报名参加地铁票价听证会的有70多人,符合听证条件的只有36人,最终在36人中抽出了8位消费者代表)。

参加水价听证会的消费者代表深知肩负的责任,有的代表在参会前认真收集民意,听取市民意见,比如:消费者代表常春为了准备本次听证会,前后花费半个月的时间,通过大河网、郑州新闻广播、郑州经济广播、河南人民广播电台驾车1066向广大市民搜集意见并将听证会报告内容向大家解读。[①] 许多听证会参加人在听证会上积极发言,反映广大市民的心声。可以说,听证会参加人的建议和意见成为政府进一步完善水价调整方案的依据。

(二)媒体高度关注,积极报道

郑州市水价听证会召开引起媒体的高度关注。郑州地区的主要媒体均积

[①] 《代表揭秘郑州水价改革听证会上到底发生了什么》,《大河报》2015年8月8日。

极报名参加，由于听证会主持方确定的旁听媒体为 10 家，听证会召开当天，河南省内 20 多家媒体前来旁听，10 多家媒体都吃了"闭门羹"，未能进入会场。因为要求参加旁听的媒体和人数众多，会场外秩序一度混乱，会议主持方动用了保安、警察维持秩序，一时引起全国媒体关注和报道。《拒记者进场的关门涨价听证会不要也罢》（《北方周末报》2015 年 8 月 13 日）；《郑州物价局官员回应水价上涨：涨价是政府职能》（凤凰网，2015 年 8 月 8 日）；《郑州水价听证会戒备森严　河南省媒体吐槽》（搜狐网，2015 年 8 月 7 日）；《"戏剧性"水价听证会余波未平》（《工人日报》2015 年 8 月 18 日）。媒体报道是社会心声的反映，媒体对问题的关注从某种程度上反映了社会公众对问题的关注程度。

另外，由于媒体的大量宣传报道，引起了广大市民的关注，吸引更多的市民参与水价改革的过程。同时，媒体的宣传报道也对政府工作形成了压力，迫使政府转变思想观念，改变工作方式，加强与市民和媒体的互动。

（三）市民纷纷对水价改革方案发表意见

应该说，郑州市水价改革听证会在召开之前由于政府宣传不到位，许多市民并不知晓，报名参加听证会的人数有限。听证会后，由于媒体的大量报道，市民对听证结果纷纷发表意见，表达自己的利益诉求。首先，许多市民对政府召开水价听证会只通过市物价局官方网站发布公告，与其同步发布相关消息的也只有《郑州日报》一家传统媒体，导致许多人对水价听证会不了解，为未能及时报名参与怨声载道，认为政府宣传不到位，公信力不足。其次，许多市民认为，水价调整不科学。郑州市周边的省会城市有 5 个地方实行阶梯水价，这些使用阶梯水价的城市，居民用水与非居民用水比较，两者最高差 3.15 元，特种水与非居民用水比较，其他城市最高可差 155 元，而郑州市水价改革不论是居民用水与非居民用水，还是特种水与非居民用水的差距都很小。这次水价调整方案不仅没有促进非居民用水的节约，反而增加了普通居民的生活负担，没有达到运用经济杠杆促进社会节约用水的目的。再次，市民对供水企业的成本核算提出质疑。有的市民指出，从郑州供水企业官方网站的数据信息显示,2012~2014年平均每年的年供水量和年售水量之间的差距在5000万立方米左右,这说明水资源在供给的过程中存在损漏的现象,供水企业应该通过完善整修供水设备来减少水资源的损失,而不应该将这些损漏的水资源也计算到供水成本中,让消费者买单。市民要求政府在调整水价的过程中应该多考虑居民的生活状况,在保障居民生活水平的前提下,制定合理的水价调整政策。据河南省消协投诉部李主任披露,此次听证会后,消费者协会接到不少消费者的投诉电话,质疑此次听证会参加人员能否真正反映民意。[1]

(四)社会组织向政府发出质询

2015年8月13日,河南省消费者协会向郑州市人民政府发出质询函,针对此次供水价格改革方案以及价格听证的相关问题提出质疑,要求郑州市物价局在5个工作日给予明确答复。

质询主要集中在4个问题:一是在听证会之前,政府没有召开媒体和网络通气会,定价机关没有广泛收集和听取广大消费者的意见;二是听证会参加人员的构成存在政府主管部门推荐的与供水企业利益相关人员过多问题;三是阶梯水价方案中的几个用水量确定的方法和科学依据是什么?四是供水成本上涨,哪些可以通过供水价格调整来解决?哪些可以通过供水企业提升管理能力或由政府负担来解决不明确。消费者协会作为对商品和服务进行社会监督的保护消费者合法权益的社会组织,为保护广大消费者的合法权益,"希望市物价局针对广大消费者反映的关于供水价格改革的问题,正面召开新闻发布会予以解答。"[2] 省消协的质询函发表后,得到广大消费者的支持,引起了极大的社会反响,市物价局工作一度陷于被动。在全市人民的要求下,市政府办公厅责成郑州市物价局按质询函要求迅速做出答复。

---

[1] 《"戏剧性"水价听证会余波未平》,《工人日报》2015年8月18日。
[2] 《"戏剧性"水价听证会余波未平》,《工人日报》2015年8月18日。

四 供水价格改革听证会的启示

从郑州市市区城市集中供水价格听证会案例可以看到,在召开价格听证会时,由于政府有关部门对社会参与的积极性估计不足,工作一度陷于被动。会后在媒体和社会参与的推动下,政府有关部门加强与社会各界沟通与互动,积极听取市民意见,对水价改革方案进行了优化,取得了较好的效果。郑州市市区城市集中供水价格改革听证会给我们留下了许多启示。

(一)价格听证会应该给公众提供更多地参与渠道

我国是社会主义国家,人民当家做主是社会主义民主的本质要求。党和政府反复强调,制定与群众利益密切相关的法律法规和公共政策原则上要公开听取意见。1997年制定的《中华人民共和国价格法》也明确规定,"制定关系群众切身利益的公用事业价格、公益性服务价格、自然垄断经营的商品价格等政府指导价、政府定价,应当建立听证会制度,由政府价格主管部门主持,征求消费者、经营者和有关方面的意见,论证其必要性、可行性。"城市供水价格调整关系市民的切身利益,应该说广大市民有参与的积极性和表达诉求的强烈愿望。从郑州市市区城市集中供水价格改革听证会的案例中可以看到,郑州市政府给社会公众提供的参与渠道仅限于听证会消费者代表的报名。参加听证会的人数有限,许多市民的利益诉求难以在听证会上反映出来,导致广大市民对听证会的听证结果不满,认为定价机关没有广泛收集和听取广大市民的意见,听证会开成了涨价会。早在2008年我国出台的《政府制定价格听证办法》就指出,"定价机关可以通过政府网站,新闻媒体就听证事项听取社会各方面的意见"。现在社会已经发展到互联网时代,移动政务开始深入民心。政府应该充分利用互联网,给公众提供更多地参与渠道,比如:开放官方微博、微信;设立电子邮箱和网上论坛;实施在线交流、留言等方式广泛收集民意。只有提供更多地参与渠道才能满足公众的参与诉求,才能使听证会真正成为具有民意基础的听证会。

（二）进一步完善价格听证会机制

自 1997 年我国颁布《中华人民共和国价格法》提出建立听证会制度以来，我国政府又相继出台了《政府制定价格听证办法》，对价格听证会的组织、听证会人员组成、听证会参加人的产生方式及权利义务、听证程序等做出了明确规定，有力促进了听证会制度的实施。但是我国的听证会制度在运行机制方面仍然存在着一些缺陷，与公众的期盼有一定距离。比如，听证会参加人中有消费者代表，消费者代表参会发表的不仅仅是个人意见，而是消费者群体的呼声，这就要求消费者参加人在参会前要充分收集民意，整合公众意见，接受公众监督，对此我国听证会制度却没有明确规定，以至于公众对消费者参加人的代表性往往提出质疑，"究竟你们代表谁同意涨价？"听证会制度作为我国公众参与公共决策和社会治理的一项重要的制度安排，应该充分发挥公众在价格听证会中的作用，尤其在听证会参加者的遴选和构成、听证会参加者对民意的收集整理、政府信息公开和官民互动、听证陈述人利益表达、媒体对听证会的舆论监督以及听证会结果的公布等方面进行改革与完善。建议有条件的城市在召开价格听证会时可以实行全程电视直播，欢迎广大社会公众参与和评判，进而提升听证会的社会影响力和认可度，达到规范政府制定价格听证行为，提高政府价格决策的民主性、科学性和透明度的目的。

（三）加强政府与社会公众的沟通与互动

虽然，郑州市市区城市集中供水价格改革听证会最终取得了比较理想的效果。但是我们可以看到，在整个水价改革过程中政府一直处于比较被动的地位。不论是听证会召开时，许多媒体要求旁听和采录遭到政府有关部门拒绝，引起轩然大波；还是听证会后消费者协会向政府发出质询函，没有及时得到回复；以至于广大市民对听证会表达的种种质疑与不满，都充分体现了政府在听证过程中与公众的沟通互动是不够的。我国听证会制度明确规定，"定价听证由政府价格主管部门组织"，"政府定价过程中，由政府价格主管部门采取听证会形式，征求经营者、消费者和有关方面的意见"。在现实生活中，政府要充分认识到听证会的价值，加强听证会中的官民互动，千万不能把价格听证会看成"过程会"。政府要在听证过程中发挥积极性和主动性，充分利用移动互联网，主动公开一切听证信息，开设官民互动专栏，认真倾听公众意见和建议，帮助公众解疑释惑，及时回复社会公众的意见和建议。通过政府与社会公众的沟通互动来提升政府的公信力和听证会质量。

（四）充分发挥社会组织的作用

这次郑州市市区城市集中供水价格改革听证会的一大"亮点"是社会组织积极参与。听证会后河南省消费者协会代表广大消费者向郑州市政府发出了质询函，针对听证会前听证会组织方没有召开媒体和网络通气会，没有广泛收集和听取广大消费者意见，参会者与供水企业利益相关人员过多，阶梯水价制订方案不科学，供水企业成本上涨原因不明确等问题要求郑州市物价部门给予答复。这是消费者协会作为一个社会公益组织履行自身职责的充分体现。价格听证会讨论的事项一般都与消费者的切身利益有关，消费者作为单独的个体不可能人人都参加听证会，通过组织代理参加听证会应该是一个理性的选择。我国颁布的《政府制定价格听证办法》也明确规定，"消费者采取自愿报名、随机选取方式，也可以由政府价格主管部门委托消费者组织或者其他群众组织推荐"。目前，各地召开价格听证会由社会组织推荐代表参加的比例还不高，社会组织在扩大公众参与、反映公众诉求、增强社会自治能力方面的作用还没有充分发挥出来。应该看到，社会组织根植于社会公众，熟知其所属成员的利益要求，是社会参与的核心要素。一方面，社会组织能够以组织化、制度化的方式向政府反映公众的意见；另一方面，社会组织又能够及时把国家的法律法规和公共政策向公众宣传，帮助公众答疑解惑，在政府与公众沟通方面充当桥梁与纽带的作用。所以，各级政府召开价格听证会要充分发挥社会组织的作用，委托社会组织收集和整合民意，推荐听证会参加人，分担政府社会管理责任，帮助政府做好群众工作，加深政府与公众之间的相互理解，进而减少社会摩擦成本，增强社会合力。

图书在版编目(CIP)数据

河南社会治理发展报告.2016/郑永扣主编.--北京：社会科学文献出版社,2016.7
（社会治理河南省协同创新中心智库丛书）
ISBN 978-7-5097-9284-1

Ⅰ.①河… Ⅱ.①郑… Ⅲ.①社会管理-研究报告-河南省-2016 Ⅳ.①D676.1

中国版本图书馆CIP数据核字（2016）第125095号

·社会治理河南省协同创新中心智库丛书·
河南社会治理发展报告（2016）

主　　编／郑永扣
副 主 编／郑志龙　刘学民　高卫星　樊红敏

出 版 人／谢寿光
项目统筹／邓泳红　郑庆寰
责任编辑／郑庆寰

出　　版／社会科学文献出版社·皮书出版分社（010）59367127
　　　　　　地址：北京市北三环中路甲29号院华龙大厦　邮编：100029
　　　　　　网址：www.ssap.com.cn
发　　行／市场营销中心（010）59367081　59367018
印　　装／北京季蜂印刷有限公司

规　　格／开　本：787mm×1092mm　1/16
　　　　　　印　张：27.5　字　数：417千字
版　　次／2016年7月第1版　2016年7月第1次印刷
书　　号／ISBN 978-7-5097-9284-1
定　　价／89.00元

本书如有印装质量问题，请与读者服务中心（010-59367028）联系

▲ 版权所有 翻印必究